JN409660

헌법과 조약체결 :
한국의 조약체결 권한과 절차

국제법이론총서 No. 5

Treaty Law and Practice of the Republic of Korea

헌법과 조약체결 :

한국의 조약체결 권한과 절차

배 종 인 著

추 천 사

고려대학교 법학전문대학원 교수
박 기갑

조약법은 국제법 분야 중에서도 역사가 가장 오래될 뿐만 아니라 중요한 내용이기 때문에 전통국제법을 하든 국제통상법을 하든 충분히 그리고 반드시 숙지하여야 한다. 그런데 국제법을 전공하는 한 사람으로서 조약법을 연구하고, 또 다른 한편 학생들에게 조약법을 가르칠 때마다 외국의 사례를 언급한 후 한국의 조약체결절차편에 도달하면 뭔가 추천할 만한 적절한 교재가 없어 아쉽다는 생각을 떨칠 수가 없었다.

대한민국 정부는 해방후 지금까지 60년 이상의 세월이 흐르는 동안 매년 수많은 양자협정 체결은 물론 다양한 다자협약에 가입하고 있다. 그 과정에서 자연스레 축적되어 온 우리만의 조약체결절차에 관한 관행은 물론 제기되고 해결해야 할 과제 등은 분명히 존재한다. 우리나라는 조약체결절차를 다루는 개별 법률 대신 그 동안 헌법의 몇 조항, 즉 국제법 특히 조약과 국제관습법의 국내법 위계질서상의 지위를 다룬 제6조, 국회의 조약 동의권을 다룬 제60조 및 대통령의 권한에 관한 제73조를 중심으로 그 해석 및 적용을 해왔으며, '1969년 조약법에 관한 비엔나협약'에 1980년 가입하면서 그에 따른 적용을 받아 왔다.

국내에도 조약법 일반론과 조약체결과 관련된 단편적인 소논문은 꽤 있지만, 조약체결의 전반, 특히 우리나라의 관련 관행을 중심으로 일관되게 체계적으로 다룬 단행본은 그간 없었던 것으로 안다. 그렇기에 이번에 펴낸 외교통상부 배종인 과장의 저서『헌법과 조약체결』은 국내 조약법에 관한 논의의 장에 큰 활력을 불어넣을 것으로 믿어 의심치 않으며, 또한 그 동안 추천자와 같은 국내 국제법 학자들이 가졌던 학문적 갈증을 상당히 해소해 줄 것이다.

배종인 과장은 1992년에 외무부에 입부한 이래 본부뿐만 아니라 미국, 아프리카 등 일선 공관에서 근무하였고, 최근엔 일본 규슈대학에서 연수한 경력이 있는 전형적인 외교관이다. 하지만 그는 학문적 관심도 깊어서 조약과 관련된 다양한 실무에 접하면서 자신의 차분하면서도 치밀한 성격으로 조약법 이론을 섭렵하여 훌륭한 박사학위청구논문을 작성한 바 있다.

이 책의 주요 내용을 살펴보면 우리의 지적 호기심을 충족시키기에 충분하다. 전반적인 관점에서 조약 및 조약체결의 의의와 특성을 개관한 연후에 우리나라의 조약체결권한에 관하여 체결권자와 국회동의권 등을 꼼꼼히 검토하고 있다. 특히, 대한민국의 조약체결절차에 관한 관행을 전형적 조약체결절차와 비전형적 조약체결절차 및 특수한 형태로서의 남북한합의서 등으로 분류한 관점은 뛰어나다. 마지막으로 조약체결에 대한 통제와 민주적 참여의 필요성을 강조한 부분은 조약체결절차의 투명성과 객관성 확보에 관한 고민이 담겨 있다.

다시 강조하건대 배종인 박사의 저서는 국제법 학자와 실무가에게는 물론, 조약법에 관해 심도 있는 공부를 하고자 하는 학생들에게 좋은 지침서가 될 것이다. 이 단행본 출판을 계기로 향후 배종인 박사가 실무적으로뿐만 아니라 학문적으로도 큰 발전을 이루기를 다른 모든 국제법 학자와 더불어 기대한다.

2009년 11월 박기갑

서 문

오랜 기간 조약을 교섭하고 다루었지만, 아직도 조약은 까다롭고 낯설기까지 한 주제이다. 조약이 어떻게 형성되고, 이행되고, 해석되고 그리고 국내법과의 관계는 어떠한지 하는 논란이 부단히 제기되고 있지만, 스스로 만족스러운 이론이나 해결책이 궁한 것도 사실이다. 오히려 조약의 개념을 둘러싼 근본적인 시각차가 존재하는 것을 종종 발견하고 그 간극을 메우는 작업이 쉽지 않으리라는 생각을 하게 된다. 이는 무엇보다도 조약이 국가간의 약속인 동시에 때론 국내규범으로 작용하기도 하고, 주권국가들 사이의 국제체제에서 형성되지만 국내체제와 밀접한 영향을 주고 받기 때문으로 생각된다.

과거와 달리 조약이 국민 개개인의 복지나 국가경제 전반에도 영향을 미치게 되었고, 이러한 시점에서 조약에 대한 깊이 있는 이해는 필요불가결하다고 생각된다. 그러나 조약이 어떻게 체결되고, 이행되고, 해석되는지 그리고 국내법과의 관계는 어떠한 지에 대하여 그간 체계적인 접근이 드물었다고 할 수 있다. 이 책은 조약이 어떻게 체결되는지 하는 문제를 중점적으로 다루고 있다.

이 책이 규명하고자 하는 바는 (i) 대한민국에서 조약체결 권한이 누구에게 부여되어 있고, (ii) 그 권한이 어떻게 위임됨으로써 하부 행정기관이 행하는 일련의 조약체결 행위에 형식적·법적 정당성을 제공해 주는가, 그리고 (iii) 이러한 권한을 토대로 하여 대한민국의 어떠한 기관이 어떠한 과정을 거쳐서 조약을 교섭하고 체결되는가 하는 것이다. 결국 이와 같은 국내적 관점에서 바라본 조약의 체결은 주권국가가 그 내부적인 의사를 수렴하여 국제법을 형성하고 이를 인식하고 수용하는 일련의 과정인 바, 이 과정을 체계적으로 파악하는 것은 국제법의 형성・수용을 객관화하고 합리화할 수 있는 토대를 제공하게 될 것이다.

이 책은 학위논문을 수정하여 낸 결과물이다. 이 책이 나오기까지 항상 자상하게 배려해 주시고 격려해 주신 박기갑 교수님께 다시 한 번 머리숙여 깊이 감사드린다. 또한 매 단계에서 가르침과 모범을 보여 주신 박노형 교수님, 최태현 교수님, 이재형 교수님, 강병근 교수님, 그리고 정경수 교수님께 고맙다는 말씀을 다시 드리며, 오랫동안 옆에서 조언해 주신 박덕영 교수님 그리고 항상 말없이 도와 주시는 황선옥 사무관님, 이선자님에게도 감사드린다.

마지막으로 이 책이 나오기까지 애써 준 아내 정희와, 같이 책상에 앉아 있어 준 주한, 언제나 미소를 안겨 주는 주연에게도 고마움을 보내며, 부모님의 보살핌에 가장 감사드린다.

2009. 11.

배 종 인

목　　차

|제1장| 조약체결에 대한 새로운 조명

|제2장| 조약 및 조약체결의 의의와 특성

|제3장| 조약체결 권한

|제4장| 조약체결 절차

|제5장| 조약체결 권한 및 절차에 대한 통제와 민주적 참여

제 1 장

조약체결에 대한 새로운 조명

Ⅰ. 새로운 시각에서 본 조약과 조약체결

1. 조약의 규율영역과 영향력의 확대

전통적으로 조약은 주권국가간의 약속으로서 주로 군사동맹, 강화, 불가침, 국경획정 등 국가간의 관계(이른바 'inter-State affairs')를 다루었다. 그러나 근래 국제사회의 상호의존성이 심화됨에 따라 조약의 규율 대상도 전통국제법상 주권국가의 전속사항 또는 국내법의 규율 영역으로 점차 확대되어 왔다. 아울러, 종래 주권국가간의 약속으로 여겨지던 조약은 이제 국내법질서에도 직간접적으로 영향을 미치고 있다. 이러한 점은 인권과 통상분야에서 두드러지는데, 예를 들어 「시민적 및 정치적 권리에 관한 국제규약」은 주권국가와 주권국가 사이의 관계가 아니라 주권국가 내부에서 정부와 시민의 관계를 규율하고 있으며,[1] 또한 「무역관련 지적재산권에 관한 협정」은 국내법령상의 지적재산권 보호기준을 국제기준에 부합하도록 요구하고 있다.[2]

헌법 제6조에 따라 조약이 국내법과 동일한 효력을 갖는 대한민국[3]에서는 조약이 곧바로 국민의 권리와 의무에 직접 영향을 미치거

---

1) 구체적인 예로서 이 규약 제14조제2항은 "모든 형사피의자는 법률에 따라 유죄가 입증될 때까지 무죄로 추정받을 권리를 가진다"고 하여 국가에 대한 개인의 권리를 규정하고 있으며, 다수의 조항이 '정부가 시민에게 무엇을 하여야 한다'는 구조로 되어 있다.

2) 마라케쉬 WTO 설립협정의 부속서인 「무역관련 지적재산권에 관한 협정」(Agreement on Trade-Related Aspects of Intellectual Property Rights)은 회원국이 지적재산권 보호에 있어서 국제기준(1967년 파리협약, 1971년 베른협약 등)에 부합할 것을 요구하고 있다.

3) 성재호 교수는 조약의 국내적 수용의 실태를 헌법규정에 의한 자동적 수용, 개별적 입법에 의한 수용, 동의법에 의한 수용으로 나누고 있는데, 이러한 분류에 따

나[4] 정부의 행동을 규제할 수 있다.[5] 이러한 이유에서 조약체결이 또 다른 방식의 입법이라는 주장도 제기된 바 있다.[6] 국내법적 효력을 가지지 못하는 조약이라고 하더라도 국내법령 해석의 지침이 되거나 정부의 정책방향을 설정[7]하는 기능을 함으로써 국내법질서에 영향을 주기도 한다.

이와 같이 다양한 분야에서 국내법적 효력을 가지거나 정부의 정책방향 또는 법해석의 지침이 되는 조약이 국내적으로 어떠한 절차를 거쳐서 체결되는지에 관하여 살펴볼 필요가 있다는 문제의식에서부터 이 책은 출발하고자 한다.

2. 조약 및 조약체결의 국내적 의의 부각

조약체결 과정은 국제관계(주권국가들 간의 관계)와 국내관계(주권국가 내부에서의 관계)라는 차원으로 나누어 생각해 볼 수 있다. 우선 국제관계라는 차원에서 볼 때 조약은 당사국인 주권국가들 간의 의사의 합치이다. 주권국가들이 이러한 의사의 합치, 즉 합의에 도달하고 그 합의에 법적 구속력을 부여하는 일련의 과정은 국제법이 다루는 영역

르면 우리나라는 '헌법규정에 의한 자동적 수용'에 속한다. 성재호, "국제조약과 국내법의 관계에 관한 실태적 고찰," 『국제법평론』, 제21호(2005-I), 36쪽.

4) 예를 들어 대한민국 헌법재판소는 1999년 한-일 어업협정이 국민의 권리인 어업권을 직접 제약하는 조약이라고 이해한 바 있다(헌법재판소 2001.03.21, 99헌마139, 판례집 제13권 1집, 676).

5) 예를 들어, 대한민국 대법원은 2005년 9월 전북 학교급식 조례에 관한 판결에서 WTO협정이 우리 정부(지방정부)의 행동을 직접 규제한다고 한 바 있다(대법원 2005.9.9. 선고 2004추10판결, 전라북도 학교급식 조례 재의결 무효확인).

6) 이호성, "우리나라의 조약체결절차 및 실무상의 새로운 문제들," 『국제법평론』, 제21호(2005-I), 1쪽.

7) 예를 들어, 1953년 한-미 상호방위조약의 경우 자기집행적 성격의 조약은 아니지만 지난 수십년간 대한민국 외교 및 국방정책의 근간이 되었다고 할 수 있다.

인데, 주로 1969년 「조약법에 관한 비엔나협약」(이하 '조약법협약'이라 한다)이 규율하고 있다. 여기에서 국제법이 추구하는 바는 국제관계의 안정성(stability of international relations) 및 조약의 실효성(effectiveness of treaties)이다.[8] 즉, 국제법은 외견상 유효하게 성립된 조약에 대하여 개별 당사국이 일방적으로 그 효력을 부정하여 국제관계의 안정성을 훼손하지 못하도록 하는 데 주안점을 두고 있다.

한편, 주권국가들 간의 의사가 합치하기 위해 각 당사국이 그 내부적으로 의사를 수렴하는 과정이 요구되는데, 이와 같이 주권국가의 내부에서 조약체결에 관한 의사결정 권한을 누가 행사하며, 또 어떠한 과정을 통하여 의사결정이 이루어지는지의 문제는 각국의 헌법 및 국내법이 정하고 있다.[9] 그리고 대다수의 헌법은 국제관계의 안정성이나 조약의 실효성이라는 목표보다는 주권재민의 원칙에 따라 조약체결에 대한 민주적 통제(democratic control)에 더 관심을 두고 있다.

이와 같이 조약체결을 위한 일련의 과정은 국제관계와 국내관계라는 두 가지 차원에서 이루어지고, 그 각각의 과정을 지배하는 규범과 원리는 상이하다. 하지만 국제법체계와 국내법체계가 완전히 유리된 것은 아니며, 일정부분 서로 연관을 가지며 조약체결이 진행된다.[10] 결국 국가에게 당면한 일차적인 실천과제는 조약법협약의 제반 규정과 부합하도록 국내법상 조약체결 권한을 배분하고 그 절차를 마련하

---

8) Kaye Holloway는 '조약관계의 실효성'(the effectiveness of treaty relations)을 조약법의 최우선의 고려사항(the over-riding consideration)이라고 하고 있다. Kaye Holloway, *Modern Trends in Treaty Law: Constitutional Law, Reservations and the Three Modes of Legislation* (1967), p. 110.

9) 유병화・박노형・박기갑, 『국제법I』(법문사, 1999), 136쪽.

10) Paul Reuter는 이 점에 대하여 "Clearly, therefore, while a distinction can and should be made between the two aspects of the law of treaties, they cannot be entirely divorced from each other"라고 함축적으로 표현한 바 있다. Paul Reuter, *Introduction to the Law of Treaties* (1989), pp. 12-13.

는 것이다. 즉, 주권국가가 조약법협약상의 조약체결행위를 원활히 할 수 있도록 하는 동시에 국내적으로는 민주적이고 효율적으로 의사결정을 할 수 있도록 하는 국내절차가 마련되어야 한다.

3. 선행연구의 흐름과 성과

1) 외국의 연구동향

조약체결의 권한과 절차에 관하여는 그간 다각적인 연구가 있었다. 지금까지 특정 국가의 조약체결 권한과 절차에 관한 규명, 여러 나라의 조약체결 제도에 대한 비교연구 등 여러 접근방식이 있어 왔다. 연방국가인 미국과 캐나다에서는 이미 19세기 말에서 20세기 초반 조약체결 권한이 국내적으로 어느 기관에 부여되며, 그 범위는 어디까지인지 하는 연구가 활발하였다.[11]

국제적으로는 1969년 조약법협약의 채택을 전후하여 국제법위원회(ILC: International Law Commission)를 중심으로 국제관계에서의 조약체결 절차를 성문화하려는 목적의 심도 깊은 논의가 전개되었다.[12] 이 논의의 결과물인 조약법협약은 다수의 당사국을 확보하는 한편,[13] 그 실체적 내용의 상당부분이 국제관습법으로 인정되는 등 국가간의 조약체결에 거의 보편적으로 적용되는 것으로 인식되고 있다.[14]

---

11) 예를 들어 Francois Stewart Jones, "Treaties and Treaty-Making," *Political Science Quarterly*, Vol. 12, No. 3(Sep., 1897), pp. 420-449.

12) 1969년도를 전후한 주요 단행본으로는 Blix, H., *Treaty-Making Power* (1961); McNair, *The Law of Treaties* (1961); Holloway, K., *Modern Trends in Treaty Law: Constitutional Law, Reservations and the Three Modes of Legislation* (1967); Detter, I, *Essays on the Law of Treaties* (1967); Wildhaber, L., *Treaty-Making Power and Constitution: An International and Comparative Study* (1971) 등이 있다.

13) 2008년 7월 현재 당사국의 수는 108개국.

그간의 국제관습이 조약법협약으로 수렴되면서 국가간의 관계에서 조약체결 절차에 관한 연구는 일단락되었고, 그 결과 조약체결 권한과 절차에 관한 최근의 연구는 국제관계적인 시각보다는 국내적 메커니즘 규명과 그 비교법적 고찰에 무게중심을 두고 있다.[15] 또한, 국제회의를 통해 교섭되고 채택되는 다자조약 체결과정에 대한 관심도 지속적으로 제기되고 있으며,[16] 국제기구의 확산과 유럽연합(EU: European Union)이라는 새로운 실체의 등장으로 인하여 이들 실체의 조약체결 권한에 대한 관심도 높아지고 있다.[17]

일본에서는 다카노 유이치가 1960년 『헌법과 조약』이라는 저서를 통해 조약체결의 국내적인 과정에서 의회의 동의권 행사와 조약 효력과의 상관관계를 규명하려는 시도가 있었다.[18] 그후 조약법협약에 관한 각론적인 연구는 보이지만,[19] 일본 국내의 조약체결 절차에 관한 학계의 체계적인 연구는 드물었다.[20] 다만, 현재 국제해양법재판소

---

14) 아직 미국과 프랑스가 특정 조항에 대한 이견으로 가입을 하지 않고 있지만, 양국 모두 조약법협약의 내용 중 상당부분이 관습국제법을 구성하고 있다는 점에는 공감하고 있다. 예를 들어, 미 행정부는 비록 조약법협약에 대하여 상원의 승인을 얻지 못하고 있지만 조약법협약의 상당부분이 관습국제법을 구성하고 있다는 입장이다(http://www.state.gov/s/l/treaty/faqs/70139.htm). 한편, 국제사법재판소도 1997년 Gabcikovo 사건의 결정문에서 조약법협약 제60조-제62조가 국제관습법을 반영한다고 하였다(ICJ Reports(1997), paras. 42-46 and 99).

15) Monroe Leigh, Merritt R. Blakeslee and L. Benjamin Ederington eds., *Treaty Law and Practice (Austria, Chile, Colombia, Japan, Netherlands, U.S.)* (1999).

16) 이에 관한 최근의 연구자료는 Vera Gowlland-Dabbas(eds.), *Multilateral Treaty-Making* (1998).

17) MacLeod, Hendry and Hyett, *The External Relations of the European Communities* (1996); D. McGoldrick, *International Relations Law of the European Union* (1997).

18) 高野雄一, 『憲法と条約』(東京大学出版部, 1960).

19) 예를 들어, 経塚作太郎, "ウィーン条約法条約の意義と評価," 『国際法外交雑誌』 第78券(1979), pp. 1-30; 村瀬信也, "ウィーン条約法第38条の意義," 『国際法外交雑誌』 第78券(1979), pp. 57-78.

재판관을 역임하고 있는 야나이 슌지가 외무성 재직 시절 조약체결에 대한 민주적인 통제 문제, 그리고 국제법(조약)의 형성과정에서 국내법의 역할에 관하여 연구논문을 발표한 바 있다.[21] 그리고 최근 조약법협약에 대한 일본정부의 입장 및 관행을 모은 연구책자를 통해 단편적이나마 조약체결에 관한 일본의 국내관행이나 절차가 정리되어 소개되었다.[22]

2) 대한민국의 연구동향

대한민국에서는 1979년 헌법학자로서 양건 교수가 『미국헌법과 대외문제』[23]라는 저서를 통하여 대통령의 외교・조약체결 권한에 관한 미국의 사례를 소개하였다. 국제법 학계에서는 주로 '조약의 국내적 수용 문제' 및 '조약체결에 대한 국회의 동의권 문제'라는 주제를 다루면서 조약체결의 권한과 절차가 언급되곤 하였다. 대다수 국제법 교과서가 조약법협약을 설명하면서 조약 체결권자와 절차를 다루고 있지만, 국내적 절차보다는 국가들 간의 절차에 초점을 두고 있다.[24] 그러나 정작 조약의 국내적인 수용이 어떠한 절차를 통하여 이루어지

---

20) 일본의 경우, 조약체결의 절차나 권한을 둘러싼 쟁송이 극히 드물었고, 관료조직이 독점적으로 관리하고 있는 조약체결의 절차와 과정을 학계가 나서서 규명하려는 시도가 적극적이지 않았던 것으로 생각된다.

21) 柳井俊二, "条約締結の実際的要請と民主的統制,"『国際法外交雑誌』第78券(1979), pp. 37-97; 柳井俊二, "国際法規の形成過程と国内法,"『国際法と国内法 : 国際公益の発展』(1991), pp. 83-107.

22) 国際法事例研究会,『条約法 : 日本の国際法事例研究(5)』(2001).

23) 양건,『미국헌법과 대외문제』(삼영사, 1979).

24) 다만, 국제법 형성의 새로운 동향이라고 할 수 있는 다자조약의 체결절차에 대하여는 간헐적이나마 학문적인 관심이 제기된 바 있다. 예를 들어 정서용 "조약 체결의 새로운 방식으로서의 협약-의정서 접근방식에 대한 비판적 고찰,"『국제법평론』제21호(2005-I), 49-69쪽; 이재형,『다자 조약 체결 절차의 연구』, 고려대학교 석사학위논문, 1987.

는지, 국회의 동의권 행사가 어떠한 형식으로 이루어지며 그 형식이 조약의 국내적인 효력과 어떠한 관계를 가지는지, 그리고 국회의 입법과 조약의 체결이 어떻게 다른지 하는 점에 관하여 학계의 관심은 크게 높지 않았다.

이 분야에 대한 행정부 차원의 관심은 단속적이나마 이어졌다고 할 수 있는데, 한국법제연구원은 현행법제 개선방안 연구의 일환으로 1994년 8월 『조약의 체결절차와 시행에 관한 연구』라는 제하에 조약체결과 국내적 시행에 관한 종합적인 연구보고서를 발간하였다.[25] 법무부가 1996년 발간한 『조약의 국내적 수용 비교연구』도 조약의 체결절차에 관한 사항을 일부 다루고 있다.[26] 그리고 외교통상부는 자체 업무의 필요에 따라 1985년 『조약업무 처리지침』을, 그리고 국내적으로 조약 전반에 대한 이해를 넓히기 위하여 2006년 『알기쉬운 조약업무』라는 책자를 작성하여 조약체결 절차를 설명하고 있다.

2000년대 초반에는 외교통상부 주도로 「조약체결에 관한 절차법」을 성안하려는 움직임이 있었으나,[27] 구체적인 법률로는 결실을 맺지는 못하였다. 한편, 최근에는 자유무역협정(FTA: Free Trade Agreement)의 체결에 관한 국회의 관심이 증대되어, 특히 통상분야의 조약체결에 관한 행정부와 의회의 권한배분에 관한 비교법적 연구가 활발하다.[28]

---

25) 문준조, 『조약의 체결절차와 시행에 관한 연구』(한국법제연구원, 1994).

26) 김성준, 『조약의 국내적 수용 비교 연구』(법무부, 1996).

27) 신각수, "조약체결절차법 제정의 필요성," 『국제법 동향과 실무』, 제7호(2004. 2), 87-96쪽.

28) 대표적으로는 박노형, 『통상관련 조약체결과정에 있어서 주요국의 행정부와 의회의 역할분담에 대한 규범적, 사례적 고찰』(국회통일외교통상위원회 정책연구 04-2, 2004.9).

3) 대통령의 대외행정권에 대한 도전

과거 조약체결 권한에 대한 관심이 크지 않았던 이유는 대통령의 우월적 권한, 국회에서 여당의 세력우위 등과 같은 정치적 구조와 관계가 있었다. 국가원수이자 행정부 수반인 대통령이 대외행정권[29]을 상당부분 독점하는 구조하에서는 대통령의 조약체결권에 대한 법적인 도전이 활발할 수 없었다. 흔히 헌법 교과서에서 통치행위의 하나라고 표현되듯이, 외교수행 및 조약체결에 관한 대통령의 권한이 절대적이라는 인식이 당시에는 지배적이었다. 그러나 1980년대말 이래 국회에서 여소야대의 상황이 빈번해지고 민주화가 진전되면서 과거 절대적인 통치행위로 인식되던 대통령의 조약체결권이 '상대화'되기 시작하였다. 특히 2006년에 들어 일부 국회의원은 헌법재판소에 권한쟁의심판이라는 형식으로 수차례 대통령의 조약체결권에 도전하였다. 이와 같은 일련의 소송 제기는, 과거 절대적이라고 인식되던 대통령의 대외행정권이 국회와의 관계에서 객관화되고 상대화되고 있다는 점을 보여준다.[30]

2007년 말과 2008년 초에 거쳐 국회의원이 제기한 일련의 권한쟁의심판청구를 헌법재판소가 청구인 부적격이라는 이유로 각하함에 따라, 조약체결권에 관한 사항이 적어도 국회의원과 대통령간의 권한쟁의심판이라는 형태로 다투어지기는 어렵게 되었다.[31] 그러나 여전히

---

29) 다카노 유이치 교수 등은 외교에 관한 업무를 수행하는 권한을 총괄하여 "대외행정권"이라고 부르고 있다(高野雄一, 전게서, 28-29쪽).

30) 이근관 교수는 "(조약체결 절차에 관한 활발한 논의가) 대한민국 헌법상의 대외적 권한 관련 조항이 명목적・형식적인 존재에서 구체화・실질화되고 있음을 보여준다"고 평가하고 있다. 이근관, 「조약체결절차법안에 대한 공청회 토론자료」(국회 외교통상위원회, 2007), 28쪽.

31) 헌법재판소 2007.10.25, 2006헌라5, 공보 제133호, 1083; 헌법재판소 2007.07.26, 2005헌라8, 공보 제130호, 824.

국회가 조약 특히 통상조약의 체결절차에 관한 법률안으로 상정함으로써 조약체결의 권한 및 절차에 대한 논의는 계속되고 있다.[32]

II. 목적과 방향 설정

그간 조약체결 절차는 행정적·기술적 성격의 사안으로 치부되어 학계의 관심이 높지 않았다. 또한 행정조직이 독점적으로 관리한 결과, 학계 차원에서 정보의 입수라든지 체계적 분석이 쉽지 않은 측면도 있었다. 그러나 조약이 다양한 분야에서 일반국민의 생활과 복지에 영향을 미치게 됨에 따라 조약체결의 권한과 절차라는 주제에 대한 연구는 더욱 중요해지고 있다.

이 책은 대한민국에서의 조약체결 권한 및 절차를 다루고 있다. 즉, 국제법인 조약법협약을 염두에 두면서 (i) 대한민국 헌법상 조약체결 권한이 어느 기관에 속하고, (ii) 그 권한이 어떠한 방식으로 위임됨으로써 하부 행정기관이 행하는 일련의 조약체결 행위에 형식적·법적 정당성을 제공해 주는가, (iii) 대한민국 국내적으로 어떠한 절차를 거쳐서 조약이 교섭되고 체결되는가 하는 것이 이 책이 실증적으로 규명하고자 하는 바이다. 이러한 권한과 절차에 대한 실증적 이해의 바탕하에서 이 연구가 궁극적으로 시도하고 있는 목표는, 그동안 기계적으로 반복·진행되어 왔던 조약체결의 국내절차를 새롭게 점검한 다음, 민주성과 효율성이라는 잣대로 평가해 보고, 국회나 국민의 참여 확대 가능성을 탐문하는 것이다. 아울러 현재 개별 법령에 산재되어 있는 조약체결 관련 규정을 단일법률로 입법화하는 방안의

32) 이에 관한 사항은 제3장 제2절에서 다루고 있다.

타당성에 대하여도 검토하고자 한다.

Ⅲ. 방법론 : 대상과 접근방법

1. 연구범위와 용어

보다 큰 틀에서 접근하면, 조약의 교섭 및 체결은 대통령의 대외행정권의 일부분이라 할 수 있다.[33] 대통령의 대외행정 일반에 대한 헌법적 통제의 문제는 이미 선행연구가 있으므로[34] 여기서는 가급적 조약에 집중하여 고찰하고자 한다. 고찰의 대상이 되는 '조약'은 '법적인 권리·의무를 창설하기 위하여 국제법주체가 맺는 합의'라는 넓은 의미의 조약이다. 이 책에서는 '조약'이라는 단어를 이와 같이 넓은 의미로 사용한다. 다만, 문맥에 따라서는 헌법상의 절차를 거친 조약만을 의미하기도 하는데, 이때에는 '헌법상 조약'이라고 하고 있다.

한편, 이 글은 양자조약과 다자조약을 모두 다루지만, 양자조약에 초점을 두고 있다.[35] 다자조약에 비해 양자조약이 그 체결과정에서 대한민국의 영향력이 크다는 점에서 조약체결 절차의 분석이라는 목적에 비추어 볼 때 양자조약이 더욱 적절하고 유용한 연구대상이기 때문이다.

이 책의 제목에서 말하는 '조약체결'은 영어로는 treaty-making을

---

33) 이에 관하여는 제3장 제1절에서 다시 다룬다.

34) 배종인, "외교행위에 대한 헌법적 통제의 주요문제," 『국제법학회논총』, 제51권 제3호(2006), 91-117쪽.

35) 조약법협약은 양자조약과 다자조약을 굳이 구분하여 다루고 있지 않다. 다만, 협약 제60조제1항이 그 내용상 양자조약에만 적용되며, 제40조, 제41조 등은 명시적으로 다자조약에만 해당하는 조항이다.

의미하며 조약문의 형성과 확정, 그리고 조약의 발효까지의 과정을 모두 포함하는 뜻으로 사용되었다. 즉, 조약의 서명이나 비준과 같이 조약이 확정되는 단계뿐만 아니라 그 이전에 조약문안이 교섭되고 만들어지는 단계를 포함하는 것으로 이해하고자 한다. 또한, 포괄적인 분석을 위하여, 조약이 서명되고 발효된 이후의 단계인 개정, 정지 및 종료에 관한 사항도 함께 다룬다.

여기서 '권한'(powers/competence)이라 함은 법이나 관행으로 부여된 행정기관의 권능으로서 정책의 내용과 가부에 관하여 결정을 내릴 수 있는 힘을 의미하며, '절차'(procedure)라고 함은 행정기관이 합법적인 의사결정을 내리는 과정을 의미한다. 권한이 정적인 개념인데 반해 절차는 동적인 개념으로 이해되지만, 조약의 체결에서 권한과 절차는 서로 밀접하게 연관된다. 조약체결 권한은 헌법과 국내법령이 정한 절차에 따라 위임되고 실현되기 때문에 절차 위반이 곧 권한 위반(침해)으로 연결되기도 한다. 예를 들어, 조약과 관련된 국내소송에서 자주 다투어지는 대상이 헌법 제60조제1항 국회의 동의권인데, 대통령이 조약을 체결함에 있어서 제60조상의 국회동의를 받지 않았다면 이는 '국회 동의권의 침해'라는 이유로 권한쟁의심판으로 다투어질 수 있는 동시에,[36] '헌법상 절차의 위반'이라는 이유로 위헌법률심사나 헌법소원의 과정에서도 다투어질 수 있게 된다.[37]

---

36) 국회의원과 대통령 등 간의 권한쟁의(헌법재판소 2007.10.25, 2006헌라5, 공보 제133호, 1083)에서 청구인측인 국회의원은 국회뿐만 아니라 자신의 권한, 즉 헌법 제60조제1항에 따른 국회의 동의권 또는 이와 관련된 국회의원 개인의 표결권이 침해된 것이라고 주장하였다.

37) 대한민국정부와 중화인민공화국정부간의 마늘교역에 관한 합의서 등 위헌확인(헌법재판소 2004.12.16, 2002헌마579, 판례집 제16권 2집 하, 568, 568-568)에서 청구인측은 헌법 제60조제1항 국회동의를 헌법상의 절차로 파악한 다음, 정부가 이러한 절차를 위반하여 조약을 체결하였다고 주장하였다.

2. 접근방법

조약체결에 관한 연구에는 두 가지 접근방법이 있다. 우선 어떠한 실체가 조약의 체결과정에 참여하거나 영향력을 행사하였는가를 실증적으로 따지는 정치학적이고 동태적 접근이 있다. 이와는 달리, 조약체결에 관한 현행 제도를 살피고 그 개선점을 모색하는 제도적이고 정태적인 접근방식도 있다. 이 책에서는 후자의 접근방법을 택하고 있다. 물론 조약체결을 동적인 과정으로 파악하고 그 과정에서 참여하는 실체(정부, 국회, 이익집단, 시민단체 등)의 상호작용을 포착해내는 동태적인 연구가 중요해지고 있지만,[38] 그러한 동태적인 연구의 체계적 수행을 위하여는 우선 이 책과 같은 정태적·제도적 연구의 뒷받침이 필요하다.

조약은 '국가간의 약속'인 동시에 '국내법적인 효력을 가지는 입법'으로서의 이중적인 측면을 가지고 있다. 이 글에서는 국제적인 차원을 염두에 두면서도 그 실질적인 무게중심을 국내적인 차원에 두고 있다. 국내적으로 입법의 효과를 가진다는 점에서 조약체결에 대한 민주적 통제라는 테마를 하나의 과제로 삼으면서도, 국가간의 약속이라는 점에서 그 법적 안정성이라는 요소도 고려한다. 연구의 대상이 되는 구체적인 법규범과 관련하여, 국제법적 차원에서는 조약법협약을, 국내법적 차원에서는 헌법과 관련 국내법령을 다루었으며, 아울러 외교통상부의 내부지침[39] 등의 자료도 참고한다.

---

38) 이러한 연구의 예로는 안세영, "자유무역협정(FTA)에 대한 국내이해집단의 반응에 관한 연구," 『무역학회지』, 제28권 제2호(2003. 3), 55-79쪽; 유현석, "한-칠레 자유무역협정 협상의 국내정치," 『한국정치학회보』, 제36권 3호; Andrew Clapham, "Participation of Non-Governmental Entities in Treaty-Making: The Case of Conventional Weapons" at Vera Gowlland-Dabbas (eds.), *supra* note 16, pp. 41-43.

이 글의 초점은 '대한민국의' 조약체결 권한과 절차이다. 종래와 같이 조약체결 절차에 관한 외국의 제도를 정리하여 나열하는 방식을 지양하고, 외국의 사례는 대한민국 조약체결 절차의 보편성과 특이성을 부각시키고자 할 때 언급하고 있다. 본문에서도 각국의 절차를 별개의 장이나 절로는 다루지는 않고, 대한민국의 조약체결 절차를 중점적으로 설명하는 과정에서 필요하다고 판단되는 부분에서 외국의 절차나 사례를 설명한다.

39) 외무부, 『조약업무 처리지침』(1995); 외교통상부, 『알기쉬운 조약업무』(2006); 외교통상부, 『알기쉬운 기관간약정 업무』(2007년 10월) 등.

제 2 장

조약 및 조약체결의 의의와 특성

제1절 조약의 정의 및 분류

이 절에서는 (i) 연구의 대상이 되는 조약이 어떻게 정의되는지, 특히 어떠한 기준으로 정치적 합의[非條約]와 구분되는지, (ii) 조약이 어떻게 분류되며 그 중에서 고시류조약의 개념은 어떻게 생성되었는지, 그리고 (iii) 국내적으로 어떠한 기관이 국제합의를 '조약'과 '정치적 합의'로 구분하고, 조약에 해당한다면 이를 다시 '국회동의필요조약(國會同意必要條約)'과 '국회동의불요조약(國會同意不要條約)'으로 분류하는 유권적인 권한을 가지는지에 관하여 살펴본다. 이 과정에서 조약에 대한 국제법상의 정의와 헌법상의 정의 사이에 불일치가 발생한다는 점도 지적하고자 한다. 참고로 대한민국의 경우 특수한 남북분단 상황으로 인하여 '남북합의서'가 체결되고 있는데, 이에 대하여는 제4장에서 따로 다룬다.

I. 조약의 정의

주권국가는 조약 이외에도 다양한 형식으로 상호 합의나 약속을 맺는다. 이 책에서는 조약 이외의 국제합의문으로서 법적인 구속력을 가지지 않는 것을 "정치적 합의," "비구속적 합의(非拘束的 合意)" 또는 "비조약(非條約)"이라고 칭한다. 조약에 대해 정의를 내리는 일은 결국 조약과 정치적 합의를 구분하는 기준을 제시하는 작업이라 할 수 있다. 그리고 이와 같은 구분을 위하여 중요한 기준은 법적 구속력의 여부이다. 아래에서는 국제합의문서의 법적 구속력 여부를 판단하는 기준에 대하여 살펴본다.

1. 조약과 정치적 합의의 구분

국가는 다양한 방법으로 대외적 의사표현을 한다. 여기서 일단 국가의 대외적 의사표현을 대략적으로 도식화하면 다음과 같다.

〈도표 1-1〉 국가의 대외적 의사표현에 대한 분류

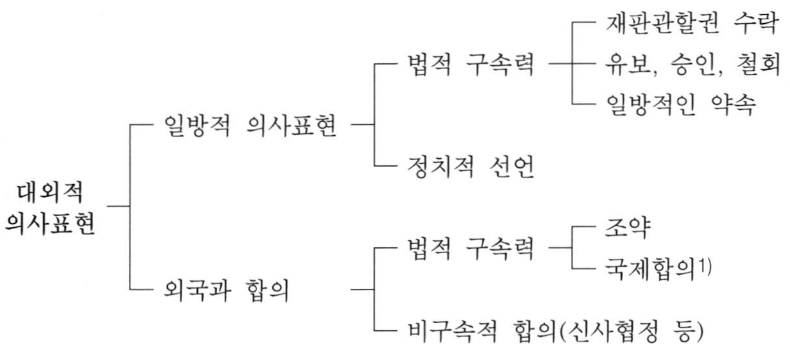

이 도표에서 볼 수 있듯이, 국가를 대외적으로 구속하는 의사표현(또는 합의)은 '조약'이라는 형식에 국한되지 않는다. 그런데, 오스트리아와 같은 특수한 사례를 제외한[2] 거의 대다수의 나라에서는 의회가

1) 예를 들어, 법적인 구속력을 가지는 국제기구의 결의라든지 국제재판 회부에 대한 합의(special compromis) 등이 이에 해당할 수 있겠다.

2) 오스트리아 헌법의 경우 정부가 법적인 구속력을 가지는 일방적 행위를 하고자 할 때에는 조약과 마찬가지의 국내절차를 준수하여야 한다고 한다. Hollis, Blakeslee & Ederington, eds., *National Treaty Law and Practice* (2005), p. 62.

위의 분류 항목 중에서 조약에 대하여만 법적 통제를 할 뿐이며, 일방적 행위나 정치적 합의는 주로 행정부가 전권으로 처리하고 있다.[3)]

개념적으로는 〈도표 1-1〉과 같이 단순화하여 분류할 수 있지만, 실제 국가의 대외적 의사표현이 법적인 구속력을 가지는지 여부가 반드시 명료한 것은 아니다. 일부 합의는 "이 문건이 … 국제법상의 권리나 의무를 창설하려는 의도를 가지고 있지 않다"는 점을 분명히 하고 있지만, 상당수의 의사표현이나 합의는 그 법적인 지위를 분명히 밝히지 않고 있다. 이 경우 특정 국제합의문이 조약인지 아닌지는 결국 해석을 통하여 밝혀야 한다. 아래에서는 조약에 초점을 두어, 조약을 정치적 합의와 구분하는 기준을 짚어보고자 한다.

1) 조약법협약상의 정의와 당사자의 의도

조약법협약 제2조는 조약을 "단일의 문서에 또는 둘 또는 그 이상의 관련문서에 구현되고 있는가에 관계없이 또한 그 특정의 명칭에 관계없이, 서면형식으로 국가간에 체결되며 또한 국제법에 의하여 규율되는 국제적 합의"라고 정의하고 있다. 여러 나라의 조약체결 절차를 비교・분석한 Duncan Hollis에 따르면, 대다수의 국내법이 조약법협약의 정의를 명시적 또는 묵시적으로 수용하고 있다.[4)] 대한민국 헌법과 국내법령의 경우에도 조약에 대한 정의를 따로 두고 있지 않기 때문에 국내적으로도 조약에 대한 정의를 내릴 때에 조약법협약 제2조가 인용되곤 한다.[5)] 이러한 태도에는 조약법협약도 대한민국 헌법

---

3) 이러한 현행의 제도(조약으로 분류되는 국제합의에 대하여만 국회의 승인 요구)가 타당한지 그리고 국회는 사실상 다른 수단(예산이나 청문회 등)으로 정부의 대외적인 의사표현을 통제 가능한지 하는지 등의 논의가 제기될 수 있다. 이에 대하여는 뒤의 '정치적 합의에 대한 민주적 통제의 문제' 등에서 부분적이나마 다루고 있다.

4) Hollis, Blakeslee & Ederington, *supra* note 2, p. 9.

상의 절차에 따라 체결・공포된 조약[6]이기 때문에 조약법협약 제2조를 국내법에 그대로 대입할 수 있다는 식의 사고가 전제된 듯하다. 그러나 조약법협약의 정의는 그야말로 '협약의 목적상' 만들어진 시행상의 정의(operational definition)에 불과하므로 그러한 전제는 타당하지 않다.[7]

보다 근본적인 문제로서 조약법협약 제2조의 문구는 조약과 정치적 합의를 판별하는 실효적 기준이 되지 못하고 있다. 국가들 간에 다양한 형식과 내용의 합의문서가 체결되고 있는 현상황하에 "서면형식으로 국가간에 체결되며 또한 국제법에 의하여 규율되는(governed by international law) 국제적 합의"라는 문구는 조약과 비조약을 실제로 판별함에 있어서 큰 도움을 주지 못하기 때문이다.[8]

결국 조약성 유무의 판단 기준이 되는 중요한 지표는 당사자의 의도로 귀결된다.[9] 조약법협약의 성안 당시에도 "국제법의 규율을 받는다"라는 문구가 모호하므로 그 대신 '법적인 권리・의무를 창출하려는 의도'[10] 또는 보다 넓은 의미로 '법적인 관계를 설립하려는 의도'[11]와

---

5) 예를 들어, 외교통상부의 과거 집무자료인 1995년 『조약업무 처리지침』은 조약을 정의하면서 조약법협약 제2조를 그대로 인용하고 있다. 외무부, 『조약업무 처리지침』(1995), 1쪽.

6) 대한민국은 1977년 4월 27일 비준서를 기탁하였으며, 이 조약은 1980년 1월 27일 발효하였다(조약 제697호).

7) 특히 제2조의 정의는 국제기구를 당사자로 하는 조약이나 구두합의(oral agreement)로 성립하는 조약을 배제하고 있다.

8) 공동성명은 언론에 발표만 될 뿐 양국 정상이 서명하지 않는 경우가 많지만, 일부 공동성명에는 양국 정상이 직접 서명을 하기도 한다. 또한 이러한 공동성명 중에는 "대한민국과 … 국은 … 하기로 한다"는 식으로 그 주체를 국가로 하는 경우도 있다.

9) 예를 들면, Aust 교수도 국제사법재판소의 1978년 에게해 대륙붕 사건(그리스와 터키) 등을 거론하면서 "intention to create obligations under international law"를 조약성립의 요소로 언급하고 있다. Anthony Aust, *Modern Treaty Law and Practice* (2000), p. 17.

같이 의도라는 요소를 삽입하자는 의견이 제시되었다.[12] 그러나 국제법위원회는 최종초안에 대한 주석에서 '국제법의 규율'이라는 문구가 '법적인 권리 · 의무 창출'이라는 요소를 포함하는 개념이라고 설명하면서 '국제법의 규율을 받는'이라는 문구를 채택하였다고 한다.[13]

이어서 설명할 외교통상부의 내부지침이나 국제사법재판소 및 헌법재판소의 판례에서도 이 '당사자의 의도'라는 기준을 조약성 여부 판단에서 중요한 잣대로 삼고 있다.[14] 그런데 이러한 당사자의 의사를 판단함에 있어서 당시 그 당사자가 가지고 있던 주관적 의도를 중요시할 것인지, 아니면 문안과 당시의 정황이나 문맥이 보여주는 객관적인 상황을 중요시할 것인지 하는 문제가 제기된다.[15] 상황에 따

---

10) 실제로 조약법협약의 성안시 최초의 보고자인 Lauterpacht는 제1차 보고서에서 조약을 "당사자간 법적인 권리 의무를 창설하려는 국가간의 합의(agreements between States … intended to create legal rights and obligations of the parties)"라고 정의한 바 있었다. H. Lauterpacht, *Yearbook of the International Law Commission*, 1953, Vol. II, document A/CN.4/63, p. 90.

11) Harvard 초안(Harvard Draft Convention)에서는 '법적인 권리 · 의무의 창설'보다 넓은 의미에서 "국제법 하의 관계 설정(establish a relation under international law)"이라는 기준을 사용한 바 있다. Harvard Law School, "Draft Convention on the Law of Treaties" in *American Journal of International Law*, Vol. 29 (1935), Supplement, pp. 778-787.

12) 예를 들어, 4번째 Waldock경의 보고서에 담긴 조약 정의 부분에 대하여, 호주, 오스트리아 및 룩셈부르크는 의도의 요소(the element of intention to create rights and obligations)이 포함되어야 한다는 의견을 제시한 바 있다. Draft Articles on the Law of the Treaties with Commentaries, *Yearbook of the International Law Commission,* Vol. II(1966), pp. 279, 281, 307-308.

13) *Ibid.*, p. 189.

14) McNair, *Law of Treaties* (1961), p. 15; Fawcett, "The Legal Character of International Agreements, 30 *British Yearbook of International Law*"(1953), pp. 381, 385.

15) Oscar Schachter 교수는 당사자의 의도가 모호한 경우 판단기준으로서 "법원의 태도, 조약집 등재 여부, 유엔등록 여부, 정부대표의 격과 수준" 등을 언급하였다 (Schachter, O., "The Twilight Existence of Nonbinding International Agreements," 71 *AJIL* 296 (1977), pp. 298-299).

라서는 '문안과 당시의 정황/문맥'과 당사자의 '주관적인 인식' 간에 불일치가 발생하기 때문이다. 법적 구속력을 가지지 않는다고 당사자가 당시 인식하고 있었거나 구속력 여부에 대하여 분명한 인식이 없었음에도 불구하고 해당 문건이 상대방이나 제3자에게 법적인 구속력을 가진 것으로 비춰질 소지를 준 경우이다.

2) 국제사법재판소의 판례

국가간 합의의 법적 구속력 유무를 판단한 국제판례로는 흔히 국제사법재판소의 1978년 에게해 대륙붕사건[16]과 1994년 카타르-바레인 해양경계획정 사건[17]이 거론된다. 에게해 대륙붕 사건에서 그리스측은 1975년 5월 31일자 양국 수상이 발표한 공동 코뮤니케[18]가 국제법상 유효한 합의로서 재판관할권의 근거가 된다고 주장한 반면, 터키측은 이 코뮤니케가 국제법상의 합의가 아니며 또한 일방 제소권을 인정한다고 합의한 적이 없다고 주장하였다. 국제사법재판소는 다음과 같이 공동 코뮤니케라는 형식의 문건도 그 내용과 상황에 따라서는 법적으로 유효한 합의일 수 있다고 판시하였다.

> … 분쟁을 사법적 해결에 회부하는 국제합의에 공동 코뮤니케는 포함되지 않는다는 국제법 규칙을 재판소는 알지 못하며, … 해당 코뮤니케에 담겨진 행위나 거래의 성격이 무엇인지를 정하기 위하여 재판소로서는 코뮤니케의 실제 합의내용과 그 성안된 특별한 사정을 모두 감안하여야 한다.[19]

---

16) *Aegean Sea Continental Shelf* (Greece v. Turkey), *ICJ Reports* (1978), pp. 3-45.

17) *Maritime Delimitation and Territorial Questions between Qatar and Bahrain* (Qatar v. Bahrain) Judgment (Jurisdiction and Admissibility), *ICJ Reports* (1994), pp. 112-149.

18) 이 코뮤니케는 1975년 5월 31일 양국 수상이 회담을 가진 후 기자회견에서 발표한 것으로서 서명되지 않았다.

그러나 최종적으로는, 일방적인 제소 방식에 대하여 터키 정부가 지속적으로 반대의 뜻을 표명하였다는 사실을 고려하여, 국제사법재판소는 문제의 공동 코뮤니케가 재판관할권의 기초가 될 수 없다는 결론에 도달하였다.

두 번째, 카타르-바레인 해양경계획정 사건 역시 재판관할권의 기초가 되는 문건이 국제법적으로 구속력을 가지는가 여부가 쟁점이 되었다. 카타르, 바레인 및 사우디 외무장관은 회담결과를 1990년 12월 25일 의사록(Minute)에 남겨두었는데, 이러한 의사록이 법적 구속력을 가지는 국제합의에 해당하는가 하는 문제가 제기되었다.[20] 1992년 5월 21일 바레인측은 1990년의 의사록은 정치적인 양해사항을 기록한 것일 뿐 법적 구속력을 가진 국제합의가 아니라고 주장하였다. 이와 같은 바레인측의 주장에도 불구하고, 국제사법재판소는 1987년 국가원수간의 교환서한(exchange of letters)과 함께 1990년 외무장관간의 의사록이 법적 구속력을 가지는 국제합의(international agreement)에 해당한다고 하였다.[21] 재판소는 1990년도의 의사록에서 "양국간에 합의한 것"이라는 표현에 주목하면서 이 의사록은 양국간의 불일치나 논의를 단순히 기록한 것이 아니라 양국간의 약속을 기록한 것임

19) 영문 판결문은 "it knows of no rule of international law which might preclude a joint communique from constituting an international agreement to submit a dispute to judicial settlement … in determining what was indeed the nature of the act or transaction embodied in the … Communique, the Court must have regard above all to its actual terms and to the particular circumstances in which it was drawn up." *ICJ Reports* (1978), para. 95.

20) 동 사건에 대한 상세한 내용은 이기범, "국제사법재판소의 '카타르와 바레인 간의 해양경계 및 영토문제에 관한 사건' 판결 분석 및 시사점 고찰," 『국제법평론』, 제26호(2007), 187-228쪽 참조.

21) *Maritime Delimitation and Territorial Questions between Qatar and Bahrain* (Qatar v. Bahrain) Judgment (Jurisdiction and Admissibility), *ICJ Reports* (1994), paras. 3, 8.

을 강조하였다.[22] 그리고 이러한 결론에 도달함에 있어서 재판소는 실제 사용된 표현과 그 작성된 특별한 사정을 고려해야 한다고 판시하였다.[23]

위의 두 판례에 비추어 볼 때, 국제사법재판소는 문건의 법적 구속력을 판단함에 있어서 당사자의 의사를 기준으로 해야 한다고 하면서, 그 당사자의 의사를 판별함에 있어서 (i) 문서의 형식(공동 코뮤니케인지 아닌지, 혹은 서명이 되었는지 여부)에 개의치 않고 있으며, (ii) 합의문의 실제 내용과 그러한 합의를 둘러싼 문맥이나 사정을 중시하고 있다.[24]

앞의 장에서 조약체결은 국제관계 및 국내관계에서 각각 이루어지며, 국제관계의 차원에서는 국제관계의 안정성 및 조약의 실효성이 중시되는 반면, 국내관계에서는 민주적인 통제 및 절차가 중요시된다고 지적하였다. 이에 비추어 볼 때, 국가간의 분쟁을 국제관계의 차원에서 다루는 국제사법재판소 등의 국제법원은 분쟁 당사국 내부의 민주적인 통제나 국내적인 조약체결절차보다는 '국가간 합의의 실효성'을 중시하는 경향을 가진다. 국제법원은 일반적으로 재판관할권을 가능한 한 행사하려는 적극성을 가질 뿐만 아니라, 국가간의 분쟁을 해결하여야 한다는 목적의식 하에서 해당 합의문을 가급적 유효한 것으

---

22) *Ibid.*, paras. 24-25.

23) *Ibid.*, para. 23.

24) 여기서 하나 주의할 점은 위의 사건에서 문제가 된 합의는 완전한 의미에서의 '조약'(treaty)이라고 하기보다는 '(조약 이외의) 국제합의'(international agreements)로도 볼 수 있다는 점이다. 재판소도 실제 판결문에서는 '조약'(treaty)보다는 '국제합의'(international agreement)라는 표현을 쓰고 있다. 따라서 이 판례가 과연 엄격한 의미에서 '조약'과 '정치적 합의'를 구분하는 기준을 제시하고 있다고 해석할 수 있는지 하는 의문이 제기될 수 있다. 그럼에도 불구하고, 재판소가 '문서의 형식이나 타이틀'보다는 '문서의 실제 내용(actual terms)과 상황(circumstances)'을 감안하여 법적 구속력 여부를 판단하려는 경향을 보였다는 점에는 주목할 필요가 있다.

로 해석하려고 할 것이다.

위의 두 사건에서도 국제사법재판소는 문제가 된 합의문이 각 당사국의 내부에서 어떠한 절차를 거쳐서 체결되었는지에 대하여 주목하지 않았다. 에게해 대륙붕 사건에서의 공동 코뮤니케는 서명조차 되지 않았으며, 카타르-바레인 해양경계획정 사건에서의 합의의사록 역시 조약체결에 필요한 국내절차를 거치지 않았다. 그러나 재판소는 이러한 요소를 고려하지 않았고, 해당 합의의 실제 내용이 무엇인지 그리고 어떠한 분쟁의 맥락에서 체결되었는지에 초점을 두었다.[25)]

3) 대한민국 외교통상부의 기준과 관행

대한민국 외교통상부는 그간의 경험을 토대로 조약성 판단의 기준을 나름대로 제시하고 있다. 2006년 『알기쉬운 조약업무』[26)]는 조약을 "(i) 국제법 주체간에 (ii) 권리·의무를 창출하기 위하여 (iii) 서면형식으로 체결되며[27)] (iv) 국제법에 의하여 규율되는 합의"라고 정의내린 다음, 구체적으로 조약성을 판단하기 위한 기준으로서 당사자의 의도(intention), 권리·의무관계의 구체성(specificity),[28)] 내용의 중요도

---

25) Aust 교수도 일반적으로 국제법원은 해당문건의 형식(the form of the instrument)보다는 합의의 존부, 즉 실제 내용에 대해 더욱 주의를 기울일 것이라고 하고 있다(Aust, A., "The Theory and Practice of Informal International Instruments," 35 *International Comparative Law Quarterly* (1986), p. 807).

26) 외교통상부, 『알기쉬운 조약업무』(2006), 13-15쪽. 참고로 1985년 『조약업무 처리지침』은 "당사자의 의사, 실체적 내용의 성격·중요도, 권리·의무의 구체적 규정, 둘 이상의 당사자, 형식, 문서에 사용되는 용어" 등을 "조약 여부를 결정하는 기준"으로 들고 있다. 외무부, 『조약업무 처리지침』(1985), 10-12쪽.

27) 외교통상부는 일단 '구두조약'은 배제하고 있는 것으로 보인다. 구두합의(oral agreement)가 상황과 문맥에 따라 국제법적 효력을 가져올 수 있다는 점을 배제하지 않고 있지만, 적어도 '조약'의 정의에서는 '문서'라는 형식을 요구하고 있다.

28) 미 국무부의 지침(1976년 3월 12일자 Memorandum by the State Department Legal Adviser to Key Department Personnel)에 따르면, 조약(국제합의 포함)은 "certain precision and specificity setting for the legally binding undertakings"라

(importance)를 들고 있다.[29] 조약법협약 제2조의 정의와 견주어 볼 때, 외교통상부의 지침은 당사자의 의사라는 요소를 강조하고 있으며 또한 권리·의무관계의 구체성을 중요시하고 있다.[30] 한편, 자주 지적되는 바와 같이 조약성을 판단함에 있어서는 그 내용을 기준으로 하여야 하며, 해당 문건의 제목이나 명칭이 기준이 되지 않는다. 이 점은 조약법협약 제2조뿐만 아니라 외교통상부의 업무지침에도 강조되고 있다.[31] 중국이나 러시아와 같은 일부 국가는 문서의 격식에 맞추어 타이틀을 부여하지만,[32] 대한민국의 경우에는 그러한 구분을 하지 않는다.[33] 다만, 관례적으로 범죄인인도조약이나 형사사법공조조

고 하여 '구체성'을 조약성 판단 기준의 하나로 들고 있다. 다만, Schachter 교수가 지적한 바와 같이 (1) 조약의 조항 중에서도 구체성이 결여된 경우가 있으며, (2) 비구속적 합의이지만 구체성을 가진 경우가 있을 수 있다(Shachter, *supra* note 15, pp. 297-299).

29) 미 국무부는 다음 다섯 가지의 기준을 제시하고 있다(International Agreement Regulations on 27 April 1981 at 22 Code of Federal Regulations); ① identity and intention of the parties, ② significance of the arrangement, ③ specificity, including objective criteria for determining enforceability, ④ necessity for two or more parties, ⑤ form.

30) 이러한 기준을 외교통상부가 구체적으로 적용한 사례로는 1999년 한일 어업협정 체결 당시의 합의의사록과 2006년 한미간의 전략적 유연성에 관한 공동선언 등이 있는데, 이에 관한 내용은 뒷부분에서 헌법재판소의 태도를 분석할 때 다루고자 한다.

31) 외교통상부 『조약업무 처리지침』(1995)은 "… 동 형태 또는 용어의 사용은 국제관행상의 차이로서 이들은 명칭에 관계없이 그 내용상 조약법협약의 양국간 합의를 구성하는 넓은 범주의 조약에 해당되는 경우에는 조약으로서 동등한 효력을 가짐"이라고 설명하고 있다(동 지침 3쪽).

32) 러시아나 중국과 같은 일부 나라는 정치적이고 중요한 합의문에는 '조약'(Treaty)이라는 이름을 붙이고, 경제적이고 기술적인 합의문에는 '협정'(Agreement)이라는 이름을 붙이는 등 명칭에 어떠한 의미를 부여하기도 한다. 그리고 조약체결의 주체(조약문에서 주어가 되는 실체)를 '국가'와 '정부'로 나누어서 전자는 중요한 조약에만 사용하기로 하는 관행도 있다. 하지만 그 합의문이 국제법 특히 조약법협약 제2조상의 조약에 해당한다는 사실에는 차이가 없으며 그러한 이유에서 대한민국의 경우 내용의 정치적 중요도나 구속력 여부에 따라 특별히 명칭이나 주어를 구분하여 쓰는 관행은 없다.

약 등은 주로 '조약'(treaty)이라는 제목으로 체결되는 반면,[34] 대다수의 양자조약은 '협정'(Agreement)이라는 제목으로 체결되고 있다.[35] 그리고 '약정'(Arrangement)은 기술적이고 집행적인 문건으로서 '협정'에 대한 부속합의를 체결할 때 주로 사용된다. 한편, 대한민국 정부의 경우 조약에 대하여는 공동성명(joint declaration)이나 공동선언(joint statement)과 같은 제목을 부여하지 않고 있기 때문에 공동선언이나 공동성명이 종종 정치적 합의와 동의어로 인식되곤 한다. 이와 같이 조약법협약 제2조나 외교통상부의 업무지침은 제목이 아닌 내용을 기준으로 조약성 여부를 판단해야 한다고 하고 있지만, 외교통상부로서는 제목을 통하여 조약성 여부나 합의문건의 격식을 미루어 짐작하는 경향이 있다.

하나 혼란스러운 점은 이러한 제목이 일관성을 가지고 부여되는 것이 아니라는 것이다. 근간에 문제가 되고 있는 제목은 양해각서(MOU: Memorandum of Understanding)이다. 일부 국가는 MOU라는 명칭으로 조약을 체결하기도 하는 반면, 다른 국가는 MOU라는 제목을 조약이 아닌 합의에만 사용하기도 하고 있다. 예를 들어 영국[36] 등 영연방국가[37]는 주로 MOU를 비구속적인 국가간 약속으로 이해하고 있다. 이

---

33) 조약의 명칭에 대한 대한민국의 기본적인 관행은 외교통상부 『알기쉬운 조약업무』(2006), 18쪽 등 참조.

34) 대한민국이 체결한 대다수의 범죄인인도조약과 형사사법공조조약은 '조약'(treaty)이라는 명칭을 사용하고 있다.

35) 예를 들어 대한민국이 체결한 수십건의 투자보장협정은 거의 예외 없이 '협정'(Agreement)이라는 명칭을 가지고 있다.

36) 영국은 MOU를 "An MOU records international commitments, but in a from and with wording which expresses an intention that it is not to be legally binding." Treaty Section Records & Historical Department Foreigin & Commonwealth Office, *Treaties and MOUs: Guidance on Practice and Procedures* (2nd ed., June 2000), p. 1.

37) 영국과 달리, 호주는 비구속적 합의를 "Arrangements of Less than Treaty

와 관련된 분쟁으로 영국과 미국간의 히드로 공항 사용료를 둘러싼 중재판정 사건이 있다. 이 사건에서 미국측은 양국 정부가 합의한 MOU가 법적인 구속력을 가진다고 주장한 반면, 영국측은 MOU는 그 자체로서는 독립적으로 법적 의무를 창출하지는 않는다고 주장하였다. 결국 중재재판정은 이 사건의 MOU가 해석의 지침이 될 뿐이며 그 자체로서 법원(legal source)이 될 수는 없다고 판정하였다.[38]

대한민국의 외교통상부는 기본적으로 MOU를 조약이 아닌 정치적 합의로 인식하고 있다. 다만, 정부를 체결주체로 하는 합의문을 MOU로 하는 경우 상대국과의 관계에서 조약인지 여부에 혼동이 있을 수 있고 또한 조약체결절차를 우회하는 수단이 될 수 있다는 가능성을 우려하여 정부간 MOU 체결을 자제하고 있다고 한다.[39] 이와 같은 원칙적인 인식에도 불구하고, 외교통상부가 MOU라는 명칭으로 조약을 체결한 사례도 존재한다. 예를 들어, 2006년 12월 4일 「대한민국

Status"라고 부르고 있다. Treaty Secretariat, Department of Foreign Affairs and Trade Canberra, *Treaties and Treaty Making: An Officials' Handbook* (3rd ed., May 2003), p. 7.

38) 중재재판소는 다음과 같이 판시하였다 : "The MOU is therefore available to the Tribunal as a potentially important aid to interpretation but is not a source of independent legal rights and duties capable of enforcement in the present Arbitration." *Reports of International Arbitral Awards*, United States-United Kingdom Arbitration concerning Heathrow Airport User Charges (United States-United Kingdom) 30 November 1992 - 2 May 1994 VOLUME XXIV, pp. 1-359. http://untreaty.un.org/cod/riaa/cases/vol_XXIV/1-359.pdf).

39) 다만, 예외적으로 2004년 12월 대한민국 정부와 독일 정부간에 「입국 · 체류협력 양해각서」처럼 －조약이 아닌－ 정부간 MOU를 체결하기도 하였다. 이 양해각서는 조약이 아닌 신사협정에 해당하지만, 그 내용을 일반에게 알릴 필요가 있다는 판단하에 '비법규문서'의 게재에 이용되는 '외교통상부 공고'의 형식으로 관보에 실었다고 한다. 이호성, "우리나라의 조약체결절차 및 실무상의 새로운 문제들," 『국제법평론』, 제21호(2005-I), 9쪽, 각주 19. 그리고 『알기쉬운 기관간 약정 업무』에서는 MOU라는 타이틀을 조약이 아닌 합의에 사용한다고 하고 있다. 외교통상부, 『알기쉬운 기관간 약정 업무』(2007), 35쪽.

정부와 인도네시아공화국 정부 간의 관광협력에 관한 양해각서」는 조약(조약 제1820호)으로 체결되어 등록되었다.[40] 이와 같이 대한민국 정부는 MOU라는 명칭을 가급적 정치적 합의에만 사용한다는 인식을 가지고 있으나, 필요에 따라 MOU라는 제목으로 조약을 맺기도 하는 등 일관성을 보이지 못하고 있다.

2. 정치적 합의에 대한 통제

국가간 합의는 '조약'과 '비조약'으로 나뉘고, 비조약은 정치적 합의(political agreements), 공동선언(joint declaration),[41] 신사협정(gentlemen's agreement), 비구속적 합의(non-binding agreement),[42] 비공식적 합의(informal agreements)[43] 또는 양해각서(MOU) 등 여러 이름으로 불리어지고 있으나,[44] 법적인 구속력을 가지지 않는다[45]는 이유에서 조약

---

40) 『알기쉬운 조약업무』에서도 "조약의 주요 유형"의 하나로서 "양해각서(MOU)"를 거론하고 있다. 외교통상부, 『알기쉬운 조약업무』(2006), 18쪽.

41) 예를 들어 남북한간의 1992년 비핵화공동선언에서와 같이 한국에서는 '공동선언'이라고 하면 '조약이 아닌 정치적인 합의'로 이해되고 있다. 그러나 외국의 경우에는 '공동선언'이라는 제목으로 조약을 맺은 사례도 있다. 예를 들어, 1984년 홍콩의 미래에 관한 중국과 영국의 공동선언은 '조약'에 해당하며, 양 당사자는 이를 유엔에 등록한 바 있다(1399 UNTS 33 No. 23391).

42) Schachter 교수(*supra* note 15)가 이러한 표현을 사용하고 있다.

43) Jan Klabbers, "Informal agreements in international law : toward a theoretical framework," 5 *Finnish Yearbook of International Law* (1994), pp. 267-387.

44) 그 외에도 Roessler 교수는 "De Facto Agreement"라는 표현을 쓰고 있다(Roessler, "Law, De Facto Agreements and Declarations of Principles in International Economic Relations" 21 *German Yearbook of International Law* (1978), p. 41).

45) Schachter 교수에 따르면, "법적 효력이 없다"는 의미는 법적 책임이 귀속되지 않으며(국제법상 배상 책임을 지지 않으며), 국제법의 규율을 받지 않는다는 것을 의미하는 것이지, 반드시 법적인 함의가 완전히 배제된 것을 의미하는 것은 아니라고 한다. 즉, 금반언의 원칙 등이 작용할 수도 있다는 것이다(Schachter, *supra*

과 구분된다.46) 위에서 언급한 여러 조약성 판단 기준은 결국 조약을 정치적 합의로부터 구별하기 위한 수단이라고도 할 수 있다.

어떠한 국제합의문이 '조약'에 해당하는지 여부는, 이미 체결된 합의문의 법적 지위나 구속력을 추후에 판단하는 시점에서도 제기되지만, 실제로는 당사국이 그 합의문을 성안(drafting)하는 단계에서 이미 논의, 결정되는 사안이기도 하다.47) 즉, 당사국은 교섭의 단계에서 이미 합의문의 법적 지위에 관하여 합의를 해야 하며, 그러한 문서의 법적 지위가 합의문의 제목, 문구, 절차와 같은 객관적 지표로도 나타나도록 하여야 한다. 결국 조약성 판단 기준은 완료된 특정 합의문의 법적 성격을 판단하는 기준일 뿐만 아니라 합의문을 작성할 때 이미 작용하고 있는 것이다.

이와 같이 조약문의 교섭 단계에 착목하면, 재판관과 비슷한 시각(이미 체결된 합의문의 법적 지위를 판단)에서가 아니라, 교섭자의 시각(합의문을 만드는 입장)에서 이 문제를 볼 수 있게 된다.48) 이와 같은 시각을 통해, '교섭자는 어떠한 합의를 조약으로 처리해야 하는지' 아니면 '조약이 아닌 형식의 문건으로도 처리할 수 있는지' 등을 생각해 볼 수 있다.49)

---

note 15, pp. 300-301).

46) 법적 구속력을 가지지 않는 합의에 대한 종합적인 연구서로서는 中村耕一朗, 『国際合意論序説』(東信堂, 2002) 참조.

47) 예를 들어, 호주 외무성은 이에 관하여 다음과 같은 지침을 주고 있다: "It is desirable that as early as possible in a negotiation, the parties agree on the status of the document in which their intentions are to be recorded." Treaty Secretariat, Department of Foreign Affairs and Trade Canberra, *supra* note 37, p. 6.

48) 입법과정론도 유사한 논의를 하고 있다. 즉, 법관이 '존재하는 법'을 전제로 하여 그것을 발견하여 해석 적용하는 '사법과정'이 아니라, '만들어지고 있는 법'을 문제삼는 것을 '입법과정'이라고 하고 있다. 박영도, 『입법과정의 이론과 실제』(1994), 17쪽.

대통령・행정부는 교섭이나 성안의 단계에서 그 결과물로서 조약 또는 정치적 합의 중에 하나를 선택하여야 하는데, 그러한 선택에서 감안되는 요인을 검토해보자. 우선 합의의 결과를 조약의 형식으로 체결해야만 하는 상황이 있다. 예를 들어 모두스 비벤디(*Modus Vivendi*)가 아닌 공식적인 국가간 국경에 합의하였다면, 영속성 및 안정성을 확고히 하기 위하여 그 결과를 조약의 형식으로 매듭짓는 것이 일반적이다.[50] 또 다른 예로는 조세의 면제라든지 관세의 삭감과 같은 사항은 국가간의 관계에서뿐만 아니라 국내적으로도 법적 구속력이 필요하기 때문에 그러한 국내적인 효력을 확보하기 위하여 조약이라는 형식을 택하게 된다.[51]

반면, 제반 사정으로 인하여 오히려 조약이 아닌 형식으로 체결하는 것이 적절한 문건도 있다. 외교적으로 민감하거나 가변적인 미래를 상정하는 문건, 미승인 또는 적대적인 국가와 맺는 합의,[52] 비밀보호가 필요한 문건 등이 그러하다.[53] 내용에 따라서는 반드시 조약의 형식으로 하지 않아도 되는 경우도 있다. 법률의 위임에 따라 행정부가 전적으로 관할하는 분야에 있어서는 조약이 아닌 비구속적 합의의 형식으로 합의하더라도 행정부가 실제 그 이행을 담보할 수 있을 것이다.

---

49) Peter Sand는 다자조약 특히 환경분야 기준설정에 있어서 조약이 아닌 여타 문건의 형식으로 합의한 사례를 들고 있다(Peter H. Sand, "To treaty or not to treaty? : A survey of practical experience," 87 *ASIL Proceedings* (1993), pp. 378-383).

50) 예를 들면, 국가간에 배타적 경제수역(EEZ: Exclusive Economic Zone)의 경계선을 획정하는 합의는 조약의 형식으로 체결되어야 할 것이다.

51) 이중과세방지협약이나 사회보장협정 등이 그러한 예라고 할 수 있다.

52) 예를 들면, 1994년 10월 21일 북한과 미국간 체결된 제네바 합의("Agreed Framework between the United States of America and the Democratic People's Republic of Korea")가 이에 해당한다고 할 수 있다.

53) Shabtai Rosenne, *Developments in the Law of Treaties 1945-1986* (1989), pp. 88-90.

만약 조약 또는 정치적 합의 중에 양자택일이 가능한 상황이라면, 정부는 어느 쪽을 선택할 것인가. 물론 위반할 경우 국제불법행위(international wrongdoing)를 구성하며 또한 국가간 소송의 대상이 되게 된다는 이유에서 조약이라는 형식이 가지는 의미는 질적으로 분명히 다르다.[54] 그러나 최근 국제법의 법원(法源)으로서 연성법(soft law)[55]을 주장하는 견해가 대두하는 등 법[條約]과 비법[非條約]을 구분하는 경계가 점차 희미해져 가고 있는 현상이 나타나고 있다.[56] 또한, 그 효력상(상대국가의 준수 여부) 조약과 비구속적 합의가 크게 차이가 나지 않으며,[57] 간편한 절차, 신속성, 필요시 비밀유지 가능 등

---

54) 국제관계에 있어서 법적인 규범이 여타 규범과 그 기능 등에 있어서 구분되는지 여부에 관하여는 Martha Finnemore, "Are legal norms distinctive?," 32 *NYU Journal of International Law and Politics* (1999-2000), p. 700 참조. 한편, Baxter 판사는 결국 국제규범에는 다양한 형식이 있을 수 있으며 그 각각의 형식이 구속력의 차이를 나타낸다고 하여, 국제합의에는 다양한 스펙트럼이 있을 수 있음을 시사하였다(R. R. Baxter, "International law in her infinite variety," 25 *ICLQ* (1980), p. 549).

55) Soft law의 개념 및 기능에 관하여는 Alan Boyle, "Some Reflections on the Relationship of Treaties and Soft Law" at Vera Gowlland-Dabbas (ed.), *Multilateral Treaty-Making* (1998), pp. 25-40. Boyle은 이 논문에서 soft law가 조약을 대신하는 비구속적합의, 일반원칙, soft enforcement로 기능한다고 설명하고 있다.

56) 여기에서 과연 '연성법'(soft law)과 '정치적·도덕적으로 구속력을 가지는 합의'(politically or morally binding agreements)의 관계에 대해서 의문을 가지게 된다. Klabbers는 후자는 애시당초 법적이라 할 수 없기 때문에(not legal at all), 엄격한 의미에서 연성법은 정치적·도덕적 합의를 포함하지 않는다고 이해하고 있다(Klabbers J., "The reduncancy of soft law," *Nordic Journal of International Law* 65(1996), pp. 167-182). 이에 반해 Aust는 Guidelines, Principles, Declarations, Codes of Practice, Recommendations and Programme와 같은 제목의 비구속적 합의는 '법적 구속력을 의도하지 않는다는 점'에서 MOU라고 할 수 있으며, 그 대부분은 보편적인 규범을 지향하고 있기 때문에 양자가 아닌 다자적인 MOU라고 한다(Aust, *supra* note 9, pp. 44-45).

57) 비구속적 합의의 기능 등에 관하여는 Dinah Shelton ed., *Commitment and Compliance: the Role of Non-binding Norms in the International Legal System* (2000) 참조. 한편, Schachter 교수는 비구속적 합의가 내부적으로는 입법이나

의 장점 때문에 정치적 합의의 체결이 늘어나고 있다.[58]

만약 정치적 합의가 사실상 조약을 대체하거나 침식한다면, 이는 국가의 대외적 합의에 대한 민주적 통제 기능의 약화로 이어질 위험성이 있다.[59] 조약은 그 체결과정이 공개되면서 국민의 대의기관인 의회의 견제를 받고 또 체결 이후에는 사법심사의 대상이 된다. 그러나 정치적 합의는 행정부 단독으로 체결하기 때문에 조약체결의 절차를 거치지 않는다. 동일한 취지의 합의문을 조약이 아닌 정치적 합의로 처리한다고 하면, 국회동의는 물론이며 국무회의 심의, 심지어는 대통령 재가까지도 필요치 않게 된다.[60] 또한 정치적 합의는 그 자체 '법규범'이 아니기 때문에 재판의 규범이나 사법심사의 대상이 되지도 않는다.[61] 여기에서 대통령이 국제적으로 볼 때 ―상대국과의 관계에

행정에서 지침으로 작용할 수 있으며, 대외적으로는 관련 사안이 더 이상 전적으로 국내문제는 아니라는 점을 나타내는 기능을 가진다고 한다(Schachter, *supara note* 15, p. 303).

58) 국가들이 '조약'보다 '정치적 합의'를 선호하는 이유에 관하여는 Anthony Aust, *supra* note 9, p. 34 참조; 참고로 정치학자인 Lipson은 국가가 'informal agreements'를 선택하는 이유로서 (1) the desire to avoid formal and visible pledges; (2) the desire to avoid ratification; (3) the ability to renegotiate or modify as circumstances change; or (4) the need to reach agreements quickly 등을 꼽고 있다. Charles Lipson, "Why are some international agreements informal?," 45 *International Organization* (1991), p. 500.

59) 비슷한 맥락에서 Andre Nollkaemper 교수는 ―국제기구의 결정(decision)이 아닌― 국제기구의 권고(recommendation)의 경우 국내 의회의 통제를 받지 않는 결과를 초래한다고 지적하였다(Andre Nollkaemper, "The distinction between non-legal and legal norms in international affairs : an analysis with reference to international policy for protection of the North Sea from hazardous substances," *The International Journal of Marine and Coastal Law*, Vol. 13, No. 3(1998), p. 355).

60) Aust는 이러한 비구속적 합의(MOU)의 문제점으로서 "Respect for MOUs seem less important than for treaties; possible lack of care; lack of implementing legislation; difficulty in finding MOUs" 등을 말하고 있다(Aust, *supra* note 9, pp. 39-41).

61) 주한미군의 전략적 유연성에 관한 내용을 담고 있는 2006년 1월 19일 한미간 '동

서 볼 때– 조약에 해당하는 문건을 국회의 동의 절차를 회피하기 위하여 국내적으로 정치적 합의로 간주하여, 헌법에 규정된 조약체결 절차를 취하지 않고 체결하였다고 하면 이에 대한 사법심사가 가능한지 하는 문제까지 제기된다.

이와 같은 상황이 발생하는 근본적인 원인은 해당 사안의 정치적·실질적 중요성에 비례하여 국제합의의 형식이 결정되는 것이 아니라는 점에 있다.[62] 다시 말하자면, 사안이 정치적, 실질적으로 아무리 중요하여도 이를 반드시 조약이라는 형식에 담아야 하는 원칙은 없다는 것이다.[63] 결과적으로 이러한 정치적 합의의 문제는 외교수행에 관한 권한 및 책임에 해당하며, 대한민국 헌법은 이러한 권한과 책임

맹 동반자 관계를 위한 전략대화 출범에 관한 공동성명'은 양국 외무장관이 워싱턴에서 발표한 바 있으며, 이에 대하여 국회의원이 〈국회의원과 대통령 등 간의 권한쟁의〉(헌법재판소 2008.03.27, 2006헌라4)를 제기한 바 있다. 이 사건에서 헌법재판소는 "이 사건 공동성명은 한국과 미합중국이 서로 상대방의 입장을 존중한다는 내용만 담고 있을 뿐, 구체적인 법적 권리·의무를 창설하는 내용을 전혀 포함하고 있지 아니하므로, 이 사건 공동성명은 조약에 해당된다고 볼 수 없다. 그 내용이 헌법 제60조제1항의 조약에 해당되는지 여부를 따질 필요도 없이 이 사건 공동성명에 대하여 국회가 동의권을 가진다거나 국회의원인 청구인이 심의표결권을 가진다고 볼 수 없다"고 하였다.

62) Baxter 판사는 닉슨 미 대통령과 Thieu 베트남 대통령간의 서한 교환의 예(조약이 아닌 형식으로 처리)를 들면서 유사한 문제점을 지적하였다(Baxter, *supra* note 54, p. 555).

63) 2008년 4월 18일 타결된 「미국산 쇠고기 및 쇠고기 제품 수입위생조건」("쇠고기 합의")도 이러한 관점에서 이해할 수 있다. 쇠고기 합의는 형식상 정부 전체가 아닌 양측 관계당국이 체결주체이며, 또한 국무회의 심의나 대통령 재가와 같은 헌법상의 절차를 거치지 않았다는 점에서 헌법상의 조약이라고는 할 수 없다. 그러나 이와 같이 체결주체가 정부 전체가 아니며 그리고 헌법상의 절차를 준수하지 않았다는 이유만으로 쇠고기 합의가 국제적으로도 조약이 아니라고 단정할 수 없다. 이 문제는 결국 쇠고기 합의를 체결한 전후사정이 조약법협약 제7조에서 말하는 "관계 국가의 관행 또는 기타의 사정으로 보아 … 그 자가 그 국가를 대표하는 것으로 간주되었으며 또한 전권위임장을 필요로 하지 아니하였던 것이 관계 국가의 의사에서 나타나는 경우"라는 문구에 포섭될 수 있을지 여부로 귀결된다.

이 분명히 대통령에게 속한다고 하고 있기 때문에 이 문제는 상당부분 대통령의 외교업무 수행에 있어서 국회 및 국민과의 소통과 대화를 통하여 해소되어야 할 것이다.

이 책은 조약을 주된 연구의 대상으로 하고 있기 때문에, 조약보다 더 큰 범주라고 할 수 있는 국가의 대외적 약속에 대한 민주적 통제에는 일정한 한계가 있다는 문제점을 지적하는데 그치고자 한다. 다만, 대통령 또는 행정부가 외교나 대외정책에 있어서 국익에 중차대한 영향을 주는 공동성명이나 신사협정을 발표하고자 할 때에는 국회에 제출하여 이에 대하여 상임위 차원의 토의를 거치거나 결의안의 형식으로 국회의 동의를 얻는 자발적인 조치를 취할 필요가 있다.64)

3. 헌법재판소의 판단

1) 사법부의 접근방법

사법부가 국제합의문서의 조약성 여부를 판단함에 있어서는 몇가지 상이한 접근방법이 있을 수 있다.65) 첫째로 해당 합의문이 조약집에 등재되어 있는지 여부 혹은 헌법이 정하고 있는 절차를 거쳤는지 여부와 같이 형식적 기준으로만 판단하여 결정을 내릴 수 있다. 두

64) 외국의 유사한 예로서는 인도 정부는 파키스탄 정부와 1966년 1월 10일 이른바 「타쉬켄트 선언」을 서명한 후 이 선언을 1966년 2월 15일 의회에 제출하였으며, 의회는 정부의 입장을 승인한 바 있다. Monroe Leigh and Merritt R. Blakeslee eds., *National Treaty Law and Practice (France, Germany, India, Switzerland, Thailand, United Kingdom)* (1994), p. 97.

65) 연성법과 비구속적 합의의 예에서와 같이 국제관계에 있어서 법적 의무와 비법적 의무간의 경계가 모호한 경우가 있지만, Bothe 교수는 법적인 국제의무와 도덕적 국제의무의 구분이 가장 명확하게 이루어지는 곳은 오히려 국내법의 영역임을 지적한 바 있다(Michael Bothe, "Legal and non-legal norms: a meaningful distinction in international relation?," *Netherlands Yearbook of International Law* (1980), pp. 90-91).

번째 접근방법으로서 사법부는 해당 합의문을 직접 교섭하고 체결한 행정부(대통령)의 견해를 존중하는 태도가 있다.[66] 정치적인 사안(political question)이라는 이유로 사법부가 판단을 회피하는 경우도 여기에 해당한다. 즉, 당초 합의문을 교섭한 주체인 행정부의 입장을 가급적 훼손하려 하지 않고자 하는 것이다. 이와 대조적인 세 번째 접근은 사법부가 객관적으로 합의문을 심사하고 그 조약성을 직접 판단하려는 태도이다.

대한민국의 헌법재판소는 적어도 외견상으로는 세 번째 접근방법, 즉 다툼이 있을 때에는 합의문의 내용 등을 보고 직접 판단하려는 태도를 취하여 왔다. 다만, 현재까지 헌법재판소는 합의문의 조약성 존부에 관하여 결과적으로는 행정부의 의견과 모두 같은 결론에 도달하였다.

2) 헌법재판소의 태도

헌법재판소가 국제합의문의 조약성 여부를 구체적으로 판단한 사건으로는 〈한미간 전략적 유연성에 관한 공동선언의 위헌확인〉과 〈대한민국과 일본국간의 어업에 관한 협정비준 등 위헌확인〉이 있다. 이 사건에서 헌법재판소는 문제가 된 합의문의 조약성을 판단하기 위하여 그 실체적 내용을 분석한 바 있다.

2006년 한미간 전략적 유연성(strategic flexibility)에 관한 합의를 둘러싼 권한쟁의심판에서[67] 청구인측은 공동선언(joint statement)의 형식으로 체결된 문제의 합의문은 국가의 안전에 관한 중요한 사항으로서 조약의 형식으로 체결되었어야 한다고 주장하였다. 이에 대해 외

66) 일부 국가에서는 'executive certificate'과 같은 형식으로 사법부가 행정부(외무부)의 입장(견해)을 그대로 수용하기도 한다.

67) 헌법재판소 2006헌라4.

교통상부는 이 공동선언이 내용이나 형식의 측면에서 조약이 아닌 정치적 합의에 해당하며, 이러한 인식은 상대방 국가인 미국도 같이 하고 있다고 반박하였다. 헌법재판소는 조약을 "국가・국제기구 등 국제법 주체 사이에 권리・의무관계를 창출하기 위하여 서면형식으로 체결되고 국제법에 의하여 규율되는 합의"라고 정의한 후, 한미간 공동선언문에 대해 "이 사건 공동성명은 한국과 미합중국이 서로 상대방의 입장을 존중한다는 내용만 담고 있을 뿐, 구체적인 법적 권리・의무를 창설하는 내용을 전혀 포함하고 있지 아니하므로, 이 사건 공동성명은 조약에 해당된다고 볼 수 없다"고 하였다.[68]

이 사건 이전인 2001년의 〈대한민국과 일본국간의 어업에 관한 협정비준 등 위헌확인〉 헌법소원 사건에서는 조약과 함께 채택된 합의문건의 조약성 여부가 쟁점이 되었다.[69] 한일 양국 정부는 1999년 이른바 신한일어업협정을 체결할 당시 본문과 부속서 이외에 별도로 합의의사록을 채택한 바 있는데, 그 요지는 양국 정부가 동중국해에서 어업질서를 유지하기 위하여 긴밀히 협력한다는 것이었다.[70] 외교통상부는 이 합의의사록이 "긴밀히 협력한다"든지 "… 할 의향을 가진다"와 같은 비구속적 단어를 선별하여 사용하고 있으며, 이 문건이 조약이 아니라는 인식을 일본측과도 공유하고 있다고 설명하였다. 또한

68) 국회의원과 대통령 등 간의 권한쟁의(헌법재판소 2008.03.27, 2006헌라4).

69) 헌법재판소 2001.03.21, 99헌마139, 판례집 제13권 1집, 676.

70) 구체적으로 합의의사록은 양국 정부가 동중국해에서 어업질서를 유지하기 위하여 긴밀히 협력하고(제1항), 대한민국 정부는 동중국해의 일부 수역에 있어서 일본이 제3국과 구축한 어업관계가 손상되지 않도록 일본 정부에 대하여 협력할 의향을 가지며(제2항 참조), 일본 정부는 대한민국 국민 및 어선이 동중국해의 다른 일부 수역에 있어서 일본이 제3국과 구축한 어업관계하에서 일정 어업활동이 가능하도록 당해 제3국 정부에 대하여 협력을 구할 의향을 가지며(제3항 참조), 그리고 양국 정부는 동중국해에 있어서 원활한 어업질서를 유지하기 위한 구체적인 방안을 한・일 어업공동위원회 등을 통하여 협의할 의향을 가진다(제4항 참조)고 하고 있다.

합의의사록은 회의나 협상에서 논의된 사항을 정리하여 기록한 문건이며, 일반적으로 그 성격상 법적 권리·의무관계를 설정하는 조약에 해당하지 않기 때문에 국회비준의 대상이 아니라고 주장하였다.

이 사건에서 헌법재판소는 우선 조약을 "명시적으로 '조약'이라는 명칭을 붙인 것에 한하지 않고, 명칭여하에 관계없이 국제법주체간에 국제법률관계를 설정하기 위하여 체결한 명시적인 합의"라고 한 후, 이 합의의사록의 내용은 "한일 양국 정부의 어업질서에 관한 양국의 협력과 협의 의향을 선언한 것으로서 이러한 것들이 곧바로 구체적인 법률관계의 발생을 목적으로 한 것으로는 보기 어렵다"고 판단하였다. 또한 협정의 부속서에는 '협정과 불가분의 일부를 이룬다'는 문구가 있음에 반해, 합의의사록에는 그러한 문구가 없다는 점에서도 합의의사록을 조약에 해당한다고 보기 어렵다고 판시하였다.[71)]

위의 결정례에 비추어 보면, 헌법재판소는 조약성 여부를 판단함에 있어서, (i) 조약집 등재 여부 또는 조약체결 절차 준수 여부와 같은 형식적인 기준을 참고하거나 행정부의 의견을 존중하기 보다는 직접 조약의 문안을 구체적으로 보고 객관적으로 판단한다는 태도를 취하고 있으며, (ii) 조약성 판단 기준 중에서도 '권리·의무 창설 여부' 및 '구체적인 법률관계의 발생 여부'와 같은 실질적인 기준에 무게를 두고 있음을 알 수 있다.

3) 국제법원과 국내법원의 태도 비교

앞에서 국제사법재판소의 판례를 소개하면서 국제법원의 경우에는 국제관계의 관리 및 국제분쟁의 해결이라는 목적의식하에 국제합의의 실효성에 무게를 두게 되며 합의의 실제내용과 당시의 정황을 감안하

---

71) 헌법재판소 2001.03.21, 99헌마139, 160(병합).

게 된다고 하였다. 국제법원이 아닌 국내법원인 헌법재판소도 합의문의 구체 내용을 기초로 조약성 유무를 판단하고자 하는 점에 있어서는 일견 국제사법재판소와 유사성을 가진 것으로 보인다.

하지만 조약성 유무를 판단함에 있어서 국내법원은 국제법원에 비하여 몇가지 한계를 가질 수밖에 없다. 우선 국내법원으로서는 국익에 대한 고려로부터 완전히 자유로울 수 없으며, 특히 양자조약의 관계에서 자국 행정부가 조약 위반을 범하고 있다는 결론을 도출하는 데에 부담을 느끼지 않을 수 없다. 두 번째로 국제법원에 비해 국내법원은 국제법원에 비해 조약체결 국내절차의 준수 여부에 주목하게 된다. 국내법원으로서는 국내법상의 절차를 명백하게 위반한 국제합의를 인정하기 힘들 것이다. 이러한 측면에서 볼 때, 국내법원은 조약성의 존부의 판단에 있어서 국제법원에 비해 조심스러운 태도를 취할 공산이 크고, 때에 따라서는 '고도의 정치적 문제'라는 이유 등을 들어 판단을 회피할 가능성도 있다.

II. 조약의 분류

조약은 여러 기준으로 분류될 수 있다. 대한민국의 전통적인 분류방식은 조약체결의 상대방이 단수인지 아니면 복수인지에 따라 양자조약과 다자조약으로 나누는 것이다. 이러한 분류에 따라 매년 대한민국에 대하여 발효한 조약들을 모은 조약집도 『양자조약집』과 『다자조약집』으로 나누어 별개의 책자로 발간하고 아울러 외교통상부의 웹페이지의 '조약정보'도 양자조약과 다자조약으로 분류하고 있다.[72]

72) 대한민국이 국제기구와 맺는 조약은 '양자조약'으로 분류하고 있다. 하지만 유럽

양자조약과 다자조약은 그 체결절차가 일부 다를 뿐만 아니라, 양자조약은 계약적인 성격(Vertrag)이 강하고 다자조약은 입법적인 성격(Vereinbarung)이 강한 것으로 이해된다. 그러나 이러한 일반화가 반드시 타당하지 않고, 또한 양자조약과 다자조약이 같은 주제(subject matter)를 다루기도 한다는 점에서[73] 이와 같은 분류방법은 편의를 위한 것일 뿐이며 법적으로 의미를 가지지는 않는다.[74]

조약을 분류하는 또 하나의 기준은 국내절차의 형식이다. 이를 기준으로 조약을 분류해보면, ① 헌법 제60조제1항에 따라 대통령이 국회의 동의를 받아서 체결하는 조약(이 책에서는 '국회동의필요조약'이라고 한다), ② 국회의 동의 없이 대통령이 스스로 체결하는 조약('국회동의불요조약'이라고 한다), ③ 외교통상부 장관이 직권으로 체결하는 조

연합(EU)이나 동남아시아국가연합(ASEAN)의 경우에는 다수의 국가로 구성된 실체로 이해하여 대한민국이 이들 연합과 체결한 조약은 '다자조약'의 범주에 넣고 있다. 그 결과, 예를 들어, 자유무역협정(FTA: Free Trade Agreement)의 경우 유사한 내용임에도 불구하고, 대한민국이 칠레와 맺은 FTA는 양자조약으로 분류되는 반면, ASEAN과 맺은 FTA는 다자조약으로 분류되게 된다. 2007년 6월 10일 조약 제1850호로 발효한 「대한민국과 동남아시아국가연합 회원국 정부간의 포괄적 경제협력에 관한 기본협정」은 다자조약으로 분류되어 있다(외교통상부 웹페이지 '조약정보' 참조).

73) 예를 들어 투자보장에 관하여는 주로 양자조약(BIT: Bilateral Investment Agreement)이 체결되지만, 다자조약의 형식으로 MAI(Multilateral Agreement on Investment)가 OECD의 틀에서 논의된 바 있다. 또한 범죄인인도조약도 주로 양자조약으로 체결되지만, 「유럽범죄인인도협약」(European Convention Extradition)과 같이 다자조약의 형태로 맺어진 경우도 있다.

74) 이와 같은 분류는 단순히 편의 이외의 어떠한 특정한 목적을 가지고 있기 보다는 오히려 외교통상부 조직내부적인(institutional) 구조에 기인한다고 할 수 있다. 외교통상부내 조약을 담당하는 조약국은 과거 양자조약을 담당하는 '조약과'와 다자조약을 담당하는 '국제협약과'로 나뉘어 있었다. 결국 조약과가 담당하여 체결한 조약은 대부분 양자조약으로 분류되는 반면, 국제협약과가 맡은 조약은 다자조약으로 분류하였다. 이에 대한 하나의 예외로서, 조약체결의 상대가 국제기구인 조약은 대부분 국제협약과가 맡아서 체결하였지만 최종적으로는 '양자조약'으로 분류된다.

약('고시류조약 등 기타 국제합의'라고 한다)으로 나눌 수 있다. ①과 ②는 대한민국 헌법이 명시적으로 규정한 절차(국무회의 심의, 대통령 재가, 공포 및 필요시 국회 동의)를 준수하여 체결된 '헌법상의 조약'인 반면, ③은 법률의 위임 또는 관행에서 근거를 찾는 '관행상의 조약' 또는 '법률상의 위임에 따른 조약'이라고 할 수 있다. 여기서 중요한 점은 ①, ②, ③은 모두 조약법협약 제2조가 말하는, 즉 '국제법상의 조약'에 해당한다는 것이다.

아래에서는 헌법상 '국회 동의가 필요한지 여부'에 따른 분류(위에서 ①과 ②의 구분)를 살펴보고, '헌법상의 절차를 거치는지 여부'에 따른 분류(위에서 '①, ②'와 '③'의 구분)를 살펴본다. 그리고 이 과정에서 '대한민국 헌법상의 조약'과 '조약법협약상의 조약' 간에 불일치가 생겨날 수 있음을 지적하고자 한다.

1. 국회동의필요조약과 국회동의불요조약

우선 헌법 제60조의 기준에 따라, 대한민국에서 조약은 국회의 동의를 받아야 하는 조약과 국회의 동의가 필요하지 않은 조약으로 구분된다. 미국의 헌법관행을 참고하여, 대한민국에서도 국회동의불요조약을 편의적으로 '행정협정'(executive agreements)[75]으로 부르곤 한다. 하지만 이러한 용어 사용은 엄격한 의미에서 적절치 않다. 미국의 경우 헌법상 "TREATY"는 상원의 승인을 받은 조약을 지칭하며,

75) 참고로 Wildhaber는 국회(입법부)의 승인과 국가원수의 비준을 거치는 조약이 공식적인 조약이고 이러한 승인과 비준이 결여한 조약을 "Executive Agreements"으로 정의하고 있으나, 스스로도 이를 공식적인 조약과 행정협정을 구분하는 결정적인 기준이라고는 할 수 없음을 자인하고 있다. Wildhaber, Executive Agreements, in R. Bernhardt (ed.), *Encyclopedia of Public International Law*, Vol. 7 (1984), pp. 82-84.

이러한 '헌법상의 조약'이 아닌 국제합의를 '행정협정'으로 부르고 있다. 여기서의 행정협정은 실정헌법상의 조약("TREATY")이 아니라 관행으로 정착된 조약인 셈이다. 이와는 대조적으로 대한민국 헌법은 모든 조약이 아니라 특정한 부류의 조약에 대하여만 국회의 동의를 받도록 하였다. 따라서 대한민국의 경우 국회의 동의 없이 대통령이 체결한 조약(헌법 제60조제1항에 열거하지 않은 조약)도 국무회의 심의 등 절차를 거쳤다면 당연히 그 자체로 '헌법상의 조약'인 것이다.

국회동의필요조약과 국회동의불요조약의 구분은 헌법 제60조제1항에 따른다. 이 조항은 국회동의필요조약으로서 "상호원조 또는 안전보장에 관한 조약, 중요한 국제조직에 관한 조약, 우호통상항해조약, 주권의 제약에 관한 조약, 강화조약, 국가나 국민에게 중대한 재정적 부담을 지우는 조약 또는 입법사항에 관한 조약"을 언급하고 있다. 여기서 언급된 조약의 범위가 열거인지 아니면 예시인지, 그리고 각각의 조약이 구체적으로 무엇을 의미하는지에 관하여는 제3장 제2절에서 다시 다루기로 한다. 아래에서는 이와 같은 '헌법상의 조약'에 해당하지 않는 고시류조약과 기타 국제합의를 각각 설명한다.

2. 고시류조약

고시류조약을 한마디로 정의하자면, '외교통상부장관이 체결하고 고시하는 조약'[76]이라고 할 수 있다.[77] 즉, 국무회의 심의, 대통령 재

76) 외교통상부장관은 이러한 고시류조약 체결권을 하부기관이나 타부처에 위임할 수도 있다.

77) 국내적인 절차라는 측면에서 볼 때 '국무회의 심의'나 '대통령 재가' 등을 거치지 않는다는 의미에서 '약식조약'으로 부를 수도 있을 것이다. 이 책에서는 영어 "treaty in simplified form"은 간이조약으로 번역하였으며, 이는 특히 대외적인 조약체결의 방식, 즉 교환각서(exchange of notes) 등의 방식에 의하여 체결된

가 및 필요시 국회 동의 등 헌법규정이 요구하는 일련의 조약체결 절차를 거치지 않고 외교통상부장관의 결정으로 성립한다. 고시류조약은 조약법협약 제2조의 정의에 해당되는 '국제법상의 조약'이지만, 헌법이 정한 제반 절차를 거치지 않는다는 이유에서 '헌법상의 조약'에 해당하지 않음에 따라 여러 논란이 있어 왔다. 특히 구체적으로 고시류조약의 실체가 무엇인지, 어떠한 경우에 필요한지, 법적으로 어떻게 정당화될 수 있는지, 그리고 그 효력이 무엇인지 하는 쟁점이 있다. 여기서는 고시류조약의 연혁을 살펴보면서 이러한 쟁점에 관하여 검토하고자 한다.

1) 고시류조약 개념의 성립과 확장

외교통상부의 1985년 『조약업무 처리지침』에는 "일정유형의 조약에 대한 국내절차의 간소화"라는 소제목하에 지금도 논란의 대상이 되는 '고시류조약'을 다음과 같이 설명하고 있다.[78)]

> 조약에 대한 국가의 기속적 동의 부여를 내부적으로 확정하기 위한 국내절차로는 국무회의의 심의와 대통령의 재가를 요하는 것이 일반적이나, 모조약의 실시·집행을 위하여 그 조약의 규정에 의하여 위임된 범위 내에서 보충적으로 체결되는 약정(각서교환의 형식을 취하는 경우가 대부분임) 또는 국제기구에서 채택된 다자조약으로서 그 조약 내용 중의 경미한 사항을 기구의 결의를 통하여 수정하는 경우(예컨대 이사국의 수를 증감하는 따위) 등에는 복잡한 국내절차를 취하는 것이 적당하지 아니하므로 외무부장관이 관계부처와 협의를 거쳐 체결절차를

조약을 주로 의미한다. 국제법위원회는 1962년도 초안에서 간이조약을 "교환각서, 교환공한, 합의의사록, 합의각서, 기타 유사한 절차로 체결된 공동선언 또는 기타 문서로 체결된 조약"이라고 하고 있다. *Yearbook of International Law Commission,* Vol. II(1962), p. 161.

78) 외무부, 『조약업무 처리지침』(1985), 55-56쪽.

> 취하고 그 내용을 관보에 고시할 수 있다. 아래와 같은 국가간의 합의가 이 범주에 속하는 바 이를 실무편의상 고시류 조약이라 칭한다.(강조를 위해 밑줄 추가)

1985년 지침은 이러한 고시류조약을 유형화하여, ① 이미 체결된 조약에 규정된 내용을 실행하기 위한 집행적 성질의 세부사항에 관한 합의(예 : 1976년 부산시 하수도 사업에 관한 대한민국 정부와 독일연방공화국정부간의 기술협력을 위한 약정(외무부고시 제1호)으로서 모협정은 1966년 한·독 기술협력 협정), ② 조약의 본질적 내용을 변경함이 없이 이를 일부 수정하기 위한 합의(예 : 정부간 해사자문기구 협약 수정(외무부고시 제11호)), ③ 조약의 유효기간을 단순히 연장하기 위한 합의(예 : 1971년 소맥무역 협정의 제5차 연장을 위한 1979년 의정서(외무부고시 제40호)), ④ 수출인상의 쿼터에 관한 합의(예 : 대한민국과 오스트리아 정부간의 79년도분 면직물 쿼터협정(외무부고시 제16호)) 등을 들고 있다.[79)]

그런데 가장 최근의 자료인 외교통상부의 『알기쉬운 조약업무』(2006년판)도 위의 1985년 『조약업무 처리지침』과 유사하게 고시류조약을 설명하고 있으나,[80)] 그 유형화에 있어서는 1985년 지침상의 ① 모조약이 위임한 사항의 실시·집행과 ② 본질적 내용이 아닌 경미한

79) 자세히 살펴보면 1985년 지침의 본문이 말하고 있는 내용과 본문을 뒤따른 사례 사이에 다소간의 차이가 있다. 실제 사례에서 거론된 양자조약의 개정, 단순한 연장이나 수출쿼터와 같은 사항은 지침 본문의 표현인 "다자조약상으로서 … 기구의 결의를 통하여 수정하는 경우" 등과는 들어맞지 않는다.

80) 2006년판 『알기쉬운 조약업무』는 "모조약의 실시·집행을 위하여 보충적으로 체결되는 시행약정이나 모조약의 일부 내용을 수정하기 위한 각서교환 등에 대해서는 복잡한 국내절차를 취하는 것이 적당하지 아니하므로, 관계부처와 협의를 거쳐 외교통상부장관이 체결절차를 취하고 그 중 특정한 것에 대하여는 그 내용을 관보에 고시할 수 있습니다"라고 기술하고 있다. 이어서 고시류조약의 구체적인 예로서 "이미 체결된 조약에 규정된 내용을 시행하기 위한 집행적 성격의 세부사항에 관한 합의" 및 "조약의 본질적 내용을 변경함이 없이 이를 일부 수정하기 위한 합의"를 들고 있다. 외교통상부, 『알기쉬운 조약업무』(2006), 39쪽.

사항의 수정만을 거론하고 있다. 이러한 유형화가 열거인지 아니면 예시인지 하는 의문이 제기될 수 있는데, 1985년 지침과 2006년 자료가 공히 예시임을 나타내는 "… 등"이라는 표현을 쓰고 있으며 또한 –제4장 제2절에서 상세히 논하겠지만– 위의 지침이나 자료에서 언급되지 않은 '조약의 잠정적용'이라든지 심지어는 '조약의 종료에 관한 합의'도 고시류조약으로 실제 처리되고 있다는 점에서 열거가 아닌 예시로 보는 것이 타당하다.

또 하나의 차이점은, 1985년 지침이 '고시'를 고시류조약의 형식적 요건으로 정의하였는데 비해 2006년 자료는 "그 중 특정한 것에 대하여는 그 내용을 관보에 고시할 수 있습니다"라고 하고 있다는 점이다. 즉, 2006년 『알기쉬운 조약업무』는 고시류조약의 성립요건으로 '고시'가 필수조건이 아님을 시사하고 있다.

고시류조약이라는 개념이 당초 '고시'라는 형식에 착안하였다는 점에 비추어 볼 때, 2006년 자료와 같은 식의 느슨한 개념정의는 적절치 않다고 본다. 그러나 실제로 고시류조약의 개념을 확장하여, 행정부가 고시 여부에 관계없이 대외적으로 체결한 국제합의 전체를 '고시류조약'으로 이해하는 인식도 있다. 〈대한민국정부와 중화인민공화국정부간의 마늘교역에 관한 합의서 등 위헌확인〉에서 권성 재판관은 별개의견을 통해 다음과 같이 판시하였다.

> 대한민국과 중화인민공화국이 2000.7.31. 체결한 양국간 마늘교역에 관한 위 합의서는 소위 고시류조약에 해당하는 것으로 이러한 고시류조약을 체결하는 행정부의 권한은 성질상 매우 폭넓은 재량을 수반하지 않을 수 없으며 행정부의 이러한 재량은 본질적으로 전술적임과 동시에 전략적인 사항인 데다가 상호주의에서 벗어날 수 없는 것이어서 결국은 상황을 종합적이고 통시적으로 파악하여 흐름을 장악하는 행정당국자의 식견의 수준에 그 품질이 좌우될 수밖에 없다. 따라서 헌법재

> 판소는 이 문제에 관하여 일단은 경원의 위치에 서 있으면서 고시류조약 체결과 관련하여 헌법과 법률이 정한 절차를 현저히 일탈하거나 남용한 것이 두드러지게 들어난 경우에 한하여 기본권침해의 유무를 살피는 것이 옳으므로 헌법과 법률이 정한 절차를 현저히 일탈하거나 남용한 것이 아닌 한 이 사건의 고시류조약 체결과 관련한 정부의 권한행사 및 그 내용은 헌법소원의 대상이 되지 못한다.[81]

사실 이 사건에서 문제가 된 합의서는 정식으로 고시되거나 원본이 공개된 바조차 없으며 모조약이라고 할 만한 문건도 없기 때문에 적어도 1985년 『조약업무 처리지침』상의 '고시류조약' 카테고리에는 해당하지 않는다. 그러나 권성 재판관은 고시류조약의 개념을 '행정부가 정식 조약 이외에 재량적으로 체결할 수 있는 류의 합의서'로 이해하고 있다. 이와 같은 확장된 '고시류조약' 개념이 생겨난 이유는 헌법상의 조약 이외의 제반 국제법상의 조약을 포괄적으로 지칭할 수 있는 적절한 범주나 명칭이 마련되지 않았기 때문이라고 생각된다. 이 책에서는 이러한 범주를 "고시류조약 등 기타 국제합의"로 지칭하고 있다. 분명한 사실은, 어떻게 범주화되고 불리어지든 상관없이, 외교적인 수요에 따라 이러한 류의 국제합의가 빈번하게 맺어지고 있다는 것이다.

2) 고시류조약의 현실적 필요성

통계적으로 볼 때, 2006년에 37건, 그리고 2007년에 44건 등 매년 약 40건의 고시류조약이 체결되고 있으며,[82] 고시류조약에 대한 수요는 점증하는 추세이다. 이러한 부류의 조약을 모두 기존의 정식 조약

---

81) 2004. 12. 16. 2002헌마579 전원재판부.
82) 외교통상부 웹페이지의 '조약정보' 참조.

체결절차에 대입시켜 처리한다는 것은 기능적인 측면에서 과도한 행정부담을 야기할 것이다.

고시류조약의 개념이 '중요한 사항은 중요한 절차로, 경미하고 기술적인 사항은 이에 부합하는 간편한 절차로' 처리하려는 행정적 편의를 위하여 당초 생겨난 것은 부인하기 힘들다. 그러나 대외행정의 효율적 수행을 위하여 고시류조약과 같은 제도가 불가피한 측면이 있다. 특히 모조약을 행정적·기술적으로 구체화하는 부류의 조약에 대하여 다시 한번 공식절차를 반복하는 것은 행정적인 낭비라고 할 수 있다.[83] 국내법령의 경우에는 내부적 위계질서하에 상위법령이 하위법령에 구체적 내용을 위임함으로써 구체적 사항의 개정이나 변경을 용이하게 하는 장치가 있다. 그러나 조약의 경우에는 국내법령과 같은 위계질서가 없고 가변적인 구체적 사항의 개정이나 변경을 국내절차의 측면에서 용이하게 하는 제도적 장치가 없다. 결국 조약절차의 효율성과 합목적성에 비추어 볼 때 고시류조약 제도 자체의 현실적 필요성을 인정하지 않을 수 없다.

한편, 고시류조약의 상당부분은 한국정부가 협력기금을 지원한다는 조약[84]을 토대로 하여 체결되는 대외원조사업(대외경제협력기금 차관)의 이행에 관련된 구체적인 약정인데, 2007년에 체결된 총 44건의 고

83) 같은 의견으로는 이호성, 전게 논문, 6쪽.

84) 한편, 앞으로 대한민국의 대외원조 규모가 증대됨에 따라 개발도상국에 대한 지원 조약 역시 국회동의조약의 형식으로 체결되어야 한다는 의견도 대두할 것으로 생각된다. 하지만 이러한 대외원조 성격의 조약에 있어서는 '차관협정'과 유사하게 행정부가 전체적인 계획을 세워 국무회의의 심의를 거쳐(헌법 제89조제4항) 이를 국회로부터 승인을 받는 수순으로 진행되고 이렇게 승인된 계획에 한하여는 별도의 국회 동의를 받지 않아도 되도록 하는 것이 효율적일 것으로 생각된다. 물론 이 경우에도 국회는 지원의 대상, 목적, 방법 등에 대하여 규제를 가할 수 있을 것이고 또한 행정부가 정기적으로 국회에 보고하도록 하게끔 할 수 있을 것이다.

시류조약 중에서 이와 같은 류의 조약이 18건을 차지하고 있다.[85] 이 고시류조약의 내용은 母조약인 대외경제협력기금 차관 협정을 토대로 한국정부가 제공하는 협력기금을 상대방 국가가 활용함에 있어서 부가되는 조건을 담고 있다. 결국 이러한 합의문은 주로 외국정부의 의무를 규정하는 내용으로서 가급적 조약의 형식으로 할 필요가 있으나, 실제 한국정부에 새로운 의무나 부담을 주지는 않는 내용이라고 할 수 있다.

3) 고시류조약의 근거

고시류조약은 헌법상의 조약체결 절차라고 할 수 있는 국무회의의 심의나 대통령의 재가를 거치지 않고 외교통상부장관이 스스로 체결한다. 그렇다면 그 근거는 무엇인가? 고시류조약의 정당화 근거로는 다음의 법적·이론적 이유를 들 수 있다. 첫째, 고시류조약과 같은 국제합의 체결은 대통령의 대외행정권에 포함되며,[86] 이는 법령에 근거하여 외교통상부장관에 위임되어 있다.[87] 이러한 위임관계를 명시적으로 보여 주는 법률적 근거로는, "외교통상부장관은 … 조약 기타 국제협정 … 에 관한 사무를 관장한다"고 하고 있는 「정부조직법」 제

85) 구체적인 예로서 2007년 4월 30일 다카에서 서명된 「대한민국 정부와 방글라데시인민공화국 정부간의 대외경제협력기금 차관에 관한 약정(인터넷정보망 확충사업)」(고시 제606호)은, 1997년 6월 2일 서명된 「대한민국 정부와 방글라데시인민공화국 정부간의 대외경제협력기금 차관에 관한 협정」을 토대로 하여, 차관계약의 주요내용(제2조) 및 구매적격 국가의 대한민국 지정(제3조) 등을 규정하고 있다.

86) 일본의 이른바 「오히라 선언」 참조(일본 중의원외교위원회의록 제5호, 1974년 11월 20일, 2쪽).

87) 비교법적으로 볼 때 이탈리아에서도 유사한 문제가 제기된 바 있으며, 이에 대해 Giuliano는 약식조약의 근거를 행정부에 대한 대통령의 일반적·상시적 권한위임에서 찾고 있다. Mario Giuliano, et al., *Diritto Internazionale* 672(2nd ed., 1983).

25조, 그리고 "외교통상부장관은 조약의 서명 또는 가서명에 있어 정부대표가 된다"고 하고 있는 「정부대표 및 특별사절의 임명과 권한에 관한 법률」(이하 '「정부대표임명법」') 제3조를 들 수 있다. 둘째, 고시류조약 제도가 오랫동안 지속됨으로써 이를 관습헌법으로 볼 수 있다는 견해도 제시된 바 있다.[88] 고시류조약은 1976년 1월 최초로 체결된 이래[89] 30년 이상 지속적으로 반복되어 2008년 11월 현재 약 670건이 체결되었다. 고시류조약 체결은 이와 같이 지속적으로 반복된 행위로서 오랜 관행으로도 인정되고 확립되어 왔다. 일본의 경우에도 헌법에서는 조약의 체결을 위하여 의회의 승인이 요구된다고 하고 있지만,[90] 의회의 승인을 받지 않아도 되는 부류의 조약(행정협정)을 인정하고 있다. 다카노 유이치 교수도 합리적인 범위를 정해서 이러한 관행을 정착시키는 것이 불법은 아니라는 견해를 밝힌 바 있다.[91] 셋째, 또 다른 위임의 논리로서, 모조약의 조항에 근거를 둔 고시류조약은 이러한 모조약의 체결시 이미 포괄적으로 위임을 받았다고도 볼 수 있다.

4) 고시류조약의 국내적 효력

고시류조약 제도는 외교업무를 수행하는 과정에서 대외적인 합의를 빈번하고 신속하게 맺어야 하는 수요에 응하기 위하여 생겨난 반

88) 김승대, "헌법관습의 법규범성에 대한 고찰," 『헌법논총』 제15집(2004), 164-166쪽.
89) 고시류조약 제1호는 「부산시 하수도 사업에 관한 대한민국 정부와 독일연방공화국 정부간의 기술협력을 위한 약정」으로서 1976년 1월 7일 서명되었다.
90) 일본의 경우에도 국제법적으로는 조약이지만 국회의 승인을 거치지 않는 행정취극 체결을 일본 헌법 제73조제2호의 "외교관계의 처리의 일환"으로 설명하고 있다. 일본 헌법 제73조제3항은 "조약을 체결하는 것"은 내각의 직무라고 하고 있으며, "다만, 사전에 … 사후에 국회의 승인을 거칠 것을 필요로 한다"라고 규정하고 있다.
91) 高野雄一, 『憲法と条約』(1960), p. 57.

면, 결과적으로 정식 조약체결 절차를 생략하게 되었다고 할 수 있다. 그리고 고시류조약은 국내입법의 규칙(법률의 개정은 법률을 통하여서만 하도록 하고, 법률이 위임한 부분만을 하위법령이 정하도록 하는 규칙)에 따르고 있지 못함으로써 여러 측면, 특히 효력의 측면에서 국내법적 체계에서의 자리매김이 불분명한 상황이라고 볼 수 있을 것이다.

고시류조약 자체가 국민의 권리나 의무에 영향을 미치게 되어 소송의 대상이 되었던 예는 현재까지는 파악되지 않는다. 다만, 이론적으로는 외교통상부장관이 직권으로 체결한 고시류조약이 과연 국내법적으로 어떠한 효력을 가지느냐 하는 문제가 제기될 수 있다. 헌법 제6조제1항에 따르면, 국내법과 같은 효력을 가지기 위하여는 조약이 헌법이 정한 절차에 따라 체결되고 공포되어야 한다. 엄격한 문리적인 해석에 따른다면, 고시류조약은 국내법과 같은 효력을 가지기 힘들다. 그러나 고시류조약은 국제법적으로는 여전히 유효하다. 그리고 국내법적으로도 모조약상의 근거가 있다면 그 모조약의 규정에 따라 효력을 가질 수 있다. 한편, 고시류조약이 그 자체로서 국내법적 효력을 가지지 못한다고 하더라도 기존조약 또는 관련 국내법령의 해석상 길잡이가 될 수 있다고 본다.[92)]

5) 고시류조약의 문제점

고시류조약 제도가 현실적으로 불가피한 측면이 있으며 또한 현행 법령상 이를 정당화하는 논거도 설명하였다. 그러나 고시류조약 제도

---

92) 국가원수의 재가없이 체결된 간이조약(treaties in simplified form)의 국내법적 효력에 관한 외국의 사례도 마찬가지라고 할 수 있다. 이러한 간이조약은 일반적으로는 국내법령을 개폐하는 효력을 가지지는 못하며 또한 개인의 권리나 의무를 창출하지도 못하는 것으로 이해되지만, 다른 한편 국내법으로서는 효력을 가진다고 이해되는 등 다소 혼돈스러운 상황이라고 할 수 있다. Wildhaber, *Treaty-Making Power and Constitution: An International and Comparative Study* (1971), pp. 124-139.

는 아직까지 외교통상부의 업무참고자료에 기술되어 있을 뿐이며 법령의 형식으로 명확하게 정리되지 않고 있다. 그리고 앞에서 설명한 바와 같이 고시류조약의 범위가 구체적으로 어디까지인지, 즉 이와 같이 명시적 근거가 없는 관행이 허용되는 범위가 어디까지인지가 불분명하다. 따라서 그 현실적 필요성은 인정된다고 하더라도 남용될 우려가 있다는 점 또한 부인하기 힘들 것이다.

이러한 점을 감안할 때, 입법적으로는 구체적인 범위를 명확히 하여 이러한 조약이 허용되는 범위를 법령의 형식으로 정할 필요가 있다. 당장 고시류조약의 모든 범주를 모두 망라하여 유형화하기 힘들다면, 외교통상부의 내부지침의 형식으로라도 유형화하여 일정 기간 검증을 거친 후 최소한 대통령령의 형식으로 입법화하는 것이 바람직하다. 물론 이러한 법령으로도 고시류조약의 국내법적 효력 문제까지 해결하기는 힘들겠지만, 적어도 고시류조약의 범주가 명확해지고 그 법적 근거가 마련됨으로써 모조약의 이행과 같이 불가피한 경우에 고시류조약의 국내법적 효력을 인정하는 방향으로 일보 진전된 긍정적인 논의가 가능하리라 생각된다.

6) 헌법상의 조약과 고시류조약

일견 '국제법상의 조약=헌법상의 조약'이라는 공식이 성립하여야 한다고 인식된다. 그러나 외국의 사례에서 보듯 양자는 종종 다른 뜻을 가진다. 미국이나 일본의 경우, 모든 헌법상의 조약(Treaty)이 국제법상의 조약이라는 등식은 성립하겠지만, 모든 국제법상의 조약이 헌법상의 조약(헌법에서 정한 절차, 즉 국회의 승인을 받은 Treaty)이라는 등식은 성립할 수 없다. 이와 같은 불일치가 생겨나는 원인은 다음과 같이 설명될 수 있다. 당초 미국과 일본의 헌법은 "(모든) 조약이 특정한 국내절차(국회의 승인)를 거쳐야 한다"는 식으로 규정하였다. 그 결과 국내절차(국회의 승인)와 조약의 정의가 연계됨으로써 "헌법상의 절차를 거친 문건만 조약이다"라는 엄격한 해석이 나오게 된다. 그러나 국가간의 합의의 필요성과 수요는 증폭되어 실제로 행정부가 모든 (국제법에서 말하는) 조약에 대하여 헌법이 정한 절차를 거치는 것이 곤란한 상황이 되었다. 이러한 연유에서 미국 헌법은 '헌법상의 조약'과는 다른 카테고리인 '행정협정'(executive agreements)을, 일본 헌법은 '行政取極'('교우세이토리키메')라는 범주를 만들어 헌법이 정한 엄격한 절차를 회피하는 관행을 정착시키게 되었다. 이러한 행정협정류의 합의는 미국이나 일본의 '성문헌법상의 조약'은 아니지만 '(헌법) 관행상의 조약'이라고 할 수 있으며, 국제법적(조약법협약)상으로는 엄연한 '조약'인 것이다.

이와 같은 개념적인 설명이 대한민국의 고시류조약에 어느 정도 유추적용될 수 있다. 미국이나 일본의 헌법과는 달리, 대한민국 헌법은 조약 중에서 중요한 일부만 국회의 동의를 얻도록 하였다. 그 점에서 미국의 '행정협정'이나 일본의 '行政取極'과 같은 관행은 필요하지 않았다. 그럼에도 불구하고, 대한민국 헌법은 제83조에서 조약안은 '국무회의 심의' 대상이 된다고 하고 제6조에는 국내법적인 효력을 가지기 위한 요건으로서 '공포'를 규정하고 있다. 즉, 대한민국 헌법이 말하는 조약이 되기 위하여는 '대통령이 직접 또는 위임하에 체결,' '국무회의 심의,' '필요시 국회의 동의' 및 '공포'라는 일련의 절차적 요건을 거쳐야 하는 것이다. 결국 이와 같은 형식적인 요건을 '모두' 갖춘 국제합의만이 대한민국 헌법상 협의의 형식적인 '조약'(이 책에서는 '헌법상의 조약'이라고 하고 있다)에 해당하게 된다.[93] 그런데 외교업무의

93) 이와 같은 대한민국 헌법상의 '조약'은 모두 국제법상의 '조약'이라고 할 수 있다. 이를 집합관계로 표시한다면, '국제법상의 조약⊃대한민국 헌법상의 협의의 형식적인 조약'이라고 할 수 있다.

수요에 부응하여, 외교통상부장관이 국무회의의 심의나 대통령의 재가를 거치지 않고 국제법적인 의미에서의 조약을 체결하는 관행이 발달하게 되었고, 이를 '고시류조약'이라는 이름으로 개념화하게 되었다. 고시류조약은 '성문헌법상의 조약'은 아니지만 국제법상으로는 엄연히 조약에 해당하는 것이다.

3. 기타 부류의 국제합의

앞에서 '대한민국 헌법이 말하는 조약'(헌법의 절차를 거친 조약)과 '국제법(조약법협약)이 말하는 조약'간에는 불일치가 발생할 수 있음을 얘기하였고, 그 구체적인 예의 하나로서 '고시류조약'을 거론하였다. 그런데, 고시류조약 이외에도 국제법적으로는 조약에 해당하지만 헌법상으로는 조약이 아닌 국제합의가 있을 수 있을까? 이러한 예로는 고시되지 않은 국제합의, 부속문건, 개정·종료·연장 등에 관한 추가 합의, 국제재판 회부 합의(special agreement 등), 국제기구/합의기구에서의 합의 등이 있다. 이 책에서는 이와 같이 국제법상으로 유효하고 구속력을 가지지만, 대한민국 헌법상의 조약(국회동의필요조약+국회동의불요조약) 또는 고시류조약 어디에도 해당하지 않는 부류의 합의를 '기타 국제합의'로 부르고자 한다. 아래에서는 이러한 부류의 국제합의 각각을 살펴보고자 한다.

첫째로는 외교통상부장관이 직권으로 체결하였으나 '고시'되지 않은 국제합의가 있다. 구체적인 예로는 2000년 7월 31일 한국 정부가 중국 정부와 서명한 마늘교역에 관한 합의서를 들 수 있다. 이 합의서에 따르면, 한국측은 2000년부터 3년간 매년 일정량의 중국산 마늘을 수입하기로 하고 중국은 한국산 휴대전화 단말기 등에 대한 수입중단조치를 철회하기로 하였다. 이 사건과 관련하여 헌법소원이 제기되자, 외교통상부는 관련 합의서가 이른바 '신사협정'에 불과하며 곧 바로 국가간의 법률관계를 발생하는 것이 아니라고 주장하였다. 그러나 양국간 통상분쟁의 해결이라는 문맥하에 체결된 합의서의 법적 효력을 상대국과의 관계에서도 쉽게 부정하기는 힘들다고 보며, 제3자의 시각에서 볼 때 이러한 류의 합의서는 국제적으로 유효한 '합의'로 인식될 개연성이 높다.

둘째, 조약에 의하여 설립된 양자기구 또는 다자기구가 합의하는 국제문건의 법적 지위 또는 효력의 문제이다. 하나의 예로서 한미 주한미군지위협정(SOFA) 합동위원회를 들 수 있다. 이 합동위는 SOFA 협정에 의하여 설립된 협의기관으로서 SOFA의 이행에 필요한 사항에 관하여 양측이 협의하는 기구의 역할을 해오고 있다. 그런데 이러한 SOFA 합동위의 합의사항이 과연 국내법적으로 어떠한 효력을 가지는가 하는 문제가 제기되곤 한다. 외교통상부가 발간한 『SOFA 운영개선 실적 및 향후 과제』라는 책자는 "SOFA 합동위 문서의 효력"을 설명하면서 "국회 동의 없이 체결되는 국가간 합의도 국내법적 효력 보유," "SOFA협정 제28조는 SOFA협정 이행과 관련한 모든 사항을 협의토록 하는 권한을 합동위에 부여하였으므로 합동위 문서는 양국간 구속력 있는 국제협정"이라고 하고 있다.[94] 즉, 정부는 SOFA 합동위의 문건(합의문건)을 국제적으로도 구속력이 있을 뿐 아니라 국내법적으로도 효력을 가질 수 있다고 한다.[95] 그런데 이러한 사안이 SOFA 합동위 합의문건을 '조약'으로 볼 수 있느냐 하는 식의 문제로 환치되기도 한다. SOFA 합동위의 합의사항은 일반적으로 양측이 합의하지 않

94) 외교통상부, 『SOFA 운영개선 실적 및 향후 과제』(2007), 35쪽.

95) 2009년 2월 26일 대법원은 환경부가 정보공개 거부근거로 제시한 SOFA 합의서(환경관련 합의서)는 국회의 동의를 받지 않아 헌법 제6조제1항에 의한 조약이 아니라고 하면서 그 국내법적인 효력을 인정하지 않은 바 있다.

는 한 공개되지 않는다는 점을 감안할 때,[96] 그 합의사항이 그 자체로 독립적으로 개인에게 직접적인 의무를 부과하는 규범력을 가진다고 하기는 힘들다. 다만, 이 문제는 SOFA 합동위의 합의문이 조약이냐 아니냐 하는 문제라고 하기보다는 궁극적으로는 합동위가 SOFA의 규정상 구체적으로 어떠한 권한을 부여 받았는가 하는 사안이라고 할 수 있다. 국제기구의 결의가 국내법적으로 어떠한 효력을 가지는가 하는 문제 역시 유사한 관점에서 살펴볼 수 있다.[97]

또 하나 지위가 애매한 문건으로는 조약의 부속문건이다. 부속문건은 모조약과의 관계에서 여러 가지 의미를 가질 수 있다. (i) 기존 조약과 불가분의 관계(integral part)를 가진다고 하여 그 조약과 같은 구속력을 가질 수도 있고, (ii) 그 자체 별개의 합의나 조약으로 볼 수도 있고, (iii) 또한 후속적인 관행의 하나로 이해할 수도 있으며, (iv) 그 자체로는 구속력이 없지만 해석상의 참고가 될 수도 있다. 따라서 부속문건의 경우 양 당사자간에 이 문건의 정확한 법적 지위에 대한 명시적인 합의가 없을 때 그 지위에 대하여 혼란이 발생할 가능성이 높다.

대한민국의 경우에는 지금까지 사례가 없었지만, 앞으로 대두할 수 있는 또 하나의 문제는 국제재판 회부에 대한 특별합의(special agreement)이다. 상대방측의 일방적인 제소로 국가간 소송에 연루되는 경우와 달리, 상대방측과 합의로 어떠한 분쟁을 국제법원에 회부하는 경우를 상정해보자. 이와 같은 특별합의를 '조약'으로 볼 수 있을 것인가, 그렇다면 국내적으로는 어떠한 절차를 진행하여야 하는가 하는

96) 위의 책자 35쪽에 따르면, 예를 들어 "합동위 공식 의사록은 양측 정부에 속하는 공식 문서로 간주, 상호동의 없이는 비공개(합동위, 분과위 운영절차 제5조)"라고 하고 있다.

97) 배종인, "국제기구와 국제기구 결의에 대한 국제법적 조명: 국제기구 결의의 집행 문제 - 구속력을 가진 국제기구 결의의 국내적인 이행에 관하여," 『국제법평론』, 제25호(2007), 71-94쪽.

문제이다. 물론 사안의 정치적 중요성을 고려하지 않을 수 없겠지만, 일차적으로는 행정부가 어떠한 근거와 과정으로 이러한 특별합의를 맺는 것인가 하는 점이 관건이라고 할 수 있다. 만약 대한민국이 가입하고 있는 다자조약(예를 들어 유엔해양법협약)이 규정한 분쟁해결 절차에 따라 국가간 소송을 진행하고 그리고 그 과정에서 일부 특별합의를 하는 경우라면 대통령이 자신의 대외적 행정권의 권한으로 처리할 수 있는 사안으로 생각되며, 굳이 조약체결 절차와 같은 과정을 거쳐야 할 필요는 없다고 생각된다. 강제적 분쟁해결 조항은 그 성질상 원칙적으로 새로운 실체적 의무를 부담지우기보다는 기존의 법(국제관습법 또는 조약)을 발견하거나 확인하는 작업이라 할 수 있기 때문이다. 다만, 앞에서 정치적 합의에 대한 민주적 통제의 필요성을 제기하면서 언급한 바와 같이, 정부 전체적으로 중요한 사안이라면 국무회의를 거쳐서 대통령이 결정하는 것이 바람직하며, 또한 국가 전체적으로 중대한 사안이라면 어떠한 형태로든 국회의 승인을 사전에 받는 것이 타당하리라 생각된다.

마지막으로 상정할 수 있는 사례는 착오 또는 고의적으로 합의서의 법적 지위가 애매하게 남겨지는 경우이다.[98] 외교통상부를 포함한 행정부가 상대방 국가와 교섭할 때 해당 합의문의 법적 지위를 분명히 하지 않았거나 상대방에게 해당 합의문이 조약으로 비춰지게끔 행동한 경우가 있을 수 있다. 조약체결 절차를 관장하는 외교통상부의 입장에서는, 모든 국제합의를 체결할 때에 외교통상부장관 발급 전권위임장이 요구된다면 그 과정에서 외교통상부가 관련 문건의 조약성을 사전에 판단하고 통제할 수 있을 것이다. 그러나 그러한 식의 통제는

98) 실제로 1992년 러시아와 체결된 '한-러시아 경제협력양해각서'의 경우, 러시아측은 이를 조약으로 인식한 반면, 한국측은 이를 조약이 아닌 정치적 합의로 인식하였던 사례가 있다.

사실상 불가능하며, 조약법협약 제7조의 규정은 "관계 국가의 관행 또는 기타의 사정으로 보아 상기의 목적을 위하여 그 자가 그 국가를 대표하는 것으로 간주되었으며 또한 전권위임장을 필요로 하지 아니하였던 것이 관계 국가의 의사에서 나타나는 경우"에는 조약의 체결에 있어서도 전권위임장이 요구되지 않는다. 또한 외교통상부장관이 스스로 서명하거나 발표하는 합의문의 경우에도 앞의 카타르-바레인 해양경계획정 사건 등의 예에서 보듯이 '대외적으로 구속력을 가지는 조약 또는 국제합의'라는 의도가 결여되어 있음에도 불구하고, 제3자나 국제법원은 이 합의문의 내용과 정황을 기초로 '조약 또는 국제합의'로 판단할 여지가 있다.

4. 국내법령상의 '협정'과 '국제협정'

대한민국의 일부 법령에서는 '조약'이라는 단어와 함께 또는 단독으로 '협정,' '국제협정' 등과 같은 표현을 사용하고 있다. 여기에서는 과연 이러한 법령에서 사용되는 '국제협정'이 무엇을 지칭하는지를 살펴본다.

미국이나 일본의 헌법관행과 달리, 대한민국의 경우에는 '조약'과 '행정협정'을 구분하지 않고 있다. 그럼에도 불구하고 일부 국내 법령은 '조약'이라는 용어에 갈음하거나 '조약'과 나란히 '국제협정' 또는 '협정'이라는 단어를 사용하고 있다. 예를 들어, 「외교통상부와 그 소속직제」(대통령령 제20424호)는 외교통상부장관이 관장하는 사항으로 "조약 기타 국제협정"[99]이라고 하고 있다. 「외국 민간원조단체에 관한

---

99) 동 법령 제3조(직무) : 외교통상부는 외교정책의 수립・시행, 외국과의 통상 및 통상교섭과 대외경제관련 외교정책의수립・시행 및 종합・조정, 조약 및 그 밖의 국제협정, 문화협력, 대외홍보, 재외국민의 보호・지원, 국제사정 조사 및 이

법률」[100]과 「군사기밀보호법」[101]은 그 적용대상을 정하면서 "조약 기타 국제협정"이라고 하고 있으며, 이와 유사하게 「대외무역법」[102]과 「전기통신사업법」[103]은 "조약이나 협정"이라고 하고 있다. 그리고 「배타적 경제수역법」[104]은 조약이라는 표현은 쓰지 않고 "외국과의 협정"이라고만 하고 있다. 이 법령들 중에서 「외교통상부와 그 소속 직제」를 제외한 나머지는 대부분 해당 법령에 우선하는 규범으로서 조약 또는 국제협정을 언급하고 있다.

이들 법령에서 말하는 "협정"은 영어의 'agreement'를 번역하였거나 이에 상응하는 의미를 가진 것으로 생각된다. 일반적으로 'agreement'는 한글로 '합의'라고 번역된다. 그런데 외교통상부는 일반적인 용어(generic term)인 '합의'와 구분하기 위하여 조약의 타이틀로 사용되는 'Agreement'를 관행적으로 '협정'이라고 번역하고 있으며, 그 결과 다수의 조약이 "…에 관한 협정"이라는 제목으로 맺어지고 있다.[105] 그리고 '국제합의'라는 용어가 국제거래를 포함한 국제적인 요소를 가진

민에 관한 사무를 관장한다.

100) 동법 제3조(적용대상) : 이 법은 다른 법률 · 조약 기타 국제협정에 특별한 규정이 있는 경우를 제외하고는 외국민간원조단체에 이를 적용한다.

101) 동법 제21조 : 이 법은 우리나라에 주둔하고 있는 국제연합군의 기밀, 국군과 연합작전을 수행하고 있는 외국군의 기밀 및 군사에 관한 조약 기타 국제협정 등에 의하여 외국으로부터 제공받은 기밀로서 제2조의 규정에 의한 군사기밀에 해당하는 것에 관하여도 적용한다.

102) 동법 시행령 제66조제4항 : 제3항에 따른 원산지증명서의 유효기간은 1년으로 한다. 다만, 헌법에 따라 체결 · 공포된 조약이나 협정과 일반적으로 승인된 국제법규에서 그 유효기간을 다르게 정하고 있는 경우에는 그 유효기간으로 한다.

103) 동법 제59조(국제전기통신업무에 관한 승인) : ① 국제전기통신업무에 관하여 정부가 가입한 조약 또는 협정에 따로 규정이 있는 때에는 그 규정에 의한다.

104) 동법 제5조(대한민국의 권리행사등) : ① 외국과의 협정으로 달리 정하는 경우를 제외하고 대한민국의 배타적 경제수역에서는 제3조의 규정에 의한 권리를 행사 또는 보호하기 위하여 대한민국의 법령을 적용한다. 동조 제2호 가목의 인공섬 · 시설 및 구조물에서의 법률관계에 대하여도 또한 같다.

105) 외교통상부, 『알기쉬운 조약업무』(2006), 18쪽.

모든 합의를 지칭하는 포괄적인 뜻으로도 쓰이기 때문에 이와 구분된다는 차원에서도 위의 법령에서는 영어의 '(international) agreement'를 '(국제)합의'가 아닌 '(국제)협정'으로 번역한 것으로 보인다.

그렇다면, 국제법적으로는 '조약'(treaty)과 '국제합의/국제협정'(international agreements)이라는 두 용어 사이에 실질적인 차이가 있는 것일까? 1969년 조약법협약 성안 당시에 treaty와 international agreements라는 두 가지 용어의 선정을 둘러싸고 논쟁이 있었으며,[106] 유엔헌장 제102조도 유엔에 등록할 문건으로서 "treaties and international agreements"를 규정하고 있으나[107] 그 명확한 구분을 정립하지는 못하였다.[108] 적어도 한국의 상당수 법령이 이와 같은 차이를 염두에 두고, 조약보다는 넓은 의미로 '협정'이라는 용어를 사용한 것으로 보

---

106) 조약법협약의 성안 당시에 조약법협약의 규율 대상을 '조약'(treaty)으로 할 것인지 아니면 '국제합의'(international agreements)로 할 것인지 하는 문제가 대두되었으나, 실질적인 내용(substance)보다는 용어 사용(terminology)이라는 측면에서 '조약'이 보다 적합한 용어라는 결론을 내리게 되었다. Draft Articles on the Law of the Treaties with Commentaries, *Yearbook of the International Law Committee,* Vol. II(1966), p. 188.

107) Aust 교수에 따르면, 1945년 유엔헌장 제정 당시에는 '약식조약'을 '조약'이라고 불러도 되는지에 대하여 의문이 제기되었으며, 그러한 이유에서 'treaty' 이외에 ''international agreement'라는 용어를 추가하였다고 한다(Aust, *supra* note 9, p. 15).

108) '국제합의'라는 용어가 '조약'보다는 넓은 의미를 가진다는 일반적인 인식은 있지만, '국제합의'와 '조약'을 분명히 구분하는 확립한 정의는 아직도 존재하지 않는다. 조약법협약이 채택되기 이전의 문건인 유엔헌장 제102조는 유엔에 등록할 합의문건으로서 "조약과 국제합의"(treaties and international agreements)라고 하고 있으나, 양자를 구분하는 공식적인 정의는 내리지 않고 있다. 1946년 12월 14일 유엔 총회가 채택한 『Regulations to Give Effect to Article 102 of the Charter of the United Nations』도 양자를 정의내리거나 구분하지 않고, 제출 당사국이 명명한데로 따르겠다고만 하고 있다. 실제 유엔사무국은 국제사법재판소 규정 제36조제2항에 따른 관할권 수락선언 및 유엔헌장상의 의무를 수락하겠다는 선언과 같은 일방적 선언문을 포함한 다양한 문건들을 "조약" 및 "국제협정"이라는 제목하에 담고 있다.

이지는 않는다. 그리고 앞에서 나열한 예에서도 볼 수 있듯이 '조약'과 '(국제)협정'간의 관계가 분명하지 않고, 때로는 조약과 협정을 별개로("조약이나 협정"이라는 표현), 때로는 조약을 국제협정의 일부분으로("조약 기타 국제협정"이라는 표현), 그리고 때로는 조약 대신에 협정으로("외국과의 협정"이라는 표현) 하고 있다.

결국 개별 법령에 쓰인 국제협정이라는 단어는 그 법령의 전체적인 취지와 문맥에 비추어 해석하여야 할 것이다. 만약 국제협정이 국회동의불요조약을 지칭하고 있다면 이는 잘못된 용어 사용이다. 대한민국의 경우 미국이나 일본과 달리 국회의 동의 여부에 관계없이 모두 '조약'이라고 부르고 있기 때문이다. 결국 '국제협정'이라는 단어가 '조약' 이외에 '별도의 국제합의,' '국제기구 채택 결의'나 '국제기준' 등을 염두에 두고 쓰인 것이 아니라면, 위에서 예를 든 법령 대부분에서 말하는 "조약이나 협정"은 국내법 체계상으로는 '조약'을 뜻하는 것으로 해석해도 무난할 것으로 생각된다.

한편, 「외교통상부와 그 소속직제」에서 외교통상부장관의 소관 업무를 지칭하는 "조약 기타 협정"에서 '기타 협정'은 국가간의 제반 국제합의를 모두 포함하는 것으로 해석된다.[109] 일본의 경우 「외무성설치법」에 외무성의 소관사항으로서 "조약 및 그 외의 국제약속의 체결에 관한 사항"[110]이라고 하고 있으며, 여기서의 국제약속은 헌법상의 정식 조약(국회승인조약) 이외의 '법적 구속력을 가지는 국제합의'로 이

---

109) Baxter 판사는 미국에서도 일상적・협력적 성격의 실무부서간의 합의의 경우 그 분류에 있어서 애로가 있다고 하면서 국제합의에 대한 분류의 문제점을 지적하고 있다(Baxter, *supra* note 54, pp. 554-555).

110) 참고로 원문은 "条約その他の国際約束の締結に関すること"이라고 하고 있으며, 야나이 슌지는 이러한 "국제약속"을 行政取極을 포함하는 넓은 의미의 조약으로 이해하고 있다. 柳井俊二, "条約締結の実際的要請と民主的統制," 『国際法外交雑誌』 第78劵(1979), p. 40.

해되고 있다. 결국 일본은 international agreements를 '국제약속'으로, 대한민국은 '기타 협정'으로 번역한 셈이 된다.[111] 일본의 경우 '국제약속'에는 국회승인조약 이외의 모든 조약을 포함하는 개념인 반면, 대한민국의 '기타 협정'은 고시류조약 등 기타 국제합의를 포함하는 의미로 이해할 수 있다.

Ⅲ. 조약을 구분 · 분류하는 권한

조약이 어떻게 정의되고 분류되는가 하는 문제는 조약체결의 권한 및 절차라는 주제와 밀접하게 연계된다. 대한민국의 경우 (i) 국제합의문은 조약과 정치적 합의로 구분되고, (ii) 조약은 국회동의필요조약과 국회동의불요조약으로 분류되고, (iii) 그 외에도 고시류조약이나 기타 국제합의로 처리되기도 한다. 국제합의문은 이와 같은 구분이나 분류에 따라 각기 다른 국내절차를 거치게 된다. 조약이 아닌 정치적 합의라면 헌법상의 조약체결 절차 준수가 요구되지 않으며, 조약이라고 하더라도 국회의 동의가 필요한 조약과 그렇지 않은 조약으로 분류되는 한편, 고시류조약의 경우에는 국무회의 심의나 대통령 재가와 같은 절차가 요구되지 않는다.

이와 같이 국제합의문을 구분하고 분류하는 권한은 일차적으로 행정부에 속한다.[112] 앞서 언급한 바와 같이 조약을 포함한 국제합의문

---

111) 다만, 일본의 경우 '국제약속'이 '조약'과는 다른 무엇으로 이해한 반면, 한국은 "조약 기타 국제협정"이라고 하여 '조약' 역시 '국제협정'(international agreements)에 모두 포함되는 것으로 표현되어 있다.

112) 프랑스의 경우 국회동의조약을 열거한 헌법 제53조에 대한 해석에 있어서 행정부가 전적인 재량권을 가진다고 한다. Monroe Leigh and Merritt R. Blakeslee eds., *supra* note 64, p. 7.

의 교섭과 체결은 대외행정권의 일부분이며, 이는 대통령이 외교통상부장관에게 위임하고 있다. 특히 외교통상부는 실제 국제합의문을 교섭하는 단계에서부터 관련되는 주체로서 여타 기관에 비해 해당 합의문의 법적 지위를 보다 정확하게 판단할 수 있는 위치에 있다. 즉, 직접 국제합의서를 교섭하는 주체인 외교통상부로서는 해당 합의서의 법적 지위에 대하여 명확한 인식을 가지는데, 예를 들어, 조약으로 하고자 하는 경우에는 그 문안을 작성함에 있어서 "shall"과 같은 법적 의무를 표현하는 조동사를 사용하고[113] 합의서가 확정된 후에는 그에 맞는 절차를 진행하게 된다. 외교통상부는 합의문의 교섭과정에서 그 합의문의 지위를 확인하고, 조약에 해당하면 필요한 절차를 취하고, 최종적으로는 조약집에 등록한다. 조약성 여부에 대한 외교통상부의 판단 결과는 조약집에의 등재 여부를 통해 알 수 있다.[114] 한편, 국회동의필요조약과 국회동의불요조약의 구분은 헌법 제60조제1항의 해석과 관계되는데, 이 역시 행정부 내에서는 외교통상부가 이를 판단한다.[115]

---

113) 영국 외무성의 경우에도 조약과 MOU(비구속적 합의)는 그 언어(예를 들어 조약은 treaty language를 사용) 및 타이틀(예를 들어 비구속적 합의에는 Agreement라는 타이틀 사용 삼가)에서 구분하는 것이 일반적으로 인정되는 관행(generally accepted practice)이라고 하고 있다. Treaty Section Records & Historical Department Foreign & Commonwealth Office, *supra* note 36, pp. 15-18. 이에 더 나아가서 Aust 교수는 이러한 구분 관행이 굳게 확립되었다(firmly established)고 하고 있다(Aust, *supra* note 9, p. 30).

114) 이러한 기준이 가지는 하나의 문제점은 '고시류조약'에 있다. 고시류조약은 국제법상으로는 조약임에도 불구, 대한민국 조약집에는 등재되지 않는다. 다만, 외교통상부가 2002년 발간한 『대한민국 조약목록(1948~2001)』에는 고시류조약도 담겨져 있으며, 또한 외교통상부 조약정보의 웹사이트 및 관보에서도 확인할 수 있다.

115) 문준조 수석연구원은 "국회의 동의를 거쳐야 할 조약인지의 여부에 대한 결정은 다른 나라와 마찬가지로 대통령(행정부)이 하게 된다고 할 것이다. 그러나 … 국회의 참여를 의식적으로 회피하는 일이 없도록 하여야 할 것이다"고 하고

외교통상부가 교섭의 주체로서 국제합의문을 일차적으로 구분하고 분류하는데 있어서 적절한 위치에 있는 것은 사실이지만, 외교통상부가 전적으로 이러한 구분과 분류를 함으로써 발생하는 문제점도 있다. 우선 위와 같은 구분이나 분류의 기준이 투명하고 명확하게 제시되지 못하고 있다. 업무지침 등의 자료에서 고시류조약에 대한 범주화 및 조약에 사용되는 표현 등에 대하여 단편적인 기준을 설명하고 있지만, 매년 60건 이상의 헌법상의 조약을 체결하면서도 헌법 제60조제1항에 열거된 조약의 범주에 관한 구체적인 기준을 아직 정립하지 못하였다. 오히려 이에 대한 판단을 법제처에 의존하고 있는 것으로 보인다. 이와 같이 대외적으로 정립된 기준이 없다는 것은 결국 국제합의문의 구분과 분류가 자의적으로 흐르게 될 위험이 있다는 것을 의미한다.

두 번째로 이미 체결된 특정 합의문이 조약인지 여부에 관하여 외교통상부에 문의하게 되면, 외교통상부는 해당 문건의 제목이나 조약집 등재 여부와 같은 형식적인 기준에 의존하여 그 조약성을 판단하려고 할 것이다. 즉, 외교통상부가 국제합의문을 교섭하고 성안하는 당시 이미 그 조약성 여부를 판단하였고 그에 상응하는 국내적인 절차를 취하였을 것이라고 전제하게 되는 것이다. 특히 외교통상부로서는 조약집에 등재되지 않았으나 착오 등으로 인한 구분이나 분류의 오류를 인정하지 않으려고 할 것이다. 그러나 실제로 외교통상부 조약국이 외교통상부내 여타 국 또는 여타 부처가 체결하는 모든 국제합의서의 조약성을 판단하는 것은 사실상 불가능하기 때문에 그와 같은 착오가 발생할 가능성이 상존한다.

있다. 문준조, 『조약의 체결절차와 시행에 관한 연구』(한국법제연구원, 1994), 102쪽.

Ⅳ. 소 결

이 절에서는 "조약이 어떻게 정의되고(정치적 합의와 어떻게 구분되며), 어떻게 분류되는가" 하는 문제를 살펴보았다. 조약법협약 제2조는 조약을 "단일의 문서에 또는 둘 또는 그 이상의 관련문서에 구현되고 있는가에 관계없이 또한 그 특정의 명칭에 관계없이, 서면형식으로 국가간에 체결되며 또한 국제법에 의하여 규율되는 국제적 합의"라고 정의하고 있다. 그러나 이러한 정의는 조약성을 판별하는 실효적인 기준을 제시하지 못하는데, 대한민국 외교통상부는 그 판별기준으로서 당사자의 의사와 권리・의무의 구체성(specificity) 등을 언급하고 있다. 한편, 국제사법재판소는 1978년 에게해 대륙붕사건과 1994년 카타르-바레인 해양경계획정사건에서 국제합의의 법적 구속력 유무를 판단함에 있어서 문서의 형식이나 제목보다는 합의문의 실제 내용과 그러한 합의를 둘러싼 문맥이나 사정을 중시하고 있다. 대한민국 헌법재판소는 조약집 등재 여부 또는 조약체결 절차 준수 여부와 같은 형식적인 기준에 의존하기 보다는 직접 조약문을 구체적으로 분석하면서 '권리・의무의 창설 여부' 및 '구체적인 법률관계의 발생 여부'와 같은 실질적인 기준에 무게를 두었다.

조약의 국내적 분류와 관련하여, 대한민국의 경우 헌법상의 조약으로 국회동의필요조약과 국회동의불요조약이 있으며, 법률상의 위임 또는 관행에 근거한 조약으로서 '고시류조약과 기타 국제합의'가 존재한다.

조약법협약 제2조가 말하는 조약과 대한민국 헌법이 말하는 조약 사이에 불일치가 발생하게 되는데, '고시류조약과 기타 국제합의'는 조약법협약상의 조약에 해당하지만 과연 대한민국 헌법 또는 관행상 그 정당성이 인정되는지에 대하여는 논란이 있다. 이 책에서는 고시류조약 등을 '관계부처와 합의하에 외교통상부장관이 스스로 체결하는 조약'으로 이해하고, 대통령의 대외행정권의 외교통상부장관 위임을 그 국내법적인 근거로 제시하였다.

제2절 조약체결과 입법

이 절에서는 조약체결을 입법과 비교, 검토한다. 구체적으로는 '조약체결(treaty-making)이 국내입법(domestic legislation)과 어떻게 다른지' 그리고 '조약체결이 국내입법의 대체물이 될 수 있는지' 하는 질문에 대한 답변을 모색하고 있다. 이 과정에서 조약이 '국가간의 의무'인 동시에 '국내적 규범'으로서 이중적인 기능을 한다는 점을 지적하려고 한다. 이어서 조약체결 절차를 평가하는 기준으로서 민주성과 효율성이라는 개념을 제시하고, 아울러 대한민국 헌법이 말하는 조약의 "체결·비준"의 의미를 검토한다. 마지막으로 그 내용이 다양화되고 체결상대가 다변화되고 있는 대한민국의 조약체결 현황을 점검한다.

참고로 여기에서는 조약이 국내이행입법의 도움이 없이 그 자체로 국내법 질서의 일부분을 형성한다는 의미로 '직접 적용'(directly applicable)이라는 용어를, 그리고 조약이 개인의 권리와 의무를 직접 설정하고 따라서 국내법원에서 원용될 수 있다는 의미로는 '직접 효력'

(direct effect)이라는 용어를 구분하여 사용하였다.[116] 대한민국 헌법 제6조는 조약이 "국내법과 같은 효력을 가진다"고 하고 있는데, 이때 말하는 국내법과 같은 효력은 국내법 질서의 일부분을 형성하고(직접 적용되고), 해당 조약의 내용에 따라 때로는 국내법 규범으로서 효력을 가진다는 의미로 이해하였다.

Ⅰ. 조약의 개념과 기능

1. 국제입법과 국내입법

조약은 그 성격을 기준으로 하여, 계약적인 성격의 조약(Vertrag)과 입법적인 성격의 조약(Vereinbarung)으로 나누어지곤 한다.[117] 계약적인 조약은 당사국이 어떠한 급부를 서로 주고 받는 약속인데 반해, 입법적인 조약은 당사국이 공통된 규칙을 만든다는 것이다. 전자는 주로 양자조약으로서 군사동맹 결성, 중립, 경계획정과 같은 전통적인 국제법 분야에서 체결되는 반면, 후자는 주로 다자조약으로서 군축,

---

116) 김대순, 『국제법론』 제14판(삼영사, 2008), 202쪽. 참고로 미국의 판례에서 유래한 '자기집행적'(self-executing)이라는 표현은 직접적용성(direct applicability)만을 의미하기도 하고 때에 따라서는 직접효력(direct effect)을 의미하기도 하기 때문에(위의 책, 233쪽) 이 책에서는 직접적용, 직접효력이라는 개념을 주로 사용하였다.

117) Triepel의 이러한 구분에 관하여, Reuter는 사회학적인 관점에서는 이러한 구분이 유용할지는 몰라도 법적인 견지에서는 명확하지도 타당하지도 않다고 주장하였다. Paul Reuter, *Introduction to the Law of Treaties* (1989), pp. 20-21. 한편, Lauterpacht경도 계약적 성격의 조약과 입법적 성격의 조약을 구분짓는 본질적인 차이를 인정하기 힘들며, 양자 모두 국가의 동의에 기초하며 또한 당사국의 행위를 규제하는 규칙이라는 점에서 같다고 하였다. H. Lauterpacht, 전게 자료, pp. 93-94, 99.

인권, 환경 등의 분야에서 활발히 체결되고 있다. 20세기에 들어 입법적인 조약의 체결이 점증하고 또 그 성격이나 체결과정이 종래의 계약적인 성격의 양자조약과 차별화되면서[118] 국제입법(international legislation)이라는 개념이 대두하는 한편, 실제 조약법협약의 성안과정에서도 양자를 구분하려는 시도도 있었다.[119]

그런데 여기서 말하는 입법적인 조약 또는 국제입법이라는 개념은 역시 국가들 간의 관계, 즉 국제적인 차원에서의 분석에 적절한 개념이라고 할 수 있다. 국제입법에서의 기본적인 입법주체는 주권국가들이며, 여기서 말하는 입법은 일차적으로는 당사국들을 구속하는 규범을 만드는 것으로서 그 자체가 바로 국내적인 입법(domestic legislation)으로 연결되지는 않는다. 특히 국제법과 국내법의 관계에 있어서 이른바 이원론(dualism)적 체계를 가진 국가에서는 국제입법과 국내입법은 서로 분리되어 있다. 그리고 일원론(monoism)적 체계를 가진 국가에서도 이러한 국제입법이 곧바로 국내입법으로 연결된다고는 할 수 없으며, 해당 주권국가가 조약에 구속을 받겠다는 동의(consent to be bound)를 표시하고 해당 조약을 발효시키고 공포와 같은 절차를 완료함으로써 비로소 국내입법과 같은 효력을 가지게 된다.

118) 조약법의 권위자인 McNair경은 이러한 성격 구분을 통하여 단지 사법상의 계약 개념에 빗대어서만 조약을 이해하려는 경향을 삼가야 한다고 주장하였다. 조약의 당초 개념이 국내 민법의 계약이론에서 유래한 것은 사실이지만, 입법적인 조약(Vereinbarung)의 등장으로 인하여 민법상의 계약이론을 막무가내로 조약에 유추하는 것은 곤란하다는 것이다. 예를 들어, 민법상 계약이론에서 유래되어 조약법에도 도입된 사정변경의 원칙은 입법적인 조약에 적용하기는 무리라고 한다. McNair, *Law of Treaties* (Oxford, 1961), pp. 743-752.

119) 1962년도의 협약안은 "General Multilateral Treaty"를 정의(definition) 규정에 담고 있었으나, 국제법위원회의 최종안에서는 삭제되었다.

2. 조약의 이중적 기능

형식적인 면에서는 법실증주의자가 말하는 바와 같이 조약은, 계약적인 조약이냐 입법적인 조약이냐에 관계없이, '주권국가간의 약속'이다. 그런데 조약을 별도의 입법조치 없이 곧바로 국내법으로 수용하는 이른바 일원주의[120]를 취하고 있는 국가의 경우에는 조약이 곧바로 시민의 권리와 의무를 창출하는 국내법과 같은 효력을 가질 수 있다. 미 연방대법원(U.S. Supreme Court)은 1884년 *Head Money* 사건에서 이와 같은 조약의 이중적인 성격을 다음과 같이 표현하였다.[121]

> 조약이란 원래 독립된 국가들 간의 약속이다. 조약 규정의 집행은 해당 당사국인 정부들의 이익과 명예에 의존하게 된다. … 하지만 조약은 상대국의 영역적 범위 내에 거주하고 있는 일방 당사국의 시민이나 종복에게 일정한 권리를 부여하는 조항을 담고 있는 경우가 있다. 그 조항은 국내법의 성격을 가지게 되며, 해당 국가의 법원에서 사인과의 관계에서도 집행이 가능하게 된다.

19세기말 미 연방대법원은 조약이 원칙적으로 국가들 간의 약속이

---

120) '일원주의'라는 표현이 일반적으로 쓰이지만, 성재호 교수의 분류에서와 같이 이를 "헌법규정에 의한 자동적 수용"이라고 하는 것이 보다 정확하다고 할 수 있겠다. 성재호, "국제조약과 국내법의 관계에 관한 실태적 고찰," 『국제법평론』, 제21호(2005-1), 36-38쪽.

121) 영문본은 "A treaty is primarily a compact between independent nations. It depends for the enforcement of its provisions on the interest and the honor of the governments which are parties to it. … But a treaty may also contain provisions which confer certain rights upon the citizens or subjects of one of the nations residing in the territorial limits of the other, which partake of the nature of municipal law, and which are capable of enforcement as between private parties in the courts of the country." *Head Money Case*, 112 U. S. 580, 598(1884).

지만 예외적으로 사인과의 관계에서 집행 가능하다고 인식하였다.[122)] 서론에서 언급한 바와 같이 20세기 이후 근래에 들어서 '국가간의 약속'인 동시에 '국내법적 효력'을 가지는 이러한 이중적인 기능을 가진 조약이 증가하고 있다. 즉, 과거의 조약이 '일방 당사국이 타방 당사국에게 무엇무엇을 약속한다'의 문법구조로 되어 있는데 반해, 특히 인권분야에서 최근의 조약은 '개인은 어떠한 권리를 가진다' 또는 '국가가 개인을 위하여 어떠한 조치를 취하여야 한다'는 식으로 국가내의 정부와 개인과의 관계를 규율하는 성격의 조약이 늘어나고 있다.[123)] 물론 현재에도 개인이 국내법원에서 조약을 원용함에 있어서는 개인의 국제법 주체성 여부(제소적격),[124)] 해당 조약의 직접 효력성 여부 등 여러 장애가 있는 것이 사실이다. 그러나 전반적으로는 조약을 국가간의 의무라는 관점이 아니라 국내적 규범이라는 측면에서 바라보

---

122) 미 연방대법원은 이 판결에서 "An illustration of this character is found in treaties, which regulate the mutual rights of citizens and subjects of the contracting nations in regard to rights of property by descent or inheritance, when the individuals concerned are aliens."라고 하고 있다. *Ibid.*

123) 예를 들어, 「시민적 및 정치적 권리에 관한 국제규약」 제9조(제1항)는 "모든 사람은 신체의 자유와 안전에 대한 권리를 가진다"고 하고 있으며, 「경제적・사회적 및 문화적 권리에 관한 국제규약」 제2조(제1항)는 "… 각 당사국은 특히 입법조치의 채택을 포함한 모든 적절한 수단에 의하여 이 규약에서 인정된 권리의 완전한 실현을 점진적으로 달성하기 위하여 … 최대한도까지 조치를 취할 것을 약속한다"고 하고 있다.

124) 최근 2007년 2월 2일 부산지법은 개인이 국제법의 주체성(제소적격) 여부와 관련하여 다음과 같이 판시한 바 있다: "사인(私人)이 실제로 국제법의 주체가 될 수 있는지 여부는 개개의 조약, 국제관습법에서 정한 규범의 내용에 따라 달라질 것이고, 특히 사인이 국제법에 근거하여 다른 국가 또는 그 국민을 상대로 직접 어떤 청구를 할 수 있는지 여부는 각 조약 등 국제법 자체에서 해당 규범의 위반행위로 인하여 권리를 침해당한 사인에게 그 피해회복을 청구할 수 있다는 취지 및 그에 관한 구체적인 요건, 절차, 효과에 관한 내용을 규정한 경우나 그 국제법에 따른 사인의 권리를 구체적으로 규정한 국내법적 입법조치가 행하여진 경우에 가능하다"(부산지법 2007.2.2. 선고 2000가합7960 판결 : 항소【손해배상(기)등】)

는 시각도 확산되고 있다. 조약이 점차적으로 국내법 체계에 대한 영향력을 확장해 나가고 있는 것이다.

3. 조약체결의 국내적 효력

조약은 본질적으로 국가간 약속의 성격을 가진다고 하지만, 실제로는 다양한 형태로 국내법적 영향력을 가지게 된다. 즉, (i) 개인에게 직접 권리나 의무를 부과하거나(이른바 직접효력), (ii) 어떠한 구체적인 기준을 부여하거나(예를 들어 배상책임한도의 설정), (iii) 정부의 행위를 규제하거나, (iv) 특정 행위나 정책에 대하여 정당성을 부여하거나, (v) 정책적인 방향이나 지향점을 설정하는 등의 효과를 가진다. 이와 같은 각각의 범주는 중첩되기도 하며, 정밀하게 구분하기 힘들다. 예를 들어, 정부의 행위를 규제하는 것이 곧바로 개인의 권리를 보호하는 것이 되기도 한다. 여기서는 조약의 국내법적 효과에 대한 정밀한 범주화를 시도하기보다는, 예시를 통하여 조약이 국내법적으로 어떠한 효력을 가질 수 있는지를 살펴본다.

우선 언급해야 하는 유형은 앞에서 언급한 바와 같이, 이행입법의 매개없이 개인에게 직접 권리나 의무를 부과하는 조약이다. 구체적인 예로는 1999년 한일 어업협정을 들 수 있는데, 헌법재판소는 이 협정이 어민의 조업권을 직접 제한하는 결과를 초래하므로 이 협정의 체결은 정부의 공권력의 행사에 해당한다고 판시한 바 있다.[125] 다시 말하자면, 한・일 어업협정은 국민의 권리(어업권)를 직접적으로 제한하는 법률과 같은 성격을 가지며, 국제법적인 의미로 이른바 직접 효력을 가진다는 것이다.

---

125) 대한민국과일본국간의어업에관한협정비준등 위헌확인(헌법재판소 2001.03.21, 99헌마139, 판례집 제13권 1집, 676).

한편, 위와 같은 직접효력(direct effect)을 가지지는 못하지만, 국내 법질서의 일부를 형성하고 있는 조약의 유형이 있다. 즉, 직접효력을 가지지 못한다고 하더라도 조약은 법으로서 국내법질서에서 법원이 된다는 것이다.[126] 그 첫째 예시로는 행정부가 조약의 국내법적 규범력에 근거하여 위원회를 구성하거나 법령을 제정하는 경우를 들 수 있다. 상당수의 양자조약은 조약의 원만한 이행을 위하여 공동위원회를 설립한다는 조항을 두고 있는데, 행정부는 별도 국내법령의 근거 없이 이러한 조약의 조항에 근거하여 위원회를 구성한다. 또한, 대통령령(제20300호) 「국제도로면세통과증서의 담보하에 행하는 화물의 국제운송에 관한 관세협약 및 컨테이너에 관한 관세협약의 시행에 관한 규정」은 다자조약인 「국제도로운송협약」[127] 및 「컨테이너협약」[128]을 시행하기 위하여 제정되었는데, 이와 같이 행정부가 조약을 근거로 하여 행정입법을 제정하는 것도 가능하다.[129]

둘째, 국내법령의 특정 조항이 조약의 우선적인 적용이나 보충적인 적용을 규정하고 있는 사례이다. 예를 들어, 「선박안전법」 제16조는 "선박의 감항성과 인명의 안전에 관한 조약에 이 법과 다른 규정이 있을 때에는 그 규정에 의한다"라고 하고 있으며, 「우편법」 제11조는

126) Thomas Buergenthal, "Self-Executing and Non-self-Executing Treaties in National and International," Recueil des Cours [*de l'Academie de Droit International de la Haye*], Vol. 235(1992/IV), p. 318.

127) 「국제도로면세통과증서의 담보하에 행하는 화물의 국제운송에 관한 관세협약」은 1981년 12월 4일 국회동의를 얻어, 1982년 1월 29일 가입서를 기탁함에 따라 1982년 7월 28일 발효하였다(조약 제773호).

128) 「1972년 컨테이너에 관한 관세협약」은 1984년 10월 19일 비준서를 기탁함으로써 1985년 4월 19일 발효하였다(조약 제854호).

129) 2001년 6월 27일 제정된 「대한민국 정부와 중화인민공화국 정부간의 어업에 관한 협정」에 따른 「대한민국 정부와 중화인민공화국 정부간의 어업에 관한 협정의 시행에 관한 고시」(해양수산부고시 제2001-44호)도 조약(한중 어업협정)을 이행하기 위한 고시로 이해될 수 있다.

"우편에 관하여 조약에 다른 규정이 있는 경우에는 그 규정에 의한다"라고 하고 있다. 조약은 이와 같은 국내법령상 일종의 수권조항(enabling clause)을 통하여 법령과 같거나 우위의 효력을 가지게 되기도 한다.

셋째, A국과 B국이 '양국간 활발한 투자 증진을 위하여 노력한다'는 요지의 조항에 합의하였다고 하자. 이러한 조항이 바로 국내법적으로 직접효력(direct effect)을 가지게 되어 개인이 국내재판에서 이를 원용하지는 못한다는 것이 일반적 견해일 것이다. 그러나 이 조항의 국내법적 규범력을 완전히 부인할 수 없다. 당사국인 A국과 B국 정부는 각각 조약의 목적을 위하여 '노력하여야 할 행위의무'를 부담하고 있으며, 이러한 의무는 국내법적으로도 규범력을 가진다고 할 수 있다. 또 하나의 예로서 A국과 B국이 '검역절차에 관한 각자의 국내법령을 개정하기로 한다'는 요지의 조약을 체결하였다고 하자. 일단 이 조약은 국가간의 약속이며 그 자체로서 당장 국내법령 개정의 효력을 가져오지는 않는다. 그러나 일방 당사국 정부가 이러한 약속을 고의로 위반하여 국내법령 개정을 지연한다고 할 때, 해당 정부는 국제법은 물론 국내법적으로도 책임을 추궁당할 수 있다고 본다.

한편, 조약이 국내법과 동일한 효력을 가지지 못하는 경우에도 정책을 설정(policy-setting)하는 기능 그리고 향후 입법에 있어서의 기준으로서 중요한 역할을 가진다는 점을 간과하여서는 안된다. 그 자체로서는 국내입법으로의 효과를 가지지 않지만 국가의 중요한 정책의 표현으로 이해되는 조약의 예로서 한·미 상호방위조약을 들 수 있다. 1953년에 체결되어 지금까지 단 한차례의 개정없이 유지되고 있는 이 조약은 한국정부의 외교정책의 근간이 되고 있다. 입법에 있어서의 기준 또는 제한이 되는 예로서는 우호통상항해조약이나 통상조약에 흔히 포함되는 최혜국대우(MFN: Most-Favored-Nation Treatment)

나 내국민대우(National Treatment) 조항을 들 수 있다. 이러한 조항의 중요한 기능은 향후 체약국 의회 또는 행정부가 차별적인 입법을 하지 않도록 하는데 있다.

II. 조약체결과 국내입법의 비교

1. 공통점과 차이점

입법과 조약체결의 가장 본질적인 차이는 그 주체(player)와 상대방 그리고 의도되는 효과에 있다.[130] 국내입법이 국가시스템 내에서 정부, 이익단체, 개인 등이 도출하는 합의라면, 조약체결은 둘이상의 주권국가가 상호작용을 통하여 맺는 약속이다. 특히 조약의 체결과정에서는 외국 또는 국제기구라는 외적인 요소(external factor)가 존재한다. 조약의 성안 및 교섭과정은 일국의 법체계 밖에서 이루어지며, 따라서 조약체결은 자국의 정치적 영향력이 제한된 실체(주권국가 또는 국제기구)를 대상으로 하는 교섭의 과정이라고 할 수 있다. 조약체결이 일차적으로 주권국가를 구속하는 효력을 가진다면, 입법은 일반적으로 정부뿐만 아니라 개인에게까지 직접적으로 효력을 미치게 된다.

국내적인 절차와 권한이라는 측면에서 조약체결과 입법을 대조해 보면 그 차이점과 공통점은 다음 〈도표 2-1〉과 같이 정리할 수 있다.

---

130) Shabtai Rosenne은 다자조약의 체결교섭과 국내적인 입법은 국제기구와 국회라는 유사한 의회체(parliamentary setting)에서 이루어지므로 유사성을 가진다고 한다. Shabtai Rosenne, *supra* note 53, pp. 131-132.

〈도표 2-1〉 조약체결과 입법의 비교

	조약체결	입 법	비 고
주도권 (참여자)	대통령(국회, NGO 등 국제적인 실체 등)	법률의 경우 국회/대통령(국내 이익단체 등)	대한민국의 경우 대통령도 법률안 제출권을 보유
행정부 내의 담당기관	외교통상부	법제처	
성격	대외적인 교섭	대내 조정	물론 조약의 경우에도 대외적인 교섭에 임하기에 앞서 대내적인 조정이 필요
일반적인 절차	대통령령 입법과정과 유사	법 형식에 따라 구분	헌법 제60조제1항에 따라 국회의 동의를 받아야 하는 조약은 정부제출 입법안과 유사하다고 할 수 있지만 국회가 조약안에 대하여 수정권을 행사할 수 없다는 점에서 차이
개정	국가간 합의	법령과 같은 형식	

우선 절차적인 면에서 입법과 (국내적인) 조약체결은 일견 상당한 유사성을 가진 것으로 보인다. 주무부처 발의(발의) → 법제처 심사 → 차관회의 심의 → 국무회의 심의 → (국무총리 등의 부서를 거쳐) 대통령 재가 → 공포 등의 일련의 과정만을 보면, 조약체결은 행정입법(대통령령 입법)과 동일하다. 이와 같은 절차의 유사성은 헌법의 규정에 연유하기도 하지만[131] 조약체결 절차를 단일법률로 따로 정하기보

131) 예를 들어 조약안에 대하여 국무회의의 심의를 거치도록 한 헌법 제83조 등.

다는 기존의 입법적인 흐름에 조약안을 끼워넣기 식으로 처리하고 있는 데 기인한다.

그러나 구체적으로 살펴보면 양자간에 차이점이 보인다. 국회에 제출된 시점 이후 국회 내에서의 절차를 보면, 조약안은 법률안과 구분되는 안건으로 취급된다. 예를 들어, 법률안 제출시 국회심의 과정에서 요구되는 여러 요건(예를 들어 재정영향분석)이나 규칙이 조약안에 대하여는 적용되지 않는다. 또한 조약안은, 여타 안건이나 법률안과는 달리, 수정이나 보완이 허용되지 않는다. 이러한 이유에서 법률안의 입법절차에서는 법제사법위원회의 체제 및 자구 심사가 요구되지만, 조약안의 경우에는 법사위의 심사를 거치지 않는다. 조약의 일부 내용에 관하여 국회가 부대의견의 형식으로 이의를 제기한 사례는 있지만,[132] 이러한 부대의견 역시 하나의 '의견'에 불과할 뿐 조약 자체에 대한 수정은 아니다.

체결 권한이라는 측면에서 보면, 조약체결과 입법간의 차이는 더욱 확연하다. 우선 그 주도권을 누가 쥐고 있느냐 하는 점에서 조약체결과 입법은 대조적이다. 입법에서는 국회가 주도권을 가지고 있다고 할 수 있으나, 조약의 체결에서는 단연코 대통령이 주도권을 가진다. 대통령은 어떠한 나라와 어떠한 조약을 맺을지에 대하여 스스로 결정할 수 있으며, 국회는 적어도 조약의 체결 추진 단계에서 대통령을 견제할 수단을 가지지 못한다. 조약체결을 둘러싼 대통령과 국회 사

132) 2002년도 한미 방위비분담협정의 비준동의안이 같은 해 4월 9일 정부에 의하여 제출되었으나 실제로 관련 조항은 2002년 1월 1일 소급하여 발효하도록 한 점에 대해 국회는 동의는 부여하되 이러한 상황이 재발하지 않도록 주의를 촉구하는 부대의견을 첨부하였다. 참고로 한미 방위비분담협정의 정식 명칭은 「대한민국과아메리카합중국간의상호방위조약제4조에의한시설과구역및대한민국에서의합중국군대의지위에관한협정제5조에대한특별조치에관한대한민국과미합중국간의협정비준동의안」이다.

이의 권한 배분에 관하여는 제3장에서 상세히 논하고자 한다.

조약체결과 입법의 차이점으로서 마지막으로 언급할 사항은 그 개정이나 위임의 방식이다. 이러한 차이점은 조약 체계와 국내법 체계의 차이에 기인한다. 조약은 주권국가간의 법적 약속으로서 조약 상호간에 어떤 위계질서는 존재하지 않는다. 조약법협약이 제64조에서 여타 일반적인 조약에 우선하는 강행규범(*jus cogens*)이라는 개념을 도입하였지만,[133] 그 구체적인 내용이 아직 확립되지 못하고 있다. 이에 비해, 국내법 체계는 헌법, 법률, 대통령령 등과 같이 위계질서가 존재하며, 헌법이 법률에, 그리고 다시 법률이 대통령령에 구체적인 사항을 위임하는 구조로 되어 있다. 따라서 원칙적인 사항을 상위법령에서 정하고, 구체적이고 가변적인 사항은 하위법령에서 정하는 식으로 입법의 효율성을 도모하고 있다. 조약의 경우에도 기본조약을 맺고 부속서를 첨부하거나 원조약의 특정 조항에 개정에 관한 사항을 위임하기도 한다.[134] 그러나 이러한 사례는 개별적으로 해당 조약에 한정될 뿐이며, 일반적인 조약 체계가 국내법령과 같은 위계질서를 가지지는 않는다. 이러한 구조적 요인으로 인하여 하위법령과 유사한 고시류조약이라는 범주가 생겨나고 또한 조약을 개정하거나 종료할 때 그 형식의 문제가 제기되곤 한다.

---

133) 第64조 : 일반 국제법의 새 절대 규범이 출현하는 경우에 그 규범과 충돌하는 현행조약은 무료로 되어 종료한다.

134) 양자조약 중에서 이러한 예로는 2004년 10월 24일 서명된 '용산기지이전협정 이행합의서'(「대한민국과 미합중국간의 미합중국군대의 서울지역으로부터의 이전에 관한 협정의 이행을 위한 합의권고에 관한 합의서」)를 들 수 있다. 이 합의서는 같은 날 서명된 '용산기지이전협정'을 이른바 Framework 조약으로 하여 이를 이행하기 위하여 체결된 조약이다.

2. 입법의 대체수단으로서의 조약체결

국내법적인 효력이라는 관점에서 볼 때, 조약체결이 사실상 입법과 동일하므로 결국 조약의 체결에 대하여도 입법과 같은 –적어도 유사한– 민주적인 참여 및 통제가 필요하다는 제언도 나올 법하다. 특히 조약체결과 입법에 대한 주도권의 차이에 착안하여, 조약체결이 국내입법의 대안이 될 수 있다는 지적도 제기된 바 있다.[135] 국회가 제정한 법률을 변경하기 위한 수단으로서 대통령이 조약체결이라는 수단을 사용할 수도 있다는 것이다. 예를 들어, 국회가 제정한 관세법을 개정하려고 할 때에는 대통령(행정부)의 입장에서는 정부 법안을 제출하는 등 여러 국내적인 절차를 거쳐야 하며, 또한 일단 법률안이 제출되면 국회가 종국적인 이니셔티브를 쥐게 된다. 그러나 관세법을 사실상 수정하는 자유무역협정(FTA) 체결은 대통령이 시종일관 주도권을 장악하고 있다.[136]

특히 대통령은 어떠한 나라와 어떠한 조약을 체결할 지 등 조약체결에 있어서 일종의 어젠다(agenda)를 정하고 이를 조정할 수 있는 전적인 권한을 가진다.[137] 따라서 통상정책의 변화, 특히 관세법이나 통상법률의 개정을 희망하는 이익집단(interest group)으로서는 법률개정보다는 조약체결이 유리한 옵션이며, 또한 자유무역에 소극적인

---

135) 예를 들어 Rachel Brewster, "The Domestic Origins of International Agreements," 44 *Virginia Journal of International Law* 501(Winter 2004).

136) 물론 FTA를 체결・발효하면 동시에 관세법상의 관세율이 변경되는 것이 아니라 이행입법상의 조치가 필요하다. 한-칠레 FTA의 경우에도 「대한민국 정부와 칠레공화국 정부간의 자유무역협정의 이행을 위한 관세법의 특례에 관한 법률」[일부개정 2008.2.29 법률 제8852호]을 제정하였다. 다만, FTA가 국회의 동의를 받아 체결되면, 국회로서도 관련 이행법률을 제정하거나 대통령의 관련 이행법률 제출에 대하여 승인하여야 하는 의무가 있다고 본다.

137) *Ibid.*, pp. 525-526.

의회보다는 자유무역에 적극적인 행정부가 효과적인 로비 대상이 된다.[138]

또한 조약은 한번 체결되면 법률에 비하여 개정이나 폐지가 용이하지 않다.[139] 이러한 점은 1997년 헝가리-슬로바키아 간의 *Gabcikovo-Nagymaros Project case*에 관한 국제사법재판소의 판결에서도 잘 나타난다.[140] 법률의 경우에는 선거에 의하여 정권이 교체되거나 정당의 의석 분포에 따라 쉽게 개정되거나 폐지될 수 있다. 실제로 과거 집권당이 채택한 입법을 총선후 승리한 새로운 집권당이 개정하거나 폐지한 사례는 다수 있다고 할 수 있다. 그러나 정권이 교체되어도 외국과의 관계에서 조약의 개정이나 파기는 쉽지 않다. 우선 법적·절차적인 측면에서 대다수 조약의 경우 그 개정을 위하여는 상대국과의 합의가 요구된다. 물론 상당수의 조약에서는 일방적인 종료 선언을 허용하고 있지만, 조약의 일방적인 종료는 정치외교적으로 부담일 뿐만 아니라 자신이 그 조약을 통하여 그간 누리고 있던 혜택도 모두 포기하여야 한다는 점에서 쉽지 않은 선택일 것이다.

---

138) *Ibid.*, pp. 533-536.

139) Rachel Brewster는 이러한 개정의 어려움을 외부적 장벽(external barriers)과 내부적 장벽(internal barriers)으로 나누어 설명하고 있으며, 내부적 장벽으로는 "의회의 법률이 모호한 부분이 있으면 가급적 조약상의 의무와 조화롭게 해석해야 한다"는 Charming Betsy 원칙을 들고 있다. *Ibid.*, pp. 513-519.

140) 예를 들어 *Case concerning the Gabcikovo-Nagymaros Project* (Hungary/Slovakia)(1997), http://www.icj.cij.org; Eyal Benvenisti는 동 사건이 ―상대국의 동의 없이는 일방적으로 철회할 수 없다는 조약의 특징으로 인해― 1977년 헝가리-체코간의 조약이 여러 국내적인 도전에도 불구하고 여전히 효력을 가짐을 보여주고 있다고 평가하고 있다. Eyal Benevenisti, "Domestic Politics and International Resources: What Role for International Law?" in Michael Byers eds., *The Role of International Law in International Politics: Essays in International Relations and International Law* (2000), p. 109.

Ⅲ. 절차 평가에 대한 기준

조약은 국가간의 약속이라는 점에서 법률과 다르며, 그 체결절차가 바로 입법절차와 외견상 유사하면서도 실질적으로는 차이가 있다. 특히 조약의 성안과 체결 단계에서는 외부적인 요소(외국, 국제기구 등)가 개입된다는 점에서 국내입법과 다르다. 여기서는 국내입법의 과정을 평가하는 기준을 살펴보고, 이러한 기준이 과연 조약체결 절차를 평가하는 기준으로서도 유효한가 하는 문제를 논의한다.

국내입법의 과정을 평가하는 잣대로서는 흔히 거론되는 것이 민주성과 효율성이다. 민주성이란 "입법과정이 특정 세력에 의하여 좌우되지 않고 국민 다수의 의사를 충실히 반영하여 입법내용이 결정될 수 있도록 제도화되어야 한다"는 것을 의미한다.[141] 효율성은 "가장 적은 비용과 노력으로 필요로 하는 양질의 법률이 가능한 많이 적시에 제정될 수 있어야 한다"는 기준이라 할 수 있다.[142]

국내적인 조약체결 절차와 과정이라는 측면에서 본다면, 효율성과 민주성이라는 개념은 조약체결 절차를 평가하는 적절한 기준으로서 어느 정도 유효성을 가질 수 있다. 민주성의 개념은 "조약의 내용이 가능한 범위 내에서 국회 및 국민 다수의 의사를 충실히 반영할 수 있도록 제도화되는 것"을 의미한다고 할 수 있는 반면, 효율성은 "변화하는 국제환경하에서 가장 적은 비용과 노력을 들여 국익에 부응하는 조약을 가능한 많이 적시에 체결하는 것"을 뜻하는 것으로 이해될 수 있다. 이 두 가지의 목표는 서로 상관관계를 가지며,[143] 특히 외교

---

141) 박종휘 · 박수철 공저, 『입법과정론』 제3판(2006), 14쪽.

142) 위의 책, 22쪽.

143) 이러한 민주적 통제와 효율성의 요청간의 균형을 잡으려는 시도로서 柳井俊二, "条約締結の実際的要請と民主的統制," 『国際法外交雑誌』 第78券(1979),

업무의 수행에 있어서는 종종 효율성이 강조되면서 민주성이라는 부분이 경시되기도 한다. 국가의 대외적인 대표권은 하나의 기관에 집중되고 또 미국 헌법 제정 당시의 『페더럴리스트 페이퍼』가 지적한 바와 같이[144] 국회와 같은 합의체 의사 기구는 종종 외교적인 의사결정 수행에 적합하지 않다는 이유에서이다. 반면, 과거 국가원수의 절대적인 권력을 견제하기 위한 의회의 승인 제도의 중요성이 강조되기도 한다. Wildhaber는 이러한 과정을 "조약체결 권한의 민주화" (democratization of the treaty-making power)라고 부른 바 있다.[145] 조약이 국민의 복지에 직접 영향을 미치는 지금의 상황에서는 이러한 민주적인 통제가 더욱 절실히 요구되고 있다고 할 수 있다. 결국 이 사안은 원활한 대외적인 조약체결 수행이라는 목표를 저해하지 않는 가운데, 어떻게 조약체결에 대한 민주적인 통제를 확보하는가 하는 과제로 귀결된다.

---

pp. 37-97.

144) 우선 『페더럴리스트 페이퍼』에서 미국 헌법안이 조약체결에 관하여 —상원의 역할은 인정하면서도— 하원의 역할을 인정하지 않은 이유를 설명하면서 조약을 체결하는데 있어서는 "외교정책에 대한 정확하고 이해력 있는 지식, 같은 견해에 대한 확고하고 체계적인 의견의 고수, 국가의 성격에 관한 훌륭하고 통일적인 감각, 결정력, 비밀유지, 신속한 조치 등은 변화무쌍하고 구성원의 수가 많은 기구와 양립할 수 없는 속성"(Accurate and comprehensive knowledge of foreign politics; a steady and systematic adherence to the same views; a nice and uniform sensibility to national character; decision, secrecy, and despatch, are incompatible with the genius of a body so variable and so numerous)이 필요하다고 하고 있다. Alexander Hamilton, James Madison, John Jay, 김동영 옮김, 『페더럴리스트 페이퍼』, 444-445쪽.

145) Wildhaber, *supra* note 76, p. 9. 한편, 일본의 무라세 교수는 이를 "조약체결 권능의 분화"라고 하고 있다. 村瀬信也・奥脇直也・古川照美・田中忠, 『現代国際法の指標』(1993), p. 21. 일반적인 견지에서 이러한 현상을 권능의 '분화'라고 보는 것은 무리가 없다고 생각되나, 대통령이 조약체결 권한을 보유・행사하지만 국회가 단지 동의권을 가지는 대한민국과 같은 헌법의 구조에서 이를 조약체결 권능의 '분화'라고 하기에는 다소 적절치 않은 면이 있다.

민주성과 효율성이 서로 대립하는 하나의 중요한 예가 투명성, 즉 정보의 공개 문제일 것이다. 국민이나 국회의 직접적인 참여 혹은 의견 제시를 위하여는 정보의 공개가 전제되어야 한다. 그런데 다자조약은 그 성안과정이 공개되기도 하지만 다수의 조약문안 교섭의 경우 ―국내적인 입법안과 달리― 조약안이 공개되지 않으며 또 그 협상내용 역시 비밀로 분류된다. 조약문 원안이 실제로 국회나 대중에게 공개되는 시점은 보통 정식 서명이 완료된 이후이다. 물론 그 이전에도 정부가 교섭에 임하는 정부의 기본 입장이나 양국간의 입장 차이를 언론에 알리기도 하지만, 협상중인 조약문안을 공개하여 이에 대하여 국민이나 국회의 의견을 수렴하지는 않고 있다. 만약 그러한 식으로 협상을 진행한다면 상대국으로부터 반발뿐만 아니라 내부적인 입장 조율 곤란으로 인해 협상 자체가 진전을 보지 못하게 될 공산이 크다. 또한, 직접민주주의가 현대사회에서 실현되기 곤란하듯이 국민의 직접적인 참여를 토대로 한 조약교섭이나 체결 역시 현실적으로 어려울 뿐만 아니라 오히려 단기적이고 편파적인 이익을 노리는 이익집단이 득세할 우려도 있을 것이다. 조약의 체결이나 외교업무의 수행에 있어서는 국제관계에 대한 식견이 필요할 뿐 아니라, 자국의 단기적이고 이기적인 이익을 넘어서는 국제공동체의 이익이라는 것을 고려할 필요가 있다는 점에서 단순히 무조건적인 직접 참여가 항상 바람직하다고는 할 수 없다.

여기서 하나의 문제는 입법관리상의 제도, 예를 들어 입법예고, 공청회, 의회의 적극적인 토론과 참여라는 제도가 조약체결 절차에 도입될 수 있는가 하는 점이다. 일부 제도는 조약체결 과정에서도 사안별로 도입이 될 여지가 있는 등 원칙적으로 불가능한 것은 아니다. 다만, 양자조약의 경우 상대가 있어 조약내용을 일방적으로 결정하는 것이 불가능할 뿐만 아니라, 모든 조건이 하나의 패키지로 연계되어 교섭이 되기 때문에 구체적인 문안에 대한 국민의 의견수렴에는 애로점이 있다. 한편, 다자조약의 경우라고 하더라도 자국 정부가 가지는 영향력은 한정되어 있기 때문에 조약의 문안을 변경하는 것이 쉽지 않을 것이다. 민주성을 제고할 수 있는 방안에 대하여는 제5장에서 구체적으로 논하기로 한다.

Ⅳ. 헌법 제60조상의 "체결 · 비준"

여기에서는 대한민국 헌법 제60조에서 말하는 조약의 "체결 · 비준"이 어떠한 의미를 가지는지를 살펴본다. 체결은 흔히 영어로 conclusion으로 번역되며 다양한 의미로 쓰이고 있다.[146] 그리고 영어로 ratification을 의미하는 비준이라는 단어 역시 여러 뜻을 가지고 있다.[147] 대한민국 헌법에서 말하는 체결과 비준의 의미를 찾기 위하여는 (i) '체결 · 비준'이라는 단어가 가지는 국제법적인 의미를 찾아서 이를 대한민국 헌법상의 의미에 대입하는 방법과 (ii) 헌법의 초안자가 의도하였던 바를 살핀 다음, 이를 지금의 현실에 비추어 보는 방법 등 두 가지 접근방법이 있다.

우선 조약법협약에는 '체결'이라는 단어에 대한 명시적인 정의가 존재하지 않는다. 다만, 이 협약은 제2부 제1절 '조약의 체결'이라는 제

---

146) Anthony Aust, *supra* note 9, p. 74.

147) 비준(ratification)이라는 용어도 국제법상 쓰임새와 각국 국내법에서의 쓰임새가 크게 다르다고 할 수 있다. 이러한 이유에서 Detter는 "대외적 비준"(external ratification)은 상대 당사국에게 최종 승인을 통보하는 과정을, "대내적 비준"(internal ratification)은 국내적인 헌법적 승인과정을 의미하는 것으로 구분하여 사용하자고 한 바 있다. Detter, I., *Essays on the Law of Treaties* (1967), p. 21. Aust는 비준의 개념에 대한 가장 흔한 오해는 '비준'이 헌법적 절차라는 점이라고 한다(Aust, *supra* note 9, p. 81).

목하에 '조약문의 채택' 등을 다루고 있다. 이러한 점에 착안하여, 조약의 체결이 조약의 가서명부터 조약의 발효까지의 전과정을 아우르고 있으며, 따라서 대한민국 헌법 제60조에서 말하는 국회의 동의권 행사 대상으로서 "(대통령의) 조약의 체결·비준"은 이러한 모든 과정을 말하는 것이라는 주장이 제기되었다. 한·미 자유무역협정을 둘러싼 대통령과 국회간의 권한쟁의심판에서 청구인측은 "1969년 조약법에 관한 비엔나협약 제2부 제1절에서 조약의 체결이란 협상을 통한 조약문의 채택, 조약문의 정본인증, 조약에 대한 기속적 동의표시, 비준서 등의 교환이나 기탁이라는 일련의 과정 전체를 의미한다"고 주장하였다.[148)]

이러한 주장에 따르면, 결과적으로 대통령의 조약 협상의 단계에서부터 국회가 헌법 제60조상의 동의권(거부권)을 행사할 수 있게 된다. 헌법해석적인 차원에서 이러한 주장이 타당한지 여부는 별론으로 하더라도, 조약법협약상의 정의 또는 의미를 그대로 대한민국 헌법의 의미로 대입하는 것이 적절한가 하는 의문이 제기된다. 조약법협약은 국가간의 관계에서 조약의 체결을 규율하고 있는 것이지, 그 자체가 국내법으로 적용된다든지 국내법의 용어에 영향을 주려는 의도를 가지고 있지는 않다.[149)] 협약은 제2조제1항에서 각종 용어에 대하여 정의를 내린 후, 제2항에서는 "이 협약에 있어서 용어의 사용에 관한 상

148) 청구인측은 이러한 정의를 토대로 하여, 헌법 제60조제1항이 규정하고 있는 조약의 체결·비준에 대한 국회의 동의권한은 그 조약체결과정 전반에 대한 국회의 동의 및 그 체결과정 전반에 대한 정보제공, 그리고 이에 대한 국회의 의견진술·청취권의 보장을 통한 실질적인 동의권한을 의미한다고 주장하였다.

149) 다만, 협약의 제3절 조약의 해석에 관한 일반규칙과 같은 부분은 단순히 국가간의 관계에서만 유효하다고 하기는 곤란한 점이 있다. 조약의 해석은 국제관계의 차원에서뿐만 아니라 국내법 체계에서도 행하여지게 되는데, 그 일관성 유지를 위하여서라도 국내기관(행정부, 사법부 및 입법부)도 이러한 해석의 일반규칙은 따라야 할 것으로 판단된다.

기 제1항의 규정은 어느 국가의 국내법상 그러한 용어의 사용 또는 그러한 용어에 부여될 수 있는 의미를 침해하지 아니한다"고 하고 있다.[150] 이와 같은 점에 비추어 볼 때에도 조약법협약상의 정의 또는 개념이 그대로 대한민국 헌법에 대입되어 적용되어야 한다는 주장은 타당성이 결여되어 있다.

올바른 접근방법은 대한민국 헌법 제정 당시의 인식에서 출발하여 현실적인 해석을 모색하는 것이다. 당초 제헌헌법 제59조는 "대통령은 조약을 체결하고 비준하며 …"라고 규정하고 있는데, 제헌헌법 초안 작성에 기여하였던 유진오 박사는 '체결'을 조약에 대한 '서명 또는 조인'으로 이해하고 있으며 이는 "순전히 대통령의 권한에 속한다"고 이해하고 있었다.[151] 또한 유진오 교수를 포함하여 당시의 법학자들은 '비준'을 전권대사(또는 위임을 받은 자)가 서명한 조약을 대통령이 최종 확인하는 행위로 이해하고 있었다.[152] 즉, '(대통령이 임명한) 교섭대표가 조약에 서명(체결)하고 대통령이 이를 비준한다'는 고전적인 전제를 바탕으로 조약체결 과정을 이해하였다.

그러나 다자조약이나 교환각서를 중심으로 조약의 체결절차에 다수의 변칙적인 요소가 가미된 결과, 과거의 공식(교섭대표에 의한 서명 후 대통령의 비준)이 항상 유효하지는 않게 되었다. 조약에 대하여 구속 받겠다는 의사 표시를 하는 방법도 '비준' 이외에 '가입,' '수락' 등과 같이 다양화되었을 뿐만 아니라, 양자조약 체결 절차에서는 '서명'

150) 예를 들어, 미국의 경우 자국의 헌법 관행상 Treaty(조약)는 Executive Agreement(행정협정)가 아닌 상원의 승인을 받는 합의문을 의미하는데, 조약법협약상의 정의는 이러한 미국의 관행적인 단어 사용에 영향을 줄 수 없다는 것이다.

151) 유진오, 『헌법해의』(1949), 161쪽.

152) 위의 책(161-162쪽)에 비추어 볼 때, 유진오 교수는 조약체결(conclusion)을 대통령에게 위임을 받아 전권위원이 행하는 서명으로 이해하였으며, 이러한 서명이 있은 다음 대통령이 반드시 최종적으로 조약비준(ratification)을 하는 것으로 이해하고 있었던 것으로 보인다.

이라는 과정이 생략된 '교환각서'[153]와 같은 형태의 조약이 빈번해지게 되었다. 이와 같이 과거의 전제(교섭대표가 서명하고 이어서 대통령이 비준)에서 벗어나는 조약체결 패턴이 잦아짐에 따라 '체결이 곧 서명' 그리고 '체결한 다음 반드시 비준'이라는 도식적인 공식에도 변화가 초래될 수밖에 없었다. 이러한 현실에도 불구하고 '체결'이 반드시 '서명'만을 의미한다면, 여타의 방식(가입, 수락 등)으로 맺어지는 조약은 헌법이 다루지 않는다는 불합리한 해석을 초래하게 된다.

결론적으로 반추해보면, 대한민국 헌법은 '체결'이라는 단어에 대하여 어떠한 정의를 가지고 일관된 의미로 사용한 것은 아니라고 판단된다. 당초에는 '서명'이라는 뜻으로 이해되었지만, 조약의 체결 방식이 점점 다양해지면서 이를 모두 포용하는 의미로 해석하지 않으면 곤란한 상황이 되었다. 따라서 헌법 제6조제1항에서 말하는 '체결·공포'에서의 '체결'과 제60조나 제73조에서 말하는 '체결·비준'에서의 '체결'은 각각 다소 다른 뜻으로 해석될 수도 있을 것이다.[154] 그러나 헌법이 뜻하려는 바는 결국 국가가 조약에 대하여 구속을 받겠다는 최종적이고 돌이킬 수 없는 대외적인 행위를 할 권한은 대통령에게 부여되며(제73조), 그리고 대통령이 이러한 행위를 함에 있어서는 국회의 동의를 받아야 한다(제60조)는 것이다. 이러한 측면에서 보면, 헌법 제60조와 제73조가 '체결' 또는 '비준'이 아니라 "체결·비준"으로 함께 묶어[155] 표현한 이유도 이와 같은 이유, 즉 "국가가 조약에 대하

153) 근대에 들어서 교환각서(exchange of notes)가 빈번해지고 중요해진 이유에 관하여는 H. Lauterpacht, 전게 자료, pp. 103-104.

154) 헌법 제6조제1항에서 말하는 '체결·공포'에서 '체결'은 '비준'을 포함하여 헌법에서 정한 절차를 거쳤다는 의미를 가지므로 여타 제60조나 제73조의 '체결'보다는 넓은 개념이라고 할 수도 있다.

155) 이와 같이 '체결·비준'을 통일된 하나의 개념으로 파악하고 있는 논문으로서는 이상훈, "헌법 제60조제1항에 대한 고찰 : 국회동의의 법적 성격 및 입법사항에 관한 조약을 중심으로," 『국제법 동향과 실무』, 제5호(2003년), 96쪽; 정진석,

여 구속을 받겠다는 최종적이고 돌이킬 수 없는 의사결정(대외적인 의사표현)"을 나타내려고 한 것이라고 생각된다.

Ⅴ. 대한민국의 조약체결 현황

여기서는 대한민국의 조약체결 현황을 살펴보고자 한다.[156] 1945년 정부 수립 이후 2008년말 현재까지 대한민국이 체결・발효한 조약은 총 2,586건에 달하며 이 중에 양자조약은 2,016건 그리고 다자조약은 570건이다. 해방 이후 주로 미국이 조약체결의 상대방이었으나 점차 당시의 우방이었던 영국, 서독, 프랑스 등으로 확대되어 나갔으며, 1960년대 일본과의 수교 그리고 1992년 유엔 가입 등으로 점차 조약체결의 상대국이 늘어갔다.

이와 같이 조약체결의 상대가 다변화되는 동시에 조약체결 대상(분야)도 다양화되었다. 1950년대까지만 하여도 미국이나 우방으로부터의 경제・군사원조에 관한 사항이 중요한 비중을 차지하였으나, 그후 경제성장의 단계에서 통상, 어업, 섬유 분야에 이어 항공, 원자력 등과 같은 분야에서의 조약체결이 늘어났다. 2006년도에 체결된 양자조약 90건 가운데 53건이 경제관련 조약으로서 이중과세방지협약, 투자보장협정, 자유무역협정 등 경제통상 분야 조약의 체결이 증가하였다.[157] 특히 투자보장협정은 1970~80년대 투자유치국의 입장에서 체결되었으나, 그 이후에는 해외투자국의 입장도 겸비되게 되는 등 한국

"조약의 체결・비준에 대한 국회의 동의," 『서울국제법연구』, 제11권 1호(2004. 6), 167쪽.

156) 여기서 인용된 통계는 주로 외교통상부 웹사이트 등을 참고로 하고 있다(http://www.mofat.go.kr/state/treatylaw/treatykorea/index.jsp).

157) 외교통상부 조약국, 『양자조약 개황』(2007년 2월).

〈도표 2-2〉 분야별 조약체결 현황(2008.12.31 현재) (발효기준)

양자조약		다자조약	
분 야	건 수	분 야	건 수
군사・안보	91	군축・원자력	39
범죄・사법공조	46	국제범죄・인도법	31
경제・과학・기술	424	사회・문화	41
무역・통상	175	무역・경제	110
조세・차관・투자보장	523	농업・어업	64
항공・해운・교통	173	해사・항공・교통	57
외교・영사・사증	130	노동・인권	48
문화・관광・사회보장	162	우편・방송통신	105
환경, 자원, 통신, 기타	174	환경	42
국제기구・기타	118	기타	33
계	2,016	계	570

경제의 발전사가 조약체결의 연혁에도 영향을 미쳤다는 것을 보여준다. 또한, 최근에 들어서는 일반국민의 생활과 관련된 조약의 체결 건수도 증가하고 있다. 사회보장협정, 형사사법공조, 범죄인인도조약 등 경제, 사법정의에 관한 조약의 증가가 눈에 띈다.

여기서 조약체결의 효율성과 관련하여 조약업무의 추이를 살펴보자. 제헌 이래 1960년까지 13년간 대한민국에 대하여 발효한 조약의 건수가 129건에 불과한데 반해, 2005~2008년간 발효한 조약의 건수가 376건이라는 점을 보면, 조약에 대한 수요가 대폭 늘어났다는 것을 실감할 수 있다. 앞에서 언급한 바와 같이 조약체결의 다변화와 다양화 그리고 수요 증가에 따라 더욱더 효율적인 조약체결이 요구되고 있다. 한편, 이들 조약 중에서 국회의 동의를 받는 조약의 비율은 약 30~40% 정도이다.[158] 고시류조약을 모두 포함한다면, 전체 조약 중에서 국회의 동의를 받는 조약의 비율은 다소 낮아질 것이다.[159]

〈도표 2-3〉 연도별 체결 현황(2008.12.31 현재) (발효기준)

연 도	양자조약	다자조약	계
1948~60	88	38	126
1961~70	231	62	293
1971~80	329	90	419
1981~90	326	112	438
1991	48	14	62
1992	44	10	54
1993	49	14	63
1994	73	10	83
1995	69	9	78
1996	44	25	69
1997	74	16	90
1998	26	13	39
1999	37	11	48
2000	59	14	73
2001	54	16	70
2002	44	17	61
2003	47	11	58
2004	62	24	86
2005	71	19	90
2006	90	16	106
2007	81	17	98
2008	70	12	82
계	2,016	570	2,586

158) 2007년의 경우 발효한 조약 54건(양자조약 41건, 다자조약 13건) 중에서 국회의 동의를 받은 조약은 22건(양자조약 14건, 다자조약 8건)으로서 약 40%를 차지하였다.

159) 2007년 발효된 고시류조약은 총 44건(양자 40건, 다자 4건)으로서 이를 헌법상 조약의 수와 합치면, 총 발효 조약은 98건이 된다. 국회동의를 받은 조약은 22건으로 변함이 없으므로 고시류조약 포함 총 조약 대비 국회동의필요조약의 비율은 약 22%로 낮아진다.

여기서 대한민국의 조약체결 현황을 점검해 보면, 몇 가지 경향을 볼 수 있다. 우선 조약체결의 건수가 점증하고 있는 추세를 보이고 있다. 이는 국가간의 상호의존성이 심화되고 국가간의 협력 필요성 등이 제고됨에 따른 당연한 결과라고 할 수 있다. 또한 조약의 상대방이 다원화되는 동시에, 조약의 내용 역시 다양화되고 있다는 점도 영향을 주고 있다. 이와 같은 조약체결 건수의 증가는 곧 조약체결 수요의 증가를 반영한다고 할 수 있으며, 따라서 조약체결 행정에도 큰 부담으로 작용하고 있다. 매년 90여개 이상의 조약(헌법상의 정식 조약)이 체결된다는 것은 90여건의 조약안이 국무회의 심의 및 대통령 재가를 거쳐야 한다는 뜻이 된다.

Ⅵ. 소 결

이 절에서는 '조약체결이 국내입법과 어떻게 다른가' 그리고 '조약체결이 입법의 대안이 될 수 있는가' 하는 점을 살펴보았다. 조약체결은 본질적으로 '주권국가들간 약속하기'이다. 그러나 근래에 들어서 직접효력을 의도하는 조약이 증가하였을 뿐만 아니라, 여러 경로나 방법으로 조약의 국내법적 효력이 확대되고 있다.

국내적인 절차라는 측면에서 볼 때 조약체결은 국내법령(특히 대통령령)의 입안절차와 상당히 유사하다. 그러나 헌법기관간의 권한 배분이라는 관점에서 볼 때에는 조약체결은 대통령이 거의 전적인 주도권을 가진다는 점에서 입법과 차이가 있다. 그리고 통상정책과 같은 분야에서 국내입법의 대체수단으로서 조약체결이 상정될 수도 있다.

아울러 이 절에서는 대한민국 헌법이 말하는 조약의 "체결・비준"의 의미를 검토하였다. 대한민국 헌법상의 조약의 "체결・비준"이라는 단어의 의미는 조약법협약의 정의(제2조)를 대입하여 해석할 것이 아니라, 1945년 제헌헌법 당시의 인식을 출발점으로 하되 그 의미가 지금의 현실에 비추어 어떻게 해석되어야 하는지 하는 관점에서 접근하여야 한다. 이러한 접근방법에 따를 때, 대한민국 헌법이 말하는 조약의 "체결 · 비준"은 국가가 조약에 대하여 구속을 받겠다는 최종적이고 돌이킬 수 없는 의사결정을 의미하는 것으로 해석된다.

제 3 장

조약체결 권한

제1절 조약체결 권한과 조약체결권자

조약체결 권한(treaty-making powers/competence)은 조약체결 능력(capacity to conclude treaties)과 구분되는 개념으로서[1]) 스스로 주권국가를 대표하여 외국 또는 여타 국제법의 주체와 조약을 맺는 권한을 말한다. 이 절에서는 조약체결 권한이 국제법과 국내법에서 각각 어떻게 규정되어 있는지를 살펴본 다음, 대한민국의 경우 그 권한이 헌법상 대통령에게 부여되어 있음을 확인하고, 그 성격에 관하여 구체적으로 살펴보고자 한다. 특히 대통령의 조약체결권이 국회와의 관계에서 배타적인지, 사법부와의 관계에서 사법심사의 대상이 될 수 있는지를 검토한다.

현실적으로는 대통령이 모든 조약을 스스로 교섭하고 서명할 수 없기 때문에 조약체결 권한이 하부기관으로 위임되는데, 이때 위임이 어떠한 방식과 흐름으로 전개되느냐 하는 문제도 살펴본다. 아울러 외교통상부장관 이외의 행정부처 장관이나 지방자치단체가 조약체결 권한 또는 유사한 권한을 가지고 있는지 하는 문제도 규명해 보고자 한다.

---

1) 영문으로 "treaty-making powers"는 '어떠한 실체가 조약을 체결할 능력(capacity)을 가지는가' 하는 조약체결 능력(capacity to conclude treaties)이라는 뜻으로 사용되기도 한다. 조약체결 능력이라는 개념은 국제법의 주체(subjects of international law)와 관련되는데, 완전한 조약체결 능력을 보유한 '주권국가,' 해당 기구의 권한의 범위 내에서 능력을 가지는 '국제기구,' 제한된 범위 내에서 능력이 인정되는 '반도단체' 등이 그 주체로서 논의의 대상이 되어 왔다. 조약법협약 제6조는 "모든 국가는 조약체결 능력을 가진다"고 하고 있을 뿐(영문: Every State possesses capacity to conclude treaties), 여타 실체의 조약체결 능력에 관한 사항은 규정하지 않고 있다.

Ⅰ. 조약체결 권한에 관한 일반적 고찰

1. 국제법상 조약체결 권한

조약은 둘 이상의 당사국(주권국가)의 의사가 합치함으로써 이루어진다. 합의의 한 쪽이라고 할 수 있는 개별 당사국의 국내에서 조약체결 의사를 확립하고 이를 대외적으로 표명하는 권한이 조약체결 권한이다. 이러한 권한 없이 체결된 조약은 일방 당사국의 의사 성립에 하자가 있는 것으로 간주된다. 어떤 기준에 근거하여 조약체결 권한의 존부를 판단하느냐가 쟁점이 되는데, (i) 조약체결 권한의 문제는 국내법이 정하는 사안이므로 국내법에 맡겨야 한다는 견해[2]와 (ii) 국제법상 국가원수와 외무장관은 독자적으로 조약에 서명할 권한을 가진다는 견해,[3] 그리고 (iii) 국제법이 정한 조건의 범위 내에서 국내법으로 정할 수 있다는 견해[4]가 대립하였다.

조약법협약은 (i) 국가원수, 정부수반 및 외무장관은 당연히 조약체결 권한을 가진다고 간주되고 (ii) 여타의 인물이 조약을 체결하고자 할 때에는 전권위임장을 제시해야 한다는 방식으로 조약체결 권한의 문제를 해결하였다. 즉, 조약에 서명함에 있어서, '국가원수, 정부수반 및 외무장관'(흔히 'BIG3'라고 한다)은 당연히 주권국가를 대표하는 기

2) 예를 들어 Fairman, "Competence to Bind the State to an International Engagement," 30 *American Journal of International Law* (1936), p. 144. Hall과 같은 학자도 조약에 대한 헌법적 제약이 국제법적으로도 유효하다고 생각하였다. Hall, *International Law* (8th ed., 1924), pp. 351, 700.

3) 예를 들어 Oppenheim은 "International law defines his position regarding international intercourse with other States"라고 하고 있다. Oppenheim, *International Law* (1948), p. 682.

4) Kaye Holloway, *Modern Trends in Treaty Law: Constitutional Law, Reservations and the Three Modes of Legislation* (1967), pp. 122, 325.

관으로 간주되어 전권위임장을 제시할 필요가 없지만, 여타의 경우에는 조약에 서명할 권한을 대외적으로 입증하기 위하여 전권위임장을 제시하도록 한 것이다.[5] 예를 들어 외무장관이 아닌 법무장관이 전권위임장을 제시하지 못한 상태에서 조약에 서명하였다면, 이러한 서명행위는 국제법적으로 효력을 가지지 못한다.[6]

조약법협약 제7조의 규정과는 달리, 국내법에 따라서는 국가를 대표하는 권한을 '국가원수, 정부수반, 외무장관'에게 부여하지 않거나, 이들의 대표권 행사에 일정한 제한을 부과하고 있는 경우도 있을 수 있다. 이러한 국내법 규정은 그 자체로는 조약법협약의 위반은 아니지만, 대외적으로도 당연히 효력을 가지는 것은 아니다.[7] 예를 들어 범죄인인도조약에 대하여는 법무장관이 전적인 권한을 가지며, 외무

---

5) 조약법협약 제7조(*Full powers*) "1. A person is considered as representing a State for the purpose of adopting or authenticating the text of a treaty or for the purpose of expressing the consent of the State to be bound by a treaty if: (*a*) he produces appropriate full powers; or (*b*) it appears from the practice of the States concerned or from other circumstances that their intention was to consider that person as representing the State for such purposes and to dispense with full powers. 2. In virtue of their functions and without having to produce full powers, the following are considered as representing their State: (*a*) Heads of State, Heads of Government and Ministers for Foreign Affairs, for the purpose of performing all acts relating to the conclusion of a treaty; (*b*) heads of diplomatic missions, for the purpose of adopting the text of a treaty between the accrediting State and the State to which they are accredited; (*c*) representatives accredited by States to an international conference or to an international organization or one of its organs, for the purpose of adopting the text of a treaty in that conference, organization or organ."

6) 조약법협약 제8조(Subsequent confirmation of an act performed without authorization) "An act relating to the conclusion of a treaty performed by a person who cannot be considered under article 7 as authorized to represent a State for that purpose is without legal effect unless afterwards confirmed by that State."

7) Ko Swan Sik, *The Indonesian Law of Treaties 1945-1990* (1994), p. 3.

장관은 범죄인인도조약에 한하여 서명권이 제한된 국내법 규정이 있다고 가정하자. 이 규정에도 불구하고 외무장관이 범죄인인도조약에 서명하였다면 그 서명행위는 국제적으로 유효하다. 단, 해당 당사국이 문제의 국내법 규정을 타방 당사국에게 사전에 통지하였다면, 그 당사국은 조약법협약 제47조의 규정에 따라 외무장관의 서명행위를 철회할 수 있다.[8)]

2. 국내법상 조약체결 권한

1) 대외행정권과 조약체결권과의 관계

국가권력의 배분이라는 전체적인 틀에서 볼 때, 대한민국 헌법은 대외행정권을 대통령에게 부여하고 있다. 대통령은 헌법에 따라 "국가의 독립, 영토의 보전, 국가의 계속성과 헌법을 수호할 책무"(제66조 제2항)를 지고 있으며, 국제법과 국제관행에 따를 때에도 국가원수(Head of State)가 조약을 체결하고[9)] 국가를 대표할 권한을 가지기 때문이다. 또한 기능적인 측면에서도 대한민국을 효과적으로 대표하고 의사결정을 할 수 있는 헌법기관은 국민으로부터 직접 선출되고 국민에게 직접 책임을 지는 대통령이다. 복잡다단하고 나날이 변화하는 국제관계라는 환경에서 상시적이고 신속한 의사결정, 외국이나 국제

---

8) 조약법협약 제47조(Specific restrictions on authority to express the consent of a State) "If the authority of a representative to express the consent of a State to be bound by a particular treaty has been made subject to a specific restriction, his omission to observe that restriction may not be invoked as invalidating the consent expressed by him unless the restriction was notified to the other negotiating States prior to his expressing such consent."

9) 앞의 주 5의 조약법협약 제7조에 따르면, 대통령은 조약을 체결하는 모든 행위에 있어서 상대방에게 별도의 전권위임장을 제시하지 않아도 된다.

정세 전반에 대한 이해와 전략적 사고, 비밀유지 및 일관된 정책 수립과 같은 과제를 수행하기에는 대통령과 그 지휘하에 있는 행정부가 적합하다.

대통령의 포괄적인 대외행정권에는 대외적 의사표시로서 일방적 선언을 하거나 국가간 합의를 맺을 권한이 포함되며, 그러한 국가간 합의에는 정치적 합의와 법적인 조약이 모두 포함된다. 조약체결 역시 국가가 외국에 대하여 자신의 의사를 확정하고 이를 표명하는 행위의 하나이기 때문에 조약체결 권한도 대외행정권이라는 큰 범주의 일부분이다. 다만, 조약체결이 국가 전체를 법적으로 구속한다는 점에서 여타의 외교수행과는 다르다는 측면에서 대한민국 헌법은 별도의 조항(제60조제1항)을 두어 이를 통제하고 있다.

조약체결권과 대외행정권은 모두 '대외적으로 국가를 대표하는 권한'에 기반을 두고 있다. 또한 조약교섭은 본질적으로 외교교섭과 다르지 않다. 특히 분쟁해결을 위한 협상의 초기에는 협상의 결과물을 조약으로 할 것인지, 아니면 정치적 합의로 할지도 정해지지 않기 때문에 일반적인 외교교섭과 조약교섭을 구분하기 어렵다. 이와 같이 그 연속적인 과정이라는 측면에서 볼 때에도 조약체결권은 대외행정권에서 비롯되는 권한으로 이해되어야 한다.

2) 대표권과 의사결정권

조약법협약은 조약체결권을 '국가원수, 정부수반 및 외무장관'에게 일응 부여하고 있다. 그러나 실제 '개별 국가의 국내에서 조약체결에 관한 궁극적인 의사결정권을 어떠한 기관이 가지는지' 하는 문제에 관하여는 관여하고 있지 않다. 국내적 차원에서 조약체결 권한은 대외적 대표권(powers to represent externally)과 의사결정권(decision-making powers)으로 나누어 생각해 볼 수 있다. '대외적으로 국가를 대표하여 조약에 서명할 수 있는 권한'과 '조약의 체결 여부를 실질적으로 결정하는 권한'은 개념적으로 구분될 뿐만 아니라, 실제로 다른 기관이 각각의 권한을 행사하기도 한다. 실례로서 영국, 벨기에, 네덜란드에서는 국왕이 국가원수로서 국가를 대표하여 상징적·명목적인 조약체결 권한을 가지지만, 조약의 체결을 실제로 결정하는 것은 행정부 수반이다. 이러한 나라에서는, 대표권은 조약법협약 제7조상의 국가원수에게 속하지만, 실질적인 의사결정권은 행정부 수반에 속하는 셈이다.

결국 국내법의 시각에서 조약체결 권한이란, (i) 국가를 대표하여 조약에 서명하고 비준서를 교환하는 대외적 대표권과 (ii) 조약의 교섭, 서명 및 비준이라는 일련의 과정에서 결정을 내리는 실질적 의사결정권으로 구성된다. 아래에서 상세히 논의하겠지만, 대한민국 헌법의 경우 조약체결에 관한 대표권과 의사결정권이 궁극적으로 모두 대통령에게 부여되어 있다.

3) 조약체결 권한의 위임과 그로부터 파생되는 권한

물리적으로 대통령이 모든 조약에 서명할 수 없기 때문에[10] 대통령의 권한이 위임되는 장치가 필요하게 된다. 이러한 권한위임(delegation of competence)의 방식은 (i) 하나의 조약을 서명할 때마다 대통령으로부터 위임을 받는 개별적인 위임('건별위임'이라고 할 수 있다), (ii) 법령으로 범위를 정하여 특정 장관이 그러한 범위 내에서는 포괄적으로 대통령으로부터 권한을 위임받는 방식('법령에 따른 포괄적 위임'이라고 할 수 있다)으로 분류할 수 있다.

---

10) 실제로 대통령이 직접 서명한 조약 사례는 극히 드물다고 할 수 있다. 과거 이승만 대통령은 재직시에 몇 차례 직접 조약에 서명한 바 있으며, 최근의 사례로는 1992년 11월 19일 당시 노태우 대통령과 보리스 옐친 대통령이 한·러간 기본관계조약(정식명칭: 「대한민국과 러시아연방간의 기본관계에 관한 조약」)에 서명한 바 있다.

한편, 대통령의 조약체결권으로부터 (i) 정부대표 임명권(특정인에게 정부를 대표할 수 있는 권한을 부여하는 권한), (ii) 조약 서명권자 임명권, (iii) 전권위임장 발급권 등의 권한이 파생된다. 그리고 조약법협약 제8조와 제47조에 따르면 조약체결 과정에서 하자가 있거나 혹은 교섭대표가 월권행위(excess of authority)를 한 경우에도 국가는 이를 추인할 수 있는데, 조약체결 권한에는 (iv) 조약체결상의 흠결을 사후적으로 치유하고 국가의 의사를 확정하는 권한도 포함된다.

II. 조약체결권자

1. 대통령

1) 국가원수 및 정부수반으로서 대통령

과거의 절대군주제에서는 국가의 모든 권한과 강제력이 군주 한 사람에게 집중되어 있었으나, 국민주권 시대가 도래하면서 국가의 권력은 삼권분립의 원칙에 따라 분할되어 배분되게 되었다. 이러한 과정에서 입법권은 국회에 주어졌지만, 국가를 대표하는 대외적 대표권은 여전히 군주 또는 국가원수에게 남게 되었다. 이러한 대외적 대표권의 잔존은 과거 절대군주제의 연장이라고 보기보다는 대외적으로 단일한 목소리를 낼 수 있는 매개체로서 국가원수라는 제도가 아직도 필요하기 때문이다.

대한민국 헌법 제66조제1항은 대통령이 "국가의 원수이며, 외국에 대하여 국가를 대표한다"고 하고 있으며, 제4항에서는 대통령이 정부의 수반이라고 하고 있다. 따라서 대통령은 조약법협약 제7조제2항 (b)가 말하는 "국가원수"(Head of State)이자 "정부수반"(Head of Government)으로서 조약의 체결에 관한 모든 행위를 함에 있어서 전권위임장의 제시 없이 당연히 국가를 대표하게 된다. 이러한 국제법과 국제관행과 부합되게끔 헌법 제73조는 대통령이 '조약을 체결·비준'한다고 확인하고 있다.

그런데 제73조가 말하는 대통령의 조약체결·비준권은 단순히 국가를 대표하여 이를 서명하는 대표권에 그치지 않고 실질적인 의사결정권을 의미한다. 헌법의 다른 조항에 비추어 볼 때에도 이 점을 알 수 있는데, 첫째, 국회가 중요한 조약에 한하여 동의권을 행사하도록 하고 있다는 것(헌법 제60조제1항)은 결국 대통령이 조약의 교섭과 체결 및 비준에 대하여 모든 의사결정권을 가진다는 것을 반증한다. 둘째, 대통령이야말로 외국과의 관계에서 "국가의 독립, 영토의 보전, 국가의 계속성과 헌법을 수호할 책무를" 지고 있으므로(헌법 제66조제2항) 대외관계에 있어서의 성과와 책임은 결국 궁극적으로 대통령에게 속하게 된다. 셋째, 전통적으로 조약체결을 포함한 대외행정권은 집행부(Executive Branch)에 속하는 것으로 이해되었으며,[11] 대한민국의 경우에도 헌법 제66조제4항에서 대통령이 가진다고 하는 '행정권'에 대외행정권이 포함되는 것으로 이해된다. 이러한 대외행정권이란 외교정책을 수립하고 집행(외국과의 접촉 및 교섭)하는 것을 말하며, 결국 대통령은 외교통상부라는 정부기관을 통하여 이를 집행한다.

2) 대통령의 조약체결 권한의 성격

대통령의 조약체결 권한은 어떠한 성격을 가지며, 특히 국회 또는

---

11) Fitzmaurice는 조약체결에 관한 일체의 행위는 국제적인 차원에서는(on the international plane) 집행부의 행위이자 집행부의 기능(executive acts and the function of the executive authority)이라고 단언하고 있다. Fizmaurice의 First Report, *Yearbook of the International Law Commission*, Vol. II(1956), p. 108.

사법부와의 관계에 있어서 절대적이고 배타적인가 하는 문제를 논의해보고자 한다. 우선 대통령의 전반적인 대외행정권이 그러하듯 조약체결 권한도 상당부분 재량적 성격의 권한이다. 즉, 대통령은 조약체결의 상대국가를 선택할 수 있고 또 언제든지 교섭을 중단할 수 있다. 대통령은 조약에 서명한 후에도 이를 국회에 제출하지 않을 수 있으며, 국회가 동의를 부여한 조약에 대하여도 비준하지 않을 수 있다. 국회는 특정한 조약의 조속한 서명과 비준을 촉구하는 결의를 채택할 수 있지만 이러한 결의는 대통령을 법적으로 구속하지 못한다.[12)]

(1) 사법심사의 대상으로서의 조약체결권

헌법과 국내법령은 대통령에게 조약체결 권한을 부여하고만 있을 뿐이며 이 권한을 제한하는 내용의 일반적인 법률조항은 없다. 또한, 일반시민이 특정 조약에의 가입을 대통령에게 촉구하고 이를 사법부에 제소할 수는 있지만, 개인이 조약가입을 대통령에게 강제할 수는 없다. 이러한 점은 1998년 5월 28일 헌법소원 〈재외국민보호의무불이행 위헌확인〉[13)]에서도 확인된 바 있다. 이 사건에서 청구인은 대한민국 정부가 「미성년자보호관련 관헌의 관할권 및 준거법에 관한 협약」에 가입하거나 독일 정부와 별도조약을 체결하지 않았다는 이유(국가 공권력의 위헌적인 불행사)로 헌법소원을 제기하였으나, 이에 대하여 헌법재판소는 청구인이 그러한 공권력의 행사(조약 가입 또는 체결)를 청구할 수 있다고 인정되지 아니한다고 판시하였다.

---

12) 예를 들어, 김춘진 의원 등(보건복지위원회)이 발의한 '사회보장협정체결 촉구결의안'이 2004년 12월 31일 국회에 제출되어 2005년 1월 3일 통일외교통상위원회에 회부한 바 있으며, 이 결의안은 인력송출국 근로자의 국민연금 보험료 납부문제 해결 및 국내사용자의 재정부담 경감을 위해 정부의 조속한 협정 체결을 촉구하고 있다.

13) 헌법재판소 1998.5.28, 97헌마282, 판례집 제10권 1집, 705.

그러나 대통령의 재량적인 권한이 곧 조약체결에 있어서 대통령의 전횡을 의미하지는 않는다. 우선 대통령은 자신의 재량에 상응하는 책임을 부담한다. 국가의 독립과 계속성을 지켜야 하는 대통령은 외교업무 수행 및 조약체결에 있어서 국회와 국민에 대해 책무를 가지고 있으며 자신의 의사결정에 대하여 궁극적인 책임을 진다. 또한 대통령은 조약체결에 있어서도 헌법을 준수하여야 하며, 그리고 그 재량권도 명백하게 불합리하지 않는 범위 내에서 행사되어야 한다.

이러한 의미에서 조약체결권 행사도 국내법원의 사법심사 대상이 된다고 보아야 할 것이다. 대한민국의 경우 헌법재판소는 1999년 〈대한민국과 일본국간의 어업에 관한 협정비준등 위헌확인〉 사건에서 대통령의 조약체결 행위를 '공권력의 행사'로 이해하여 그 위헌 여부를 이미 심사한 바 있으며, 그 판단 잣대로써 조약체결 행위가 당사국간의 이익을 반영함에 있어서 "현저하게 균형을 잃고 있는지 여부" 등을 제시하였다.[14] 이와 같이 조약체결 권한이 원칙적으로 사법심사의 대상이 된다고 하지만, 국내법원으로서는 외교적인 사안에 대해 판단을 내리기를 부담스러워 하는 상황이 있을 것이며, 이때에는 이른바 통치행위 또는 정치적 문제(political question)와 같은 이유를 들어 사법심사를 회피하기도 할 것이다. 그러나 이러한 사법심사 회피 역시 대통령의 재량권을 간접적이나마 확인해 주는 것으로 이해할 수 있다.[15]

(2) 국회와의 관계에서의 대통령의 조약체결권

대통령이 국가를 대표하여 조약에 교섭하고 서명할 권한, 즉 대외

---

14) 헌법재판소 2001.3.21, 99헌마139, 판례집 제13권 1집, 676.

15) 비슷한 견해로서는 Louis Henkin, "Is There a 'Political Question' Doctrine?," *Yale Law Journal*, Vol. 85, No. 5(April 1976), pp. 509-601.

적 대표권을 가진다는 점에 대하여는 이론이 없다. 그러나 대통령이 조약을 교섭하고 서명함에 있어서 국회를 완전히 배제할 수 있는지에 관하여는 논란이 있다. 여기서는 대통령의 조약체결 권한이 국회와의 관계에서 배타적이고 절대적인가 하는 문제를 논의해 본다.

앞서 언급한 바와 같이 국회가 조약체결에 관하여 어떠한 결의안을 채택한다고 하더라도 대통령이 이에 법적으로 구속될 이유는 없다. 그런데, 국회가 조약체결 절차를 통제하거나(절차에 대한 통제) 또는 조약의 내용이나 조건을 정하는(내용에 대한 통제) 내용의 입법을 할 권한을 가지는지 하는 문제는 남게 된다.[16] 대한민국의 경우 실제로 2006년 2월 2일 국회에서 「통상협정의 체결절차에 관한 법률안」이나 2007년 2월 12일 제안된 「조약의 체결・비준에 대한 국회동의 절차에 관한 법률안」 등이 발의된 바 있다. 특히 2006년 2월 2일 발의된 법률안은 행정부의 통상조약 추진과정에서 협상정보 등이 공개되지 않고 국민의 의사가 협상에 반영되지 않는다는 문제의식에서 출발하여, 조약체결 전반에 대한 국회의 견제・조정・감독 기능을 강화하는 것을 골자로 한다. 이 법률안 제28조와 제29조는 정부가 특정 조약을 '추진'하고자 하는 단계에서부터 국회의 동의를 얻도록 하고, 국회는 조약추진 동의를 함에 있어서 특정 조약 추진계획의 변경을 요구하거나 협상 추진방향, 조약의 범위 등에 대하여 조건을 부과할 수 있도

16) 이와 관련하여 비교법적 관점에서 참고가 되는 사례로서, 인도에서는 행정부의 권한과 의회의 입법권이 공존하며, 의회가 입법을 통하여 행정부의 조약체결 권한과 절차를 규제할 수 있다고 보고 있다. 다만, 실제로는 인도의 의회가 조약체결 절차나 권한에 대하여 입법을 하지 않고 있으므로 그 결과 행정부가 조약체결에 관한 권한을 가지고 있는 것으로 이해된다. 그러나 인도의 경우에는 헌법 제246조제1항에 따라 의회가 조약체결에 관한 사항에 대하여도 입법권을 가진다는 명시적인 규정이 있다는 점에서 대한민국의 헌법과는 다르다. Monroe Leigh and Merritt R. Blakeslee eds., *National Treaty Law and Practice (France, Germany, India, Switzerland, Thailand, United Kingdom)* (1994), p. 87.

록 하고 있다.[17)]

국회가 입법을 통하여 조약체결 과정에서 국민의 의사를 반영하기 위하여 적절한 절차를 마련한다든지 국회에 보고하도록 권고하는 것은 대통령의 조약체결권 자체를 침해하는 것은 아니라고 생각한다. 그러나 조약의 체결 · 비준이 아니라 '추진' 자체에 대하여 국회의 동의를 받도록 하거나 국회가 조약 추진에 대하여 조건을 부과할 수 있도록 하는 것은 위헌적인 요소가 있다. 우선 헌법이 상정한 조약체결에 관한 권력 배분에 위배되며, 앞서 언급한 바와 같이 대통령의 권한이 그 성격상 재량적이기 때문이다. 헌법 제정 당시에도 '체결'을 조약에 대한 '서명 또는 조인'으로 이해하고 있으며 이는 "순전히 대통령의 권한에 속한다"[18)]고 이해하고 있었다.

위와 같은 조약체결 절차에 대한 국회의 입법시도는 위헌적인 요소를 담고 있지만, 일반적인 차원에서 국회가 조약의 내용을 법률로써 제한할 수 있는지 하는 문제를 살펴보자. 조약이 규율하고자 하는 주제(subject matter)에 따라 다르겠지만, 대통령의 조약체결권과 국회의 입법권이 경합 · 공존(concurrent)할 수 있다. 현실적으로도 외교사안(foreign affairs)과 국내문제(domestic affairs)를 뚜렷이 구분하기 힘든 영역이 점차 증대하고 있다. 예를 들어, 외국인에 대한 대우,[19)] 관세, 국적이나 출입국관리는 외교나 통상과 관련된 영역이기도 하지만 국

---

17) 동 법안 제39조와 제40조에서는 정부가 가서명한 조약안에 대하여 그 체결 · 비준에 대하여 국회의 동의를 얻도록 하고, 국회는 그 조약안이 기본계획에 부합하지 않거나 국회가 부과한 조건에 부합하지 아니하는 경우 등에는 정부에 협상상대국과 재협상할 것을 요청할 수 있도록 하고 있다.

18) 유진오, 『헌법해의』(1949), 161쪽.

19) 헌법 제6조제2항은 "외국인은 국제법과 조약이 정하는 바에 의하여 그 지위가 보장된다"라고 하고 있다. 이 조항에서 '국내법령'은 언급되지 않았지만, 일반적으로 대한민국에서 실시되는 국내법령은 외국인에 대하여도 적용되는 것이 원칙이다.

회의 권한이나 입법권과 긴밀한 관계가 있는 영역이기도 하다. 이와 같이 그 권한이 경합・공존하는 분야에 있어서는 국회가 대통령의 권한을 침범하지 않는 범위 내에서 외교에 관한 입법을 할 수 있다.

특수한 사례이기는 하지만 하나의 선례로서 대통령이 관장하는 외교의 영역에 해당하는 남북한 관계에 있어서 국회는 "대북정책의 법적 기초를 마련"한다는 취지에서 「남북관계 발전에 관한 법률」을 2005년 12월 8일 의결한 적이 있다. 이 법률은 특수한 조약이라고 할 수 있는 남북합의서의 체결과 비준에 관한 사항도 규율하고 있다.[20] 이러한 선례에 비추어 볼 때에도, 조약체결에 관한 절차나 내용에 관하여 국회의 입법권이 완전히 배제된다고는 할 수 없다. 다만, 법률안의 구체적인 내용 중에 헌법이 대통령에게 부여한 재량을 강제하거나,[21] 헌법이 정한 절차를 수정하는 효과를 가진다면 이는 헌법의 취지에 부합하지 않는다고 생각된다.

2. 외교통상부장관

1) 국제관계에 있어서의 외무장관의 지위

국제관행상 외무장관은 국가를 대표하는 기관으로 인식되며, 조약법협약도 외무장관에 대하여는 조약체결 행위시 전권위임장의 제시를 요구하지 않고 있다. 이를 여실히 보여 주는 선례가 덴마크와 노르웨

---

20) 한편, 정부 제출안이기는 하지만 「국민연금법」 제127조(외국과의 사회보장협정) 등의 법률은 조약의 내용과 연관되는 사항을 담고 있기도 하다. 이 법 제127조는 "대한민국이 외국과 사회보장협정을 맺은 경우에는 이 법에도 불구하고 국민연금의 가입, 연금보험료의 납부, 급여의 수급 요건, 급여액의 산정, 급여의 지급 등에 관하여 그 사회보장협정에서 정하는 바에 따른다"고 하고 있다.

21) 예를 들어 특정 국가와의 조약체결을 법적으로 의무화하는 내용은 위헌의 소지가 있다고 본다.

이간의 *Eastern Greenland* 사건이다. 1919년 당시 노르웨이측 Ihlen 외무장관은 "노르웨이 정부로서는 이 사안(Eastern Greeland에 대한 덴마크의 영유권 주장)의 해결에 있어서 문제를 제기하지 않겠다"[22]고 구두로 약속하였다. 그후 1931년 노르웨이 정부가 Eastern Greeland에 대하여 영유권을 천명하자 양국간 분쟁이 발생하였고, 덴마크측은 이를 상설국제사법재판소(PCIJ: Permanent Court of International Justice)에 회부하였다. 노르웨이측은 Ihlen 외무장관의 발언은 노르웨이의 헌법적 절차를 거치지 않은 것이며, 외무장관이 무제한의 권한(unlimited authority)을 가지는 것은 아니라고 주장하였다. 그러나 1933년 재판소는 다음과 같이 판시하여 외무장관의 대외적 발언의 중요성을 확인하였다.

> 재판소가 판단컨대, 외국정부의 외교단의 요청에 대하여 외무장관이 자신의 권한 내에 속한 사항에 관하여 정부를 대표하여 행한 이러한 성격의 응답이 해당 외무장관의 본국에 대하여 구속력을 가진다는 점은 논란의 여지가 없다고 본다.[23]

그리고 조약체결이라는 분야는 전형적으로 외무장관이 맡은 영역("a question falling within his province")에 해당한다고 할 수 있다.

---

22) PCIJ, Ser. A/B, No. 53, pp. 36-37, 57-58, 69-71. 원문은 "the Norwegian Government would not make any difficulties in the settlement of this question."

23) 영문본은 다음과 같다.
"The Court considers it beyond all dispute that a reply of this nature given by the Minister of Foreign Affairs on behalf of his Government in response to a request by the diplomatic representative of a foreign Power, in regard to a question falling within his province, is binding upon the country to which the Minister belongs"(PCIJ, Ser. A/B, No. 53, p. 71).

2) 대한민국 헌법 및 국내법상의 외교통상부장관

Mervin Jones는 외무장관은 일응 법적으로 조약에 대한 기속적 동의를 표시할 수 있는 권한을 가진 것으로 간주되어야 한다고 하였다.[24] 대한민국의 경우 외교통상부장관은 조약법협약 제7조에 따라 국제사회에서 당연히 대한민국을 대표한다. 그런데 대통령과 달리, 외교통상부장관은 국내법적으로는 헌법기관이 아니며 대통령이 임명하는 행정각부의 장에 불과하다.[25] 형식적으로 외교통상부장관의 권한은 대통령의 권한으로부터 위임 또는 파생되는 것으로 이해된다. 이와 같은 권한위임은 명시적일 수도 있으며 또 관행적·묵시적일 수도 있다. 예를 들어 오스트리아의 경우, 대통령이 조약체결 권한을 담당 국무위원(외무장관)에게 위임할 수 있음을 헌법이 명문으로 규정하고 있다.[26] 그러나 헌법에 이렇게 명문의 규정을 두고 있는 것이 오히려 예외적인 경우라고 할 수 있는데,[27] 대한민국의 경우 조약체결 권한의 위임에 관한 헌법 조항은 없는 대신, 법률에서 이에 관한 규정을 두고 있다.

대한민국의 「정부조직법」 제25조는 "외교통상부장관은 … 조약 기

---

24) Jones는 "… Foreign Secretaries … must certainly be regarded as having the ncessary authority *ipso jure* to bind their governments by international agreements"라고 하고 있다. J. Mervyn Jones, *Full Powers and Ratification: A Study of the Development of Treaty-making Procedure* (1949), p. 63.

25) 헌법 제94조: 행정각부의 장은 국무위원 중에서 국무총리의 제청으로 대통령이 임명한다.

26) 오스트리아 헌법 제66조제2항: The Federal President can authorize the Federal Government or the competent members of the Federal Government to conclude certain categories of treaties which do not fall under Art. 16 para. 1 nor under Art. 50; such an authorization extends also to the power to order that these treaties shall be implemented by the issue of ordinances(영문 번역본은 http://www.ris.bka.gv.at/erv/erv_1930_1.pdf 참조).

27) Kaye Holloway, *supra* note 4, p. 327.

타 국제협정 …에 관한 사무를 관장한다"고 하고 있으며, 이어서 「정부대표 및 특별사절의 임명과 권한에 관한 법률」은 "외교통상부장관은 조약의 서명 또는 가서명에 있어 정부대표가 된다"고 규정하고 있다(제3조). 그리고 이 법률 제5조에 따라, 외교통상부장관은 대통령을 대신하여 조약 서명권자를 임명할 수 있으며, 또한 전권위임장을 발급할 수 있다.[28] 또한, 「정부조직법」은 외교통상부장관이 '조약' 이외에도 '기타 국제협정'에 관한 사무를 관장하도록 하고 있는 점 등에 비추어 볼 때, 외교통상부장관은 국가를 대표하여 정부 또는 국가를 명의(체결주체)로 하는 '조약을 포함한 제반 국제합의'에 대하여 교섭하고 서명할 권리를 위임 받았다고 볼 수 있다. 그리고 「정부조직법」과 「정부대표임명법」을 통하여 '정부대표 임명권,' '조약 서명자 임명권,' '전권위임장 발급권' 등과 같은 권한(국가를 대표할 권한으로부터 파생되는 권한)이 대통령으로부터 외교통상부장관에게 포괄적으로 위임되고 있다.[29]

외교통상부장관의 조약체결 권한은 (i) 위의 법률(「정부조직법」 및 「정부대표임명법」)에 근거한 대통령으로부터의 포괄적인 위임, 또는 (ii) 대통령으로부터의 묵시적인 위임으로 해석될 수 있는 한편, (iii) 그간의 헌법적 관행에 근거한 권한으로 이해된다. 이와 같이 외교통상부장관은 조약체결 권한을 가지고 있으며 따라서 대통령의 재가 없이 조약을 체결하고 서명할 권한이 있다. 그러나 실제 관행을 보면, 헌법상 정식조약 체결의 경우 외교통상부장관이 그 조약에 서명하더라도

---

28) 전권위임장(full powers)에 대하여는 조약법협약 제2조제1항 참조. 신임장(credentials) 역시 외교통상부장관이 발급하는데, 이는 특정인이 국제회의에서 국가를 대표함을 증명하는 문건으로서 조약에 대해 서명할 권한이 있음을 증명하는 전권위임장과는 구분된다. 신임장에 관하여는 R. Sabel, *Procedure at International Conferences* (1997), pp. 43-51 참조.

29) 외무부, 『조약업무처리지침』(1985), 45쪽.

내부적으로는 매번 대통령의 사전 재가를 받고 있다. 다만, 고시류조약에 대하여는 외교통상부장관이 대통령의 별도 재가 없이 체결하고 있다. 기존 조약에 대한 일부 변경, 효력의 연장과 종료와 같은 사항에 있어서는 대통령의 별도 재가나 국무회의의 심의를 거치지 않고 외교통상부장관이 직권으로 처리하고 있다.[30]

3) 소송절차상의 피청구인으로서 대통령과 외교통상부장관

국내 헌법소송 절차에서 그 소송의 대상(피청구인)을 놓고 대통령이 되어야 하는지 아니면 외교통상부장관이 되어야 하는지 하는 문제가 제기되곤 하였다. 실제 사건에서 피청구인을 살펴보면, 쌀협상과 관련된 〈국회의원과 정부간의 권한쟁의〉 사건에서 당초 청구인(국회의원)측은 2005년 10월 정부(외교통상부장관 등)를 상대로 권한쟁의심판을 제기하였으나, 그후 2007년 4월 대통령을 피청구인으로 하여 청구취지를 변경한 바 있다.[31] 한・미간의 전략적 유연성 합의(양국 외무장관의 '공동성명' 형식)를 둘러싼 〈국회의원과 대통령 등간의 권한쟁의〉 사건에서는 대통령과 외교통상부장관이 함께 피청구인이 되었다.[32] 한・미간 FTA 교섭에 관한 〈국회의원과 대통령 등간의 권한쟁의〉에서는 대통령과 정부가 함께 피청구인이 되기도 하였다.[33]

소송절차적인 차이점으로는 정부가 피청구인이 되는 경우에는 법무부가 행정부를 대표로 하여 그 절차 수행에 관여를 하게 되지만, 대통령이 직접 피고나 피청구인이 되게 되면 법무부가 아닌 대통령실

---

30) 이에 관한 상세한 사항은 이 책의 제4장에서 다루고 있다.

31) 헌법재판소 2007.7.26, 2005헌라8, 공보 제130호, 824.

32) 헌법재판소 2008.3.27, 2006헌라4.

33) 헌법재판소 2007.10.25, 2006헌라5, 공보 제133호, 1083.

(청와대)이 직접 소송을 수행하여야 한다는 점이다. 위에 언급된 헌법재판소에서 문제가 되었던 전략적 유연성에 관한 공동성명이나 쌀협상 관련 부속문건은 모두 대통령이 직접 서명한 문건이 아니었다. 그러한 연유에서 특히 쌀협상과 관련된 〈국회의원과 정부간의 권한쟁의〉 사건에서 피청구인(대통령)의 대리인측은 대통령이 문제의 합의문에 실제로 서명·날인한 바가 없으므로 피청구인 적격이 없다고 주장하였다.[34)]

위와 같은 논란에도 불구하고 결국 위의 사건들에서 헌법재판소는 피청구인 적격성을 세세히 따지기보다는 일단 조약에 대한 체결 권한이 대통령에게 궁극적으로 속하는 것으로 보고 심리를 진행하였다.

여기서 주목할 점은 위의 사건에서 문제가 되었던 합의문은 대통령이 직접 재가한 문건이 아니라 모두 외교통상부장관이 처리하였다는 사실이다. 이와 같이 대한민국에서의 조약이나 국제합의문의 체결에 관한 사실상 대부분의 결정은 외교통상부장관의 차원에서 실질적으로 이루어지고 있으며, 이러한 점에 비추어 볼 때 소송의 피청구인은 외교통상부장관이 되는 것이 타당하다. 만약 절차상의 이유로 외교통상부장관이 피청구인이 될 수 없다고 한다면, 최소한 외교통상부장관이 대외행정 처리 차원에서 의견서를 제출할 수 있도록 하여야 할 것이다.[35)]

---

34) 헌법재판소 2007.7.26, 2005헌라8, 공보 제130호, 824.

35) 이러한 피청구인 선정의 문제는 이론적으로는 위에서 논한 바와 같이 (i) 외교통상부장관이 대통령과 별도로 헌법적인 관행으로 형성된 독자적인 조약체결권을 가지는지, 아니면 (ii) 외교통상부장관의 조약체결권은 겉으로는 독자적인 행위인 것처럼 보이지만 모두 대통령의 권한으로부터 위임된 것인지 하는 문제와 연계되어 있다. 외교통상부장관의 독자적인 권한을 인정하는 입장에서 본다면, 제반 소송에서 피청구인은 외교통상부장관이 되는 것이 논리적으로 타당할 것이다. 반면, 외교통상부장관이 사실상 대통령의 권한을 위임하여 행사한다는 견해라면, 대통령이 피청구인이 되어야 하는 상황도 있을 것이다.

3. 재외공관장

조약법협약(제7조제2항)에 따르면 현지에 파견된 외교공관장은 조약문을 채택하는 단계까지 자국을 대표하는 것으로 간주된다. 이를 반대로 해석하면, 외교공관장의 경우에도 조약문 채택을 넘어서, 자국을 대표하여 조약에 서명하고자 할 때에는 별도로 확립된 관행이 없는 한 전권위임장을 제시하여야 한다.[36] 이 점에 있어서는 국가마다 관행이 다르다.

대한민국의 관행은 조약법협약을 엄격히 해석하여서 주한 대사에게도 전권위임장의 제시를 요구하는 것이다.[37] 또한 상대국에서 조약서명이 이루어지는 경우에는 현지 외교공관장에게 전권위임장을 발급하고 있다. 조약법협약 제7조에 대한 엄격한 해석에 기초하여 「정부대표임명법」 제4조도 "특명전권대사 …인 재외공관의 장은 신임장을 접수한 외국정부 또는 국제기구와의 교섭에 있어서 정부대표가 된다"라고 하여, 교섭권은 부여하였지만 조약 서명권은 부여하지 않고 있다.

---

36) 국제법위원회의 주석은 이 부분을 다음과 같이 분명히 하고 있다.
"However, the qualification of heads of diplomatic missions to represent their States is not considered in practice to extend, without production of full powers, to expressing the consent of their State to be bound by the treaty." *Yearbook of the ILC,* Vol. 2(1966), p. 193.

37) 외교통상부의 『알기쉬운 조약업무』(2006)는 "우리 정부는 상대국 주한대사가 우리와의 양자조약에 서명할 경우에 전권위임장 제시를 요구하고 있으며, 우리 대사가 접수국 정부와의 조약에 서명하는 때에는 그 나라가 요구하는 경우에 전권위임장을 발급하여 이를 제시케 하고 있습니다. 이것이 우리의 관행입니다"라고 설명하고 있다(43쪽).

4. 국무총리

대한민국은 대통령과 별도로 '국무총리'라는 기관을 두고 있다. 국무총리는 대통령을 보좌하며, 행정에 관하여 대통령의 명을 받아 행정각부를 통할한다.[38] 국무총리는 행정각부에 대한 통할, 국무위원에 대한 제청 및 국무회의 부의장 수행 등의 권한을 가지며, 조약의 체결과정에서 영향력을 행사할 수도 있다. 또한, 국무총리는 해외순방과 같은 외교활동도 하게 되며, 그 과정에서 직접 조약에 서명하기도 한다. 2007년 11월 19일 키르기즈와의 투자보장협정이나, 2007년 5월 3일 남아공과의 형사사법공조조약 등은 한덕수 당시 국무총리가 직접 서명하였다.

국무총리가 조약법협약 제7조제2항 '정부수반'(Heads of Government)에 해당하므로 전권위임장 없이 당연히 국가를 대표, 조약에 서명할 수 있을까? 엄격한 의미에서 볼 때, 대한민국 헌법상 행정부의 수반은 대통령이다.[39] 그러나 행정부 조직 내에서 국무총리의 지위와 역할을 감안하여 1985년도 『조약업무처리지침』은 다음과 같이 기술하면서 국무총리에게도 대외적인 조약서명권을 인정하고 있다.[40]

> 국무총리의 서명권에 대하여는 현행법상 수권규정이 없으나 외무부장관이 법률상 대통령의 전권위임장 없이 조약에 서명할 권한이 있다는 점과 행정의 합목적성에 비추어 볼 때, 국무총리도 대통령의 전권위임장 없이 조약에 서명할 권한이 있는 것으로 보는 것이 아국 행정관례이나 문제를 명확하게 하기 위하여 필요한 경우에는 관계법령의 개정

38) 헌법 제86조제2항: 국무총리는 대통령을 보좌하며, 행정에 관하여 대통령의 명을 받아 행정각부를 통할한다.

39) 헌법 제66조제4항: 행정권은 대통령을 수반으로 하는 정부에 속한다.

40) 외교통상부, 『조약업무처리지침』(1985), 45쪽.

이 바람직하다고 할 것이다.

즉, 서열상 그리고 지휘계통상 외교통상부장관보다 상위에 있다고 할 수 있는 국무총리에게도 조약 서명권이 있다는 것이다. 국내적으로는 이러한 논리나 관행이 타당하다고 하더라도 국무총리가 엄격한 의미에서 '정부수반'이 아니기 때문에 대외적으로도 이러한 관행을 항상 인정 받기는 힘들다. 따라서 국무총리가 조약에 서명하게 된 때에도 만약 상대국이 전권위임장 제시를 요구한다면 전권위임장을 발부하여야 할 것이다. 이 경우에는 국내적인 서열을 감안할 때 외교통상부장관보다는 대통령이 서명한 전권위임장을 발부하는 것이 바람직하다. 물론 국무총리가 조약에 서명함에 있어서도 내부적으로 대통령으로부터 권한위임을 받아야 한다.

5. 기획재정부장관

「공공차관의 도입 및 관리에 관한 법률」에 따르면, 공공차관협약을 체결함에 있어서는 기획재정부장관이 정부를 대표하여 교섭하고 조정하도록 하고 있다.[41] 또한 공공차관협약이 국가에 재정적인 부담을

41) 제7조(공공차관협약의 체결)
① 기획재정부장관은 정부를 대표하여 공공차관을 도입하기 위한 교섭과 이에 필요한 조정을 행하며, 제6조제3항 전단의 규정에 의하여 국회의 의결을 얻은 후 공공차관협약을 체결한다. 다만, 대한민국법인이 공공차관의 차주가 되는 경우에는 당해 법인이 공공차관협약을 체결한다.
② 대한민국법인은 제1항 단서의 규정에 의하여 공공차관협약을 체결하거나 당해 공공차관협약의 체결에 직접 영향을 미치는 계약을 체결하고자 할 때에는 미리 기획재정부장관의 승인을 얻어야 한다. 이를 변경하고자 할 때에도 또한 같다.
③ 기획재정부장관은 제1항 본문의 규정에 의하여 공공차관협약을 체결한 때에는 지체없이 이를 관보에 공고하여야 한다.

초래할 수 있음을 감안하여 미리 계획안에 관하여 국회의 의결을 받도록 하고 있다.[42] 그런데 공공차관협약은 반드시 정부와 정부와의 관계에서 체결되는 것이 아니며, 일방 당사자가 법인이나 은행이 되기도 한다. 또한 국제법의 규율을 받지 않는 국제계약의 성격을 가질 수도 있다.[43] 결국 기획재정부장관은 국제조약이든 국제계약이든 공공차관협약에 관한한 체결 권한을 가지고 있다고 할 수 있으며, 차관협약은 일반조약과는 다른 절차를 거치게 된다.

한편, 「국제금융기구에의 가입조치에 관한 법률」은 기획재정부장관이 이 법률에 언급된 국제금융기구의 대한민국의 정위원이 된다고 하고 있으며, 한국은행총재는 기획재정부장관의 지시를 받아 각 국제금융기구와의 사무·교섭 및 거래에 있어서 정부를 대표한다고 규정하고 있다.[44]

---

42) 제6조(공공차관도입계획)

② 제1항의 규정에 의한 신청을 받은 기획재정부장관은 공공차관의 도입을 추진하기로 결정한 때에는 도입하고자 하는 공공차관의 사업별 내용, 차관액, 예상차관선, 차관조건, 정부의 지급보증이 필요한 채무의 범위 기타 필요한 사항을 기재한 공공차관도입계획안을 작성하여야 한다.

③ 정부는 제2항의 규정에 의한 공공차관도입계획안에 대하여 미리 국회의 의결을 얻어야 한다. 다음 각호의 1에 해당하는 변경이 있는 경우에도 또한 같다.

1. 사업별 차관액이 국회의 의결을 얻은 금액을 초과하게 된 경우
2. 사업별 차관조건이 국회의 의결을 얻은 조건보다 불리하게 된 경우
3. 사업별 내용이 국회의 의결이 있은 때보다 현저하게 변경된 경우

④ 기획재정부장관은 제3항의 규정에 의하여 국회의 의결을 얻은 때에는 그 내용을 지체없이 당해 정부기관 또는 대한민국법인에게 통보하여야 한다.

43) 문준조 수석연구원은 이러한 이유에서 차관계약을 '국제조약'과 '국제계약'으로 분류한 다음, 전자에 대하여서만 조약체결 절차를 진행하도록 하여야 한다고 한 바 있다. 문준조, 『조약의 체결절차와 시행에 관한 연구』(한국법제연구원, 1994), 54쪽.

44) 제5조(위원) ① 기획재정부장관은 각 국제금융기구의 대한민국의 정위원이 되며, 한국은행총재는 그 대리위원이 된다. 다만, 국제결제은행의 경우에는 한국은행총재가 정위원이 된다. ② 한국은행총재는 기획재정부장관의 지시를 받아 각 국제금융기구와의 사무·교섭 및 거래에 있어서 정부를 대표한다.

Ⅲ. 행정각부 또는 지방자치단체 : 기관간약정의 문제

대통령은 조약체결 권한을 가지며, 외교통상부장관은 그로부터 파생되는 정부대표 임명권, 조약 서명권자 임명권 및 전권위임장 발급권을 법령을 통하여 포괄적으로 위임 받았다. 그러나 여타 행정부의 장관은 조약체결 권한이나 그 파생 권한을 보유하고 있지 않으며, 따라서 대통령으로부터 권한을 위임 받아야만 조약에 서명할 수 있다. 예를 들어, 범죄인인도나 형사사법공조의 실제 집행은 법무장관이 관장하지만, 법무장관이 범죄인인도조약이나 형사사법공조조약에 서명하고자 할 때에는 대통령으로부터 권한위임을 받아야 한다. 그런데 최근 국가간 상호의존성의 심화로 인하여 외무부를 경유하지 않고 담당 정부 부처간의 접촉이 잦아지고 서로간의 합의서 체결도 증대하고 있다. 다음에서는 이러한 '대한민국의 정부부처와 외국의 정부부처간(혹은 기관)' 혹은 '대한민국 지방자치단체와 외국의 지방자치단체(혹은 기관)간'에 체결된 이른바 기관간약정(agency-to-agency arrangement)의 문제를 살펴본다.

1. 일반 행정부처

1) 기관간약정 체결의 증가

과거 국가간의 외교업무는 대부분 외무부를 통하여 이루어졌다고 할 수 있다. 「외교관계에 관한 비엔나협약」은 "파견국이 공관에 위임한 접수국과의 모든 공적 사무는 접수국의 외무부 또는 합의되는 기타 부처를 통해서 행하여진다"[45]라고 하여, 따로 합의되지 않는 한

45) 동 협약 제44조제2항: All official business with the receiving State entrusted to

외교공관은 모든 공적인 업무수행을 접수국의 외무부를 통하여 하도록 하고 있다. 그러나 국제관계가 복잡다변화하는 동시에 전문화됨에 따라 외무부가 외국정부와의 접촉을 독점하던 고전적인 모델에도 한계가 노정되고 있다. 대한민국의 다수 정부부처에는 '국제협력관'과 같은 형태로 국제업무를 담당하는 부서가 설치되어 있으며, 특히 통상・금융・농수산 분야에서 국제동향을 살피고 필요에 따라서는 외국기관이나 국제기구와 직접 접촉해야 하는 상황이 빈번해지고 있다. 그리고 실제로 정부부처가 외국의 정부기관과 합의문을 체결하는 사례가 늘어나고 있다.

2) 기관간약정 체결의 절차

정부기관간 각자의 소관업무의 범위 내에 속하는 기술적 협력사항을 정하는 합의문서를 통상 기관간약정(agency-to-agency arrangement)이라고 부르고 있다.[46] 과거에는 외교통상부 이외의 중앙행정기관이나 지방자치단체가 외국의 해당 단체나 기관과 기관간약정이나 합의서를 작성하고 서명할 경우에는 의무적으로 외무부와 사전협의를 하도록 하는 '대외관계업무처리에 관한 지침'(국무총리지시1995-2호)[47]이

---

the mission by the sending State shall be conducted with or through the Ministry of Foreign Affairs of the receiving State or such other ministry as may be agreed.

46) '기관간약정'의 개념 등에 대하여는 외교통상부의 『알기쉬운 조약업무』(2006), 40-56쪽 및 『알기쉬운 기관간약정 업무』(2007. 10) 참조.

47) 1983년 제정된 국무총리지시 「대외관계업무처리에 관한 지침」(제정 1983.7.25. 국무총리지시 제18호, 개정 1995. 국무총리지시 제1995-2호)은 2001.8. 「국무총리지시의 일제 정비에 관한 지시」(국무총리지시 제2001-25호)로 폐지되었다. 참고로 당시 지침의 내용을 보면, "5. 외국 정부기관과의 회의개최, 협의체 신설 또는 합의문서 작성에 관한 사항: … 나. 중앙행정기관이 소관업무와 관련하여 외국정부기관과 협력을 추진함에 있어 기관간약정사항, 양해사항 등 합의문서를 작성・서명할 필요가 있을 경우, 합의문서의 형식 및 내용의 적정성, 필요한 국

있었다. 그러나 규제 철폐의 차원에서 이러한 지침은 2001년 8월 폐지된 바 있다.

외국의 사례로서 독일의 경우에는 연방정부가 체결하는 국제합의를 체결주체가 정부인지 아니면 해당 부처인지를 기준으로 하여 '정부간 합의'(Regierungsabkommen)와 '부처간 합의'(Ressortabkommen)로 분류하고 있다.[48] 후자의 합의는 독일의 국내 부처가 자신의 전속적인 권한에 놓인 행정적인 사항에 관하여 외국의 관련 부처와 합의를 맺는 것으로서 위에서 말한 '기관간약정'과 사실상 같다. 독일에서는 일반 행정부처가 이와 같은 '부처간 합의'를 외국의 관련 부처와 체결하고자 할 때에는 교섭을 개시하기 전에 외무부에게 통보하고 외무부의 동의를 얻도록 하고 있다. 이러한 독일의 예를 감안하여, 대한민국의 경우에도 개별 부처가 자신의 권한하에 일정한 법적 구속력을 가지는 기관간약정을 맺을 수 있다고는 인정하되, 다만 해당 부처가 이러한 약정을 교섭하기 전에 외교통상부의 동의를 얻도록 하는 것이 바람직하다.

3) 기관간약정의 조약성 및 법적 구속력 여부

앞서 살펴본 바와 같이, 조약법협약 및 대한민국의 관련 법령에 비추어 볼 때, 외교통상부장관 이외의 장관은 외교통상부장관의 위임에 의하지 않고는 조약 서명을 포함하여 정부를 대표하는 행위를 할 수 없다. 따라서 외교통상부장관이 아닌 여타 장관은 설령 조약이 아닌 정치적 합의의 경우에도 '대한민국' 또는 '대한민국 정부'의 명의(체결주체)로 한 문건에 서명할 수 없다.

내조치 등에 관해 반드시 외무부와 사전 협의할 것"이라고 하였다.

48) 외교통상부, 『알기쉬운 조약업무』(2006), p. 46.

그렇다면, '각부의 장관은 부처의 업무의 범위 내에서 조약이 아닌 합의문을 체결할 수 있는가' 그리고 '그러한 합의문이 조약은 아니지만 법적인 구속력을 가질 수 있는가' 하는 문제가 남게 된다. 외국의 사례로서 영국에서는 대다수의 기관간약정이 기술적이고 행정적인 사항을 규정하고 있을 뿐으로 국제법적인 권리나 의무를 창설하지는 않지만, 경우에 따라서는 기관간약정이 조약성을 가질 수 있다고 한다.[49] 또한 미국 국무부의 지침에 따르면, 정부기관간의 합의(agency-level agreements)라고 하더라도 일정한 요건을 갖추면 조약(미국 국내법상의 분류로는 "international agreement")에 해당한다고 하며, 그 결정은 내용을 토대로 이루어져야 한다고 하고 있다.[50]

대한민국 정부는 기관간약정의 조약성을 원칙적으로 부인하고 있다.[51] 즉, 기관간약정을 "양국 정부부처간 공동정책 추진을 선언하는 성격의 문서"로 이해하고 있다.[52] 이러한 합의문이 그 외견과 내용에서 조약과는 분명히 구분되도록 한다는 목적에서 외교통상부는 『알기쉬운 조약업무』를 통하여 "국가간의 법적 권리·의무를 발생시키는 내용을 포함해서는 안되며," "국가 차원에서의 재정적 부담을 발생시키는 사항은 규정 대상으로 할 수 없으며," "국내의 법령과 저촉되는 내용을 담아서는 안되며," 또한 "다른 부처의 소관업무까지도 포함하

49) Monroe Leigh and Merritt R. Blakeslee eds., *supra* note 16, p. 225.

50) 미 국무부 International Agreements Regulations(1981.4.27) at 22 Code of Federal Regulations, Part 181.

51) 외교통상부는 "… 정부의 하부기관은 조약체결권이 없습니다. 각 부처가 자신의 소관업무 범위 내에서 다른 나라의 동일·유사한 정부기관과 관련 업무범위 내에서 약정을 체결할 수 있기는 하나 이렇게 체결되는 약정에 대하여는 그 조약성을 부정하는 것이 우리 정부 조약체결상의 관행입니다"라고 설명하고 있다. 외교통상부, 『알기쉬운 조약업무』, 48쪽.

52) 이호성, "우리나라의 조약체결절차 및 실무상의 새로운 문제들," 『국제법평론』, 제21호(2005-I), 9쪽.

는 내용을 규정해서는 안된다"[53]고 하고 있다.[54] 또한 『알기쉬운 조약업무』에는 조약에서 쓰이는 용어와 비구속적 합의에서 쓰이는 용어를 구분하여 그 용례를 나타내고 있다.[55]

다만, 이러한 기관간약정들 중에서도 기존의 모조약을 구체적으로 시행하기 위한 일종의 이행약정의 성격을 가지는 것이 있는데, 대한민국 정부는 이러한 약정은 협정과 '불가분의 일체'를 이루기 때문에 이 경우에는 국가간의 권리・의무관계를 설정하는 준조약의 범주에 속한다는 입장이다.[56] 구체적인 예로서는 사회보장협정을 구체적으로 이행하기 위하여 이 협정의 근거조항에 따라 양국의 사회복지부처가 체결하는 이행약정이 있다.[57]

결론적으로 대한민국 정부는 기관간약정에 대하여 조약성뿐만 아니라 그 법적 구속력마저 원칙적으로 부인하고 있지만, 모조약에 근거하여 체결되는 기관간약정에 대하여는 예외적으로 조약으로서의 효력을 인정하고 있다.

4) 기관간약정 위반의 책임

이와 같이 행정부처간의 기관간약정에 대하여 조약성을 부인한다는 한국정부의 입장은 결국 기관간약정으로 인하여 발생한 책임에 대하여는 국가(중앙정부) 차원에서 부담하지 않는다는 뜻으로 이해된다.

---

53) Aust는 외무부가 아닌 일반 부처도 조약을 체결할 수 있다고 하며(즉, 일반 부처도 조약체결의 주체가 될 수 있다고 하며), 다만 이 경우에도 타 부처의 소관사항이 포함되는 내용을 해당 문건에 담아서는 안된다고 하고 있다(Aust, *Modern Treaty Law and Practice* (2000), p. 48).

54) 외교통상부, 『알기쉬운 조약업무』, 52-53쪽.

55) 위의 자료, 58쪽.

56) 위의 자료, 49쪽.

57) 예를 들어 「대한민국정부와 영국정부간의 사회보장에 관한 협약의 이행을 위한 약정」(보건복지부고시 제2000-43호) 관보 제14568호(2000. 8. 1).

그러나 Blix가 지적한 바와 같이 체신청간의 기관간약정 위반으로 인한 손해배상책임은 최종적으로는 국가(중앙정부)에 귀속된다고 할 수 있지 않을까?[58] 국제법위원회가 채택한 2001년 국가책임에 관한 초안에 따르면, 국가기관 및 지방정부의 행위도 국가의 행위로 간주된다.[59] 그러나 국가기관이나 지방정부의 행위를 국가 전체에 귀속하기에 앞서 국제의무 위반(breach of international obligation)이 있어야 하는데, 이 문제는 결국 해당 기관간약정이 국제의무를 창출하는 조약이나 국제합의에 해당하는지 하는 문제로 귀결된다.

기관간약정이 조약과 외견상 구분되는 가장 큰 특징은 그 체결주체가 국가를 대표하는 외무부가 아닌 일반 부처라는 점이다. 따라서 전권위임장과 같이 국가 전체를 대표하여 체결한다는 의사표현이 없이 관계 부처간에 서명된 기관간약정을 조약과 동일한 선상의 국제의무로는 볼 수 없다.[60] 다만, 조약법협약 제7조에서 말하는 "관계 국가의 관행 또는 기타의 사정으로 보아 … 그 자가 그 국가를 대표하는 것으로 간주되었으며 또한 전권위임장을 필요로 하지 아니하였던 것이 관계 국가의 의사에서 나타나는 경우"에 해당한다면, 기관간약정을 국제의무를 창출하는 조약으로 볼 수 있을 것이다.

---

58) Hans Blix, *Treaty-Making Power* (1961), p. 20. Aust도 연방정부 차원의 동의가 있는 경우 국제법상으로는 그 궁극적인 책임이 연방정부에 귀속되는 것으로 이해하고 있다(Aust, *supra* note 53, p. 49).

59) Draft articles on Responsibility of States for Internationally Wrongful Acts with Commentaries, *Yearbook of the International Law Commission,* Vol. II, Part Two(2001), p. 39.

60) 비슷한 논지로는 Jan Klabbers, *The Concept of Treaty in International Law* (1996), p. 99.

2. 지방자치단체

1) 지방정부와 조약체결

지방자치단체 역시 외국의 지방자치단체 및 국제기구와 직접 교류하고 접촉하는 기회가 증가하고 있는 추세이다.[61] 지방자치단체에게, 특히 연방정부와 주정부와의 관계에서 지방정부에게, 외교에 관한 권한을 인정할 지 여부는 결국 각국의 헌법과 관련 법령에 귀결되는 문제이다. 최종 채택시에 삭제되기는 하였지만, 조약법협약 성안 당시 국제법위원회가 작성한 1965년도 초안 및 최종초안에는 연방국가를 구성하는 주정부가 연합헌법이 허용하는 범위 내에서 조약체결 능력을 가진다는 요지의 규정을 두기도 하였다.[62] 비교법적으로 보면, (i) 오스트리아, 스위스 등은 지방자치단체에게 준조약 또는 국제합의의 체결을 허용하고 있는 반면,[63] (ii) 프랑스는 지방자치단체의 국제합의 체결을 허용하지 않고 있다. 프랑스의 경우 국가가 아닌 지

---

61) 지방자치단체가 외국의 기관이나 단체(entity)와 접촉하게 되는 유형을 −논의의 편의를 위하여 중복을 무릅쓰고 단순하게나마− 예시해 보면, (1) 상대방을 기준으로 할 때 대한민국 지방자치단체는 ① 외국의 지방자치단체, ② 외국정부(주한 외국공관의 대사/직원), ③ 국제기구, 또는 ④ 외국기업 등과 접촉하고 있고, (2) 그러한 접촉의 목적이나 내용으로 볼 때에는 ① 우호 친선(자매결연 포함), ② 투자 유치(외국인 직접투자: Foreign Direct Investment), ③ 경험 · 지식의 공유, ④ 개도국에 대한 원조(Development Assistance), ⑤ 국제회의/국제기구의 유치 등이 있고, (3) 구체적인 방법으로는 ① 상호 방문, ② 인사교류(상호 파견 등), ③ 구체적인 협력사업 발굴 및 공동수행, ④ (문서를 통한) 약정 체결 등이 있다. 배종인, "「지방자치단체가 체결하는 국제합의서의 조약법적 고찰」 토론문," 『한국지방자치법학회 제13차 학술대회 자료집』(2006년 6월 3일), 109-112쪽.

62) 국제법위원회의 최종초안의 제5조제2항: "2. States members of a federal union may possess a capacity to conclude treaties if such capacity is admitted by the federal constitution and within the limits there laid down."(Document A/6309/Rev. 1).

63) 특히 스위스 헌법 제9조는 Canton이 공공경제, 근린관계, 경찰관계에 관하여는 합의를 체결할 권한을 가진다고 하고 있다.

방조직(régions, départements, communes)은 국제합의를 맺을 권한을 가지지 못한다고 Counseil d'Etat가 결정한 바 있다.[64] 반면, 오스트리아 헌법 제16조는 지방자치체(Länder)가 자신의 권한 범위 내에서 조약을 체결할 수 있으나 이를 위하여 연방정부에게 통보, 승인을 얻어야 한다고 하고 있다.[65] 1999년의 스위스 헌법도 유사한 규정을 두고 있다.[66]

한편, 대한민국 정부는 실제로 캐나다의 퀘벡주 정부와 2004년 9월 27일 「대한민국 정부와 퀘벡주 정부간의 교육협력에 관한 약정」을 체결한 사례가 있다.

---

64) 1980년 5월 16일 Opinion n 326.996(Notes et Etudes Documentaires, n 4803, 1986, p. 109-11) 참조.

65) 오스트리아 헌법 제16조(영문 번역본): "(1) In matters within their own sphere of competence the Laender can conclude treaties with states, or their constituent states, bordering on Austria. (2) The Governor must inform the Federal Government before the initiation of negotiations about such a treaty. The Federal Government''s approval must be obtained by the Governor before their conclusion. The approval is deemed to have been given if the Federal Government has not within eight weeks from the day that the request for approval has reached the Federal Chancellery told the Governor that approval is withheld. The authorization to initiate negotiations and to conclude the treaty is incumbent on the Federal President after the recommendation of the Land Government and with the countersignature of the Governor …"(영문 번역본은 http://www.ris.bka.gv.at/erv/erv_1930_1.pdf 를 참조).

66) 스위스 헌법 제56조(Relations between the Cantons and Foreign Countries) ① The cantons may conclude treaties with foreign countries within the domain relevant to their competencies. ② These treaties may not be contrary to the law and interests of the Federation nor to the rights of other Cantons. Before concluding a treaty, the Cantons have to inform the Federation. ③ The Cantons may deal directly with subordinated foreign authorities; in other cases, the relations of the Cantons with foreign countries are conducted by the Federation(영문 번역본은 http://www.servat.unibe.ch/icl/sz00000_.html 참조).

2) 지방자치단체에게 허용되는 기관간약정 체결범위

연방제가 아닌 대한민국의 경우 「지방자치법」 제11조에서 지방자치단체는 외교, 국방 등 국가의 존립에 필요한 국가사무를 처리할 수 없도록 하고 있다. 대한민국의 지자체는 조약체결 권한을 가지지 못한다. 그러나 이 조항이 지자체의 대외적 합의문 체결을 모두 금지하고 있다고 해석하는 것은 문제가 있다. 결국 이 법에서 말하는 '외교'의 범위를 어떻게 설정하느냐에 따라 지자체에게 허용되는 국제협력활동의 범위가 달라지게 된다. '외교'를 형식적인 측면에서 '중앙정부와 중앙정부간의 접촉'에 한정된다고 해석하면[67] 지자체의 국제활동의 대부분은 '외교'에 해당하지 않을 것이며, '외교'를 넓게 정의하거나 기능적으로 정의한다면 지자체의 국제활동은 축소될 것이다.[68] 그런데 「지방자치법」의 경우에는 스스로 제35조제1항 10호에 지방의회의 의결사항으로서 "외국 지방자치단체와의 교류협력에 관한 사항"이 규정되어 있다는 점을 감안할 때, 외국 지방자치단체와의 교류협력은 '외교'가 아닌 것으로 해석할 수 있다.

지방자치단체가 자신의 소관사항(주민의 복지 등)과 관련하여 합리적으로 필요한 범위 내에서 외국의 기관과 직접 교류와 협력을 가지는데 대하여 이를 금지하거나 규제하는 것은 현재의 법령하에서 어려울 뿐만 아니라 정책적으로도 바람직하지 않다. 결국 자신에게 부여된 업무를 수행하는 범위 내에서 조약의 성격을 가지지 않는 대외적 합의서 체결은 지자체에게도 허용된다고 하여야 할 것이다. 외교통상부는 이러한 점을 감안하여, 지자체가 합의서 체결시 유의하여야 할

67) 이러한 해석을 한다면, 동 지방자치법 제11조에서 말하는 '외교'라는 단어 자체가 무의미하게 된다.

68) 배종인, 전게 논문, 109-112쪽.

사항으로서 합의서의 명칭, 체결주체 및 내용에 관하여 주의를 환기하고 있다.69)

다른 한편, 지자체 내부적으로도 국제활동에 대한 의사결정이 민주적인 절차적 정당성을 확보하는 것이 긴요하다고 생각한다. 하나의 참고가 될 수 있는 사례는 외교와 조약체결・비준을 둘러싼 대통령과 국회의 관계이다. 대한민국 헌법상 대통령은 외교 수행과 조약체결에 관하여 권한을 가지지만, 국민에게 부담을 주는 사항 등에 관하여는 국회의 동의를 받도록 하고 있다. 이러한 절차적 통제장치가 지자체의 내부적인 의사결정과정에서도 확보되도록 하는 것이 필요하다.

3) 조약체결에 대한 지방자치단체의 참여

지자체는 결국 조약체결능력과 권한을 가지지 못함에도 불구하고 국가(중앙정부)가 체결한 조약을 준수할 의무를 부담하는 수동적인 실체이다. 국제법의 관점에서 보면, 지자체 역시 국가기관의 일부에 지나지 않으며, 또한 지자체가 행한 국제법 위반 행위가 국가(중앙정부)로 귀속되기 때문이다. 특히 자기집행적(self-executing) 성격의 조약의 경우 별도의 이행 국내법령이 없이도 지방정부가 이를 준수하여야 한다.70) 여기서 주목할 사례는 독일의 연방정부와 지방정부간 1957년 11월 14일 체결된 「Lindau Arrangement」이다.71) 이 약정 제3항에 따

---

69) 외교통상부, 『알기쉬운 조약업무』(2006), 62-65쪽 및 『알기쉬운 기관간약정 업무』(2007), 26-36쪽.

70) 예를 들어, 투자보장협정(외국인 투자에 대한 보호), 인권조약 중에서 차별철폐에 관한 조약 및 WTO조달협정 등에 있어서는 지자체도 그 내용을 준수하여야 한다. 국제조약과 지방자치단체와의 관계, 특히 지자체가 국제조약상의 의무를 부담하는가 하는 문제에 관하여는 財団法人 日本都市センター, 『国際条約と自治体』(2005年3月); 地方自治研究機構, 『地方公共団体における国際協定への対応のあり方に関する調査研究』(2000) 참조.

71) 이 약정의 영문 번역본은 Monroe Leigh and Merritt R. Blakeslee eds., *supra*

르면, 주정부(Länder)의 전속적인 권한에 영향을 주는 조약을 체결하기에 앞서 연방정부는 주정부의 동의를 구하도록 하고 있다.[72] 대한민국의 경우에도 상당수 조약의 이행에 있어서 지방자치단체의 협력이 필요한 만큼 조약에 관한 지자체와 중앙정부와의 긴밀한 협조체제를 구축함과 동시에, 국제기구의 유치 등과 같이 관련 지자체에 중대한 영향을 미치는 사안에 있어서는 관련 지자체와 협의하도록 하는 장치가 마련되어야 한다.

제2절 조약체결에 대한 국회의 동의권[73]

앞의 절에서 설명한 바와 같이 대한민국 헌법상 조약의 체결·비준에 관한 궁극적인 권한과 책임은 대통령에게 속한다. 하지만 헌법은 이러한 대통령의 권한에 대한 민주적 통제(democratic control) 장치로써 제60조에서 일정 범주의 조약에 대한 동의권을 국회에게 부여하

---

note 16, p. 64 참조.

72) 관련 부분(영문 번역)을 발췌하면, "… Where international treaties on subjects lying within the exclusive competence of the Laender are intended to create an obligation for the Federation or the Laender, the consent of the Laender should be obtained …"(*Ibid.*, p. 64 참조).

73) 이 절은『세계헌법연구』, 제12권 제1호에 실린 배종인, "대통령의 조약·체결 비준권과 이에 대한 국회의 동의권: 헌법 제60조제1항의 해석"과 2006년 11월 1일 제70회 헌법실무연구회, "조약의 체결·비준에 대한 국회 동의권" 토론문의 일부를 기초로 하여 작성되었다.

고 있다. 이 절에서는 헌법 제60조의 해석에 관한 여러 각도의 선행 연구[74)]를 고려하면서 (i) 조약체결에 대한 민주적 통제의 연혁을 살펴본 후, (ii) 헌법 제60조제1항의 해석에 대한 접근방법을 생각해 보고, (iii) 국회동의권의 성격과 형식을 살펴 봄으로써 조약문안에 대한 수정권이 있는지 그리고 일반적인 입법권과 어떻게 구분되는지, (iv) 선행연구에서 쟁점이 되었던 헌법 제60조제1항이 열거조항인지 아니면 예시조항인지, 그리고 그 구체적인 범주는 어떠한 지를 설명하고자 한다.

---

74) 곽재규, "국회의 조약 비준 동의에 관한 고찰-심사의 실제와 문제점을 중심으로," 『국회보』(1988. 4~6월호), 100-110쪽; 김용진, "국회의 동의를 요하는 조약의 범위," 『법제』, 통권 제244호(1988. 10. 10), 28-37쪽; 문준조, 『조약의 체결절차와 시행에 관한 연구』(한국법제연구원, 1994. 8); 박영태, "조약심사와 그 사례 소개," 『법제』, 통권 제473호(1997. 5), 103-120쪽; 이상훈, "헌법 제60조제1항에 대한 고찰: 국회동의의 법적 성격 및 입법사항에 관한 조약을 중심으로," 『국제법 동향과 실무』, 통권 제5호(2003), 93-107쪽; 임지봉, "헌법적 관점에서 본 '국회의 동의를 요하는 조약'-대한민국의 경우를 중심으로," 『국제법 동향과 실무』, 통권 제7호(2004), 109-118쪽; 정인섭, "조약체결에 대한 국회의 동의제도-재정적 부담을 지우는 조약을 중심으로," 『법학』, 제43권 3호(서울대학교, 2002. 9), 79-99쪽; 정인섭, "조약체결에 대한 국회의 사후동의," 『서울국제법연구』, 제9권 1호(2006. 6), 1-18쪽; 정진석, "조약의 체결 · 비준에 대한 국회의 동의," 『서울국제법연구』, 제11권 1호(2004. 6), 159-173쪽; 제성호, "조약의 체결 · 비준에 대한 국회동의권,' 『국제법학회논총』, 제33권 제2호(1988), 283-308쪽.
이러한 주요 논문들을 접근방법이라는 기준에서 구분해 보자면-(i) 대통령의 권한에 대한 국회의 민주적 통제라는 관점에서 국회의 동의권 행사 관행을 검토하거나, (ii) 각론적인 접근으로 정부의 잘못된 관행을 지적하고 일관성 있는 해석을 요구하거나, (iii) 조약안을 심사하는 법제처 담당자의 시각에서 헌법 제60조제1항의 기준을 설명 · 제시하고 있는 접근으로 크게 대별될 수 있다고 본다. 또한 학술논문은 아니지만 입법론의 시각에서 헌법 제60조제1항에 대한 시각을 보여 주는 1980년 『헌법연구반의 보고서』(1980. 3. 법제처 헌법심의자료)가 있다. 이러한 논의들은 통치구조에 관한 이론, 헌법 조문, 그리고 실증적인 사례를 엮어서 헌법 제60조제1항을 균형되게 이해하는 데 시사를 주는 바가 크다.

Ⅰ. 국회동의 제도의 연혁

Mervyn Jones는 조약체결의 역사를 (i) (절대군주) 개인적인 약정의 시대(age of personal compacts), (ii) 헌법적 발전의 시대(age of constitutional development), (iii) 국제회의의 시대(age of international conference)로 구분한 후, 조약체결에 대한 민주적 통제장치인 의회의 승인 제도는 (i)에서 (ii)의 시대로 넘어가는 과정에서 생겨나게 되었다고 설명하고 있다.[75] 과거 유럽의 절대군주제하에서 조약의 체결은 전적으로 군주의 몫이었다. 군주가 곧 주권자로서 다른 군주와 맺는 약속이 조약이었다. 당시의 전권위임장은 군주가 자신을 대신하는 교섭대표에게 발급하는 위임장이었으며, 또한 그 교섭대표가 서명한 조약에 대하여는 위임권한의 범위를 벗어나서 조약에 서명하지 않은 이상 자신(군주)이 비준을 하겠다는 약속을 의미하기도 하였다.

그러나 절대군주 제도가 쇠퇴하고 권력분립 원칙에 입각한 정부 구조가 등장하면서 조약체결 권한에 있어서도 견제와 균형의 원리가 도입되기 시작하였다. 즉, 국가원수가 조약체결 권한을 가지지만, 이에 대하여 의회가 일정한 견제를 할 수 있는 이른바 민주적 통제 또는 헌법적 제한(constitutional limitations)이 나타난 것이다. 국가원수가 조약을 최종적으로 비준하기에 앞서 의회의 동의를 받도록 하는 절차가 보편화되었으며, 이로 인해 이제 조약을 서명하는 시점에서 국가원수가 서명된 조약을 추후 필히 비준한다는 장담을 할 수 없는 상황이 되었다.[76] 이러한 상황을 반영하여 전권위임장도 더 이상 "교섭자가

---

75) J. Mervyn Jones, *supra* note 24, pp. 31-32.

76) 예를 들어 미국의 경우 1930년대 이전부터 전권위임장 자체에 "조약이 서명된 후 미 대통령의 비준을 위하여 상정될 것이며 미 상원의 조언과 동의에 따를 것이다"(be transmitted to the President of the United States for his ratification

서명한 조약에 반드시 비준한다"는 약속의 의미는 내포하지 않게 되었다.[77]

II. 대한민국 헌법상의 연혁

1. 국회동의 조항의 변천

대한민국은 제헌헌법에서부터 대통령의 조약체결에 대해 의회의 승인제도를 도입하였다. 모든 '조약'에 대하여 의회의 승인을 요구하는 미국 헌법이나 일본 헌법과는 달리, 제헌헌법은 당시 프랑스 헌법의 예와 유사하게, 일정한 종류의 조약을 열거하여 이에 대하여만 국회의 동의를 받도록 하는 방식을 취하였다. 1948년 제헌헌법 제42조는 "국회는 국제조직에 관한 조약, 상호원조에 관한 조약, 강화조약, 통상조약, 국가 또는 국민에게 재정적 부담을 지우는 조약, 입법사항에 관한 조약의 비준 …에 대하여 동의권을 가진다"고 하고 있다.

대통령의 조약 비준에 대한 국회의 동의권을 규정한 이러한 제헌헌법 제42조는 1960년 11월 헌법 제5호까지 유지되었으나, 1962년 12월 헌법 개정 때 "국회는 상호원조 또는 안전보장에 관한 조약, 국제조직에 관한 조약, 통상조약, 어업조약, 강화조약, 국가나 국민에게 중대한 재정적 부담을 지우는 조약, 외국군대의 지위에 관한 조약 또는

---

subject to the advice and consent thereto of the Senate of the United States) 라는 내용을 넣고 있다. Satow, *Diplomatic Practice* (3rd ed.), p. 85.

77) J. Mervyn Jones, *supra* note 24, p. 74. 1927년 리우데자네이로에서 채택된 Draft of the International Commission of American Jurists 제7조도 "비준 거부는 국가의 권리이며, 비우호적 행위로 간주되어서는 아니된다"(A refusal to ratify is a right of states and can not be considered an unfriendly act)라고 하고 있다.

입법사항에 관한 조약의 체결·비준에 대한 동의권을 가진다”(제56조 제1항)로 일부 수정된다.

1962년 헌법 개정시에는 국회의 동의 대상이 되는 조약의 범주에 ‘안전보장에 관한 조약’, ‘어업조약’, ‘외국군대의 지위에 관한 조약’을 추가한 반면, 과거 “재정적 부담을 지우는 조약”에 “중대한”이라는 수식어가 부가되어 그 범위를 좁히고 있다. 그리고 이전에는 조약의 “비준”에 대한 동의권이라고 하던 것을 “비준·체결”에 대한 동의권이라고 수정하였다.

1962년도 헌법 제56조제1항은 1972년도 헌법 개정 때까지 유지되다가 1980년 헌법 제9호에서 ‘통상조약’과 ‘어업조약’이 국회의 동의대상에서 제외되고 ‘국제조직에 관한 조약’이 ‘중요한 국제조직에 관한 조약’으로 수정되었다.

그 결과 현행 헌법(1987년 개정) 제60조제1항은 국회동의필요조약으로서 “상호원조 또는 안전보장에 관한 조약, 중요한 국제조직에 관한 조약, 우호통상항해조약, 주권의 제약에 관한 조약, 강화조약, 국가나 국민에게 중대한 재정적 부담을 지우는 조약 또는 입법사항에 관한 조약”을 규정하고 있다.

2. 제헌헌법 당시의 인식과 현재의 실상

1948년 제헌헌법을 기초한 유진오 박사는 제42조가 국회동의조약의 범주를 한정하고 있지만, 그 내용을 감안할 때 사실상 대다수의 조약이 국회의 동의를 받아야 할 것이라고 생각하고 있었다.[78] 그러나 근래에 들어서 국회의 동의를 받는 조약의 비율은 전체 조약(고시

78) 유진오, 전게서, 161쪽.

류조약을 제외한 정식 조약)의 약 1/4에 머물고 있는 실정이며, 고시류 조약을 포함하면 이러한 비율은 더욱 줄어들게 된다. 이와 같이 당초의 예상과 현실간에 간극이 생겨난 이유는 해당 헌법 조항 자체의 개정, 해당 조항의 엄격한 해석, 고시류조약 관행의 발달 등을 꼽을 수 있겠다.

첫째, 조약체결·비준에 관한 헌법조항은 1962년과 1980년에 각각 실질적으로 개정되었다. 1962년 개정헌법은 국회동의조약의 가짓수를 늘렸지만 기존의 재정부담 조약에 "중대한"이라는 수식어를 덧붙였다. 이어 1980년 개정헌법은 대상 조약의 범주를 줄이면서 동시에 "중대한"과 같은 수식어를 추가함으로써 국회의 동의권을 축소하였다. 구체적으로 1962년 개정헌법은 당시 주한미군지위협정(SOFA)과 한·일 어업협정과 같은 정치적으로 중요한 조약을 의식하여 '외국군대의 지위에 관한 조약'과 '어업조약'을 추가하였으나, 1980년 개정헌법은 '어업조약'을 삭제하고 '외국군대의 대한민국 영역 안에서의 주둔'에 관하여는 제60조제2항에서 따로 규정하였다.

1980년 개정헌법이 국회동의조약의 범주를 축소한 이유는 헌법연구반의 보고서에 잘 나타나 있다.79) 당시 헌법 전문가들은 미국(6.2%)이나 일본(11.1%)과 비교해 볼 때에도 대한민국 정부가 국회의 동의를 받아야 하는 조약의 비율(32%)이 높고 또한 이러한 점이 국회의 활동에도 부담을 가중하고 있다고 지적하였다. 아울러 국제관계가 다변화되면서 단순히 '국제기구' 및 '재정부담'이 연계된다는 이유로 국회의 동의를 받아야 한다면 행정적인 부담이 과중하다고 인식되고 있었다. 헌법의 개정과정에서 이와 같이 국회동의조약의 범주에 관한 논의는 있었지만, 현행 헌법의 기본구도(조약체결에 있어서 대통령과 국

79) 『헌법연구반 보고서』(1980년 3월 법제처 헌법심의자료), 280-287쪽.

회간의 권한 배분 구조)에 대한 심각한 재검토 요구는 없었던 것으로 보이며, 1980년 개정헌법에서는 오히려 국제관계의 다변화 등을 감안하여 국회의 동의 대상을 축소하려는 추세를 보인 바 있다.

둘째, 국회 동의권 조항(현행 헌법 제60조제1항)의 엄격한 해석이다. 이 조항은 "중대한"과 같은 형용사나 "주권의 제약"과 같은 모호한 개념이 포함되어 해석의 여지가 상당히 넓다. 예를 들어 모든 조약은 일응 주권의 제약이라고 할 수 있는데, 그렇다면 모든 조약이 국회 동의의 대상이 된다는 결론에 도달한다. 반대로 '주권'이라는 개념을 엄격하게 해석하면, 이를 제약하는 조약의 부류로는 '영토에 관한 조약' 등 극히 일부분에 불과할 것이다. 앞에서 설명한 바와 같이, 이 조항을 일차적으로 해석하는 주체는 행정부 특히 외교통상부이며, 외교통상부는 이를 가급적 엄격하게 해석하려고 할 것이다.

셋째, 고시류조약도 국회의 통제권 밖에 있다. 고시류조약의 경우에는 국무회의의 심의를 거치지 않고 외교통상부장관의 책임하에 체결되기 때문에 애초부터 국회의 동의 대상이 되지 않는다. 물론 고시류조약은 그 중요성이 미미한 경우가 대부분이므로 국회의 동의를 거치도록 하는 자체가 적절치 않지만, 결과적으로는 국회의 통제 밖에 놓여지는 조약의 수가 증대한 하나의 요인이라고 할 수 있다. 이러한 현상은 대한민국에만 국한되는 것은 아니다. 일본의 경우에도 이른바 '(정식조약 및 약식조약 등을 모두 포괄한) 국제약속'이 기하급수적으로 늘어났고, 1997년도를 기준으로 할 때 발효한 국제약속의 수가 790건인데 그 중 국회동의조약은 14건에 불과하다고 한다.80)

1948년 헌법 초안자의 기대와 달리 현재 상당수의 조약이 국회의 동의 없이 체결되고 있는 법적인 이유를 나름대로 들어 보았다. 이

---

80) 国際法事例研究会, 『条約法 : 日本の国際法事例研究(5)』(2001), p. 28.

같은 법적 요인의 배경이라고 할 수 있는 정치역학적인 이유는 외교 및 조약체결 영역에 있어서 대통령의 국회에 대한 우위라고 할 수 있다. 1980년대 후반 여소야대의 정국이 되기 전까지 대통령 소속 여당이 국회에서 다수당이었다. 또한 외교・조약 분야에서 대통령의 정치적 우위가 확고하였기 때문에 조약에 대한 국회의 통제권도 의미있게 행사되기 어려운 면이 있었다고 생각된다. 이러한 배경하에서, 위와 같이 헌법이 대통령에게 유리하게 개정되고 또 엄격하게 해석되었을 수도 있다고 본다.

Ⅲ. 국회동의권의 성격, 대상 및 형식

1. 국회동의권의 성격

조약안이 법률안과 다른 또 하나의 특징은, 국회가 조약안에 대해 동의하거나 거부할 수 있을 뿐 그 문안을 수정할 수 없다는 점이다.[81] 엄격한 의미에서 볼 때 국회 동의의 대상은 '조약' 그 자체가 아니라 '대통령의 체결・비준 행위'라고 할 수 있다. 결국 국회로서는 '승인' 또는 '거부'라는 두 가지 선택밖에 없다. 물론 조약의 교섭단계에서부터 국회앞 설명 및 당정 협의 등의 과정을 통하여 국회의 의사를 수렴하는 것이 실질적으로는 가능하지만, 국회는 행정부가 일단 제출한 조약안에 대하여 수정권을 가지지 못한다.[82] 만약 국회가 수정을 하

81) 여타 대부분의 국가도 의회에 조약안의 수정을 허용하지 않고 있다. 독일은 조약을 수용함에 있어 조약에 대한 별도의 승인법을 입안하여 이에 대하여 의회의 승인을 받도록 하고 있는데, 조약에 대한 승인법을 채택하는 과정은 일반 법률안과는 달리 2회독으로 한정하고 수정뿐만 아니라 조건 첨부도 금지하고 있다고 한다. Monroe Leigh and Merritt R. Blakeslee eds., *supra* note 16, p. 51.

게 되면 이는 곧 조약안 전체에 대한 '거부'로 이해되어 행정부는 상대방 국가와 다시 교섭을 하여야 한다. 상대 체약국이 이러한 수정안을 쉽게 수용한다면, 수정된 새로운 조약안은 다시 정식 서명을 하는 절차를 거쳐야 할 것이다. 다자조약의 경우에는 국회가 수정을 원하는 부분에 대해 유보(reservation)가 가능한 지를 검토하여, 그것이 가능하다면 유보를 하여 국회의 동의를 받을 수 있겠지만, 유보가 허용되지 않는다면 비준이나 가입은 어렵게 된다.

2. 국회동의권의 대상

현재까지 대한민국 행정부의 일반적인 관행은 조약에 정식으로 서명한 다음, 이 서명된 조약안을 국회에 제출하고, 국회의 동의를 얻은 후 발효에 필요한 조치를 취하는 것이었다.[83] 즉, 대통령이 조약안에 대한 국회의 동의를 구하는 시점은 이미 조약이 서명된 이후였다. 서명과 동시에 발효하는 조약이라면 정식 서명에 앞서 국회의 동의를 받음으로써[84] 항상 조약이 실제 발효하기에 앞서서 국회의 동의를 받는 것을 원칙으로 하고 있다. 또한 이러한 동의안은 여타 해외파병

---

82) 이와 같이 국회가 조약에 대하여 수정권이 없다는 것은 건국헌법 당시부터의 견해였다고 할 수 있다. 유진오, 전게서, 161쪽.

83) 정인섭 교수에 따르면, 조약이 발효된 후에 국회의 동의를 받은 이른바 '사후동의'의 사례는 20여건에 지나지 않으며, 이 또한 행정이 혼돈스러웠던 1950년대에 한정된다고 한다. 정인섭, "조약체결에 대한 국회의 사후동의," 『서울국제법연구』, 제9권 1호(2006. 6), 1쪽.

84) 그 하나의 예가 2005년 4월 5일 제네바에서 서명되고 발효된 「대한민국정부와 국제이주기구간의 협력협정」인데, 이 협정은 제6조에서 서명과 동시에 발효한다고 규정되어 있다. 그런데 이 조약은 국제기구직원에게 (대한민국 국내법에 대한) 특권과 면제를 부여하는 내용을 담고 있기 때문에, 헌법 제60조제1항상의 입법사항에 해당하였고 따라서 서명 이전에 체결동의안을 국회에 제출, 2005년 2월 25일 국회로부터 동의를 받은 바 있다.

동의안이나 인준 동의안과 유사하게 국회가 의사의 형성이나 결정과정에 참여하는 것이 아니라 대통령이 결정한 사항에 대하여 국회의 가부를 묻는 형식이었다. 그런데 최근 헌법 제60조제1항이 국회동의권의 대상으로 조약의 '비준'과 함께 '체결'을 언급하고 있으며, 여기서 '체결'은 조약의 교섭, 문안의 확정(가서명) 및 서명이라는 일련의 과정을 포괄하는 개념이므로, 결국 국회는 대통령의 조약 교섭에 관하여도 동의(간여)할 권한을 가진다는 주장이 제기된 바 있다. 동의권 행사의 시점과 성격이라는 측면에서도 이러한 주장은 여러 문제점을 내포하고 있다.

첫째로 이와 같은 해석은 지난 60년 이상의 관행과 부합하지 않는다. 헌법 제정의 초기에 약간의 혼돈은 있었지만, 조약체결 절차에 관한 관행이 정착된 이래 대통령은 항상 조약이 서명된 이후에 국회에 동의를 구하였으며, 이에 대하여 국회가 이의를 제기한 바가 없다. 이러한 관행은 그 자체로서도 유효하다고 판단되지만, 비록 그 자체 독립적으로 하나의 법규범이 되지 못한다고 하더라도 최소한 국회동의권의 내용을 해석하는데 중요한 지침이 될 수 있다고 본다. 이러한 점은 '체결'이라는 단어가 헌법 제60조에 추가된 이후의 연혁에 비추어 보면 더욱 분명해진다. 당초 제헌헌법상 국회는 대통령의 조약 '비준'에 대해 동의권을 가진다고 하고 있으나, 1962년 헌법 개정 때 '비준'과 함께 '체결'이라는 단어가 추가되는데, 아마도 이는 '비준'(조약에 대한 대통령의 사후적 최종적 추인)이 필요하지 않은 조약이 늘어감에 따라 좀더 포괄적인 용어인 '체결'(conclusion)을 삽입하게 된 것으로 추정된다. 1962년 헌법 이후에도 사실상 대통령과 국회 사이에 관행이 달라진 것은 없으며, 국회가 '체결'이라는 단어의 추가를 이유로 그 이전보다 적극적으로 행정부의 조약체결 추진과정 자체를 동의권의 대상으로 삼지는 않았다.[85)]

둘째, 대통령의 조약체결 과정의 어떠한 시점에도 국회가 개입하여 동의권을 행사할 수 있다는 주장은 적어도 현행 헌법에서 말하는 '동의권'이라는 개념과 맞지 않는다. 헌법이 국회에게 부여한 동의권은 마치 해외파병 동의권이나 인준 동의권이 그러하듯이 대통령이 형성한 의사결정에 대하여 동의 또는 거부의 권한을 가진다는 의미일 뿐이며, 의사 형성의 과정에 직접 국회가 참여할 수 있다는 것까지를 의미하는 것은 아니라고 생각된다. 이러한 관점에서 볼 때, 국회의 동의권은 일회에 한하여 행사되는 것이며, 조약에 대한 수정동의권은 인정되지 않는다.[86)]

셋째, 앞의 제2장에서도 언급한 바 있지만, '체결'이란 단어를 조약법협약의 내용에만 비추어 조약의 가서명에서부터 발효까지의 전과정을 포함하는 것으로 이해하는 것은 타당하지 않다.[87)] 오히려 대한민국 헌법에서 말하는 '체결'이라는 용어가 어떤 의도를 가지고 쓰였는지를 이해할 필요가 있다. 건국헌법의 초안자로 알려져 있는 유진오 교수는 '체결'을 대통령에게 위임을 받아 전권위원이 행하는 서명으로 이해하였으며, 이러한 서명이 있은 다음 대통령이 반드시 최종적으로

85) 헌법 제60조제1항의 입법의도 및 관행에 착목한 논문으로서 정인섭, "조약의 체결·비준에 대한 국회의 동의권," 『서울국제법연구』, 제15권1호(2008. 6), 106-111쪽 참조.

86) 국회에서 조약에 대한 수정동의권은 인정되지 않고 있으며, 조약 동의권은 일괄동의 또는 일괄부결을 의미한다(박봉국, 『최신 국회법』(제3판, 2004), 671-692쪽). 또한 국회 내부보고서로서 임종훈 수석전문위원이 작성한 보고서에 따르면, "헌법 …에서 국회에 동의권을 부여한 것은 그 사안에 대해서 동의안을 제출하는 정부측은 1차적·적극적·능동적 권한을 가지고, 국회에는 2차적으로 그 사안에 대한 동의 여부만을 결정하는 소극적·수동적 권한을 부여한 것이라고" 봐야 하기 때문에 정부가 국회에 제출한 동의안에 대하여 국회가 수정하여 가결하는 것은 적절하지 아니하다고 하고 있다(2003년 4월 28일 국회법제사법위원회, 『동의안의 수정 가능 여부에 대한 유권해석 검토보고서』).

87) 조약법협약은 "체결"이라는 단어를 23군데에서 사용하고 있지만, 그에 대한 정의를 내리지 않고 있다.

비준(ratification) 행위를 하는 것으로 당시에는 이해하고 있었다.[88] 결국 헌법은 '체결'이라는 용어를 조약문의 확정을 위한 일련의 과정으로 보기보다는 체결과 비준을 결국 하나의 통일된 법적 의미로 사용하고 있으며, 이론적으로는 양자를 모두 조약에 관한 비엔나협약에서 말하는 '기속적 동의를 표시하는 방법'으로 이해할 수 있을 것이다.[89] 그런데 조약은 '발효'됨으로써 당사국의 의무가 발생하고[90] 국내법적으로는 '공포'되어야 효력을 가지게 되므로, 실무적으로는 대상 조약이 '발효 및 공포'되기 전에 국회의 동의를 받으면 되는 것으로 이해하고 있다.

3. 국회동의권의 형식

1) 국회동의의 형식에 대한 비교법적 고찰

국회가 대통령의 조약체결에 대하여 동의를 부여하는 형식은 각국의 헌법 또는 관행에 따라 상이하다. 유사한 일원론적인 체제(헌법에 의한 자동 수용 체제)를 가졌다고 하더라도, 프랑스와 네덜란드에서는 의회가 법률의 형식으로 승인을 부여하는 한편, 일본과 같은 나라에서는 국회가 법률이 아니라 예산안에 대한 승인과 유사한 형식의 승인을 하고 있다. 다카노 유이치 교수는 이러한 점에 착안하여, 국회가

88) 유진오, 전게서, 161-162쪽.

89) 조약법협약(제2조 및 제11조)에 따르면, 조약에 대한 기속적 동의는 서명(signature), 조약을 구성하는 문서의 교환(exchange of instruments constituting a treaty), 비준(ratification), 수락(acceptance), 승인(approval), 가입(accession) 또는 기타의 합의된 방법으로 표현된다고 하고 있다.

90) 일방 체약국은 조약에 서명한 경우 조약법에 관한 비엔나협약 제18조에 따라 그 조약의 대상과 목적을 저해하지 아니할 의무를 지지만, 그러한 의무의 구체적인 실체와 범위에 대하여는 논란이 있을 수 있다고 본다.

동의를 부여하는 형식이 조약의 국내법적인 효력과 어떠한 상관관계가 있는지를 연구한 바 있다.[91] 즉, 국회가 조약에 대해 법률의 형식으로 동의안을 부여한다면, 그러한 근거를 토대로 조약의 국내법적 효력 여부 및 국내법률과의 상대적 지위 등을 설명할 수도 있다고 생각하였다. 그러나 국회가 법률안이 아닌 일반 승인안으로 조약에 동의를 부여한다면, 그러한 상관관계가 희박하다는 것이 다카노 교수의 결론이다.

2) 대한민국에서 국회동의의 형식과 국내법적 효력

앞의 절차 부분에서 설명하였듯이, 대한민국의 경우 국회는 조약비준안을 법률안이 아닌 동의안(일반안건)으로 처리하고 있다.[92] 조약안을 법률안의 형식으로 처리하지 않는다는 점에서는 일본과 유사하다고 할 수 있지만, 일본 헌법이 조약의 국내법적인 효력에 대하여 분명히 하고 있지 않음에 반해 대한민국 헌법은 제6조제1항에서 조약이 국내법과 같은 효력을 가지고 있음을 분명히 하고 있다. 이러한 헌법 제6조에도 불구하고, 국회의 동의는 민주적 통제인 동시에 조약의 국내법적 효력을 발생시켜 주는 요건으로 보는 견해도 있다.[93] 그러나 대한민국의 경우 조약의 국내법적인 효력은 헌법 제6조에서 찾을 수 있으므로 이에 대한 별도의 해석이나 이론적 근거는 필요하지 않다.

대한민국의 경우 헌법 제6조에 의하여 국회의 동의를 받은 조약(헌법 제60조제1항에 해당하는 조약)과 그렇지 않은 조약이 모두 국내법과

---

91) 高野雄一, 『憲法と條約』(1960), p. 57.

92) 조약안에 대한 동의는 형식적인 면에서 볼 때 국무총리, 감사원장, 대법원장, 대법관, 헌법재판소장의 임명에 대한 동의안(헌법 제94조, 제98조제2항, 제104조, 제111조제4항)과 유사하다고 할 수 있다.

93) 임지봉, "조약의 국내법적 효력," 『고시연구』, 제29권 제8호(2002. 7. 20), 70쪽.

같은 효력을 가지게 된다. 그런데 국회의 동의를 받은 조약에 대하여는 법률의 지위를, 그렇지 못한 조약에 대하여는 (법률보다는 하위인) 행정부령의 지위만을 부여하여야 한다는 주장이 헌법학자들에게는 통설이 된 듯하다.94) 이 주장에 따르면, 결과적으로 헌법 제60조제1항이 '법률의 지위를 가지는 조약'과 '행정부령의 지위를 가지는 조약'을 구분하는 일종의 기준이 된다. 이에 대하여 성재호 교수는 (i) 대한민국 헌법이 스스로 국회동의를 받지 않아도 되는 조약을 인정하고 있으며, (ii) 국회의 동의 여부와 관련하여 그 분류도 통일되어 있지 않으며, (iii) 국제법상 유효한 조약은 당사국을 구속하기 때문에 국회동의 여부를 기준으로 조약의 국내법적 위계를 정하는 것은 타당하지 못함을 지적하였다.95) 조약은 국내법령과는 본질적으로 다른 체계로서 이해되어야 하며 조약을 국내법령의 위계질서에 대입하는 것은 곤란하다는 점에 비추어 볼 때, 성재호 교수의 지적이 타당하다고 생각한다.

결국 국회의 동의 행위는 대통령의 최종적인 조약체결 권한 행사에 대한 가부의 의사표시라고 이해되어야 하며, 이를 어떠한 '입법행위'라고 보기는 어렵다고 본다. 다만, '입법사항에 관한 조약'에서 '입법사항'을 '국회가 제정한 법률에 대하여 특례가 되는 사항 등'으로 해석하고 있기 때문에, 행정부는 기존의 법률과 다른 내용을 조약에서 규정하고자 할 때 그 조약의 비준에 대하여 국회의 동의를 받아야 한다. 그 결과로서 이론적으로는 적어도 '국회동의불요조약'과 '법률'의 충돌 가능성은 상당부분 사전에 배제된다고 할 수 있다. 입법론적으

94) 예를 들어 양건, "국제법과 국내법의 관계-조약의 국내적 효력의 문제를 중심으로," 『대한국제법학회논총』, 제23권 1・2합병호(1978. 12), 185-6쪽.

95) 성재호, "국제조약과 국내법의 관계에 관한 실태적 고찰," 『국제법평론』, 제21호(2005-I), 47쪽.

로는 '입법사항'에 대하여 국회가 동의만 하도록 할 것이 아니라, 독일 헌법에서와 같이[96] 국회가 따로 법률로써 정하거나 아니면 관련 법률에 근거규정을 미리 두어서 해결하는 것이 바람직하다.

Ⅳ. 국회동의필요조약의 범위

1. '예시조항' 대 '열거조항'

헌법 제60조제1항에 언급된 조약의 범위를 '예시'로 보느냐 아니면 '열거'로 보느냐에 따라 조약의 체결·비준을 둘러싼 대통령과 국회의 권력관계의 역학은 크게 달라지게 된다. 일부 학자들은 헌법 제60조제1항을 열거조항이 아닌 예시조항으로 이해하려고 하고 있으나,[97] 앞서 설명한 헌법의 기본구도, 의도 및 연혁에 비추어 볼 때 헌법 제60조제1항은 '열거'조항으로 이해된다.[98] 문리적으로 볼 때에도 헌법이 '기타 중요한 사안에 관한 조약'과 같은 문구를 쓰지 않고 동의권의 대상을 일일이 열거한 이유는 외교수행 및 조약체결·비준에 있어서 대통령의 권한 행사에 대한 국회의 통제권을 제한적으로만 인정한다는 뜻으로 이해된다. 즉, 헌법 제60조에 열거된 조약에 대하여만 국회가 동의권(달리 얘기하자면, 거부권)을 행사하게 되고 나머지 조

96) 독일연방공화국 기본법 제59조제2항 "… 연방의 입법사항과 관련을 갖는 조약은 연방법률의 형식으로 하되 그때마다 연방입법에 관한 권한을 가진 기관의 동의나 참여를 필요로 한다 ⋯." 콘라드 헷세, 계희열 역, 『독일헌법원론』, 제20판 (2001년 5월) 부록에서의 번역에 근거.

97) 제성호, 전게 논문, 290쪽; 박봉국, 전게서, 678쪽.

98) 제헌헌법의 초안을 만든 유진오 교수도 이를 '열거'라고 하고 있다. 유진오, 전게서, 160-161쪽.

약들은 국회의 통제 대상이 아닌 것이다.[99] 이는 현행 헌법 제60조제1항을 입법론적인 관점에서 검토한 1980년 헌법연구반도 확인하고 있다.[100]

헌법 제60조제1항의 범주는 더 이상 이론적인 논쟁에 머무르는 것이 아니라 헌법재판소에서 다투어질 수 있고 또 수차례 논의가 있어 왔다. 만약 현 시점에서 헌법 제60조제1항을 예시조항이라고 한다면, 국회의 동의가 필요한 조약의 범주가 모호해지게 되어 그 범위를 놓고 복잡한 권한쟁의나 여타 다툼이 발생할 가능성이 높고, 이에 따라 기존 조약의 국내법적 지위마저 문제될 것이다. 또한 헌법 제60조의 위반이 주장될 경우 해당 조약의 국내법적 효력이 부인될 수 있으며 그 국제법적 지위마저도 불안해질 것이다.

2. 국회동의필요조약의 구체적 범주

1) 접근방법 및 분류의 기준

대통령과 국회의 권한 배분은 '외교에 관한 대통령의 효과적인 의사결정과 단일화된 의사표현 권한'이라는 현실적 과제와 '이러한 의사결정과정에 대한 국회의 민주적인 통제(견제)권'이라는 규범적 요청 간의 긴장관계를 내포하고 있다. 그리고 이러한 긴장관계는 국제정세가 요구하는 외교행태, 행정부의 외교적 의사결정(조약체결) 관행, 국민 및 국내정치에 미치는 외교・조약의 영향, 대통령과 국회의 일반

99) '조약은 다양한 형태를 가진 외교적 합의의 작은 일부분'이라는 더욱 포괄적인 관점에서 본다면, 대통령의 외교수행과 관련하여 헌법상 명시된 국회의 견제권은 제한적이라고 밖에 할 수 없다. 그러나 예산과 입법을 통제할 수 있는 국회는 적극적으로 원한다면 외교의 상당 부분에 영향을 줄 수 있는 것이 사실이다.

100) 『헌법연구반 보고서』(1980년 3월), 281쪽.

적인 관계 등을 다면적으로 고려하여 해소될 수밖에 없다고 본다. 헌법 제60조제1항을 둘러싼 분쟁이나 해석은 이러한 긴장관계라는 문맥하에 이루어진다고 볼 수 있다.

한편, 국회의 동의 대상이 되는 조약은 크게 (i) 해당 조약이 규율하고 있는 주제와 (ii) 주권제약, 중대한 재정부담 및 입법사항을 담고 있는 조약으로 나누어 생각해 볼 수 있다. 즉, 안전보장조약이나 강화조약 등은 해당 조약이 규율하는 대상에 따라 정해질 수 있는 것인 반면, "중대한 재정적 부담을 지우는 조약"이나 "입법사항에 관한 조약"은 조약의 주제에 상관없이 그 내용 중에 재정 또는 입법에 관한 사항이 포함되어 있으면 이에 해당한다. 그래서 어떤 조약은 안전보장에 관한 조약에 해당하면서 동시에 주권의 제약에 관한 조약이 되기도 한다. 그 중에서도 '상호원조조약,' '강화조약,' '우호통상항해조약'은 고유명사처럼 사용되어 그 판별이 손쉬운 편이라고 할 수 있다. 그러나 그 외의 조약은 그러한 구분이 쉽지 않고 또 구체적인 사례 없이 일반적인 기준만으로 판별하기가 쉽지 않다.

2) 상호원조 또는 안전보장에 관한 조약

'상호원조 또는 안전보장에 관한 조약'에서 말하는 '상호원조'란 외부의 침략을 받는 경우 서로 군사적으로 돕는 '군사동맹'으로 해석된다. 일반적으로 '원조'는 저개발국에 대한 지원(영어로는 Development Assistance)을 의미하지만, '안전보장'과 함께 묶여 있다는 점에서도 볼 수 있듯이 헌법에서 말하는 '상호원조'는 전쟁 발발시 군사적 원조를 의미한다. 유엔헌장 제51조에서 언급된 '집단적 자위'(collective self-defense)를 사전에 서로 약속하는 조약이나 헌장 제8장이 다루고 있는 '지역적 약정'(regional arrangements)이 이러한 범주에 해당할 수 있을 것이다. 대한민국의 가장 적합한 사례는 미국과 군사동맹을 맺은

1953년 「한・미 상호방위조약」[101]이다. 이 조약의 핵심이 되는 제3조는 상대국가에 대한 무력공격에 대하여 자동 개입하는 것이 아니라, '각자의 헌법상의 수속에 따라 행동할 것을 선언한다'고 규정하고 여기서 말하는 '헌법상의 수속에 따라'라는 문구는 결국 국회의 절차라고 해석된다.[102] 이와 같이 헌법적인 절차를 군사개입의 조건으로 규정하고 있음에도 불구하고 이 조항은 '상호원조에 관한 조약'이기 때문에 국회의 동의를 받아야 하는 것이다.

한편, '안전보장'이란 '상호원조'보다는 다소 넓은 의미로 해석될 수 있으며, 예를 들어 앞으로 한반도를 둘러싼 다자적인 안전보장체제가 구축되고, 이러한 내용에 대하여 주변국들이 조약의 형식으로 확인한다면, 이 조약은 이러한 '안전보장'에 관한 조약으로서 국회의 동의 대상이 되어야 한다. 이와 관련하여 외국정부와 수교를 할 때 맺는 조약도 국회의 동의 대상이 되어야 한다는 의견이 있다. 그러나 이러한 조약을 맺을 때 안전보장에 관한 특별한 약속을 하지 않고 일반적인 무력사용 금지 의무를 확인하고 있다면 그 이유만으로는 국회의 동의 대상은 아니라고 생각한다. 대한민국의 경우에는 1992년 「대한민국과 러시아연방간의 기본관계에 관한 조약」의 예가 있다. 1992년 한・러 기본조약에는 유엔헌장에 따라 무력행사나 위협을 하지 않는다는 조항이 있지만, 엄격한 의미에서 이러한 내용은 유엔헌장상의 무력사용 금지 의무를 확인하는 차원에 지나지 않으며 그 자체로서 '안전보장'에 관한 조약이라 할 수 없다.

---

101) 정식 명칭은 「대한민국정부와 미합중국정부간의 상호방위조약」(1954년 1월 15일 국회동의, 1954년 11월 17일 발효, 조약 제34호).

102) 이 조약을 한국에 대한 미국의 의무만을 규정한 '편무조약'으로 이해하는 시각에서는 이 조항에서 말하는 '헌법'은 미국의 헌법만을 지칭한다고 주장할 수 있겠지만, 이 조약은 형식적으로 '쌍무조약'이며 여기서 말하는 '헌법'은 한・미 각자의 헌법을 모두 의미한다고 이해해야 한다고 생각한다.

3) 강화조약

‘강화조약’이란 전쟁을 종료시키고 전후문제를 처리하는 교전국간의 합의를 말한다. 1953년 7월 27일 「국제연합군총사령관을 일방으로 하고 조선인민군최고사령관 및 중국인민지원군사령관을 다른 일방으로 하는 한국군사정전에 관한 협정」[103]은 ‘평화체제’를 구축한 것이 아니라, 잠정적인 성격의 ‘정전체제’를 도입한 조약으로서 엄격한 의미에서는 ‘강화조약’이라고 보기 힘들다. 실제 전장에서 군사령관간에 ‘정전’을 합의하는 행위가 모두 국회의 동의 대상이 되기는 현실적으로 힘들다. 적대행위를 종료하기 위하여 국회의 동의를 받아야 한다면 전장에서의 신속한 의사결정이 심각히 저해될 것이기 때문이다. 다만, ‘강화조약’과 ‘정전협정’의 구분이 형식적으로 이루어져서는 안 된다고 본다. ‘정전협정’이라는 이름에 관계없이 전쟁의 종식을 확정하고 평화적인 체제를 추구하는 성격의 조약은 헌법상 ‘강화조약’으로 이해하여, 상황이 허락하는 범위 내에서 사후에라도 국회의 동의를 얻는 것이 타당하다.

4) 우호통상항해조약

‘우호통상항해조약’(Treaty of Friendship, Commerce and Navigation)은 ‘우호조약,’ ‘통상조약,’ 및 ‘항해조약’ 각각을 지칭하는 의미로 종종 오해되기도 하지만, 실은 오래된 조약의 한 형태로서 하나의 고유명사(흔히 “FCN Treaty”라고 부른다)라고 할 수 있다. 이러한 조약은 과거 국가간의 관계가 복잡하지 않았을 때 보통 수교를 하면서 우호, 통상 및 항해에 관한 사항을 하나의 문건으로 합의하는 방식인데, 국가들

---

103) 당시 한국정부는 이 협정에 대한 서명을 거부한 바 있으며, 그 이후 대한민국이 현 정전체제의 당사자인지 여부에 관하여 논쟁이 계속되고 있다.

이 투자, 통상, 해운 등 분야별로 각각의 조약을 맺기 시작하면서 그 예가 줄어들었다. 대한민국은 구한말 1876년 「한-일 수호조규」,[104] 1882년 「한-미 수호통상조약」,[105] 1883년 「한-영 수호통상조약」[106] 등을 맺은 바 있으나, 1945년 광복 이후에는 「대한민국과 미합중국간의 우호통상항해조약」(1957년 2월 4일 비준 동의)이 유일한 선례이다. 1980년 헌법연구반의 기록을 살펴보면,[107] 국가간 통상관계조약이 빈번해짐에 따라 당시 헌법에서 규정된 '통상조약'을 삭제하면서 이보다 포괄적인 '우호통상항해조약'으로 대체하였다고 한다. 그러나 '우호통상항해조약'이 1980년 당시에도 이미 고전적이고 드문 형식이 되었다는 점에서 이 조약이 1980년 헌법 개정에서 새로 삽입되었다는 점은 이해하기 힘든 측면이 있다.

5) 주권의 제약에 관한 조약

국제법이나 국제정치에서 '주권'(sovereignty)이라는 용어는 다양한 의미로 사용되고 있어 이를 일률적으로 정의하기는 어렵지만, 일반적으로 '통치권,' '영토주권'(자기 영토에 대한 배타적 관할권), '자국민에 대한 이른바 인적 관할권,' '이러한 영토주권에 근거한 형사관할권' 등을 의미하는 것으로 이해된다.[108] 이러한 일반적인 이해에도 불구하고 '주권'의 외양을 어떻게 정하느냐에 따라 '주권의 제약에 관한 조약'의 범위는 크게 달라지게 된다.

---

104) 국회도서관 입법조사국, 『구한말조약휘찬 [상권]』(1964. 12), 9쪽.

105) 위의 책 [중권](1965. 5), 294쪽.

106) 위의 책, 321쪽.

107) 『헌법연구반 보고서』, 282쪽.

108) 예를 들어, 1985년 조약업무처리지침(80쪽)은 이러한 범주의 조약으로서 '외국군대의 주둔지위협정이라든가 아국의 주권적 권리가 행사되는 해역에서 타국의 어업권을 인정하는 것을 내용으로 하는 어업협정' 등을 들고 있다.

법실증주의(positivism)에 기초한 국제법학자들의 주장에 따르면 조약의 구속력은 그 체결권자가 조약의 체결을 통하여 자발적으로 주권을 제약한데 근거한다고 하는데, 이러한 관점에서 '주권'을 이해한다면 정도의 차이는 있겠지만 결국 모든 조약은 '주권을 제약'하는 셈이 된다. 그러나 국가간의 관계가 복잡다단해지고 인권·환경·노동과 같이 국제적인 관심사가 증대됨에 따라 과거 배타적인 국가 주권사항이라고 여겨지던 사안의 범위가 점점 축소되어 가고 있는 실정이다. 이러한 사정을 감안할 때 대한민국 헌법에서 말하는 '주권'이란 가급적 제한된 의미로 이해하는 것이 옳다고 보며, 따라서 '영토주권'이나 중요한 '통치권'(입법·사법·행정)과 같이 국가의 운영에 있어서 핵심적인 사항을 말하는 것이라 할 수 있다. 예를 들어, 유럽공동체에서와 같이 개별 회원국이 국정의 중요한 분야에 있어서 입법권을 다른 실체에게 포괄적으로 이전하거나 주변국가와 중립의 약속을 문서로 맺는 경우에 '주권의 제약'에 해당한다고 할 수 있겠다.

이와 관련하여 제기되는 사안 중 하나는 분쟁의 강제적 해결조항(compulsory dispute settlement clause)이 주권의 제약에 해당하는지 여부이다. 특정 조약의 해석이나 적용에 관한 분쟁이 일방의 요청에 따라 국제법원에 회부되도록 사전에 약속하는 조항을 강제해결조항이라고 할 때, 이러한 조항으로 말미암아 조약 본문의 내용에 관계없이 해당 조약이 '주권의 제약'에 관한 조약에 해당하는지에 관하여는 논란이 있다. 강제해결조항이 주권의 제약일 뿐 아니라 대한민국 사법제도에 관한 민사·형사소송법의 규정에도 반하기 때문에 한편으로는 입법사항에 해당하므로 국회의 동의가 요구된다는 주장이 있다.[109] 그러나 국내적인 재판관할권과 국제재판관할권은 서로 분리된 영역에

109) 김용진, 전게 논문, 31쪽.

서 작용하는 것이며,[110] 무엇보다도 대한민국이 조약 본문 내용에 대하여 이미 약속을 하였기 때문에 그 약속에 관한 해석이나 집행을 놓고 어떤 강제적 해결절차가 적용된다는 것 자체가 주권의 제약이라고 볼 필요는 없다. 즉, 강제적 해결절차는 '새로운 법'을 창출하는 것이 아니라 '존재하는 법'(조약의 조항) 해석을 통해 발견하는 것에 불과하기 때문이다.[111] 그리고 강제해결조항이 다수의 조약에서 보편화되고 있는 실정에서 강제적 분쟁해결절차를 규정하고 있다는 이유만으로 국회의 동의를 받아야 한다는 것은 현실적으로 어렵다고 본다.

6) 중요한 국제조직에 관한 조약

제헌헌법에서는 '국제조직'에 관한 조약은 모두 국회의 동의 대상이었다. 그후 국제기구의 수가 큰 폭으로 증가하였고 아울러 대한민국과 국제기구간의 관계도 다변화됨에 따라 1980년 개정헌법에서는 "중요한"이라는 수식어를 넣어 국회의 동의 대상이 되는 '국제조직'의 범위를 줄이고 있다. 국제조직이 중요한지 여부를 판단함에 있어서는 "국제사회에서의 비중, 회원국과의 관계에 있어서 독자성의 정도, 그 설립 목적 · 기능에 있어서 주권 제약적인 요소" 등을 종합적으로 판

---

110) 조약의 해석에 관하여 당사국간에 이견이 있을 때 원칙적으로 이를 해결하는 사법기구는 어느 일방의 국내법원이 아니라 국제법원이 되어야 한다.

111) 이와 관련하여 스위스에서의 논쟁을 참고할 필요가 있다. 스위스의 연방헌법 제89조제4항은 '무제한의 기간'(for an indefinite period)으로 체결되는 조약은 필요시 국민투표에 회부할 수 있다고 규정하고 있다. 이와 관련하여 학자들 간에 중재조약이 이러한 제89조제4항의 대상이 되는지 논쟁이 된 바 있다. 이에 관한 스위스 행정부의 관행은 일관되지 않지만, 학자들 사이에서는 국민투표가 필요하지 않다는 것이 다수 의견이다. 무엇보다도 중재결정은 기존의 법을 발견하는 것이지 새로운 의무를 창조하는 것이 아니며, 또한 중재조항의 실시는 원조약에서 위임된 것이라고도 할 수 있기 때문이다. Luzius Wildhaber, *Treaty-Making Power and Constitution: An International and Comparative Study* (1971), pp. 98-99.

단해야 하며,[112] 또한 국제기구가 해당 영역에서 일종의 입법권을 행사할 수 있는지 여부로서 특히 개별 당사국의 반대에도 불구, 모든 당사국을 구속할 수 있는 결의 등을 채택할 수 있는지 여부, 탈퇴가 자유로운지 여부 등도 판단의 기준이 될 수 있다고 본다.[113]

특히 대한민국이 1991년 국제연합의 정식 회원국이 된 이후 국제기구에의 가입과 협력이 대폭 증가한 현시점에서 국제기구에의 가입 자체를 국회의 동의 대상으로 삼을 필요는 없다고 생각한다. 만약 국제기구의 가입이 입법권의 이양과 같은 결과를 가져 오고, 따라서 주권 제약적인 요소가 있거나 분담금이 지나치게 과중하다면, 이는 그러한 다른 기준에서 국회의 동의를 받으면 될 것이다. 과거 선례로서는 유엔헌장,[114] 경제개발협력기구(OECD)협약, 세계무역기구(WTO)협정[115]이 있으며, 행정부는 이러한 조약에 대하여 국회의 동의를 받은 바 있다.

7) 국가나 국민에게 중대한 재정적 부담을 지우는 조약

역시 "중대한"이라는 수식어가 있는데, 숫자로 된 획일적 기준을 설정하기도 쉽지 않다. 이로 인해 동 조항을 판단함에 있어서 일관성을 유지하기 어렵다. 예를 들어 1964년 군산화력발전소 건설을 위한 차

---

112) 박영태, 전게 논문, 112쪽.

113) 비교법적으로 볼 때, 우리나라가 이와 같이 헌법조문을 수정한 반면, 프랑스는 헌법 제53조 "국제기구에 관한 조약"을 해석의 단계에서 협의로 이해하는 태도를 취하고 있다. 프랑스의 행정법원은 의사결정권을 가진 상설 국제기구 또는 주권에 제약을 가하는 국제기구의 가입에 한하여 국회의 동의가 요구된다고 하고 있다. Monroe Leigh and Merritt R. Blakeslee eds., *supra* note 16, p. 6.

114) 1991년 7월 13일 국회로부터 비준동의를 받은 「국제연합헌장 및 사법재판소규정」.

115) 1994년 12월 16일 국회로부터 동의를 받은 「세계무역기구설립을 위한 마라케쉬협정」.

관협정은 차관의 규모가 1,280만 달러인데 국회의 동의를 받았지만, 그보다 규모가 큰 2,420만 달러의 한·미간 제3 및 제4비료공장 건설을 위한 아시아개발은행 차관협정은 재정부담으로 보지 않았다.[116] 그러나 숫자를 기준으로 한 획일적인 판단은 바람직하지 않다고 생각한다. 결국 중대한 재정적 부담인지 여부를 판단하기 위해서는 "우리나라 경제력의 규모, 재정부담으로 인하여 우리가 얻게 되는 이익의 정도, 조약가입에 따른 비용지출에 관하여 국회가 예산상 승인을 하였는지 여부, 법률상 지출이 예정되어 있는지 여부, 이미 책정되어 있는 예산사업의 수행을 위한 부담인지 여부, 계속적인 재정부담 증가가 예상되는지 여부"[117] 및 재정부담이 일방적인 것인지 계약적인지 여부 등 재정부담의 성격도 종합적으로 고려하여야 한다.

앞에서 설명한 바와 같이, 국회는 정부예산에 대한 통제권을 가지고 있으며 원칙적으로 대통령이 대외적으로 약속을 하였다는 이유만으로 이를 이행하는데 소요되는 예산을 국회가 반드시 승인해 줄 헌법적·국내적 의무는 없다고 생각된다. 이러한 견지에서 조약의 이행을 위한 재정부담 내용이 정부 예산안에 이미 반영이 되어 국회의 승인을 받은 것이라면, 그리고 예산안에서 관련 항목이 이해할 수 있도록 명기되어 있다면, 조약을 체결한다는 이유만으로 다시 국회의 동의를 받을 필요가 없다고 판단해도 큰 무리가 없다. 만약 정부 예산안의 범위를 넘어서 수개 연도에 걸쳐서 국가경제에 직접 영향을 미칠 만큼의 재정적 의무를 부담한다면 이는 달리 검토되어야 할 것이다.

---

116) 1973년부터 공공차관의 도입 및 관리에 관한 법률(1973년 12월 16일 법률 제2519호) 제7조에 따라 공공차관추진계획을 국회의 의결을 거치도록 하였다. 이 법률은 1983년 12월 31일 외자도입법(법률 제3691호)에 의하여 폐지되었다(김용진, 전게 논문, 36쪽).

117) 박영태, 전게 논문, 113쪽.

8) 입법사항에 관한 조약

국제사회의 상호의존적인 추세에 따라 전적으로 국내문제라고 할 수 있는 영역이 점차 줄어들면서 국민의 권리·의무에 직접 영향을 미치거나 국내법령과 중첩·상충되는 조약이 늘어나고 있다. 헌법 제6조에 의거하여 조약이 바로 국내법령으로서 효력을 가질 수 있음을 감안하여, 대한민국 헌법은 당초 국회의 고유권한인 '입법권'이 조약으로 인해 침해받지 않도록 하기 위해 '입법사항에 관한 조약'을 제헌 헌법에서부터 규정하고 있다. 이러한 '입법사항'이란 '법률로써 정해야 하는 사항'으로 이해되는데, 헌법에서 법률로 정하도록 한 사항은 약 85가지[118]라고 한다. 법제처는 이와 같이 입법이 필요한 사항들 중에서 조약의 체결과 관련되는 것은 "국민의 권리·의무에 관한 조약"으로 이해하고 있으며, 이와 함께 "조약내용이 국내법률에 저촉되어 국내법률의 수정·변경을 요하는 경우, 국내법의 제정 없이는 조약을 국내에서 시행할 수 없는 경우,[119] 국내법에 근거가 없이 국민의 권리·의무사항을 정하는 경우"[120]를 '입법사항에 관한 조약'으로 꼽고 있다.

이와 같은 판단 기준에서 이중과세방지협약, 사회보장협정은 조세에 관한 법률과 국민연금법 각각에 대한 일종의 특별법을 구성한다는 이유에서, 범죄인인도조약과 형사사법공조조약은 국민의 권리·의무와 관련되므로 '입법사항에 관한 조약'에 해당한다고 판단할 수 있다. 또 다른 대표적인 예는 특권·면제를 부여하는 조약이다. 외국정부나

---

118) 상세한 내용은 이상훈, 전게 논문 참조.

119) 1985년 조약업무처리지침(80쪽)은 "입법사항에 관한 조약"이란, 국내법의 수정, 변경을 요하는 사항, 국내법의 제정 없이는 조약을 실시할 수 없는 사항 등을 들고 있다.

120) 박영태, 전게 논문, 113쪽.

국제기구의 대표에게 일정한 범위 내에서 특권과 면제를 부여하는 것은 국내법적인 차원에서는 대상 인사에 대하여 관련 국내법령의 규정을 정지시키는 것을 의미하게 되므로 국내법령의 개정 및 폐지의 효과를 가져오기 때문이다.[121)]

여기서 중요한 점은 단지 국내법령의 내용과 다르다는 이유만으로 입법사항에 관한 조약이라고 봐서는 안된다는 것이다. 앞서 설명한 바와 같이 조약은 국내법령의 입안과정과 여러 측면에서 다르기 때문에 우선 해당 조약이 국내법률에 대한 직접적인 수정이나 폐기를 의도하고 있느냐 하는 점을 기준으로 하여야 할 것이다. 따라서 단순히 조약과 국내법령의 내용이 다르다는데 그치지 않고, 조약이 발효할 경우 해당 국내법령과 직접적으로 충돌하여 그 법령이 수정, 개폐되는 결과를 초래하는지를 판단의 기준으로 삼아야 한다고 본다. 한편, 이때 수정・개폐의 대상이 되는 법령이 국회를 통과한 법률인지 아니면 행정부 차원의 대통령령인지 여부도 문제가 될 수 있다. 헌법 제60조상의 "입법사항에 관한 조약"이라는 문구의 취지는 결국 국회의 입법권을 대통령이 조약체결을 통하여 침해하거나 훼손하여서는 안된

121) 최근 국제회의를 유치하거나 국제기구와 인사 교류를 하는 과정에서 외국정부나 국제기구의 인사에 대해 일정한 특권・면제를 부여하는 내용을 포함하는 조약의 체결이 빈번해지고 있다. 국제연합과 그 주요기구 인사의 경우에는 1992년 4월 9일 발효(조약 제1085호)한 국제연합의 특권과 면제에 관한 협약에 따라 그러한 권리가 주어지지만, 여타 국제기구의 경우 2004년 2월 9일 대한민국과 화학무기금지기구간의 화학무기금지기구의 특권과 면제에 관한 협정, 2004년 9월 23일 국제해양법재판소의 특권과 면제에 관한 협정과 같이 별도의 조약을 맺게 된다. 그 성질상 특권과 면제는 조세 등의 분야에서 우리 법의 개정이나 정지를 의도하는 것이며, 따라서 이러한 조약들은 '입법사항'에 해당하므로 국회의 동의를 받고 있다. 입법론적인 관점에서 볼 때에는 소수의 인사 교류를 위해서도 일일이 조약을 체결해야 하는 번거로움을 감안하여 가급적 이러한 사안은 우리 국내법을 제정하여 이를 일괄적으로 해결하는 것이 바람직하다고 본다.

다는 취지이므로, 단순한 형식뿐만 아니라 국회의 입법권을 침해, 훼손하는지 여부를 기준으로 판단하여야 할 것이다.

Ⅴ. 국회동의불요조약과 국회

미국의 경우 의회가 법률을 제정하여 상원의 동의를 받지 않는 '국제합의'(international agreements)에 대하여도 국무부가 그 체결시에 국회에 보고하도록 하고 있다. 또한 일본의 경우에도 국회의 동의를 받지 않는 '국제약속'에 대하여도 행정부가 목록을 작성하여 국회에 보고하고 있다. 대한민국의 헌법 제60조와 유사한 헌법조항을 가진 프랑스에서는 국제합의의 체결에 있어서 전적인 권한을 가진 행정부가 조약체결에 관하여 의회에 공식적으로 보고할 의무는 없다. 그러나 국회의원이 정부가 현재 진행중인 조약교섭에 대하여 서면 또는 구두질의를 할 수 있으며, 전통적으로 격월 또는 매 3개월의 단위로 행정부는 의회의 외교위원회에게 국제합의의 목록을 송부한다고 한다.[122)]

대한민국의 경우 외교통상부가 체결된 조약의 목록 및 문안을 현재에는 자신의 웹페이지에 올리고 있지만, 국회동의불요조약의 목록 또는 문안을 국회에 보내는 관행은 없다. 국회동의불요조약도 국내법과 같은 효력을 가질 뿐만 아니라 행정부의 정책 표명 및 기존 법령·조약에 대한 해석지침으로 기능할 수 있다는 점에서도 행정부가 국회동의조약 이외의 조약도 목록을 작성하여 국회 상임위원회에 보내는 관행을 정착시키는 것이 중요하다고 생각된다.

---

122) Monroe Leigh and Merritt R. Blakeslee eds., *supra* note 16, p. 7.

Ⅵ. 외교/조약체결에 대한 국회의 실질적 통제

헌법 제60조에서 정한 국회의 동의권이 제한적이기는 하지만, 국회는 상임위인 통일외교통상위원회의 개최나 필요할 때에는 대정부 질의나 국정감사 등의 방법을 통하여 행정부의 외교정책, 그 방향 및 구체적인 집행에 관한 사항에 대하여도 견제와 감독을 할 수 있다. 이러한 과정에서 결의 채택이라는 형식으로 정부에 대하여 조약의 체결을 촉구하는 등 외교분야나 조약체결에 관한 의사표현을 할 수 있고, 또한 예산이나 법률 제정을 통하여 대통령의 외교 수행에 실질적으로 제약을 가할 수 있다.[123)]

대통령은 대외적인 약속(조약체결을 포함)을 하기에 앞서 예산안 또는 법률안 제출을 통해 약속을 지키는 데 필요한 예산이나 조직을 일반적으로 확보하여야 하지만, 이러한 준비가 되지 않은 경우 국회는 예산안을 삭감하거나 법률안 심사를 지체함으로써 실질적으로 정부의 외교 수행에 제약을 가할 수 있다. 이 경우 정부는 국제적인 약속을 준수하는 데 예산이나 조직이 필요하며 이를 지키지 못할 경우 국가책임(State responsibility)이 따른다는 논리로 국회의 협조를 요청할 수 있지만, 적어도 원칙적으로는 국회가 이러한 예산안이나 법률안을 통과시킬 법적인 의무는 없다고 본다. 다시 말하면, 조약이나 국제법을 위반하는 데 따른 국제법적인 책임은 '국가 전체'가 부담하지만, 헌법상 권력분립의 관점에서 볼 때 대통령이 체결한 조약의 의무를 이행

---

123) 비교법적인 관점에서 보면, 프랑스의 경우에도 의회가 외교/조약 분야에서 할 수 있는 역할은 한정적이며, 정부의 조약안 비준을 촉구하는 법안 상정, 대정부 질의, 대정부 감사, 정부의 외교정책을 비판하는 결의안 상정 혹은 정부해임안 등이 있다고 한다. Stefan A. Riesenfeld and Frederick M. Abbot, *Parliamentary Participation in the Making and Operation of Treaties: A Comparative Study* (1994), p. 54.

하는 데 국회가 반드시 협력을 해야 할 의무를 지는 것은 아니다. 예를 들어, 대통령이 자신의 외교 수행 권한에 입각하여 대외적으로 약속(예컨대 원조 제공)을 했음에도 불구하고 국회가 예산 배정을 거부할 수 있다.

외국의 고전적 실례로서 1831년 7월 4일 체결된 미국과 프랑스간의 협약 이행불능 사건을 들 수 있다. 이 협약의 이행에 필요한 예산배정을 프랑스 의회측이 지연함으로써 양국간 외교단절 사태까지 초래되었으나, 1835년 프랑스측이 미국측에 지불 약속을 하여 이 사건은 종결되었다.[124] 대통령과 의회간의 이러한 권력분립 구조를 고려하여, 각국의 정부는 만약의 불이행 상태에 대비하여 조약에 "의무의 이행은 가용한 예산의 범위 내에서 이루어진다"와 같은 문구를 포함시킴으로써 '예산 미확보'가 바로 조약 의무 위반으로 연결되지 않도록 사전에 주의를 다하고 있다.[125]

Ⅶ. 소 결

대한민국 헌정사에 있어서 대통령의 외교 수행권이나 조약체결·비준권에 대하여 국회 차원에서 심각한 도전을 한 선례는 없는 것으로 본다. 문헌을 통해서 보면, 제6대 국회 이후 제12대 국회까지 7건의 조약 동의안이 국회의원 임기만료로 폐기되었으나 추후 후대 국회에서 통과되었다고 한다.[126] 이와 같이 국회가 명시적으로 동의를 거

124) Francois Stewart Jones, "Treaties and Treaty-Making," *Political Science Quarterly*, Vol. 12, No. 3(Sep., 1897), p. 427.

125) 예를 들어, 대한민국이 맺은 2003년 10월 용산기지이전협정의 제2조제7항은 "이 협정의 이행은 양 당사국 각자의 국내법에 따라 이 목적을 위하여 승인되고 배정된 자금의 가용 여부에 따른다"고 하고 있다.

부한 사례는 없지만,[127] 「한·일 교역에 관한 협정」이 국회의 동의 없이 체결된데 대해 국회가 "한·일 협정은 국회의 인준를 요함"이라고 문제를 제기한 일이 있었고(인준을 요구한 예),[128] 상품공동기금협정안에 대한 동의안은 서명절차 없이 국회에 회부되어 심의가 보류되었다가 정부가 정식 서명을 한 후 다시 상정되어 가결되는[129] 등의 소수의 예외적인 사례가 있었다. 그러나 2000년대에 들어서 대통령의 조약체결 권한에 대하여 국회의원들이 권한쟁의 형식으로 수차례 헌법재판소앞 소송을 제기하거나 조약체결 절차에 관한 입법을 시도하는 등 조약체결 권한에 대한 국회 차원의 관심이 높아지고 있다.

조약체결 행위가 고도의 정치성을 가진 통치행위이므로 사법적 심사의 대상 자체가 되지 않는다는 주장은 지난 수년간의 헌법재판소의 태도에 비추어 볼 때 더 이상 견지하기 어려워졌다. 헌법 제60조제1항은 대통령의 조약체결·비준 권한에 대한 국회의 동의권을 규정함으로써 이러한 사법적 심사의 가능성을 확대하고 있으며 그 위반 여부는 권한쟁의심판, 헌법소원, 위헌법률심사와 같은 헌법재판소앞 절차를 통해 다투어질 수 있다. 그런데 헌법 제60조제1항에서 언급된 조약의 종류 그리고 "중대한" 또는 "중요한"이라는 수식어는 해석이 요구되는 부분이라고 할 수 있으며, 여타 '안전보장에 관한 조약' 등도 그 자체가 고유명사가 아니라 '안전보장을 다루는 조약'을 의미하므로 분쟁의 소지가 있다.

---

126) 정인섭, "조약체결에 대한 국회의 동의 거부," 『서울국제법연구』, 제9권제2호(2002), 15쪽.

127) 1953년 5월 30일 국회 본회의에서 「대한민국 정부와 호놀룰루 미술관과의 한국문화재 보관·전람에 관한 협정」에 대한 동의안이 재적 152명 중 찬성 68명, 반대 81명, 기권 1명으로 부결된 적이 있다고 하나, 이 동의안은 조약 동의안이 아니라고 평가된다. 정인섭, 위의 논문, 13쪽.

128) 국회사무처, 정기국회 속기록 제2회 제86호, 696-707쪽.

129) 국회외무위원회 회의록 제108회, 제15호, 제16호.

조약 범주에 대한 판단은 실제로는 외교와 조약을 둘러싼 대통령과 국회간의 권력 역학에서 이루어지는 것이며, 애매한 사안일 때에는 특히 당시의 상황에 좌우될 가능성이 높다. 이러한 과정에서 헌법 제60조의 문구만을 기준으로 형식적・도식적으로 판단하는 것이 아니라 불가피하게 해당 조약이 '국회 또는 국민과의 관계에서' '정치적으로, 경제적으로' 어떠한 함의를 가지는지를 고려하게 된다. 이러한 정치적인 판단에 대하여 국회와 대통령간에 일종의 묵시적 합의가 이루어지고 또한 그러한 관행이 명백하게 헌법 제60조에 위반되지 않는다면, 문제가 없다고 생각한다. 그러나 헌법 제60조 위반 여부가 재판에서 제기되거나 이를 규범적으로 따져야 한다면, 헌법의 기본의도에 비추어 볼 때 외교의 수행과 조약의 체결・비준이라는 국가의 기능은 대통령에게 부여된 전속적인 책무이자 권한이라는 점이 고려되어야 한다고 본다. 물론 국회는 예산 통제 또는 결의 채택 등과 같은 다른 실질적인 방법을 통해 대통령의 조약체결・비준권을 사실상 제약할 가능성을 언제든지 가지고 있다.

제 4 장

조약체결 절차

제1절 정형적인 조약체결 절차

여기에서는 대한민국의 조약체결 절차를 (i) 국내법령에 따라 진행되는 정형적인 조약체결 절차, (ii) 정형적인 조약체결에 부수되거나 관련되지만 국내법령이 부재한 가운데 진행되는 비정형적인 절차, (iii) 남북한간에 체결되는 특수한 조약이라 할 수 있는 남북합의서의 절차로 나누어서 살펴본다.

제1절에서는 조약체결 절차에 대한 일반적인 고찰을 한 후, 대한민국의 조약체결 절차를 단계별로 설명하고자 한다. 여기서 '정형적인 절차'라 함은 조약법협약과 국내법령에 근거하여 지속적으로 반복되어 확립된 틀을 갖춘 절차라는 뜻으로 사용되었다.

Ⅰ. 조약체결 절차의 일반적 고찰

1. 대외적 절차와 대내적 절차

조약의 교섭・체결은 하나의 연속되는 흐름으로 이루어진다. 중요한 법적 의미를 가지는 행위를 지표로 하여 이 흐름을 나누어 보면, ① 조약체결 계획(정책) 수립 → ② 조약문안의 교섭 → ③ 조약문안의 확정(문안에 대한 교섭 완료) → ④ 법제처 심사→ ⑤ 국무회의 심의 → ⑥ 대통령 재가 → ⑦ 조약문에 대한 서명(서명을 요하지 않는 각서교환 등의 경우에는 각서교환 행위 등) → ⑧ 필요시 국회 동의 → ⑨ 조

약의 발효 → ⑩ 조약 공포의 순서로 이루어진다.[1]

이 절차는 상대방 국가와의 관계에서 이루어지는 대외적 절차와 국내체계에서 이루어지는 대내적 절차로 구분된다. 대외적 절차는 ② 조약문안의 교섭, ③ 조약문안의 확정, ⑦ 조약문에 대한 서명 및 ⑨ 조약의 발효[2] 등이며, 이러한 절차는 조약법협약의 규율 대상이 되는 동시에 일정 부분 국내법의 규율도 받게 된다. 반면, 나머지 ① 조약체결 계획 수립, ④ 법제처 심사, ⑤ 국무회의 심의, ⑥ 대통령 재가, ⑧ 필요시 국회 동의, ⑩ 조약의 공포와 같은 절차는 대내적인 절차로서 헌법과 국내법령의 규율을 받으며, 조약법협약이 이를 직접적으로 규율하지는 않는다.[3]

이러한 대내적인 절차를 규율하는 국내법령은 조약법협약 제46조가 말하는 '조약체결 권한에 관한 국내법 규정'(provisions of internal law regarding competence to conclude treaties)이라고 할 수 있다. 순수하게 대내적인 절차의 경우 일방 당사국이 전적으로 통제할 수 있지만, 위의 대외적인 절차는 매 단계에서 상대방과의 합의가 요구된다.

---

1) 이는 기본적인 흐름일 뿐이며, 조약에 따라 그 순서에 약간의 변경이 있을 수 있다. 예를 들어, 헌법 제60조에 따라 국회의 동의를 얻어야 하는 조약 중에서 서명과 동시에 발효하는 조약이 있다면, 대통령은 이러한 조약에 서명하기 전에 조약안을 국회에 보내 국회의 동의를 얻어야 할 것이다.

2) '발효'의 경우에는 국내적으로도 의미를 가지므로 '국내적인 과정'으로도 분류할 수 있다. 다만, 대한민국의 경우에는 조약이 국내적으로 효력을 가지기 위하여 공포 또는 고시될 필요가 있으므로 이 논문에서는 일단 '발효'는 대외적인 과정으로, '공포'는 국내적인 과정으로 분류하였다.

3) 문준조 수석연구원은 조약체결 절차를 국제적인 절차와 국내적인 절차로 구분하여, 국제적인 절차로서 '교섭, 조약문안의 채택 및 조약의 인증, 서명, 비준'을 들고 있고, 국내적인 절차로서 '조약체결에 관한 정책결정, 조약안 작성, 법제처 심사 의뢰, 국무회의 상정, 국회 비준동의 요청, 대통령의 재가, 공포, 공고 및 고시'를 들고 있다. 문준조, 『조약의 체결절차와 시행에 관한 연구』(1994), 35-53쪽.

〈도표 4-1〉 대한민국의 조약체결 절차[4)]

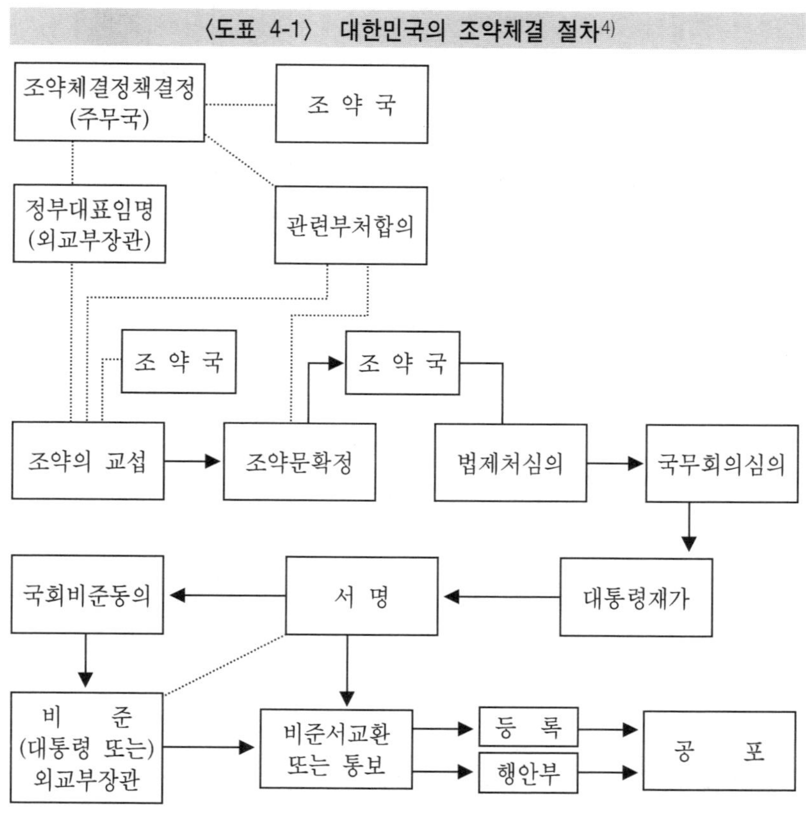

2. 조약체결 절차 담당기관

조약체결 절차를 대외적, 대내적으로 통합·관리하는 기관은 외교통상부이며, 그 중에서도 조약국이라고 할 수 있다.[5)] 조약국은 조약

4) 외무부, 『조약업무처리지침』(1995) 등을 참조.

5) 조약국은 「외교통상부와 그 소속기관직제」(대통령령)에 따라 "조약 기타 국제협정의 체결 및 비준에 관한 사항," "조약 기타 국제협정 교섭문안의 심사," "조약 기타 국제협정의 해석," "주요 조약 기타 국제협정의 체결교섭 및 그 시행" 등의

문안의 교섭의 과정에서 법적인 조언을 제공하는 한편,[6] 조약의 국내적인 절차를 관리함으로써 조약체결 과정에 일관성을 부여하는 중요한 역할을 하고 있다. 이러한 의미에서 외교통상부의 조약국은 George Scelle이 말한 이중적 기능(dual function: dédoublement fonctionnel)을 맡고 있다.[7] 즉, 조약국은 조약안건의 국무회의 상정 등 국내절차를 진행하는 국내기관이기도 하지만, 동시에 국제관계를 관리하고 국제입법의 형성에 참여한다는 국제적인 역할도 수행하는 셈이 된다.

3. 조약체결 절차의 기능

조약의 교섭・체결의 내부적인 과정은 대통령을 수장으로 하여 외교통상부와 여타 행정부처라는 행정부 조직 내부의 끊임없는 의사소통과 의사결정의 과정이라고도 할 수 있다. 행정부는 대외적인 교섭에 임하기에 앞서 정부 전체의 입장을 정하기 위하여 부서간의 의견을 조율할 뿐만 아니라 국회나 국민의 의견을 수렴하고 반영하기 위

임무를 맡고 있으며, 양자간 조약 및 다자간 조약을 주로 담당하는 조약과, 국제법적 자문을 제공하는 국제법규 및 영토와 해양에 관련된 사항을 담당하는 영토해양과로 구성되어 있다.

6) 외교통상부 조약국이 직접 조약안의 교섭을 담당하기도 하지만, 일반적으로는 외교통상부 내의 관련 국이 교섭을 담당하고 조약국은 이를 지원하는 역할을 한다. 예를 들어, 투자보장협정은 외교통상부 내의 국제경제국이 직접 교섭을 하고 있다. 한편, 외교통상부 이외의 부서도 외교통상부장관으로부터 수석대표로 임명을 받아 직접 조약문안의 교섭에 임할 수 있다. 일본의 경우에도 정책적인 면에서 대외관계의 창구 역할을 하는 곳은 외무성의 지역국과 기능국이지만, 조약작성 교섭 등에서는 교섭방침 설정의 단계에서부터 조약국이 참여한다고 한다. 柳井俊二, "国際法規の形成過程と国内法,"『国際法と国内法 : 国際公益の発展』(1991), p. 93.

7) Scelle의 이중적 기능 이론에 관하여는 Antonio Cassese, "Remarks on Schelle's Theory of Role Splitting in International Law," *European Journal of International Law,* Vol. 1(1990), p. 210 참조.

한 노력도 전개한다. 법적인 관점에서 다시 범위를 좁혀서 행정부 내의 의사소통과 의사결정의 과정이라는 측면에서 볼 때, 조약체결 절차는 몇 가지 중요한 기능을 하고 있다. 그러한 기능으로 들 수 있는 것이 조약체결 권한의 적절한 위임, 관련 주체(부서)간의 컨센서스의 도모 및 투명성의 확보이다.[8)]

첫째, 조약체결 권한의 적절한 위임이란, 조약체결을 담당하는 자가 '대통령 또는 외교통상부장관으로부터 조약체결 권한을 적절하고 정당하게 위임 받았는가' 하는 문제로 환원하여 이해할 수 있다. 대한민국 헌법 제72조의 명문에 따라 조약체결・비준 권한은 대통령에게 부여된다. 따라서 형식적으로는 모든 조약체결 행위는 이러한 대통령의 조약체결 권한에 직접 또는 그 적절한 위임에 근거를 두고 있어야 한다.[9)] 이러한 위임의 범위를 벗어난 행위는 이른바 '월권/권한외 행위'(excess of authority)가 되며,[10)] 결국 조약의 효력에까지 영향을 미칠 수 있다. 대한민국의 경우 조약문안 교섭과 가서명, 즉 조약문안의 형성의 단계까지는 대통령이 직접 권한을 위임하는 형식을 취하지 않

---

8) 이호성은 우리나라 조약체결절차제도의 기본사상은 "국제합의에 관한 국가 최종의사의 적법・타당한 확정"이라고 설명하고 있다. 이호성, "우리나라의 조약체결절차 및 실무상의 새로운 문제들," 『국제법평론』, 제21호(2005-1), 3쪽.

9) 조약법협약에서 말하는 전권위임장(full powers)이나 비준(ratification)은 국가의 대외적 행위를 지칭하고 있을 뿐이며, 그 자체가 국내법적인 위임을 의미하지는 않는다. 조약체결권자(대통령)가 자신의 조약 서명권을 국내법상 특정인에게 위임하는 과정은 국내법적인 위임의 필요에 따른 것이지만, 조약체결권자(대통령)가 특정인에게 전권위임장을 발급하는 과정은 대외적인(조약법협약 및 국제관행상) 필요에 따른 것이다. 따라서 만약 상대국측이 전권위임장을 요구하지 않는다면 후자의 과정(조약체결권자가 특정인에게 전권위임장을 발급하는 과정)은 생략될 수 있지만, 전자의 과정(국내법적으로 조약체결권자가 특정인에게 조약 서명권을 위임하는 과정)마저 생략될 수는 없다. 대한민국의 경우 이 두 가지 과정을 구분하여, 국내적인 서명권 위임절차는 빠짐없이 완료하되, 전권위임장은 국내적 위임 절차를 근거로 하여 대외적으로 필요한 경우에 발급된다.

10) 월권/권한외 행위를 주장한 사례에 대하여는 Hans Blix, *Treaty-Making Power* (1961), pp. 7-12 참조.

고, 외교통상부장관이 「정부대표임명법」 등에 근거하여 수석대표를 임명하고 교섭과 가서명을 지휘한다.

서명의 경우에도 외교통상부장관이 「정부대표임명법」에 따라 그 권한을 대통령으로부터 포괄적으로 위임 받았다는 해석이 가능하지만, 실제로는 고시류조약 등 기타 국제합의를 제외한 헌법상의 조약은 정식 서명에 앞서 '대통령 재가 문건'이라는 공문의 형식으로 매 건마다 대통령으로부터 사전 결재를 받고 있다. 이 문건은 조약의 본문(번역문 포함)을 첨부하여 조약의 요지, 해당 조약에 대한 서명자, 발효방안 및 공포에 관한 사항을 담고 있으므로 대통령은 이 문건에 재가함으로써 조약 본문의 체결을 최종적으로 결정하고 또 그 서명권한을 구체적으로 위임하는 것이 된다. 따라서 조약문안의 교섭 및 확정 이후의 단계인 서명, 발효 및 공포의 단계에서 대통령의 권한위임은 '대통령 재가문'이라는 하나의 문건에 집약된다.[11] 이와 같이 대한민국 헌법상 대외행정권 및 조약체결의 권한이 부여된 주체는 대통령이며, 외교통상부장관은 이러한 권한을 포괄적으로 위임 받아서 행사하고 있다. 결국 조약체결의 국내적인 절차는 이러한 권한이 적절히 하부기관에 위임되어 행사되도록 하여 그 형식적 정당성을 확보하는 목적을 가진다.

또 하나의 원리는 '행정부 전체의 동의를 확보하였느냐' 하는 컨센서스의 확보 문제이다. 대표권이나 대외교섭권은 그 속성상 하나의 대표자에게 집중되게 되지만, 실제 의사결정의 과정에서는 대표자가 관련 부처의 동의를 얻도록 하는 제도적 장치가 요구된다. 예를 들어, 국무회의 심의와 같은 절차는 특정 부처가 대외적인 의사결정을 독단적으로 내릴 가능성을 막고 행정부처 전체적인 컨센서스를 확보하기

---

11) 대통령 재가문의 실제 예는 부록 〈예시2〉 참조.

위한 장치이다.

대한민국에서 조약의 체결 절차를 관장하는 기관은 외교통상부장관이다. 하지만 외교통상부장관이 조약의 교섭이나 체결 절차를 진행함에 있어서 관련 부처의 컨센서스 확보가 필수적이다. 예를 들어, 외교통상부장관은 어업협정을 체결함에 있어서 수산업무를 관장하는 농림수산식품부와 긴밀한 협의를 가지게 된다. 이러한 사전 협의는 조약의 교섭 단계에서부터 이미 이루어져야 하지만, 피치 못할 사정으로 관계 부처와의 협의가 누락된 경우에는 뒤에서 설명할 국무회의 심의의 단계에서라도 해당 관련 부처의 장관으로부터 동의를 얻어야 한다. 관련 부처와의 사전 협의는 조약의 체결 단계뿐만 아니라 추후 조약의 원만한 이행에 있어서도 대단히 중요하다.[12] 조약의 이행에 있어서 관련 입법이나 지침이 필요할 경우에는 관련 부처의 협조가 필수불가결하기 때문이다.

세 번째, 법률의 입안과정에 비교하면 부족한 점이 많지만, 조약체결의 과정에서도 어느 정도 투명성이 요구된다. 일반적으로는 정식 서명후 조약의 문안이 대중에게 공개되지만,[13] 행정부 내부적으로는 차관회의 이전에 전 부처에 조약안이 배포된다. 그 과정에서 타 부처가 이견을 제기하면, 차관회의 또는 국무회의에서 해당 안건에 대한 심의가 있게 된다. 서명 이후의 단계에서는 조약문이 일반에게 공개됨으로써 투명성이 미흡하나마 확보되고 있다. 또한 조약은 최종적으로 공포 또는 고시라는 형식으로 국민에게 알려지게 된다.

---

12) 이러한 이유에서 「법제업무운영규정」 제21조(법령안 등의 심사요청)에 따르면, "외교통상부장관은 조약안에 관하여 관계기관의 장과의 협의를 거친 후 당해 조약안의 내용이 확정되기 전에 법제처장에게 심사를 요청하여야 한다"고 규정하고 있다.

13) 외교통상부의 웹페이지인 '조약정보'는 서명되었으나, 미발효 상태인 조약도 데이터베이스화하여 담고 있다.

II. 단계별 조약체결 절차

여기에서는 대한민국의 조약교섭·체결의 과정을 '조약문의 교섭과 확정'과 '확정 이후의 단계'로 나누어 고찰해 보고자 한다. 조약체결의 원리인 적절한 권한의 위임이나 컨센서스의 확보와 같은 부분은 형성과 확정의 단계에서부터도 적용된다고 할 수 있다. 형성의 단계에서는 교섭 대표권자가 대통령으로부터의 교섭권한을 외교부장관을 통하여 위임 받는 흐름이지만, 그 이후의 단계는 이미 확정된 조약문에 대하여 대통령의 재가를 받는 흐름으로도 볼 수 있다.

1. 조약문 확정 이전의 단계

Wildhaber는 국가간 합의(조약)가 다음과 같은 연속적이고 기능적인 일련의 과정을 거쳐서 형성된다고 하고 있다.[14)]

① 합의문을 교섭하기 위한 국제적/국내적 결정(international and/or municipal decision to negotiate an agreement)

② 교섭 원칙에 대한 국내적 논의(municipal discussion of the principles which shall guide the negotiators)

③ 국제교섭에서의 합의문 형성(formulation of the agreement during the international negotiations)

④ 관련 국내 결정(municipally relevant decision)

⑤ 관련 국내 결정을 국제적으로 구속력을 가지는 선언(internationally binding declaration of the municipally relevant decision)

---

14) Wildhaber, *Treaty-Making Power and Constitution : An International and Comparative Study* (1971), pp. 6-7.

⑥ 합의문에 대한 국내적인 이행(municipal performance of the agreement)

조약문의 형성과 확정은 위의 ①, ②, ③의 과정이라고 할 수 있는데, 필요에 따라 이러한 과정은 수차례 반복된다. 국내입법과 다르게 조약의 경우 일단 문안이 양 당사자간에 확정된 이후에는 일방적인 수정이 어렵다. 물론 조약문안이 확정된 이후에도 쟁점에 관하여 다시 협상하여 문안을 수정하는 경우도 있지만, 일반적으로는 조약문안이 확정되면 그 이후의 단계에서는 이를 수용하느냐 거부하느냐 하는 양자택일의 문제만 남는다. 만약 거부된다면, 새로운 조약문안 교섭의 단계로 되돌아가게 되거나 해당 조약안은 폐기된다. 조약문안은 양측의 합의로 형성되는 것이며, 어느 일방이 이를 수정하려고 한다면 다시 상대방의 합의가 요구되기 때문이다.

1) 조약체결에 관한 정책 및 계획의 수립

이 단계는 Wildhaber가 말한 "합의문을 교섭하기 위한 국내적 결정"[15]의 최초의 단계라고 할 수 있다. 즉, 어떠한 조약을 어느 국가를 상대로 어떻게 교섭을 할 것인가를 국내적으로 정하는 단계이다. 이를 다자조약과 양자조약으로 나누어 고찰해 보자. 우선 다자조약의 경우에는 상대방 국가의 선택보다는 '어떠한 조약을 가입이나 비준의 대상으로 할 것인가'하는 사안이 중요시된다.[16] 일반적으로 다자조약의 교섭은 국제연합과 같은 정부간기구에서 주권국가면 누구든 참가할 수 있는 포럼에서 진행된다. 이러한 조약안의 형성이나 교섭 단계에서부터 대한민국의 외교통상부 및 관련 부서는 지속적으로 참가하여, 대한민국의 입장을 개진하게 된다. 수차례의 회의 참석을 통하여

---

15) *Ibid.*
16) 다자조약의 일반적인 사항에 관하여는 외교통상부, 『다자조약 개황』(2007) 참조.

축적된 지식을 바탕으로 외교통상부와 관련부서는 내부 협의를 거쳐 해당 다자조약의 서명, 가입 또는 비준 여부를 결정하게 된다.

이 과정에서 정책적인 면과 법기술적인 면을 모두 고려하게 된다.[17] 우선 정책적인 면에서 해당 다자조약이 대한민국의 국익에 도움이 되는지, 그리고 이 조약에 가입 또는 비준함으로써 국제사회 전체의 갈등의 해결이나 공동이익의 증진에 이익이 되는지 등을 검토하게 된다. 이러한 결정을 하는 과정에서 다른 나라의 가입・비준 동향 등도 참고하게 된다. 두 번째, 법기술적인 면에서는 해당 다자조약이 대한민국에 발효하게 될 경우 (i) 대한민국의 기존 법령과 충돌이 있는지, (ii) 충돌이 있을 경우에는 문제의 조항을 유보할 것인지, 아니면 (iii) 국내법령을 개정할 것인지 등을 검토해야 한다.

위의 다자조약에 비하여, 양자조약의 경우에는 어떠한 조약을 어느 나라와 체결할 것인가 하는 문제를 정부가 스스로 정해야 한다. 양자조약에는 주로 두 가지 종류가 있다고 할 수 있다.[18] 첫 번째는 이미 정형화된 조약으로서 투자보장협정, 이중과세방지협정, 항공협정, 범죄인인도조약, 형사사법공조조약, 그리고 최근 점증하는 사회보장협정 등이 있다. 이렇게 보편적으로 체결되는 '양자조약'의 경우 각국은 자국에게 유리한 모델조약안(Model Treaty Text)을 미리 만들어 두고 있다.[19] 그리고 정부는 이러한 조약을 체결할 필요가 있는 국가를 선정하여 교섭을 제의하면서 모델조약안을 전달한다.

교섭 상대국가를 선정함에 있어서는 여러 요인이 고려된다. 범죄인인도조약을 예로 들면 범죄인이 도피지로 선택할 가능성, 기본적인

17) 조약에 관한 정책 수립에 있어서 국내정책이나 법령의 고려에 관하여는 柳井俊二, 전게 논문, pp. 83-107 참조.

18) 양자조약의 종류 및 체결현황에 관하여는 외교통상부, 『양자조약 개황』(2007) 참조.

19) 대한민국의 경우 외교통상부의 담당국이 관계부처와 협의하여 모델조약안을 작성하여 교섭 개시와 동시에 이 모델조약안을 교섭 상대국에게 전달한다.

인적 교류 실태, 그리고 상대방 국가의 사법제도에 대한 신뢰 등을 고려하게 되고, 이중과세방지협정의 경우에는 상대국에 진출한 우리 기업(이중과세방지협약 체결로 받게 되는 혜택), 대한민국에 대한 외자(직접투자) 유치 등을 감안하게 된다. 그리고 이러한 결정은 외교통상부 조약국이 독점적으로 하는 것이 아니라 관련부처와 협의하여 하게 된다. 최근에는 법제처가 '입법계획'을 관리하는 것[20]과 유사한 방식으로 외교통상부 조약국도 매년 단위로 '조약체결 계획'을 설립하여 업무를 추진하고 있다. 다만, 교섭상대 국가의 상황에 따라 교섭의 일정이나 진행이 영향을 받게 되므로 이러한 계획이 예정대로 진행되지 않을 수도 있다.

양자조약의 또 다른 형태는 현재적 또는 잠재적 분쟁의 해결하기 위하여 새롭게 맺는 조약이다. 즉, 국가간의 분쟁이 있거나 잠재적으로 갈등 요인이 있을 경우 이를 해결하거나 사전에 막기 위하여 조약을 체결하는 것이다. 이러한 패턴의 조약은 연간 조약체결 계획을 통해 미리 계획하기 힘들다. 1999년 대한민국이 일본과 새롭게 체결한 어업협정이 이러한 예이다. 1998년 일본이 1965년 양국간 체결된 이른바 구 어업협정에 대하여 일방적인 종료 통고를 해옴으로써 과거의 어업질서가 곧 종료하게 되었다. 이에 따라 주변해역에서 양국 어선이 조업을 둘러싸고 충돌할 가능성이 예상되어 당시 한국 정부는 1999년 일본과 새로운 어업협정을 체결하게 된 것이다. 물론 이와 같은 분쟁해결을 위한 조약의 경우에도 위에서 언급한 정형화된 조약과 유사하게 이익 분석을 하게 된다. 1999년 한-일 어업협정을 다시 예로 들면, 새로운 협정을 체결함으로써 얻게 될 이익(해상충돌의 방지, 어족자원 보존 등)과 무협정의 상태를 견주어 가면서 교섭을 하였다고

---

20) 대한민국의 입법계획에 관하여는 박영도, 『입법과정의 이론과 실제』(한국법제연구원, 1994), 217-8쪽 참조.

할 수 있다.

2) 조약문안의 교섭

조약문안의 교섭은 다양한 경로와 방식으로 이루어질 수 있다. Reuter는 당사자의 수, 과정의 길고 짧음, 채택되는 문건의 수를 기준으로 '정식과정을 거쳐서 체결되는 양자조약, 간이절차를 거쳐서 체결되는 양자조약, 교환각서로 체결되는 양자조약, 그리고 다자조약'의 4가지 모델로 조약체결 과정을 분류하고 있다.[21] 여기서는 정식의 과정을 거쳐서 체결되는 양자조약을 중심으로 조약문안의 교섭을 설명하고자 한다.[22] 양자조약만 하더라도 (i) 각자 본부 대표단을 구성하여 차수를 거듭하면서 회담을 가지는 방식, (ii) 재외공관을 통하여 상대국과 교섭을 가지는 방식, (iii) 최근에는 이메일 등으로 양측 본부 실무자가 전자수단을 통하여 교섭하는 방식 등 다양하게 전개될 수 있다. 그렇지만 지금까지도 조약안 교섭의 정석은 각 당사국이 정부대표를 임명하고, 이렇게 임명된 정부대표가 직접 대면하여 구두교섭을 통하여 쟁점을 파악한 후, 초안을 작성하고 교환하고 다시 교섭을 하는 순으로 진행된다고 할 수 있다. 과거와 달리, 양자간의 교섭의 단계에서는 전권위임장의 제시를 요구하지 않는 것이 최근의 관행이며,[23] 교섭 개시 전에 상대측 외교공관이나 외무부로부터 대표단의 명단을 접수하는 것으로 갈음하고 있다.

---

21) Paul Reuter, *Introduction to the Law of Treaties (1989)*, pp. 47-48.

22) 다자조약에서의 문안교섭에 관하여는 Vera Gowlland-Dabbas(eds.), *Multilateral Treaty-Making* (1998) 등을 참조할 수 있다.

23) 예를 들어, 인도 정부도 양자교섭의 경우 전권위임장을 발급하지 않는다고 한다. Monroe Leigh and Merritt R. Blakeslee eds., *National Treaty Law and Practice (France, Germany, India, Switzerland, Thailand, United Kingdom)* (1994), p. 84.

(1) 외교통상부의 교섭권 독점과 여타 행정부처와의 의사소통

대한민국의 경우 조약체결을 포함한 외교수행 권한(대외행정권)이 궁극적으로는 대통령에 속하지만, 「정부조직법」 및 「정부대표임명법」에 따라 외교통상부장관이 이를 대신하도록 하고 있다. 「정부대표임명법」 제6조는 정부대표가 진행하는 외교교섭은 외교통상부장관이 지휘·감독하도록 규정하고 있다. 정부대표는 교섭에 임하기 전에 정부의 공식입장과 대응방안을 정하여 외교통상부장관에게 '훈령'(instructions)이라는 형식으로 미리 허락을 받는다. 협상의 과정에서 미리 받아 온 훈령의 범위를 넘어서 대응을 할 필요가 있을 경우에는 외교통상부장관에게 새로운 훈령을 요청('청훈')하게 된다.[24] 물론 외교통상부장관은 중요한 조약체결 교섭에 있어서는 대통령으로부터 지침이나 지시를 받기도 한다.

이와 같이 대외교섭에 대한 외교통상부장관의 독점적인 지위는 외국에서도 보편적인 것으로서 정부 전체가 대외적으로 단일한 목소리를 내도록 하기 위한 제도적 장치라고 할 수 있다.[25] 사안에 따라서는 외교통상부와 여타 행정부처간의 역학관계 및 역할분담이 다를 수 있다. 즉, 외교통상부가 직접 교섭을 주도하느냐 아니면 조율을 하느냐에 따라 달라진다. 예를 들어 농수산물의 수입과 관련된 사항은 외교통상부, 농림수산식품부 등이 관련될 수 있는데, 국내적으로 민감하거나 기술적으로 전문적인 사항에 있어서는 농림수산식품부가 사실상 행정부 전체의 대외적인 입장을 수립하는 경우도 있을 수 있다.

---

24) 이와 같은 대표단이 사전훈령(preliminary instructions)을 받아서 교섭에 임하고, 교섭의 과정에서 훈령에서 예상치 못한 상황이 발생한 경우 본부로부터 새로운 훈령을 받아 교섭에 임하게 된다.

25) Wildhaber는 미국, 프랑스, 스위스 등의 예를 들며, 외무장관이 대외적으로 국가를 대표하며, 여타 장관이 정부대표로 교섭에 참가하고자 할 때에는 법적인 위임이 필요하다고 설명하고 있다. Wildhaber, *supra* note 14, pp. 22-23.

(2) 비밀의 유지

일반적으로 양자조약의 교섭을 포함하여 외교교섭의 구체적인 내용은 양측이 합의하지 않는 한 대외적으로 공개하지 않는 것이 원칙이다. 교섭 일자 및 장소, 수석대표 그리고 필요에 따라서 쟁점 등은 양측이 합의하거나 혹은 합리적인 범위 내에서 공개되지만,[26] 협의의 구체적인 내용은 상대방의 동의 없이는 공개하지 않는다. 이와 같은 관례에 따라 일단 외국과 협상이 진행되고 있는 과정에서 상대방으로부터 받은 조약안 또는 교섭이 진행중인 조약안을 공개하는 것은 삼가고 있다.[27] 조약안이나 협상의 구체적인 내용을 일반에게 공개하면 자칫 감정이나 자존심의 문제로 흐를 위험이 있고, 따라서 최종적인 타협을 도출하기가 더욱 힘들어질 수 있다는 현실적인 우려가 이러한 비공개 원칙의 배경이라고 할 수 있다. 그러나 조약이 국가경제나 국민생활에 직접 미치는 영향을 감안할 때, 조약체결에 대한 민주적 통제를 강화할 필요가 있고, 그 기초가 되는 조약협상안 또는 협상의 구체적인 정보를 공개해야 한다는 반박도 제기되고 있다.

이러한 의견 대립이 여실히 나타난 것이 한・미 자유무역협정(FTA: Free Trade Agreement)을 둘러싼 2007년 10월 25일 〈국회의원과 대통령 등 간의 권한쟁의〉라고 할 수 있다.[28] 이 사건에서 청구인(국회의원들)측은 FTA 협상 당시 한・미간의 협상에 대한 정보공개를 요청

---

26) 물론 민감한 협상의 경우에는 이러한 사항까지도 양국간이 협의, 조율하에 발표하게 된다.

27) 협상에 임하기 전에 미리 정부가 만들어 두는 Model Treaty 등은 미리 공개하는 경우가 있다. 미국은 조약체결에 관한 투명성을 높이기 위한 차원에서 일부 조약의 Draft/Model Treaty를 일반에게 공개하여 의견을 접수하고 있다(예를 들어, 1976년 11월 12일 미 국무성은 범죄인인도조약 초안을 공개한 바 있다. 41 Fed. Reg. 51, 897-51,899(1976)).

28) 헌법재판소 2007.10.25, 2006헌라5, 공보 제133호, 1083.

하였으나 정부가 이를 거부한 채 2006년 9월 6일부터 미국 시애틀에서 제3차 공식협상을 진행하였다고 주장하였다. 협상의 과정에서 정부가 국회에게 정보를 제공하고, 국회에서는 이를 토론하여 그 의견을 제출하는 등의 피드백(feedback) 과정이 요구된다는 것이다.[29] 이에 대하여 피청구인인 대통령측은 조약의 협상 단계에서는 국회에 정보를 제공할 의무가 존재하지 아니한다고 반박하였으며, 외교통상부 등 정부관계기관은 FTA 추진과정 및 협상 전후로 협상의 대응방향 및 결과에 관하여 국회 통일외교통상위원회에 필요한 정보를 제공하였다고 대응하였다.[30] 헌법재판소는 청구적격을 이유로[31] 심판청구를 각하함으로써 정보제공 의무라는 쟁점을 직접 다루지는 않았다. 다만, 이공현 재판관은 별도의견에서, 조약의 체결・비준에 대한 동의안이 국회에 제출되지 않은 상태에서는 국회의원의 권한에 어떠한 구체적인 침해가 발생했다거나 현저한 침해의 위험이 있다고 보기 어렵다는 견해를 밝혔다. 결국 헌법 제60조제1항(조약에 대한 국회의 동의권)을 근거로 하여 국회가 아닌 국회의원이 정부에게 외국과 협상 중인 조약안이나 협상의 구체내용을 밝힐 것을 요구하는 것은 인정되지 않았다.

(3) 조약문에 사용되는 언어

19세기의 경우 특히 다자조약의 협상에서 불어가 교섭언어로 사용되었지만,[32] 현재로는 영어가 주된 교섭언어가 되고 있다. 교섭에서

---

29) 위의 결정, p. 1084.

30) 위의 결정, p. 1085.

31) 동 결정에서 헌법재판소는 '국회'가 아닌 '국회의원'은 국회를 대표하여 대통령에 대하여 권한쟁의심판을 청구할 자격이 없다고 하였다.

32) Francois Stewart Jones, "Treaties and Treaty-Making," *Political Science Quarterly*, Vol. 12, No. 3(Sep. 1897), p. 423.

사용되는 언어는 대부분 영어이지만, 문안이 확정된 후에는 영어본을 기초로 하여 각자의 언어본을 만들어 이를 정본으로 채택하게 된다. 조약법협약 제33조에 따르면, 둘 이상의 언어가 정본(authentic text)인 조약은 당사자간에 다른 합의가 없는 한 동등하게 유효하다.[33] 대한민국의 경우에도 양자조약의 체결시에는 한글본을 가급적 정본으로 하려고 하고 있다. 한편, 조약문안의 구조나 스타일은 교섭의 상대방이 있기 때문에 매번 어느 정도 차이가 있게 된다. 예를 들어, 투자보장협정의 경우 모델안이 있어 상당부분 정형화되었지만 상대국과의 교섭 결과에 따라 구체적인 문구는 조금씩 모델안과 달라지게 된다. 그리고 조약교섭의 상대방 국가가 어디인지에 따라서도 조약문안의 스타일이 달라질 수도 있다.[34]

조약문안의 한글본 작성은 상당부분 번역작업이라고 할 수 있는데, 당초 외교통상부의 '조약문안 작성요령'(『조약업무처리지침』 외교통상부 조약국 집무자료 95-15(조약))에 따르면 한글맞춤법, 표준어 규정, 외래어 표기법 및 법령입안 심사기준의 준수를 원칙으로 하되, 조약문안의 체제 구성 등에 있어서는 기존의 조약체결 관행을 존중하도록 하고 있다.[35] 이 작성요령이 기본적으로 아직도 유효하지만, 한글로의

---

33) 조약법협약 제33조(Interpretation of treaties authenticated in two or more languages) 1. When a treaty has been authenticated in two or more languages, the text is equally authoritative in each language, unless the treaty provides or the parties agree that, in case of divergence, a particular text shall prevail. 2. A version of the treaty in a language other than one of those in which the text was authenticated shall be considered an authentic text only if the treaty so provides or the parties so agree ….

34) 대한민국의 경우 1940~50년대 미국과 체결한 일련의 조약, 특히 우호통상항해조약 등은 미국의 초안을 상당부분 수용한 결과 영미법적이고 상세한 Drafting의 패턴을 보인다. 하지만 이러한 Drafting 패턴은 조약체결 상대방이 다양해지면서 변화를 보여 왔다.

35) 조약문 작성에 관한 상세한 내용은 전용덕 집필, 『우리말 조약문 작성요령』(외교

번역 원칙에서는 다소 변화가 보인다. 1995년도 『조약업무처리지침』에서는 조약문의 번역에 있어서는 원문에 충실하게 번역함을 원칙으로 한다고 하여 직역을 원칙으로 하고 있으나, 2006년 3월 『알기쉬운 조약업무』는 의역에 기울고 있다.[36] 이는 원문의 정확한 번역도 중요하지만, 가급적 알기 쉬운 우리말로 표현하여 일반 국민이 이해하기 쉽도록 하려는 취지로 이해된다.[37]

1995년 '조약문안 작성요령'은 간단하나마 조약용어의 국・영문 대비표도 담고 있으나, 전문인력의 부족으로 인하여 조약문의 영문 번역에 있어서의 일관성 확보가 쉽지 않은 실정이다. 같은 종류의 양자조약인 경우에도 영어 단어에 대한 번역 또는 국문본의 문맥이 서로 다른 경우가 적지 않다. 또한 조약문의 번역과정에서 발생한 오역도 더러 눈에 띈다. 이와 같은 오역을 사후에 발생한 경우에는 개정이 아닌 고시의 방식으로 알리고 조약 데이터베이스도 아울러 수정하게 된다.[38]

3) 조약문안의 확정

(1) 조약문이 확정되는 방식

조약문안의 확정(authentification of text)은 여러 방식으로 이루어질 수 있다. 양자조약의 경우 가장 흔히 사용되는 방식은 가서명(initialling)

통상부, 1996. 9) 참조.

36) 외교통상부, 『알기쉬운 조약업무』(2006), 36쪽에 따르면, "외국어로 된 조약문이 담은 뜻을 가감하지 않을 것"이라고 하면서도 자연스러운 우리말을 강조하고, 아울러 "필요한 경우 의역을 하라"고 하고 있다.

37) 동의성을 유지하되 가급적 자연스러운 우리말이 되도록 하여야 한다는 요지의 전용덕 집필, 전게서가 상당한 영향을 끼친 것으로 생각된다.

38) 하나의 예로서 1980년 1월 27일자로 발효한 조약법협약(조약 제697호)에 대한 번역에 오류가 있어 2007년 4월 6일자 관보 게재의 형식으로 이를 수정한 바 있다.

으로서 교섭 대표가 최종적으로 문안(실체적 내용)에 합의, 확정된 문안본의 매 페이지에 이니셜링하는 것이다. 최종문안의 조정이 외교공관을 통하여 이루어진 경우에는 외교공한 교환을 통하여 문안을 확정하기도 한다. 「정부대표임명법」은 조약의 서명뿐만 아니라 가서명에 대하여도 외교통상부장관의 위임을 받도록 하고 있다. 다만, 가서명 이외의 방식(외교공한의 교환을 통한 문안의 확정 등)으로 자연스럽게 문안이 합의된 경우에는 추후에 외교통상부장관의 재가를 얻음으로써 이를 내부적으로 승인 받게 된다.

다자조약의 경우에는 조약법협약 제9조제2항에 따라 －해당 조약 등에 별도의 규정이 없다면－ 재적투표(present and voting) 국가의 3분의 2 이상의 득표를 얻음으로써 조약문이 확정된다.[39] 최근에는 조약문 확정의 방식으로 컨센서스가 사용되기도 한다.[40] 국제회의에서는 최종적으로 결의(Resolution)를 채택함으로써 조약문안을 확정하는 것이 일반적이다.[41]

(2) 문안 확정과 국내절차(법제처 심사) 개시

조약문안의 확정은 교섭 당사자간에 실체적 내용에 대한 교섭이 종료하였음을 의미한다. 조약문안의 확정 이후에도 경미한 문구나 오

---

39) 참고로 최종의정서(Final Act)란, 정부간회의의 결과를 요약한 문건이며, 해당 회의에서 조약문이 채택된 경우 이 최종의정서에 첨부되기도 한다. 회의에 참석한 대표가 보통 최종의정서에 서명하게 된다. 이때 해당 대표는 서명을 하지 않을 수도 있으며, 서명하였다고 해서 첨부된 조약을 서명・비준하겠다는 의사표시를 한 것은 아니다.

40) 컨센서스(consensus) 방식이란, 만장일치는 아니지만 회원국 대표의 명시적인 반대가 없고 전체회의가 해당 결정을 취하는데 대하여도 반대가 없는 상황을 말한다. 관련 내용은 Bloed A., *The Conference on Security and Cooperation in Europe* (1993) 등을 참조.

41) Aust, *Modern Treaty Law and Practice* (2000), p. 72.

탈자와 같이 실체적인 내용과 무관하게 문구를 수정할 필요가 제기되면, 양측은 합의로 이를 수정한다.[42] 그러나 일방 당사국이 교섭의 실체적 내용에 변경을 가하고자 하는 경우에는 새로운 문안 교섭으로 간주되며, 따라서 교섭의 결과를 다시 확정할 필요가 생긴다. 또한, 수정 대상이 되는 사안의 내용 및 경중에 따라서는 외교통상부로서도 관계 부처와 다시 협의하여 수용 또는 수정안 제의 여부를 정하게 된다.

국내절차라는 견지에서 볼 때, 조약문안의 확정은 법제처 심사, 국무회의 심의 및 대통령 재가를 개시하기 위한 중요한 선행요건이다. 외교통상부 조약국은 앞으로 조약문안에 대한 변경이 더 이상 없다는 전제하에 확정된 조약문안을 한글본으로 번역하여, 핵심 요지, 교섭 경위, 관계부처와의 협의 여부, 국회 동의 필요 여부 등을 기재한 후, 법제처에 심사를 의뢰한다.

이와 같이 조약문안의 확정은 사실상 조약의 실질적인 내용이 확정되었다는 것을 의미한다. 이제 남은 절차는 이에 관하여 관계 부처와의 합의하에 대통령의 재가를 얻고 필요시 국회에 제출하는 것인 바, 결국 문안 확정 이후의 단계는 원칙적으로 수용 또는 거부라는 선택만 남게 된다. 만약, 특정 조항에 대한 문제점을 이유로 국무회의 심의에서 부결되거나 대통령의 재가를 얻지 못하는 경우에는 해당 조항을 놓고 상대방 국가와 재교섭을 하여야 한다. 그러나 문안에 이미 합의하였다는 사실을 번복하게 되는 셈이므로 재교섭을 열고자 하는 측은 외교적으로 부담을 가질 수밖에 없다.

조약문안에 대한 민주적 통제라는 관점에서 볼 때 흔히 간과되는 단계가 바로 이와 같은 조약문안의 형성 단계에 대한 통제라고 할 수

---

42) 적어도 정식 서명 이전에는 양측이 합의로 문안을 수정할 수 있다(*Ibid.*, p. 71).

있다. 물론 그 이후의 단계인 국무회의나 국회 차원의 심의 단계에서도 중요한 의사소통과 결정이 이루어진다고 할 수 있지만, 조약문의 형성 단계에서 그 실질적 내용은 이미 확정되는 것이다.

2. 조약문 확정 이후의 단계

대한민국의 조약체결 절차의 상당부분은 개별 법령에 의하여 규율되고 있지만, 해당 법률의 관련 조항에 따라 그 절차적 순차성이 확보되고 있다. 우선 국무회의의 심의를 받기 위하여 차관회의의 심의를 거치도록 하고 있고,[43] 차관회의의 심의를 받기 위하여 다시 법제처의 심사를 필하도록[44] 요구함으로써 법제처 심사, 차관회의, 국무회의, 그리고 대통령 재가의 순으로 진행되도록 하고 있는 것이다.

1) 법제처 심사

법제처는 국무회의에 상정될 법령안과 조약안에 대한 심사를 관장하는 국무총리 소속하의 기관이다.[45] 외교통상부장관은 조약문안이 확정·번역되면 법제처에 심사를 요청해야 하는데, 「법제운영규정」에 따르면 이때 외교통상부장관은 관계기관의 장과의 협의를 거친 후에 심사를 의뢰하여야 한다. 이와 같이 관계기관과의 협의를 거치지 않은 조약안은 반려될 수도 있다.[46] 조약체결 절차의 과정에서 법제

43) 「국무회의규정」 제5조(의안의 심의) : 1. 국무회의에 제출된 의안은 먼저 차관회의의 심의를 거쳐야 한다. 다만, 긴급한 의안은 그러하지 아니한다.

44) 「차관회의규정」 제6조(의안의 처리) : … 2. 차관회의에서 가결된 의안은 그 의결결과를 첨부하여 국무회의에 상정하고 ….

45) 「정부조직법」 제20조(법제처) ① 국무회의에 상정될 법령안·조약안과 총리령안 및 부령안의 심사와 그 밖에 법제에 관한 사무를 전문적으로 관장하기 위하여 국무총리 소속으로 법제처를 둔다.

46) 제21조(법령안 등의 심사요청) … ② 외교통상부장관은 조약안에 관하여 관계기

처가 가지는 중요한 기능은, 첫째로 조약안과 기존 국내법령과의 충돌 여부를 살피는 것(또는 이행입법이 필요한지 여부를 살피는 것), 둘째로 해당 조약이 헌법 제60조제1항상의 국회동의필요조약인지 여부를 판단하는 것, 그리고 셋째로 조약의 한글본을 심사, 검토하는 것이라고 할 수 있다.

조약체결 절차에서 법제처의 핵심기능은 조약안의 내용을 기존 국내법령과 비교하여 충돌 여부를 살피는 것이다. 그런데 조약안 중에는 '입법'이라고 할 수 없는 조약이 존재한다. 예를 들어, 군사동맹을 맺는 조약과 같은 고도의 정치적 성격의 조약은 국내법령과 직접적으로 충돌할 여지가 적다. 따라서 국가간의 관계(inter-State affairs)만을 다루는 이러한 류의 정치적・정책적 조약의 경우에는 법제처 심사가 사실상 형식에 그치게 된다. 그럼에도 불구하고 대한민국의 경우 공식적으로 체결되는 모든 조약은 일괄적으로 법제처 심사라는 과정을 거치도록 되어 있다. 이는 조약체결의 절차가 상당 부분 입법(특히 대통령령)의 절차를 준용하도록 한 결과이기도 하다.

법제처의 또 하나의 중요한 검토대상은 해당 조약이 헌법 제60조제1항에서 말하는 국회의 동의를 필요로 하는지 하는 문제에 대한 것이다. 해당 조약이 헌법 제60조제1항에서 말하는 국회동의필요조약에 해당하는지 여부를 행정부 내에서 유권적・최종적으로 결정하는 기관이 외교통상부인지 법제처인지에 관하여 이견이 있을 수 있다. 법

관의 장과의 협의를 거친 후 당해 조약안의 내용이 확정되기 전에 법제처장에게 심사를 요청하여야 한다. ③ 법제처장은 다음 각호의 1에 해당하는 법령안 또는 조약안이 심사요청된 때에는 그 사유를 명시하여 이를 반려할 수 있다. 이 경우 제3호 내지 제5호에 해당하는 경우에는 법령안 주관기관의 장과 협의하여야 한다. … 3. 헌법에 위반될 소지가 있거나 법리적으로 명백한 문제가 있다고 인정되는 법령안 또는 조약안 … 5. 그 밖에 입법추진일정을 재검토할 필요가 있는 등 특별한 사유가 있는 법령안 또는 조약안.

제처는 관례적으로 제60조제1항의 해석에 관한 의견을 외교통상부장관에게 제시하여 왔고, 실제 외교통상부가 법제처의 이 해석을 무시하고 국무회의에 조약안을 상정하기는 현실적으로 힘들다. 그러나 굳이 제60조제1항에 대한 행정부내 유권해석기관을 정해야 한다면, 이는 조약에 관한 사무를 총괄적으로 관장하는 외교통상부가 되어야 할 것이다.

외교통상부의 조약안 심사 의뢰에 대하여 법제처는 조약안과 국내의 관련법령과의 관계에 관하여 검토서를 작성한 다음 이를 외교통상부에 회송한다. 만약 조약안의 특정 규정이 기존의 국내법령과 상충되게 되면, 그러한 조약안은 헌법 제60조제1항에서 말하는 '입법사항에 관한 조약'으로 이해되어 국회의 동의를 요한다는 의견을 붙인다. 국회의 동의가 필요 없는 경우에는 "이 조약안은 …에 따라 대한민국과 …국간의 …에 관한 사항을 규정한 것으로서, 국내법에 저촉되거나 이의 시행을 위한 새로운 입법사항을 포함하고 있지 아니하다"라는 의견을 붙인다.[47] 추후에 다시 논하겠지만, 대한민국의 조약체결 과정에서 미진한 부분 중에 하나가 조약과 기존 법령과의 관계를 검토하는 부분이다.

마지막으로 법제처는 조약문을 국내 입법과정에서의 요령과 경험을 토대로 다듬는 역할을 한다. 그런데 조약안의 문구가 국내법령 작성 기준과 맞지 않을 경우 법제처가 조약의 문안을 수정할 수 있는가 하는 문제가 제기된다. 「법제업무운영규정」 제21조에 따르면, 조약안은 "내용이 확정되기 전에" 법제처장에게 심사를 요청하여야 한다. 이와 같이 "내용이 확정되기 전에"라고 한 취지는 조약문안의 내용이 완전히 확정되기 전에 법제처가 이를 심사하여 잘못된 부분을 수정할

47) 박영도, 전게서, 272쪽.

여지가 있어야 한다는 것으로 이해된다. 같은 맥락에서 법제처가 조약문안에 대한 통제를 보다 적극적으로 하여야 한다는 주문도 있어 왔다.[48] 그러나 조약안의 경우 문안이 확정된 후에 법제처에 보내지는 것이 지금까지의 관례였으며, 교섭중인 조약문안에 대하여 법제처의 의견을 듣는 관행은 정착되지 않았다.

실제 교섭에 참여하지 않는 법제처로서는 문맥의 정확한 의미를 세밀한 부분까지 알기 힘들고, 또한 조약문을 교섭과정에서 변경하거나 수정할 수도 없다는 한계가 있다. 다만, 한글본의 경우 법제처가 기존 국내법령의 용어 등과 비교하여 이를 수정할 여지는 있으며, 실제로 법제처가 이를 수정하면 이에 대하여는 다시 상대국의 동의를 얻어 정본(authentic text)으로 채택하기도 한다.[49]

2) 국무회의 심의

대한민국 헌법 제89조제3항은 조약의 경우 정부 발의 법률안이나 대통령령안이 그러하듯이 국무회의의 심의를 거쳐야 한다고 하고 있다. 긴급한 의안은 예외로 하되, 국무회의에 제출될 의안은 먼저 국무조정실장이 의장이 되는 차관회의의 심의를 거치도록 하고 있다.[50] 내용에 관한 실질적이고 심도있는 토의는 주로 차관회의에서 이루어

48) 2007.10.18. 연합뉴스 기사 "최재천 의원, 법제처의 조약심사기능 강화가 필요하다"(http://news.naver.com/main/read.nhn?mode=LSD&mid=sec&sid1=100&oid=098&aid=0000263037).

49) 일본의 내각법제국처럼 대한민국의 법제처도 특히 다자조약을 한글로 번역하는 과정에서 조약문안의 번역 단계에서부터 개입하여 문안을 정확하게 다듬는 것은 바람직하다고 생각된다. 柳井俊二, 전게 논문, p. 94.

50) 「국무회의규정」 제5조(의안의 심의) ① 국무회의에 제출된 의안은 먼저 차관회의의 심의를 거쳐야 한다. 다만, 긴급한 의안은 그러하지 아니하다. ② 국무회의는 필요하다고 인정할 때에는 차관회의로 하여금 특정 사항을 지시하여 심의·보고하게 할 수 있다.

지는 것이 일반적이다. 이어서 개최되는 국무회의는 행정부 전체가 조약안에 대하여 합의하는 단계라고 할 수 있는데, 외교통상부장관은 조약안의 교섭과정과 핵심내용을 간략히 설명하고 관계 부처와의 협의 여부를 밝히도록 되어 있다.[51] 조약안을 상정하는 주체인 외교통상부로서는 국무회의를 통해서 행정부 전체의 합의를 얻게 되며, 이러한 과정은 추후 조약의 이행 단계에서 각 부처의 협조를 확보하는 데에도 중요한 의미를 가진다.

일반적으로 조약안에 대하여는 관계 부처와 사전에 긴밀히 협의되고 있고, 또한 외교통상부 조약국이 행정안전부 의안과[52]에 제출한 조약안은 차관회의 이전에 모든 부처에 배포되어 각 부처의 법무담당관이 사전 협의 여부가 확인된다. 만약, 타 부처가 협의 여부 또는 조약안의 중요한 내용에 관하여 문제를 제기하면 외교통상부는 차관회의 상정 자체를 보류하고, 제기된 문제에 관하여 해당 부처와 협의하게 된다. 이와 같이 몇 단계에 걸친 사전협의가 진행되기 때문에 국무회의 심의가 다소 형식적인 절차로 인식되기도 하지만, 실제로 국무회의 토론 과정에서 문제가 제기되어 조약안 가결이 보류되거나 심지어는 부결될 가능성도 배제할 수 없다.

조약안은 서명되기 전에 국무회의의 심의를 거치는 것이 지금까지의 관행이자 타당한 헌법 해석이었다. 그러나 조약이 서명된 후에 사후적으로 국무회의가 조약안에 대하여 추인한 사례도 있었다. 대한민국의 경우 남북합의서가 그 교섭상의 특수한 사정으로 인하여 먼저 남북 당국이 서명을 한 후에 그 합의서를 국무회의에 상정하여 사후적으로 추인을 받은 사례가 있었다.[53] 예외적이기는 하지만, 조약의

51) 상정되는 안건의 표지에는 "법제처 심사필"이라고 하여, 법제처 심사를 경유하였음을 나타내도록 하고 있다.
52) 차관회의 및 국무회의 관련 안건을 취합하는 행정안전부 내의 담당과이다.

경우에도 정식 서명된 이후에 국무회의에서 심의를 받은 사례가 있었다. 예를 들어, 대한민국과 포르투갈간의 경제과학기술협력 협정[54]은 1984년 6월 16일 서명되었으나, 같은 해 1984년 7월 19일 국무회의에 상정되어, 다음해인 1985년 1월 9일 발효하였다. 역시 비슷한 예로서 1991년 1월 22일 서명된 사우디와의 의료지원협정[55] 역시 먼저 정식 서명되고 사후에 국무회의 심의를 받은 바 있다. 물론 이와 같이 이미 서명한 조약을 국무회의에 상정하는 것은 국무회의의 심의 기능을 저해하며 아울러 대통령의 조약 서명권마저 침해할 소지가 있는 사례로서 긴박한 예외적인 경우에 한하여만 인정되어야 할 것이다.

3) 대통령의 재가

위의 국무회의의 심의를 거친 조약안은 국무위원인 외교통상부장관과 국무총리에 의해 부서된 후 대통령의 재가를 받게 된다. 이로써 적어도 행정부 차원에서는 조약체결 의사가 확정되며, 국회의 동의가 요구되지 않는 조약은 대통령의 재가가 곧 최종적인 의사결정이 된다.

대통령의 재가를 받은 조약은 상대국과의 관계에서 정식으로 서명된다. 이어서 국회동의조약에 해당한다면, 조약안은 서명후 국회로 송부되며, 국회의 동의를 얻으면 다시 대통령에게 송부된다. 이때에 대통령은 다시 어떠한 문건에 서명하거나 하는 행위를 하지 않으므로, 국무회의 직후의 대통령 재가는 일종의 '정지조건부 최종의사 확정'이라고 볼 수 있다.[56]

---

53) 남북합의서에 관한 상세한 내용은 별도의 장에서 다루고 있다.

54) 정식 명칭 : 「대한민국정부와 포르투갈정부간의 경제·산업 및 기술협력에 관한 협정」.

55) 정식 명칭 : 「대한민국정부와 사우디아라비아왕국정부간의 사우디아라비아왕국 영역 안에서의 한국의료단의 활동에 관한 협정」.

56) 문준조 수석연구원은 조약의 서명과 국회의 동의 행위간의 시차가 많으므로 대

앞의 제3장에서 살펴보았듯이, 대통령에 부여된 조약체결 권한은 조약에 대하여 국가의 최종적인 의사를 대내적으로 확정하고 대외적으로 표현할 수 있는 권한을 말한다. 적어도 대내적으로는 대통령의 이러한 권한 행사는 '대통령의 재가'라는 절차에서 구체화된다. 또한 이러한 재가는 '대통령 재가문'에 응집된다고 할 수 있다. 즉, 대통령의 재가란, 해당 조약의 내용과 그 체결에 대한 대통령의 허락이면서 또한 그 서명권의 위임이라고 할 수 있다. 이와 같은 대통령의 궁극적인 의사결정 행위를 '대통령의 재가'가 아닌 '대통령의 비준'이라고 부르기도 하는데, 이러한 용어 사용이 혼란을 초래하기도 한다. 특히 과거 '비준'은 흔히 '이미 서명된 조약에 대한 군주의 최종적인 확인 행위'(사후적 행위)로 이해되었는데, 대한민국의 절차에서 대통령의 궁극적 의사결정인 대통령의 재가는 원칙적으로 조약이 서명되기 전에 조약의 내용을 승인하고 그 서명자를 위임하는 행위(사전적 행위)이기 때문이다. 즉, 대한민국의 실무적인 관행과 절차에서는 예를 들어 양자조약의 경우 그 정식 서명전에 법제처 심사, 국무회의 심의, 대통령 재가의 과정을 거치지만 실제 정식 서명이 이루어지고 난 뒤에는 별도로 대통령에게 다시 '비준'을 받지는 않는다.

국회에 동의를 요청함에 있어서 대통령은 주로 비준동의안이라는 이름의 문건에 다시 국무총리, 외교통상부장관의 부서와 함께 서명을 하고 있다. 그리고 국회의 동의 후에 조약의 발효를 위하여 대통령의 비준서(instrument of ratification)가 필요한 경우에 다시 대통령은 이러한 비준서에 서명을 하지만, 그렇지 않은 경우에 대통령은 다시 해당 조약에 대해 최종적인 승인이나 확인(서명)은 하지 않는다. 대통령은 헌법상 조약체결권자로서 이미 조약문안에 대해 정식 서명 이전에 재가

통령의 최종적인 의사결정은 국회 비준동의 후에 행하여진다고 봄이 타당하다고 하고 있다. 문준조, 전게서, 49쪽.

를 한 바 있으며, 국회에 동의를 요청할 때에는 동일한 조약문안에 대해 다시 한번 확인한 것이기 때문에 이를 재차 확인하고 서명하는 절차는 불필요하며, 또한 조약이 발효되는 방식이 매우 다양하기 때문에 이에 맞추어 대통령이 일일이 다시 재가나 최종확인을 하는 것은 어렵다. 결국 조약의 정식 서명 이전에 행하는 대통령의 재가 과정에서 그 재가의 대상은 '조약에 대한 서명, 국회 동의 회부, 발효 및 공포'에 관한 일체를 말하는 것이라 할 수 있다. 물론 국회의 동의를 받은 조약안은 발효에 즈음하여 대통령 이름으로 공포된다.

4) 조약에 대한 서명

(1) 권한의 위임

대통령의 재가를 받은 조약안은 대통령으로부터 직접 또는 외교통상부장관을 통하여 권한을 위임 받은 자가 서명을 하게 된다. 법제처 심사, 국무회의 심의, 대통령의 재가가 모두 국내적인 절차라고 한다면, 서명은 대외적인 국가행위이다. 조약서명을 위하여 고위급 인사가 현지를 방문하기도 하지만, 그러한 적절한 계기가 없을 경우에는 현지 파견대사가 서명권을 위임 받아 행하기도 한다. 현지 대사가 서명권자가 될 경우 일반적으로 외교통상부장관이 전권위임장을 발부하도록 하고 있으며, 대한민국에 주재한 대사가 상대국의 서명권자일 경우 전권위임장의 제시를 요구하는 것이 관례이다.[57] 이러한 관례는 나라마다 다를 수 있는데, 일본의 경우에는 주일대사가 일본에서 조약의 서명을 행할 때에는 전권위임장을 요구하지 않는다.[58]

---

57) 외교통상부, 『알기쉬운 조약업무』(2006), 43쪽. Aust에 따르면, 상대국가가 요구하지 않는다면 전권위임장을 제시할 필요가 없다는 것이 오늘날의 일반적인 관행(general practice)이라고 한다(Aust, *supra note* 41, p. 59).

58) 国際法事例研究会, 条約法 : 日本の国際法事例研究(5) (2001), p. 25.

(2) 간이조약

최근에는 서명식을 거치지 않고 발효시키는 이른바 간이조약(treaty in simplified form)의 체결이 증가하고 있다.[59] 그러나 간이조약의 구체적인 정의나 성격에 대하여는 확립된 바가 없으나, 흔히 드는 예가 각서교환이라고 할 수 있다.[60] 대한민국의 경우에는 이러한 각서교환의 경우에도 헌법상 조약에 해당한다면 공문을 교환하기 전에 법제처 심사, 국무회의 심의 및 대통령 재가라는 일련의 절차를 거치도록 하고 있으며, 이때 서명권자의 임명은 불필요하므로 대통령 재가 문건에 '각서교환'의 형식으로 체결된다는 점을 기재한다. 즉, 양측의 대표가 만나서 거행하는 서명식이 생략된다는 점에서 대외적인 절차의 측면에서 '약식'이라고 할 수 있지만 국내절차의 면에서는 생략되는 단계가 없는 셈이다. 한편, 서명과 동시에 발효하는 조약이 있는데, 대한민국의 경우에는 이러한 조약에 대하여 서명(동시에 발효) 이전에 모든 국내절차, 즉 법제처 심사, 국무회의 심의 및 대통령 재가를 받아서 서명하게 된다. 만약, 국회의 동의가 필요한 조약이라면 조약이 서명(동시에 발효)되기 전에 국회의 동의를 얻어야 한다.

---

59) 정확한 통계는 없지만, 유엔에 등록되는 조약의 약 1/3이 각서교환의 형식이라고 한다(Aust, *Ibid.*, p. 80).

60) 공한교환의 경우 1인칭 공한(예를 들어 대사가 주재국 장관에게 보내는 공한 형식) 또는 3인칭 공한(대사관이 주재국 정부에게 보내는 공한의 형식)이 모두 가능하며, 3인칭 외교공한의 교환시에는 서명이 아닌 담당관의 이니셜링만이 요구될 뿐이다. 참고로 그 수순을 살펴보면, 양측은 사전에 공한의 내용에 합의한 후 일방이 타방에게 공한 형식으로 그 내용을 제안하고('제안각서'), 타방이 동일한 내용을 담은 각서를 회신('회답각서')하는데, 이때 이러한 "각서교환이 양국 정부간의 합의를 구성한다"(… shall constitute an agreement between our two Governments)라는 문구를 관례적으로 삽입한다. 이와 같은 문구를 사용함으로써 해당 각서가 단순한 공한이 아닌 조약에 해당한다는 점을 나타내게 된다. 이러한 문구와 달리 "양국 정부간의 양해를 기록한다"(records the understanding of our two Governments)라고 하면, 이는 '조약'보다는 '비구속적 합의'를 뜻하게 된다(Aust, *supra* note 41, p. 21).

(3) 조약 서명으로 파생되는 국제적인 의무

과거 국제법 발달의 초기에는 전권위임장을 가진 교섭 대표가 서명한 조약에 대하여는 군주가 비준할 의무가 있었다. 그러나 삼권분립 체제의 도입 이후, 교섭 대표가 서명한 조약에 대하여 의회가 승인 여부를 판단하는 절차가 확립되면서 서명된 조약에 대하여 비준하지 않아도 법적으로는 문제가 되지 않게 되었다. 서명된 조약에 대하여 비준을 거부하기 위하여는 "강하고 확고한 사유"(strong and solid reasons)가 있어야 한다고 Vattel은 주장한 바 있지만,[61] 현재에는 이러한 사유가 필요한지도 의문이다. 즉, 서명하였다고 하더라도 그 조약에 반드시 비준을 할 의무는 없다는 것이 일반론이라고 할 수 있다. 그런데, Lauterpacht경은 *Certain German Interests in Polish Upper Silesia* 사건[62]의 예를 들면서, 조약에 이미 서명한 국가가 마치 조약에 전혀 서명하지 않은 듯 행동할 수는 없다고 하였다. 따라서 일단 조약이 이미 서명되었다면, 그 조약은 비준 또는 거부를 위하여 관련 헌법기관(주로 의회)에 제출하여야 하며, 또한 비준 이전에라도 조약상의 약속을 실질적으로 저해하는 행동을 자제하여야 한다고 하였다.[63]

---

61) Vattel, *Droit des gens*, I. ii, para. 156.

62) 이 사건에서는 영토를 이양하기로 하는 조약에 서명한 후에－실제 이양하기에 앞서－이양국이 해당 영토 내의 재산을 처분하는 행위가 국제의무 위반이냐 하는 문제가 제기되었다. PCIJ는 해당 영토 내에서 국가재산을 처분하는 것은 이양국의 권한이기는 하지만, 이러한 권한이 남용될 경우에는 일종의 수용행위(an act of alienation)로서 국제의무의 위반이라고 하였다. 그러나 이러한 권한남용은 이를 주장하는 측에서 입증책임을 지게 되며, 실제로 독일의 재산처분행위는 일반적인 행정행위의 범주 내에 있는 것으로서 폴란드의 권한을 침해한 것이 아니라는 결론에 도달하였다(PCIJ, Series A, No. 7, 25 May 1926).

63) Lauterpacht경이 제출한 제1차 보고서상의 초안(A/CN.4/63) 제5조제2항: 2. In all other cases the signature, or any other means of assuming an obligation subject to subsequent confirmation, has no binding effect except that it implies the obligation, to be fulfilled in good faith: (a) To submit the

이와 같은 Lauterpacht경의 주장이 모두 반영되지는 않았지만, 조약법협약 제18조[64]는 조약에 일단 서명한 국가는 조약의 발효 이전에도 조약의 대상과 목적을 저해하는 행위를 삼가야 할 의무를 지게 된다고 규정하였다.

보통 조약을 서명한 후에 국회의 동의를 얻은 후 조약을 발효시키는 한국의 절차상에서 보면, 대통령이 국회의 동의를 얻기도 전에 서명을 통하여 대외적인 의무를 지게 되는 셈이다.[65] 물론 국회가 동의를 명시적으로 거부하거나 반대하는 것이 분명하다면 대통령으로서는 조약 서명을 철회(이른바 'un-signing')하는 것은 가능하다. 실례로 미국은 클린턴 행정부 당시 「국제형사법원의 설립에 관한 로마협약」에 서

instrument to the proper constitutional authorities for examination with the view to ratification or rejection; (b) To refrain from, prior to ratification, from any act intended substantially to impair the value of the undertaking as signed.

64) 조약법협약 제18조(*Obligation not to defeat the object and purpose of a treaty prior to its entry into force)* "A State is obliged to refrain from acts which would defeat the object and purpose of a treaty when: (*a*) it has signed the treaty or has exchanged instruments constituting the treaty subject to ratification, acceptance or approval, until it shall have made its intention clear not to become a party to the treaty; or (*b*) it has expressed its consent to be bound by the treaty, pending the entry into force of the treaty and provided that such entry into force is not unduly delayed."
참고로 조약법협약 제18조는 당초 1935년 하바드 초안(Harvard Draft Convention) 제9조에 유래하고 있는데, 동 제9조는 "Unless otherwise provided in the treaty itself, a state on behalf of which a treaty has been signed is under no duty to perform the obligations stipulated, prior to the coming into force of the treaty with respect to that state; under some circumstances, however, good faith may require that pending the coming into force of the treaty the state shall, for a reasonable time after signature, refrain from taking action which would render performance by any party of the obligations stipulated impossible or more difficult"라고 하고 있다.

65) 이에 관하여는 Rogoff, "The International Legal Obligations of Signatories to an Unratified Treaty," *Maine Law Review* (1980), pp. 263-299.

명하였으나, 협약안을 상원에 제출하지는 않았다. 부시 대통령의 공화당 정부가 들어선 후 미 행정부는 2002년 5월 6일 동 협약을 비준할 의사가 없음을 유엔에 통보함으로써 클린턴 행정부 당시의 서명의 효력을 종료시킨 바 있다.

5) 다자조약의 경우 : 수락, 가입, 비준

다자조약의 경우에는 일반적으로 서명이 조약에 구속을 받겠다는 동의 표시이기보다는 조약문안의 확정 정도의 의미를 가지게 된다. 다자조약은 보통 일정한 기간을 정하여 서명을 위하여 개방되며,[66] 그 기간에 서명한 국가는 비준서(instruments of ratification)를 기탁함으로써, 만약 그 기간에 서명하지 못한 국가는 가입서(instruments of accession)를 기탁함으로써, 해당 국가에 대하여 발효하게 된다.[67] 구속을 받겠다는 동의를 표현하는 방법은 해당 다자조약에서 정하고 있는데, 예를 들면 1979년 해상수색 및 구조에 관한 국제협약[68] 제4조에 따르면, 국가는 비준, 수락, 승인(approval) 또는 가입(accession)의 방법으로 당사국이 될 수 있다고 하고 있다.

수락(acceptance)은 두 가지 의미로 사용되는데, 첫 번째, 서명을 하지 않은 조약에 대하여 기속적 동의를 표시하는 것으로서 전통적 절차에 있어서의 가입과 유사한 행위라는 뜻을 가지기도 하며, 두 번째, 다자조약의 서명 후에 최종적인 동의 방식을 표시하는 방법으로서 전통적 절차에 있어서의 비준(ratification)과 유사한 행위라는 의미도 가

---

66) 예를 들어, 조약법협약 제81조는 동 협약이 1970년 4월 30일까지 서명을 위하여 개방된다고 규정하고 있다.

67) 전형적인 예로서 조약법협약 제82조와 제83조 참조.

68) 영문명: International Convention on Maritime Search and Rescue(1979). 우리나라는 1995년 9월 4일 가입서를 기탁함으로써 1995년 10월 4일 발효되었다(조약 제1308호).

진다.69) 승인이란 용어도 두 가지 의미를 가진다. ‘승인을 조건으로 하는 서명’이라는 표현에서의 ‘승인’은 비준과 유사한 행위라고 할 수 있다. 이와는 달리, ‘서명 또는 서명이 개방되어 있는 조약’이라는 표현에서의 ‘승인’은 오히려 가입과 유사한 행위라고 할 수 있다. 승인이나 수락이라는 새로운 표현이 등장하게 된 계기는 결국 일부 당사국이 ‘비준’이라는 단어가 가지는 국내적 의미를 감안하여 ‘비준’이 아닌 다른 용어를 사용하려고 한 것 때문이라고 생각된다.70) 가입이란, 국가가 어떤 사정으로 자신이 서명하지 않은 다자조약의 당사자가 되기 위한 일반적인 절차를 말한다. 이와 같이 가입은 조약이 발효한 다음 행해지는 것이 보통이지만, 근래 대다수의 조약은 조약 발효 전에도 조약에 가입하는 것을 허용하고 있다.

6) 국회의 동의

국회동의권에 관한 사항은 제3장에서 다룬 바 있으므로 국회의 동의를 얻기 위한 절차적 흐름만을 간단히 살펴보고자 한다. 대통령의 재가를 받은 비준동의안은 국회의장(국회사무처 의사국)에 제안71)된다.72) 비준동의안은 법률안과 유사한 면이 있으나73) 형식적으로는 법률안건과 구분되는 일반안건에 해당하며, 따라서 일반 안건의 심사절

---

69) 외무부, 「조약업무처리지침」(1985), p. 85.

70) Lauterpacht경도 일부 국가들이 국내 헌법적인 함의 때문에 ‘비준’이라는 표현의 사용을 꺼려하였기 때문에 ‘수락’이라는 표현이 등장하였다고 설명하고 있다(제1차 보고서 UN Doc. A/CN.4/63, p.107).

71) ‘제안’이라 함은 정부가 국회사무처에 비준동의안을 제출하는 것을 의미한다.

72) 이때 조약의 한글본뿐만 아니라 해당 외국어본도 함께 제출된다.

73) 참고로 국회의원 발의 법률안의 처리 순서는 “법률안 발의(의원 20인 이상) → 본회의 보고(폐회 또는 휴회시 생략 가능) → 의사국 의안과 제출 → 위원회 회부 → 위원회 심사 → 가결 → 체계 및 자구 심사(법사위) → 심사보고서 제출 → 본회의 심의 → 가결 → 정부 이송 → 공포”로 진행된다.

차와 같이 상임위에 회부되어 심사를 마친 후 본회의에서 최종적으로 의결된다. 법률안의 경우에는 국회법 제59조에 의거, 위원회에 회부[74]된 후 15일을 경과한 후에 상임위인 외교통일통상위원회(외통위)에 상정[75]할 수 있다고 하지만, 비준동의안은 엄격한 의미에서 법률안이 아니기 때문에 이러한 15일 경과규정은 적용되지 않는다. 국회 의안과로 제출된 비준동의안은 외통위로 이송되고, 이 시점에서 외교통상부의 조약국은 관행적으로 외통위 소속 수석전문위원에게 비준동의안에 관한 브리핑을 가진다. 이러한 브리핑과 자체적인 조사·검토를 토대로 외통위 사무국은 심사보고서를 첨부하여 비준동의안을 외통위에 상정하게 된다.

이어서 개최되는 외통위에서 외교통상부장관은 조약의 비준동의안에 관하여 제안 설명을 한 후 질의·응답을 가지게 된다. 최근에는 조약에 대한 심사를 강화하기 위하여 외통위 차원에서도 법안소위를 개최하여 조약에 대한 축조 또는 상세한 심의를 꾀하고 있다. 이러한 과정을 거쳐 외통위의 의결을 받은 비준동의안은 심사보고서가 첨부되어 본회의에 상정되는데, 이때 외통위의 의결정족수는 국회법 제54조에 따라 재적 과반수 출석 및 출석 과반수 찬성이다. 만약 부결하거나 본회의에 부의하지 않기로 결정한다면, 위원회는 본회의에 보고하며 이로써 비준동의안은 폐기된다.

본회의에서는 조약동의안에 관하여 심사보고를 한 후, 질의 및 토론을 가진 다음, 의결되는 순서로 진행된다. 이때 의결을 위한 본회의 의결정족수는 재적의원 과반수 출석 및 출석의원 과반수 찬성이다.[76]

---

74) '회부'란, 국회사무처가 해당 위원회에 비준동의안을 보내는 것을 말한다.

75) '상정'이란, 해당 위원회에서 안건으로 채택하는 것을 의미한다.

76) 헌법 제49조 : 국회는 헌법 또는 법률에 특별한 규정이 없는 한 재적의원 과반수의 출석과 출석의원 과반수의 찬성으로 의결한다. 가부동수인 때에는 부결된 것으로 본다.

의결되는 경우에는 비준동의안은 그러한 취지를 담아서 행정부로 다시 이송된다. 만약, 부결되면 의안은 폐기되며 동일한 회기중에는 다시 발의・제출하지 못한다.[77] 대한민국의 경우 위원회 중심주의 원칙에 따라 진행되고 있기 때문에 법률안과 마찬가지로 조약안도 위원회(외통위)에서 가결되었음에도 불구하고 본회의에서 부결된 사례는 거의 없다.

법률안과는 달리, 조약 비준동의안은 법사위의 심사를 거치지 않는다. 일반 법률안의 경우 법사위가 체계나 자구에 대하여 심사를 가지나, 조약문안은 상대국과의 관계에서 이미 확정되어 국회의 동의 단계에서 체계나 자구의 심사에서 상대국과 합의하지 않는 한 수정이 어렵다.

7) 조약의 발효

(1) 발효의 방식

조약에 담긴 권리와 의무는 그 조약이 발효함으로써 비로소 당사국을 구속하게 된다.[78] 발효일은 조약이 대외적인 약속으로 유효하기 시작한 때인 동시에 국내적으로도 국내법과 같은 효과를 가지기 시작하는 때라고 할 수 있다. 즉, 발효는 대외적인 동시에 대내적인 효력을 가지는 중요한 단계이다. 앞서 언급한 조약체결의 일련의 과정[① 조약문안의 확정(문안에 대한 교섭의 완료), ② 조약문에 대한 서명(서명을 요하지 않는 각서교환 등의 경우에는 각서교환 행위 등)]을 거친 후라고

77) 국회법 제92조(일사불재의) : 부결된 안건은 같은 회기중에 다시 발의 또는 제출하지 못한다.

78) 개념적으로 구속적 동의와 발효는 분명히 구분되고 실제로 각각 다른 단계이다. 다만, 서명과 동시에 발효하는 조약의 경우에는 구속적 동의와 발효라는 두 단계가 동시에 일어나는 것이다.

하더라도 조약이 발효하지 않으면 조약은 법적 구속력을 가지지 않는다. 1950년대 이전 미국의 관행은 최종적으로 비준된 조약이 서명된 때로 거슬러 올라가 소급효를 가진다는 것이었다.[79] 그러나 다른 나라들은 이러한 관행을 인정하지 않았으며,[80] 일반적으로 조약은 별도의 조항으로 발효에 관한 사항을 정하고 있다. 대한민국이 체결한 조약에도 아래와 같이 다양한 형태의 발효방식을 상정하고 있다.[81]

① 서명과 동시에 발효하도록 한 조항 : 예) 2005.4.5. 제네바에서 서명과 동시에 발효한 대한민국정부와 국제이주기구간의 협력협정[82]

② 서명한 후 일정기간이 경과한 후에 발효하도록 한 조항: 예) 2001.7.10. 서울에서 서명된 한・파나마 사증면제협정[83]

③ 서명한 후(각자 필요한 국내절차를 완료한 후) 각서를 교환함으로써 발효(또는 각서를 교환한 날로부터 일정 기간 뒤에 발효)하도록 한 조항: 예) 2005.3.10. 서울에서 서명된 한・헝가리 경제협력협정[84]

④ 서명한 후(각자 필요한 국내절차를 완료한 후) 외교공한으로 통보함으로써 발효(또는 통보한 날로부터 일정기간 뒤에 발효)하도록 한 조항: 사회보장조약, 이중과세방지협정 등에서 주로 사용되며, 예를 들어 2000.3.3. 로마에서 서명된 한・이태리 사회보장협정[85]

---

79) *US v. Kodrak*, *International Law Reports* (1955), p. 562.

80) Detter, *Essays on the Law of Treaties* (1967), p. 34.

81) 다자조약의 경우에 관하여는 UN Office of Legal Affairs, *Treaty Handbook* 참조 (http://untreaty.un.org/english/treatyhandbook/hbframeset.htm).

82) 제6조 : 이 협정은 양 당사자 대표가 서명하는 때에 발효한다.

83) 제7조 : 1. 이 협정은 서명일부터 30일 후에 발효한다.

84) 제6조 : 1. 이 협정은 체약 당사자가 발효를 위한 각자의 모든 국내법적 요건이 충족되었음을 나타내는 각서를 교환하는 날에 발효하며, 3년간 유효하다. 그 이후 어느 일방 체약 당사자가 타방 체약 당사자에게 종료 3월 전에 이 협정의 종료의사를 서면으로 통보하지 아니하는 한 매년 자동 연장된다.

85) 제13조 : 이 협정은 각 체약 당사자가 타방 체약 당사자로부터 이 협정의 발효를 위한 국내절차를 완료하였다는 서면통보를 접수한 달부터 세 번째 달의 첫째 날에 발효한다.

⑤ 서명한 후(각자 필요한 국내절차를 완료한 후) 비준서를 교환함으로써 발효(또는 각서를 교환한 날로부터 일정 기간 뒤에 발효)하도록 한 조항: 범죄인인도조약, 형사사법공조조약 등에서 주로 사용되며, 예로서 2003.9.15. 서울에서 서명된 한・베트남 범죄인인도조약[86)]

국회의 동의를 요하는 조약은 위의 예시 중에서 대개 ③, ④, ⑤의 방식을 취하여, 정식 서명후 각자 국내적으로 국회에서 동의를 받을 시간적 여유를 주도록 하고 있다. 대다수의 조약문에서 '자국 헌법상 필요한 국내절차를 완료한 후 … (상대국에 대한 통보와 같은) 특정 행위를 취한다'는 문구를 포함하고 있는데, 여기서의 필요한 국내절차는 일반적으로 국회의 동의를 의미하며, 국회에서의 동의를 얻지 못한 조약은 '헌법상 필요한 국내절차를 완료하지 못한 것'이 되며 따라서 발효에 필요한 조치를 취하지 못하게 된다. 이와 같은 문구가 양자조약에서 거의 보편적으로 사용된다는 점은 대다수의 국가가 국회의 동의라는 내부적 절차를 '정식 서명' 이후에 가지는 것을 나타낸다.

앞에서도 언급되었지만, 조약안에 대한 대통령의 재가나 비준은 원칙적으로 재량행위이다. 따라서 국회가 동의한 조약안이라고 하더라도 대통령(또는 외교통상부장관)은 비준 또는 여타 발효에 필요한 행위를 거부하거나 연기할 수 있다. 이때에 국회는 대통령이 비준하게끔 강제할 수는 없지만, 결의안 채택 등을 통하여 정치적 압력을 가하는 것은 가능할 것이다.[87)]

---

86) 제20조 : 1. 이 조약은 비준을 받아야 하며, 그 효력은 비준서의 교환시에 발생한다.

87) 네덜란드의 경우에도, 의회의 승인을 받은 조약에 대하여 최종적으로 비준할 지 여부는 행정부가 결정하게 되지만, 의회는 이에 대하여 정치적인 방식으로 통제를 할 수 있다고 한다. P. van Dijk and B.G. Tahzib, "Parliamentary Participation in the Netherlands," in Stefan A. Riesenfeld and Frederick M. Abbot, *Parliamentary Participation in the Making and Operation of Treaties : A Comparative Study* (1994), p. 121.

(2) 발효의 시기

이와 같이 조약은 '발효'되고 국내법적으로는 '공포'되어야 효력을 가지게 되므로 가장 중요한 것은 대상 조약이 '발효 및 공포'되기 전에 국회의 동의를 받아야 하는 것이다. 긴급한 사정에 따른 '잠정적용'(provisional application)의 예외를 제외한다면, 조약이 발효한 후 국회의 동의를 받는 것은 국회의 동의권을 훼손할 여지가 크기 때문에 조약은 '발효' 이전에 '사전 동의'를 받는 것이 타당하다. 따라서 서명과 동시에 발효해야 하는 조약은 서명에 앞서 국회의 동의를 받아야 한다. 이러한 예의 하나가 2005년 4월 5일 제네바에서 서명되고 발효된 대한민국정부와 국제이주기구간의 협력협정인데, 이 협정은 제6조에서 서명과 동시에 발효한다고 규정되어 있다. 그런데 이 조약은 국제기구 직원에게 특권과 면제를 부여하는 내용을 담고 있기 때문에 헌법 제60조제1항상의 입법사항에 해당하였고, 따라서 서명 이전에 체결동의안이 국회에 제출되어 2005년 2월 25일 국회로부터 동의를 받은 바 있다.

8) 공포 및 유엔등록

조약의 공포와 등록은, 권한의 위임과 컨센서스의 확보는 이미 완료된 다음의 절차로서, 조약을 대내적으로 알리는 기능을 가진다. 공포는 국내법적인 행위이며, 대한민국 헌법 제6조의 문언에 따라면 조약은 공포됨으로써 국내법적인 효력을 가지는 것으로 해석할 수 있다. 한편, 조약의 유엔등록은 유엔헌장 제102조상의 의무이며, 이와 같이 등록을 함으로써 유엔의 기관에 대하여 대항력을 가진다.

(1) 조약의 공포

조약의 공포라는 최종 단계에 대하여 어떠한 법적인 의미를 부여할 것인지에 관하여는 논란이 있을 수 있다. 즉, 이를 단순히 국민에게 알리는 효과를 가진다고 할 것인지, 아니면 국내 이행을 위한 필수조건으로 볼 것인지 하는 이견이 있을 수 있다고 본다. 외교통상부는 헌법 제6조제1항의 "헌법에 의하여 체결·공포된 조약"이라는 문구에 착안하여, 조약은 공포라는 단계를 거쳐서 "비로소 국내법으로 수용, 국내법과 같은 효력을 가진다"고 해석하고 있다. 외교통상부의 1995년판 『조약업무 처리지침』에서는 "공포란 이미 성립된 조약을 국민에게 단순히 주지시키는 선언적·절차적 행위인 공표(publication)와 구별되며, 공포되지 아니한 조약은 실시될 수 없을 뿐 아니라 법원이나 국민을 구속하지 못한다"고 하고 있다.88) 공포가 결여된 조약(헌법상의 조약)은 국내적으로 이행되지도 못하고 재판의 규범이 될 수도 없다는 것이다.

현재 조약 공포문은 「법령 등 공포에 관한 법률」에 따라 국회의 동의 또는 국무회의의 심의를 거친 뜻을 기재하고, 대통령이 서명한 후 대통령인을 압날하고 그 일자를 명기하여 국무총리와 관계 국무위원이 부서하도록 하고 있다. 조약은 법률이나 대통령령과 함께 관보에 게재되며, 법률 등과는 달리 별도의 '조약란'에 분류된다. 또한 대통령령은 공포한 날로부터 20일을 경과함으로써 효력을 발생한다고 하고 있으나,89) 조약에 관하여는 그 발효일과 공포일의 전후 관계에 관하여 정하지 않고 있다. 조약의 발효에는 다양한 방식이 있으며, 상대국의 행위에 따라 달라질 수 있기 때문에 이를 일률적으로 규정하기 어려운 점이 있기 때문이다. 가장 바람직한 것은 발효하기 전에 충분한 시간적 여유를 두고 조약이 공포되는 것이지만, 그렇지 못하고 임박하거

88) 외교통상부, 『조약업무 처리지침』(1995), 16쪽.

89) 조약 역시 대통령령과 같이 공포한 날로부터 20일을 경과함으로써 효력을 발생한다고 보는 견해도 있다. 문준조, 전게서, 50-51쪽.

나 또는 발효일 후에 공포되는 경우도 있어 왔다.[90] 발효일과 공포일 간에 일정한 간격이 있을 때에는 발효일에 통일성을 기한다는 측면에서 상대국과의 관계에서는 물론 국내적인 효력발생 기점도 원칙적으로 발효일을 기준으로 하여야 할 것이다. 그러한 이유에서 조약 공포안에는 해당 조약의 발효일을 명시하고 있다.

「정부조직법」 제33조에 따라 조약의 공포는 행정안전부가 관장하고 있다. 외교통상부는 체결된 조약문에 일련번호를 붙인 다음 그 정본(예를 들어 한글본과 영어본) 또는 한글본이 정본이 아닌 경우에는 한글 번역본을 함께 첨부한 조약 공포안을 행정안전부에 보낸다(이른바 '관보 게재 의뢰'). 「법령 등 공포에 관한 법률」에 따라 조약을 공포할 때에는 전문이 필요한데, 그 전문에는 국무회의 심의 및 국회의 동의(국회 동의가 필요한 경우)를 거쳤다는 사실을 기재하고 대통령이 서명한 후 대통령인을 압날하고 그 일자를 명기하여 국무총리와 관계 국무위원이 부서토록 하고 있다. 이와 같은 형식을 갖추어 관보에 게재하면 조약을 게재한 관보가 발행된 날이 조약의 공포일이 된다.

(2) 조약의 등록 및 발간

유엔헌장 제102조는 "… 회원국이 체결하는 모든 조약과 모든 국제합의는 가능한 한 신속히 사무국에 등록되고 사무국에 의하여 공표된다"고 규정하고 있다.[91] 유엔에 등록되지 않은 조약 또는 국제합의는 유엔의 기구에 대하여 원용할 수 없도록 하고 있다(제102조제2항).[92]

---

90) 최근의 예로서 한・미간 항공안전협정("대한민국정부와 미합중국정부간의 항공안전 증진을 위한 협정")의 경우 2008년 2월 19일 조약 제1889호로 발효하였으나, 실제로 일주일 뒤인 2008년 2월 26일 관보에 게재된 바 있다.

91) 조약의 등록제도에 대한 역사적 배경에 관하여는 Detter, *supra* note 80, pp. 36-37 참조.

92) 유엔 사무국은 유엔에의 등록 자체가 조약이 아닌 문건에 대하여 조약의 지위를

다만, 이 조항은 "가능한 한 신속히"(as soon as possible)라고 하여 사실상 시간적인 재량권을 주고 있다.[93] 또한 등록되지 않은 조약을 원용할 수 없도록 하고 있지만, 국제사법재판소의 재판과정에서도 등록되지 않은 조약이 인용된 바 있다.[94]

대한민국의 경우에도 유엔헌장 제102조 및 조약법협약 제80조[95]에 근거하여 조약을 유엔에 등록하고 있으며, 조약의 문안에 등록의무를 명시적으로 규정한 예도 있다.[96] 다만, 한국정부는 유엔헌장 제102조에서 말하는 "조약"과 "국제합의"를 구분하지 않고 있다. 앞에서 언급한 바와 같이 대한민국 정부의 경우 기관간약정의 조약성 자체를 부인하고 있으므로 기관간약정은 원칙적으로 등록을 하지 않고 있다.[97] 그러나 영국의 예와 같이 그 구체적인 내용에 따라 기관간약정의 조약성을 일부 인정하는 태도를 취하는 국가들은 이를 등록의 대상으로

부여하지는 못한다는 점을 분명히 하고 있다(Goodrich, *Charter of the United Nations* (3rd ed.), p. 612). 한편, 경우에 따라서는 일방적인 약속도 등록의 대상이 될 수 있다(Aust, *supra* note 41, p. 276).

93) *Ibid.*, p. 43.

94) 예를 들어, *The Minquiers and Ecrehos case (France vs. UK)*에서 영국측은 1951년 영・불간의 어업협정을 인용하였다. 관련 *ICJ Pleadings,* p. 371.

95) 유엔헌장 제80조(조약의 등록 및 발간) 1. 조약은 그 발효 후에 경우에 따라 등록 또는 편철과 기록을 위하여 또한 발간을 위하여 유엔 사무국에 송부된다. 2. 수탁자의 지정은 상기 전항에 명시된 행위를 수탁자가 수행할 수 있는 권한을 부여하게 된다(참고로 제8조에서 "등록"과 구분되어 사용되는 "편철과 기록"이라는 단어는 유엔 회원국이 아닌 국가가 송부하는 조약을 대상으로 한다. 헌장 제102조의 실시를 위하여 1950년에 유엔 총회가 채택한 규칙 제10조 C항을 참조.

96) 1950년 한・미간 상호군사원조조약(Agreement on Mutual Defence Assistance between the Government of the Republic of Korea and the Government of the United States of America, 1950) 제8조제2항은 다음과 같이 규정하고 있다.: "Art. 8. (2) This Agreement shall be registered with the Secretary-General of the United Nations in compliance with the provisions of Article 102 of the Charter of the United Nations."

97) 앞에서 설명한 바와 같이 모협정의 부속문건으로서의 기관간약정은 조약성을 인정하고 있으므로 등록의 대상이 될 수 있다.

하기도 한다.[98)]

대한민국의 경우 조약 원본 및 인증등본은 공문서 보관·보존규정 제4조에 의한 영구보존 문서로 분류하여 외교통상부가 보관한다. 외교통상부(조약국)가 조약 원본 등을 더 이상 보관하기 힘든 때에는 행정안전부에 이관되며, 외교통상부는 마이크로 필름의 형태로 이를 보관한다. 한편, 최근에는 조약문이 데이터베이스화되어 전자적으로 접근할 수 있도록 되어 있으며, 일반 대중에게도 외교통상부 홈페이지를 통하여 제공되고 있다.

외교통상부 조약국은 조약목록(조약공포대장)을 유지하며, 이러한 목록에는 조약의 일련번호, 제목, 당사자, 국무회의심의일자, 국회동의일자, 대통령재가일자, 서명일자, 서명자, 서명장소, 비준서 교환일자, 장소, 발효일, 공포일 등 조약에 관련된 모든 중요한 사항을 기록한다. 실제로 외교통상부는 장부 형식으로 유지·갱신하여 오던 조약목록을 2002년 1월 26일 책자 형태로 펴낸 바 있으며, 여기에는 정식조약뿐만 아니라 고시류조약도 담겨져 있다.[99)] 그리고 격년 또는 매년 양자조약과 다자조약으로 나누어 조약집을 발간한다.

3. 이행입법의 제정

제2장에서 설명한 바와 같은 직접 적용되는 조약에 대하여는 별도의 입법이 요구되지 않는다.[100)] 그러나 조약의 국내적 수용에 있어서 일원론의 입장을 취하고 있다고 하더라도 조약의 내용에 따라 그 국

---

98) Monroe Leigh and Merritt R. Blakeslee eds., *supra* note 23, p. 229.

99) 외교통상부, 『대한민국 조약목록(1948-2001)』(2002).

100) 물론 이 경우에도 기존 법령과 상충의 여지가 있으면, 이에 대한 정리가 필요하다고 생각된다.

내적인 이행을 위하여 별도의 입법이 요구되기도 한다. 최근의 예로는 「국제형사재판소에 관한 로마규정」이 있는데, 이 규정은 헤이그에 설립된 국제형사재판소(ICC: International Criminal Court)와 회원국간의 협조(예를 들어 범죄인 이송 등)에 관한 사항도 포함되어 있다. 이와 같은 협조는 기존의 주권국가간의 범죄인인도와는 다르기 때문에 별도의 이행입법이 요구된다. 대한민국의 경우 2002년 11월 8일 국회의 동의(제234회 국회 제14차 본회의)를 얻어, 같은 달 13일 비준서를 기탁함으로써 이 규정은 2003년 2월 1일 발효하였다. 정부는 2006년 12월 29일 이행입법인 「국제형사재판소 관할범죄의 처벌 등에 관한 법률안」을 국회에 제출하였고, 국회는 법제사법위원회를 거쳐 2007년 11월 23일 본회에서 의결한 바 있다.

이와 같은 이행입법 제정에 관하여는 두 가지 측면에서 문제 제기가 가능하다. 우선 입법부인 국회의 입장에서 이행입법의 제정이 법적 의무인가 하는 점이며, 또 하나는 이행입법을 입안하여야 하는 시기의 문제이다. 첫째 문제인 이행입법이 입법부의 의무인가 하는 점에 관하여는 미국의 사례를 참고할 수 있다. 1796년 Jay Treaty의 이행을 둘러싸고, 공화당측은 하원이 조약에 대한 이행을 거부할 권리가 있다고 주장한 반면, 연방주의자였던 해밀턴과 워싱턴은 상원의 동의를 받아 비준된 조약에 대하여는 의회 차원에서 이행입법을 할 헌법적 의무가 있다고 주장하였다.[101] 결국 하원은 Jay Treaty에 대한 이행입법을 채택하였다. 그러나 그후 1883년 1월 20일 멕시코와 체결한 상호통상조약의 경우 이행입법이 제정되지 못하여 결국 집행되지

---

101) Letter from Alexander Hamilton to George Washington (Mar. 29, 1796), in *20 Hamilton Papers* (at http://lcweb2.loc.gov/service/mss/eadxmlmss/eadpdfmss/2003/ms003014.pdf) ("The Power of Treaty is the power of making exceptions in particular cases to the power of Legislation. The stipulations of Treaty are in good faith restraints upon the exercise of the last mentioned power.").

못하는 등[102] 의회가 이행입법 제정을 고의 또는 실수로 하지 않는 사례도 종종 있어 왔다.

대한민국의 경우에는 '법률' 형식의 이행입법이 필요한 조약은 헌법 제60조제1항의 국회 동의가 요구되는 조약으로 인식되므로 일단 국회의 동의가 필요하게 된다. 이때의 국회의 동의 부여를 '이행입법'을 하겠다는 의사 표현으로도 이해할 수도 있다. 다만, 미국의 헌법과는 달리, 대한민국의 경우 행정부도 법률안을 발의할 수 있으므로 입법의 책임을 모두 국회에 전가할 수는 없을 것이다. 실제 앞서 예로 들었던 「국제형사재판소 관할범죄의 처벌 등에 관한 법률안」 역시 정부가 국회에 제출한 법률안이었다. 결국 대한민국의 경우 이행입법 의무도 적어도 발의의 단계에서는 행정부도 공유한다고 할 수 있다.

이행입법의 시기도 문제이다. 일본의 경우 조약을 체결하기에 앞서서 또는 조약 발효와 동시에 발효할 수 있도록 이행입법을 마련하는 것이 관행이다.[103] 하지만 대한민국의 경우 이러한 관행이 존재하지 않는다. 앞의 예시에서 이러한 점을 잘 알 수 있다. 대한민국은 「국제형사재판소에 관한 로마규정」을 2002년 11월 13일 비준하였으나, 실제 그 이행입법인 「국제형사재판소 관할범죄의 처벌 등에 관한 법률안」은 2007년 11월 23일 본회의에서 의결하였다. 이와 같이 조약의 비준과 이행입법의 제정간에 5년이라는 시간적인 간극이 있었다. 이 기간중에 만약 조약을 구체적으로 이행하여야 할 상황이 발생하였다면, 이행입법이 없는 관계로 곤란을 겪었을 수도 있었다. 이러한 실질적인 문제점을 감안할 때, 대한민국의 경우에도 이행입법을 조약의

---

102) Francois Stewart Jones, *supra* note 32, p. 427.

103) Aust 교수 역시 조약이 발효되기 전에 이행입법이 제정되어야 한다고 하고 있다(Aust, *supra* note 41, p. 81). 이러한 점은 이원론(dualism) 국가에서 더욱 뚜렷할 것이다.

발효 이전 또는 동시에 처리하도록 하는 관행의 정립이 요구된다고 생각한다.

Ⅲ. 조약체결 절차의 관행

위에서 설명한 절차 중에서 '법령'이 아니라 그 자체 하나의 '관행'으로 성립된 부분이 있는지를 살펴보자. 일견 관행으로 보이는 절차의 상당 부분은 사실상 법령에 기반을 두고 있는 것을 알 수 있다. 우선 외교통상부 장관의 교섭권 독점은 「정부대표임명법」이라는 법률에서 이미 규정되어 있다. 또한 법제처 심사, 차관회의 심의, 국무회의 심의, 그리고 대통령 재가라는 절차적인 순서도 이미 법령에서 정해진 바이다.

헌법에서 다소 모호하였는데 관행으로 굳어졌다고 할 수 있는 부분은 조약안에 대한 국회의 동의 시기이다. 물론 헌법 제60조의 동의(consent)란 추인(approval)과는 달리 최종 의사결정이나 발효의 이전에 이루어지는 것이라는 자연스러운 해석이라고 할 수 있다. 대한민국의 경우 건국헌법 초기에는 다소 혼돈이 있었으나, 조약체결에 관한 절차가 비교적 안정화된 이래 국회의 사전동의를 받아 왔다.[104] 또한 서명과 동시에 발효하는 조약이 아니라면 교섭 대표가 서명한 조약본을 대통령이 국회에 제출하였다. 이러한 '조약 서명후 발효전' 국회앞 제출은 지금의 단계에서는 하나의 관행으로 자리잡았다고 해도 될 것이다.[105]

---

104) 이에 관한 상세한 연구로는 정인섭, "조약체결에 대한 국회의 사후동의," 『서울국제법연구』, 제9권1호(2006. 6), 1-18쪽 참조.

105) 박봉국은 사전동의가 원칙이지만 서명만으로 발효하는 조약은 현실적으로 사후동의를 인정해야 한다고 하고 있다(박봉국, 『최신 국회법』(2004), 680쪽).

국회와의 관계에서 또 하나의 관행은 헌법 제60조제1항에 해당하는 조약에 대한 판단의 문제이다. 특히 양자조약의 경우 범죄인인도, 형사사법공조, 이중과세방지협정, 사회보장협정 등은 국회에 제출되고, 여타 투자보장협정, 경제과학기술협력협정, 항공협정, 원자력협정 등은 국회에 제출되지 않는 패턴이 형성되어 왔다. 과연 이러한 패턴이 하나의 관행으로 성립할 수 있는지에 관하여는 논란이 있으리라 생각되지만, 적어도 이에 대하여 국회가 이의를 공식 제기한 바는 없는 것으로 파악된다.

Ⅳ. 소 결

전반적으로 대한민국의 조약체결 절차는 기능적 효율성을 지향하고 있다. 중요한 조약은 국회동의필요조약으로, 일반적인 조약은 국회동의불요조약으로, 경미한 사항은 고시류조약으로 처리하는 등 조약을 중요도에 맞추어 신속하게 처리할 수 있도록 하고 있다. 또한 대통령령 입안절차와 유사하게 매주 정기적으로 개최되는 차관회의나 국무회의의 계기에 조약안을 제출하여 행정부 전체의 컨센서스를 확보할 수 있도록 하고 있다. 그러나 조약체결의 전반적 과정에서 일반 국민이나 국회의 민주적 참여나 컨센서스 확보를 위한 장치는 미진한 것으로 본다. 중요한 조약이라고 하더라도 국민이나 국회가 자신의 의견을 개진하여 반영할 수 있는 공식적인 창구는 존재하지 않으며, 특히 국회동의불요조약이나 고시류조약의 경우에는 국회나 국민의 통제없이 행정부 독자적으로 체결이 가능하다. 이러한 문제점에 관하여는 제5장에서 다루고자 한다.

제2절 비정형적인 조약체결 절차

대한민국은 조약의 체결을 규율하는 단일법전을 가지고 있지 않다. 헌법과 소수의 관련 법령이 조약체결 절차에 관한 기본적인 사항을 규정하고 있지만, 조약의 개정, 잠정적용, 소급효 등과 같은 조약체결과 관련된 비정형적인 상황에 대비한 조항은 마련되어 있지 않다. 물론 국제법인 조약법협약에 관련 규정이 있지만, 이 협약의 조항이 곧바로 국내법령으로 적용되기는 힘들다. 이 절에서는 대한민국이 조약의 잠정적용, 소급효, 개정 및 종료와 같은 비정형적인 상황을 맞아 국내입법이 부재한 가운데 어떻게 대응하여 왔는지, 그리고 이러한 대응에서 일관성이나 관행을 추출할 수 있는지를 살펴보고자 한다. 입법적으로 명시적인 규정이 부재한 가운데, 이러한 대응은 결국 '행정적 효율성의 도모'와 '절차적 적법성의 확보'라고 하는 두 가지 목적 사이에서의 균형 잡기라고 할 수 있다.

Ⅰ. 조약의 잠정적 적용

조약법협약에서 말하는 잠정적 적용(provisional application)이란, 조약이 정식으로 발효하기에 앞서 당사국들이 합의로 조약의 일부 또는 전부를 미리 적용하기로 하는 것을 말한다.[106] 즉, 조약이 발효하기

106) 이와 같은 잠정적용이 아니라, 정식 조약의 체결 또는 여타 법적인 지위의 확정을 앞두고 맺는 잠정적 성격의 조약(a treaty of a provisional nature)도 있다.

전의 어떠한 시점부터 조약을 미리 적용하기로 하는 조치이며, 해당 조약의 규정 또는 당사국간의 별도 합의로 이루어진다. 조약의 발효까지는 일반적으로 시간이 소요되기 때문에 국가간의 분쟁을 즉시 완화하기 위하여 잠정적용이라는 장치가 요구된다. 그러나 국내절차적인 관점에서 볼 때 이러한 잠정적 적용은 다음과 같은 문제를 야기한다. 정식으로 발효하기도 전인 어느 한 시점에 조약이 이미 적용된다고 한다면, (i) 국내절차를 완료하기 전에, 특히 국회의 동의를 거치기도 전에 조약을 적용하는 것이 허용되는지 하는 문제가 대두되며, (ii) 이러한 조약도 국내법과 같은 효력을 가질 수 있는지 하는 의문이 제기된다. 여기서는 조약의 잠정적용과 관련된 대한민국의 사례를 살펴보고, 국내절차의 관점에서 이를 검토한다.

1. 잠정적용에 관한 규범

대한민국 헌법이나 국내법령에는 조약의 잠정적인 적용에 관하여 따로 조항을 두고 있지 않다. 국제법인 조약법협약 제25조는 잠정적

여기서 '잠정적'이라는 단어는 '정식 조약으로 대체되기 이전까지의' 또는 '법적인 지위가 확정되기 이전까지'라는 뜻을 가지고 있다. 즉, 원칙적으로는 정식 조약의 체결이 필요한데 이에 앞서서 손쉬운 형식(예를 들어 '교환각서')으로 조약을 체결하는 경우를 말하며, 대표적인 선례로는 2003년 2월 28일 「한-중간 연금가입 상호면제를 위한 잠정조치 교환각서」(2003년 5월 23일 발효, 조약 제1633호)을 들 수 있다. 본국(파견국)의 사회보험제도에 가입된 해외 근로자가 외국(체류국)의 사회보험제도에도 강제가입하여야 하는 경우에 발생하는 사회보험료의 이중납부를 막기 위한 목적으로 일반적으로는 '사회보장협정'(조약)이 체결된다. 그런데 이러한 조약을 교섭하고 체결하려면 상당한 시간이 걸리기 때문에 한-중 양국이 정식 협정 체결에 앞서 이러한 교환각서의 형식으로 사회보험료의 이중납부 문제를 해결한 것이다. '잠정조치'라는 표현에도 불구하고 상기 교환각서는 대한민국의 조약체결 절차(국무회의 심의, 대통령 재가)를 거쳤으며, 대한민국 헌법에서 말하는 '조약'에 해당한다.

적용(provisional application)에 관하여 (i) 조약 자체의 규정 또는 교섭국의 합의에 따라 조약은 그 발효시까지 잠정적으로 적용되며, (ii) 조약이 달리 규정하지 않거나 교섭국이 달리 합의하지 않는 한 이와 같은 조약의 잠정적 적용은 일방 당사국이 상대방 국가에게 조약의 당사국이 되지 아니하고자 하는 의사를 통고하면 종료된다.[107] 즉, 조약의 잠정적 적용을 위하여 당사국간의 합의(해당 조약의 규정)가 필요하고, 잠정적 적용을 종료하기 위하여는 당사국간의 또 다른 합의 또는 일방 당사국의 통고가 필요하다. 별도의 합의가 없이도 당사국이 일방적인 통고로 잠정적용을 종료시킬 수 있도록 한 취지는 해당 조약이 당사국 일방의 국내절차 과정에서 국회의 동의를 얻지 못하는 경우를 상정한 것이다.

2. 관련 사례

잠정적용에 관한 대한민국의 사례는 (i) 가서명과 동시에 잠정적용한 사례(한-독일 항공협정), (ii) 발효에 필요한 정식 요건을 갖추지 못한 상태에서 서명과 동시에 일단 잠정적용시킨 사례(한-가봉 항공협정, 한-모리타니아 무역협정), (iii) 조약이 서명된 후 발효가 지연됨에 따라 합의로 잠정적용시킨 사례(한-EC 섬유협정 개정) 등으로 나누어 살펴볼 수 있다.

---

107) 조약법협약 제25조(Provisional Application) "1. A treaty or a part of a treaty is applied provisionally pending the entry into force if: (a) the treaty itself so provides; or (b) the negotiating States have in some other manner so agreed. 2. Unless the treaty otherwise provides or the negotiating States have otherwise agreed, the provisional application of a treaty or a part of a treaty with respect to a State shall be terminated if that State notifies the other States between which the treaty is being applied provisionally of its intention not to become a party to the treaty."

1985년 2월 14일 독일 본에서 문안이 합의(가서명)된 「대한민국과 독일연방공화국간의 항공운수협정」[108]의 경우, 당시 양측 대표단은 별도의 합의의사록을 통해 가서명한 날짜부터 이 협정을 잠정적으로 적용하기로 하였다. 정부 차원의 항공협정을 조속히 체결하려고 하는 것이 한국측의 입장이었으나, 독일 정부는 항공협정의 경우 자국 의회의 동의가 필요하며 이러한 절차에 장기간이 소요될 수 있으므로 일단 잠정적으로 협정을 적용하는 방식을 선호하였던 것으로 보인다. 한국 정부는 이러한 독일측의 요구를 수용하고, 관보에 '고시'의 형식으로 이를 게재하여, 협정을 잠정적으로 적용하였다.[109] 그후 독일측이 가서명한 협정 문안에 대한 수정을 제의하여 협정에 대한 정식 서명이 보류되다가, 결국 양국 정부는 1995년 3월 7일에서야 기존 협정을 일부 수정한 항공협정에 정식으로 서명하였다.[110]

두 번째 유형은 서명과 동시에 조약을 잠정적으로 적용하되 정식 발효는 각자가 국내절차를 완료하고 이를 상호 통보한 후에 하도록 하는 방식이다. 조약의 내용을 조속히 적용하여야 할 필요가 있음에도 불구하고 일방 당사국의 사정(보통 국내절차상 국회의 동의가 필요함에 따라)으로 '서명'만으로는 정식 발효시키지 못하는 상황에서 요구되는 조치이다. 대한민국의 선례로는 1984년 9월 22일 「한-가봉 항공운

---

108) 제16조(효력 및 종료) 1. 이 협정은 각 체약 당사국이 이 협정의 발효를 위한 자국의 헌법절차가 완료되었음을 타방 체약 당사국에게 최종 통고한 날로부터 1개월(30일) 후에 발효한다.

109) 동 협정은 1985년 8월 22일 국무회의에서 의결되고 1985년 12월 4일 관보 제10207호 3페이지에 게재되었는데, '조약'란이 아니라 '고시'란에 '외무부고시 제115호'로 등록되었다.

110) 흥미로운 점은 잠정적용중인 1985년 한-독 항공협정의 부속서(항공노선구조의 수정)를 개정할 필요가 제기되어 1993년 2월 11일 당시 이상옥 외무부장관과 디터 지멘스 주한 독일대사간 교환각서의 형식으로 그 부속서가 개정되었다는 점이다(같은 해 외무부고시 제1993-221호). 결국 이 교환각서는 '잠정적용' 상태에 있는 항공협정을 수정한 셈이 된다.

수협정」[111]과 1989년 7월 20일 서명된 「대한민국 정부와 모리타니아 회교공화국 정부간의 무역협정」[112]이 있다. 대한민국의 경우 항공협정과 무역협정은 당시의 헌법상 국회의 동의가 필요하지 않았기 때문에 서명과 동시에 발효가 가능한 상황이었으므로, 잠정적용이 아닌 서명과 동시 적용이 가능한 상황이었다. 결국 이러한 잠정적용 조치는 상대국의 요청을 받아들인 결과라고 할 수 있다.

또 다른 유형으로는 조약상 규정이 없음에도 불구하고, 조약이 서명된 후 발효가 지연됨에 따라 당사국과의 합의를 통하여 조약 본문을 잠정적용한 사례이다. 1986년 12월 31일로 종료되는 한・EC 섬유협정을 갱신하기 위한 회담의 결과로서 양측은 1986년 8월 6일 브뤼셀에서 「한・EC 섬유류무역에 관한 협정안」을 가서명하였다. 한국측은 협정의 정식 서명 및 발효를 위한 국내절차를 같은 해 12월 24일 완료하였으나 EC측의 절차가 계속 지연되어 정식 서명이 지연되었고, 이에 양측은 각서교환의 형식으로 1987년 1월 1일부터 이 협정을 잠정 발효시킨다는데에 합의하였다.[113] 당시 외무부는 이 협정이 1986년말 당시 유효하던 「한-EC 섬유협정」을 개정・연장하는 것으로서 '고시류조약'에 해당하는 것으로 판단하고 이를 고시한 바 있다.

---

111) 1984년 서울에서 서명된 「한-가봉 항공운수협정」은 제21조 1항에서 "1. 각 체약 당사국은 타방 체약 당사국에 대하여 본 협정의 발효를 위한 헌법절차가 완료하였음을 통고한 최종 통보일에 발효한다"고 한 다음 제2항에서 "2. 본조 제1항에 명시된 절차의 완료를 대기하는 동안, 본 협정 및 부속서의 규정은 서명일로부터 잠정적으로 적용된다"고 규정하고 있다.

112) 1989년 「한-모리타니아 무역협정」 제10조는 "이 협정은 서명일에 잠정적으로 발효하며, 각국의 현행 헌법절차에 따른 비준완료 통고시 확정적으로 발효한다"고 규정하고 있다(외교통상부 웹사이트 '대한민국양자조약정보' 참조).

113) 협정 본문 제18조는 "1. 본 협정은 서명일자 다음달의 첫째일부터 효력을 발생한다. 본 협정은 1991년 12월 31일까지 적용된다. 2. 본 협정은 1987년 1월 1일부터 유효하게 적용된다 ⋯."

3. 평 가

잠정적 적용에 관한 위의 사례에서 알 수 있는 점은 (i) 한국측의 필요가 아니라 모두 상대방의 요청에 따라 '정식 발효에 앞선 잠정적용'에 동의하였으며,114) (ii) 「한-독 항공협정」은 별도의 합의의사록을 통하여, 「한-가봉 항공협정」, 「한-모리타니아 무역협정」은 협정의 조항을 통하여, '잠정적용'을 규정하였으며, (iii) 「한-독 항공협정」은 사후에나마 '고시'를 하였지만 나머지 두 협정은 공포를 하지 않은 것으로 보이며, (iv) 「한-독 항공협정」은 그 후 새로운 협정의 체결을 통해서 대체되었지만, 나머지 협정은 현재까지도 그 법적 지위가 모호한 상태라는 것이다.

조약법협약 제25조에 비추어 볼 때 위의 조약은 모두 '잠정적용'에 당사자가 합의한 사례로서 '당사국과의 관계에서는 유효하다'는 점에 대해 의문의 여지가 없다고 할 수 있다. 다만, 위의 선례에서 보는 것처럼 '잠정적용'되고 있는 조약은 정식 조약에 비해 그 법적 지위가 확정적이지 못한데다 이러한 상태를 어느 한쪽이 이러한 상태를 일방적으로 종료시킬 수 있다는 점에 비추어 그 권리・의무가 불안정해질 우려가 있다.

한편, 이러한 '잠정적용'을 국내적으로 어떻게 이해하고 처리할 지에 대하여 검토할 필요가 있다.115) 우선 헌법을 포함한 국내법령은

---

114) 대한민국의 경우 정부가 어떠한 조약에 대하여 우선순위를 두고 있는지 여부에 따라 다소 다르겠지만 조약의 체결이 비교적 효율적으로 이루어지고 있으며, 국회의 동의가 필요한 조약의 범주가 한정적이기 때문에 '조약의 잠정적용'이 필요한 상황이 많지는 않다고 생각된다. 그러나 위의 몇 건의 사례에서처럼 상대방이 자국의 국내절차 지연을 우려하여 요청하는 상황이 있으며, 또한 혹시 발생할지 모르는 긴박한 분쟁을 잠정적이나마 해결하는 장치를 마련한다는 차원에서도 잠정적 적용의 필요성은 상존한다고 할 수 있다.

115) 이에 관하여는 Lefeber R., "The Provisional Application of Treaties at

'잠정적용'이라는 상황을 상정하지 않고 있다. 그 결과 국내적으로는 (i) 조약체결 권한/위임의 문제, (ii) 국회와의 관계, (iii) 잠정적용의 법적 효력(국내법적 효력 여부), (iv) 공포의 방식 등에서 논란이 발생할 소지가 있다. 첫째로 조약의 잠정적용을 외국 정부와 합의할 권한이 적절하게 위임 또는 부여되었는지 하는 문제이다. 대한민국의 조약체결 절차 순서상 조약은 서명되기 전에 대통령의 재가를 받아야 한다. 따라서 조약의 규정에 이미 포함되어 있거나 또는 잠정적용에 관한 별도의 합의를 명시하여 대통령의 재가를 받고 서명되었다면, 서명 이후의 잠정적용은 적어도 조약체결 권한의 적절한 위임이라는 관점에서 문제는 없을 것이다. 그런데 '가서명'과 동시에 잠정적으로 적용하게 되면 헌법상 조약체결권자인 대통령의 최종 재가를 받기 전에 사실상 조약을 적용하게 된다는 형식적인 문제가 있다.

위에서 언급된 조약들은 대한민국 헌법상 국회의 동의가 요구되는 조약에 해당하지 않지만, 만약 국회의 동의가 필요한 조약에 대하여도 외국 정부와 잠정적인 적용을 합의할 수 있는지가 이론적으로 문제될 수 있다. 외교적인 분쟁을 예방하기 위한 긴박한 조치로써 조약의 잠정적인 적용을 원천적으로 배제하기는 곤란하다. 그러나 이러한 조치가 (i) '입법권' 등 국회 고유의 권한을 침해하는 내용이어서는 안되며, 또한 (ii) 예를 들어 '무기한의 잠정적용'과 같이 국회의 동의권을 유명무실하게 만들 정도가 되어서는 안된다고 본다. 이와 관련하여서는 비교법적인 측면에서 아래 네덜란드의 조약체결절차법(「1994년 조약의 승인 및 공포에 관한 법률」) 제15조가 균형잡힌 접근을 보여주고 있다.

Klabbers, J. and Lefeber R. eds.," *Essays on the Law of Treatie* (1997), pp. 81-95 참조.

1. 헌법에 위배되는 조약의 경우를 제외하고, 국익에 부합되는 경우 정부는 조약이 발효될 때까지 네덜란드 왕국에 잠정적용할 수 있다.
2. 발효하기 전에 의회의 승인을 필요로 하는 조약이 제정법에 위배되는 조항을 담고 있다면 그러한 조항은 잠정적용되어서는 안된다.
3. 조약이 정부의 의견에 그 내용이 모든 사람들에게 구속력을 가질 수 있는 조항을 담고 있고, 정부가 그러한 조항이 잠정적용되기를 희망하는 경우 그 조약문과 그 조약이 잠정적용될 것이라는 사실은 잠정적용의 효력 발생 전에 공포되어야 한다.
4. 조약이 잠정적용되는 경우 의회는 지체없이 그 사실을 통보 받아야 한다.

한편, 잠정적용 조치가 불가피한 상황이라고 하더라도 문안의 협의 과정에서 이러한 점을 반영하여 국회의 의사 표시가 있는 경우 잠정적용을 종료할 수 있도록 하는 문구를 넣는 것이 타당할 것이다. 물론 별도의 합의가 없는 경우라고 하더라도 상대방이 조약법협약의 당사국이라면 조약법협약 제25조제1항을 원용하여 조약의 당사자가 될 뜻이 없음을 상대방 당사국에 통고함으로써 잠정적용 상태를 종료시킬 수 있을 것이다.

다음으로 '잠정적용'이 '국내법령으로서의 발효'를 의미할 수도 있는지 하는 문제도 있다. 우선 대한민국 헌법 제6조제1항은 "헌법에 의하여 체결・공포된 조약"이 국내법적으로 효력을 가진다고 하고 있으므로, 위의 예(한-독 항공협정)에서와 같이 가서명의 단계에서의 잠정적용은 국가간의 관계에서는 유효할지 몰라도 국내법적인 효력은 부인되어야 한다. 다만, 해당되는 조치가 행정부 스스로 국내법령을 근거로 행사할 수 있는 권한의 범위 내에 있는 조치라면, 이러한 잠정적용은 행정부에 의하여 집행될 수 있을 것이다. 즉, 상대국과 잠정적용을 합의한 후, 행정부는 대통령령이나 부령 등에 근거하여 고시 등 필요한 조치를 거쳐서 국내적으로 집행할 수 있을 것이다. 물론 이때에도 잠정적용이라는 합의 그 자체가 당연히 국내법적으로 효력을 가지는 것이 아니라, 해당 부처가 자신의 소관 권한하에서 고시 등 필요한 조치를 취함으로써 국내적인 효력을 가진다고 보아야 한다. 결국 '잠정적용'의 대상이 되는 조약의 전부 또는 일부분은 대통령이 자신의 권한으로 체결할 수 있는 사항에 한정되어야 하며, 특히 '입법사항 등'과 같은 국회의 고유권한을 다루지 않아야 할 것이다.

마지막으로, 잠정적용을 언제 어떻게 공포해야 하는지 하는 문제가 있다. 앞의 일부 사례에서는 잠정적용에 관한 합의를 고시류조약으로 이해하여 고시의 방식으로 알린 경우가 있다. 이와 같이 별도의 합의가 아니라 조약의 명시적인 규정이 있다면, 가급적 정식 발효일 이전이라도 잠정적용 개시일에 맞추어 공포나 고시하여야 한다.

II. 조약의 소급효

1. 소급효에 관한 규범

조약법협약 제28조에 따르면, 조약은 원칙적으로 발효 이전에 당사국에 관련하여 발생한 행위나 사실 또는 없어진 사태에 관하여 그 당사국을 구속하지 아니한다.[116] 이러한 원칙은 1952년 *Ambatielos* 사건(본안전 항변)에서 국제사법재판소에 의하여 확인된 바 있다.[117] 그

116) 조약법협약 제28조 : 별도의 의사가 조약에 나타나 있거나 또는 달리 확정되지 아니하는 한 조약의 규정은 동 당사국에 대하여 동 조약의 발효일 전에 행하여진 행위 또는 종료된 사태에 관하여는 동 당사국을 구속하지 아니한다.

117) 당시 그리스측은 1926년 체결된 조약이 1922년 및 1923년 이루어진 행위에 대하여도 적용된다고 주장하였으나, 이에 대해 국제사법재판소는 다음과 같이 판

러나 당사자간의 합의 또는 명시적인 조항에 의하여 조약은 소급적으로 효력을 가질 수 있다. 형법의 경우 '행위 당시에 벌할 수 없는 행위를 사후에 법 제정을 통하여 처벌하거나 가중처벌하는 것은 금지된다'는 형벌 불소급의 원칙이 있으며 이를 다시 부진정소급효[118]와 진정소급효[119]로 나누기도 하지만, 조약법의 경우에는 이러한 소급 적용 자체가 금지된 것은 아니라고 본다.

2. 관련 사례

1) 개인・투자자 보호를 위한 소급효 조항

조약이 그 발효일 이전에 발생한 사실에 대하여도 적용되도록 하는 조항은 사회보장협정, 이중과세방지협정 및 투자보장협정 등 개인이나 투자자를 폭넓게 보호하기 위한 종류의 조약에서 흔히 볼 수 있다. 사회보장협정의 경우 협정의 발효 이전에 피보험자가 기여한 부분이 감안되도록 하기 위하여 일종의 소급조항을 두고 있다. 그 예로서

사하였다 : "To accept this theory would mean giving retroactive effect to Article 29 of the Treaty of 1926 … Such a conclusion might have been rebutted if there had been any special clause or any special object necessiating retroactive interpretation." *Ambatielos Case (Greece vs. U.K.), ICJ Reports* (1952), p. 40.

118) 김일수 교수는 "처벌법률이 개인의 법률관계와 사실관계가 아직 완성되기 이전에 미래를 향한 법률관계를 재구성하는 법 제정으로서 절대적으로 금지되지는 않는다"고 설명하고 있다. 김일수, 『새로 쓴 형법총론』(제8판, 박영사, 2000), 71쪽.

119) 이는 이미 완성된 사실관계 또는 법률관계에 대한 소급효를 말하는 것으로서 이는 원칙적으로 금지된다. 다만, 진정소급효를 갖는 법률이 가져올 공익이 침해될 신뢰이익에 비해 현저하게 우월한 경우 예외적으로 소급효가 인정될 수 있다고 한다. 그 예로서 집단학살이나 전쟁범죄 또는 반인도적 범죄에 대한 공소시효의 소급입법 등이 있다. 위의 책, 71쪽.

2000년 3월 10일 서명된 「대한민국과 독일연방공화국간의 사회보장에 관한 협정」 제22조제2항은 "이 협정의 적용에 있어서, 발효 이전에 완료된 가입기간과 발효 이전에 발생한 기타 법적 사안이 고려된다 …"고 하고 있다.[120] 또한, 이중과세방지협정도 회계연도 등을 감안하여 협정의 발효일 이전의 사실도 그 적용대상으로 하고 있다.

투자보장협정 중에 특수한 예로서, 조약을 소급적용하기 위하여 별도의 조약을 체결한 사례가 있는데, 한국은 프랑스와 투자보호협정(쌍무협정)의 체결을 앞두고 한국에 있는 프랑스의 투자를 보호하기 위한 한-불 투자보호협정(편무협정)[121]을 1975년 1월 22일 파리에서 서명하고 발효시킨 바 있다. 그 후 프랑스측은 그 이전에 프랑스 국민이 한국에 행한 투자에 대하여도 이 협정이 적용되어야 한다는 요구를 하였고, 이에 따라 1975년 이전의 프랑스 투자에 대하여도 1975년 편무투자보호협정의 적용 대상이 된다는 요지의 각서[122]를 동년 4월 6일 교환하였다.[123] 이 교환각서를 통하여 1975년 1월 22일(편무 투자보호협정의 발효일) 이전에 프랑스 국민이 한국에 행한 투자도 1975년 편

---

120) 영문본 제22조에서는 "(2) In the application of this Agreement, periods of coverage completed before its entry into force and other legally relevant events that occurred before its entry into force shall also be taken into consideration. However, neither Contracting State shall take into account any period which occurred prior to the earliest date for which periods of coverage may be credited under its legislation"라고 하고 있다.

121) 「대한민국 정부와 불란서공화국 정부간의 대한민국에 있어서의 불란서의 투자의 촉진 및 보호에 관한 협정의 소급적용을 위한 협정」(1975년 1월 22일 발효 조약 제525호).

122) 「대한민국정부와 불란서공화국 정부간의 대한민국에 있어서의 불란서의 투자의 촉진 및 보호에 관한 협정의 소급적용을 위한 협정」(1976년 4월 6일 각서교환, 같은 날 발효, 조약 제571호).

123) 교환각서의 문구는 "1975년 협정이 1975년 이전 투자에 대하여도 적용된다는 해석을 확인한다"고 되어 있는데, 과연 그러한 내용이 1975년 협정을 '해석'하는 것인지 '추가' 또는 '개정'하는 것인지 분명하지 않다.

무 투자보호협정의 보호를 받게 되었다. 다만, 그러한 법적인 보호의 효과는 1975년 1월 22일을 기준으로 유효하므로 그 이전의 시점에서 이미 종결된 사안에 관하여는 프랑스측이 편무협정의 규정을 원용할 수 없다고 본다. 결국 이러한 편무협정은 1975년 한-프랑스 투자보호협정(쌍무협정)이 체결됨으로써 종료되었다.

2) 수량제한(쿼터) 기산점 소급

1960~1980년대 한국의 직물수출이 활발할 때 이를 양자적으로 규제하려는 다수의 조약이 체결되었다. 이러한 조약의 교섭에서는 면직물의 수출・수입 수량제한(쿼터)가 핵심 쟁점이었으며, 협상의 타결 시점에 관계없이 매년 1월 1일을 쿼터를 산정하는 기준으로 삼았다. 그러한 이유에서 해당 조약의 발효일을 그 해 1월 1일로 정한 조약이 있는데, 1965년 1월 26일 워싱턴에서 서명된 「대한민국정부와 미합중국정부간의 면직물의 교역에 관한 각서교환」[124](1965년 1월 1일 발효), 1971년 12월 30일 워싱턴에서 서명된 「대한민국정부와 미합중국정부간의 면직물의 교역에 관한 협정」[125](1971년 1월 1일 발효), 1988년 3월 2일 「대한민국으로부터 노르웨이로의 특정 섬유제품 수출에 관한 대한민국정부와 노르웨이정부간의 협정」[126](1988년 1월 1일 발효) 등이 그러한 예이다.

또 다른 유사한 예로는 1958년 한・미간 공익물 청구권 청산 협정[127]이 있는데, 이 협정은 한국전쟁 그리고 그 이후의 일정기간(1950

---

124) 조약 제138호.
125) 조약 제413호.
126) 고시 제154호.
127) 「대한민국정부와 통합사령부의 자격으로서 또한 그 자신 및 기타 일부국가 정부를 대표하는 미합중국정부간의 공익물에 관한 청구권 청산을 위한 협정」(1958년 12월 18일 서명, 1957년 7월 1일 발효, 조약 제46호).

년 6월 25일부터 1957년 6월 30일까지) 동안 통합사령부가 사용한 공익물 사용에 대한 비용을 청산하고 있다. 이 협정은 1958년 12월 18일 서명되었지만 협정의 적용 대상 기간의 바로 다음 날인 1957년 7월 1일부터 소급하여 발효하는 것으로 간주한다고 하고 있다.[128] 1957년 7월 1일 이후에 발생하는 공익물 사용은 청산의 대상이 되지 않기 때문에 이를 분명하기 위하여 협정의 발효일을 1957년 7월 1일로 하고 있는 것이다.

3) 대상의 진행관계를 반영한 시점 소급

1971년 7월 23일 한국과 캐나다는 캐나다에 파견되어 훈련을 받게 되는 한국 군대요원에게 적용되는 제반 조건을 합의하는 교환각서[129]를 체결하였다. 그런데 한국 군대요원이 1969년 9월의 시점에서부터 이미 캐나다에 파견되어 있었으므로 양측은 이 교환각서(제반 조건)가 1969년 9월 2일로 거슬러 올라가 발효하는 것으로 합의하였다. 이와 유사한 예로는 1974년 6월 15일 서울에서 서명되면서 1974년 4월 1일 발효되도록 한 「대한민국정부와 뉴질랜드정부간의 한국내 육우시범목장 설치를 위한 각서교환」[130] 등이 있다.

4) 이전 또는 여타 협정 종료일로 소급

특수한 예로서 홍콩의 중국 반환과 관련하여 한국과 영국은 1996년 9월 11일 각서교환(정식 명칭 : 「대한민국정부와 영국정부간의 각자의

---

128) 이 협정 제8조제2항은 "This agreement shall be deemed to have entered into operation and effect on 1 July 1957."이라고 하고 있다.

129) 「대한민국정부와 캐나다정부간의 한국 군대요원의 캐나다에 있어서의 훈련에 적용될 조건에 관한 각서교환」(1971년 7월 23일 서명, 1969년 9월 2일 발효, 조약 제394호).

130) 조약 제505호.

영역간 및 그 이원의 항공업무를 위한 협정의 개정을 위한 각서교환」)을 통하여 「대한민국정부와 영국정부간의 각자의 영역간 및 그 이원의 항공업무를 위한 협정」(1984년 3월 5일 서명)의 목적상 홍콩이 더 이상 영국의 영토로 간주되지 않는다는 내용을 합의하면서 이러한 각서가 「대한민국정부와 홍콩정부간의 항공업무에 관한 협정」의 발효일(1996년 7월 9일)을 기준으로 발효한다고 함으로써 결과적으로 각서교환 날짜 이전에 발효하도록 하였다.

5) 한・미간 방위비분담특별협정 관련 사례

당초 주한미군지위협정 제5조는 주한미군의 제반 경비는 미측이 부담하도록 하고 있었으나, 한・미간 상호 방위비 분담 차원에서 한국측이 일정 부분을 분담하기로 하였고, 이를 동 협정 제5조에 대한 특별협정이라는 형식의 조약을 1990년대부터 맺어 오고 있다. 양측이 협상을 하는 과정에서 회계연도인 매년 1월 1일을 넘긴 다음에야 특별협정에 합의하는 상황이 발생하였고, 이에 따라 특별협정에 "(해당연도) 1월 1일부터 효력을 가진다"는 문구를 넣게 되었다. 예를 들어 2002년도 한・미간 방위비분담 특별협정[131]의 경우 2002년 4월 4일 서명되었으나 2002년 1월 1일부터 효력을 가지는 것으로 되어 있다.[132] 이에 대하여 국회는 국민에게 중대한 재정적 부담을 지우는 한편 입법사항을 포함하고 있는 이 협정을 발효일 이후에 제출하면서

131) 「대한민국과 아메리카합중국간의 상호방위조약 제4조에 의한 시설과 구역 및 대한민국에서의 합중국 군대의 지위에 관한 협정 제5조에 대한 특별조치에 관한 대한민국과 미합중국간의 협정」(조약 제1738호).

132) 동 협정의 제3조(영문): "This Agreement shall enter into force upon exchange of written notification by the Parties that their respective domestic legal procedures necessary for the entry into force of this Agreement have been completed with effect from January 1, 2005, and shall remain in force until December 31, 2005.

2002년 1월 1일에 소급하여 효력을 갖도록 규정하는 것은 국회의 예산심의·확정권을 침해할 소지가 있다고 지적하며 이러한 사례가 재발하지 않아야 한다는 요지의 부대의견을 첨부하여 동의한 바 있다.[133]

3. 평 가

위에서 살펴 본 바와 같이, 대한민국의 경우에도 적지 않은 조약의 소급 사례가 있다고 할 수 있으며, 그 상당 부분은 개인이나 투자자에 대한 사회보장 급여의 혜택, 이중과세의 방지 및 투자의 보호가 폭넓게 인정될 수 있도록 하는 취지라고 할 수 있다. 소급 효력이 형사법적인 처벌이나 국민에게 의무를 부담을 가하는 것이라면 논란의 소지가 있지만,[134] 이러한 종류의 조약은 대부분 국민에게 혜택이나 권리를 부여하는 것이라 할 수 있다. 한편, 일부 소급 조약은 쿼터의 시한이나 회계연도 등을 감안한 것인데, 특히 2002년도 한·미 방위비분담 특별협정의 경우 그 재정부담이 크며 따라서 국회의 예산심의권과도 연계되어 있으므로 그 소급 조항이 국회로부터 지적을 받은 바 있다. 참고로 앞의 사례는 대부분 조약의 규정에 포함되어 있거나

133) 제229회 국회(임시회) 통일외교통상위원회 당시 수석전문위원 강장석은 다음과 같이 지적하고 있다: "… 이 동의안은 2002년 4월 4일 서명되어 4월 9일 정부로부터 제출되었으나 동의의 대상이 되는 이 협정은 2002년 1월 1일에 소급하여 효력을 갖도록 명문화하고 있습니다. 따라서 국민에게 중대한 재정적 부담을 지우는 한편 입법사항을 포함하고 있는 이 협정을 발효일 이후에 제출하면서 2002년 1월 1일에 소급하여 효력을 갖도록 규정하는 것은 국회의 예산심의·확정권을 침해할 소지가 있다고 할 수 있으므로 향후에는 이러한 사례가 재발되지 않도록 해야 할 것 입니다(제229회 국회(임시회) 통일외교통상위원회 회의록 제3호, 8쪽).

134) 예를 들자면, 새로운 입법으로 소급하여 과세하는 경우 헌법조항에 위반된다고 헌법재판소는 판시하였다(헌법재판소 1995.3.23. 선고, 93헌바18 등).

혹은 별도 조약의 형식으로 소급효를 합의하였으므로 조약체결의 권한이라는 측면에서 볼 때에는 이미 대통령의 재가를 받았으므로 문제가 없다고 할 수 있다.

Ⅲ. 조약의 개정

1. 조약 개정의 규범

조약의 개정이란, 이미 발효한 조약의 내용을 당사자간의 합의로 변경하는 것을 말한다.[135] 조약법협약에 따르면, 조약에 별도의 규정이 없는 한, 조약의 체결에 관한 규칙(협약 제2부)이 조약의 개정에 관한 사항도 규율한다.[136] 즉, 조약문의 확정이나 발효에 관한 조항은 조약의 개정에도 준용된다는 것이다. 다만, 조약은 그 개정에 있어서 당초 체결 때와 반드시 같은 방식으로 개정되어야 할 필요(이른바 *acte contraire* 원칙)는 없다.[137]

국제법위원회는 당사자간의 개정 합의에는 구두합의(an oral agree-

---

135) 영어 "Amendment"와 "Revision"가 보통 우리말 '개정'으로 번역되고 있는데, Amendment는 조약의 일부 규정을 개정하는 것을 말하고, Revision은 조약의 전반적인 내용을 심사하여 변경하는 것을 뜻하는 데 쓰인다. 한편, 조약법협약 제39조(조약의 개정에 관한 일반규칙)는 amendment를 사용하고 있는데, 여기서의 amendment는 위의 revision을 포함한 뜻으로 이해된다. Draft Articles on the Law of the Treaties with Commentaries, *Yearbook of the International Law Commission Vol. II* (1966), p. 232.

136) 조약법협약 제39조(General rule regarding the amendment of treaties): "A treaty may be amended by agreement between the parties. The rules laid down in Part II apply to such an agreement except in so far as the treaty may otherwise provide."

137) Aust, *supra note* 41, p. 213.

ment) 또는 묵시적 합의(a tacit agreement)가 포함된다고 그 주석에서 해석하고 있다.[138] 다만, 구두합의의 경우에는 해석이나 증명의 어려움 때문에 바람직하지 않다고 할 수 있으며, 또한 묵시적 합의의 경우에도 조약의 적용에서 나타나는 당사자의 행동으로 증명될 수 있다고 하지만, 이를 해석상의 지침으로 보아야 할지 아니면 개정으로 보아야 할지 하는 어려움도 발생하게 된다.[139]

조약은 그 자체 개정 조항을 가진 경우와 그렇지 않은 경우가 있는데, 후자의 경우에도 당사자간에 합의만 있으면 조약은 개정 가능하다. 조약의 개정에 대하여는 여러 방식이 있으며, 특히 다자조약의 경우에는 (i) 모든 당사자가 명시적으로 수락하여 채택하는 방식, (ii) 모든 당사자가 묵시적으로 수락함으로써 채택되는 방식, (iii) 당사국 회의에서 표결 방식으로 채택하는 방식 등이 있을 수 있다. 양자조약의 경우에는 일반적으로 양 당사국이 합의함으로써 조약을 개정할 수 있다는 규정을 두는데, 이때에 합의의 주체를 전체 행정부가 아닌 담당 행정당국으로 정할 수도 있고, 또한 그러한 합의를 각서교환과 같이 특정한 문건의 형식으로 하도록 정할 수도 있다.

---

138) Draft Articles on the Law of the Treaties with Commentaries, *Yearbook of the International Law Commission Vol. II* (1966), p. 233.

139) 미국과 프랑스간의 항공협정의 해석을 위하여 설립된 중재재판소는 '당사자의 후속관행'에 관하여 1963년 12월 22일 다음과 같이 판정을 내린 바 있다. "This course of conduct may, in fact, be taken into account not merely as means useful for interpreting the Agreement, but also as something more; that is, as a possible source of a subsequent modification, arising out of certain actions or certain attitudes, having a bearing on the juridical situation of the parties and on the rights that each of them could properly claim." Decided at Geneva on 22 December 1963, the arbitrators being R. Ago (President), P. Reuter and H. P. de Vries (mimeographed text of decisions of the Tribunal, pp. 104-105), *Ibid.*, p. 236에서 재인용.

2. 조약 개정의 절차

외교통상부의 『조약업무처리지침』에 따르면, "조약의 개정에 관한 국내절차도 원칙적으로 조약의 체결절차에 준하며, 개정이 본질적인 사항이 아닌 경우에는 국내절차상으로 간소한 절차를 취하는 것이 합리적"이라고 하고 있다. 즉, 개정의 대상이 '본질적인지 여부'를 기준으로 하여, 정식 조약으로 할지 아니면 고시류조약으로 할지를 구분한다는 것이다.

실제 대한민국의 경우 조약의 개정은 주로 두 가지 주된 방식을 취한다. 우선 기존 조약의 내용 중에서 중요하지 않은 일부만을 개정하는 경우에는 개정할 내용을 상대방 국가와 합의한 후 이를 주로 교환각서에 담는 방안이다.[140] 이러한 교환각서는 외교통상부장관이 국무회의 심의나 대통령 재가의 절차를 거치지 않고 자신의 직권으로 체결하며, 이를 외교통상부장관 '고시'의 형식으로 관보에 게재한다.[141] 이와 같은 개정 사례는 다수 있는데, 예를 들어 「대한민국정부와 일본국정부간의 항공업무를 위한 협정을 개정한 교환각서」[142]라든지 「대한민국정부와 중화인민공화국정부간의 제7차 대외경제협력기금 차관에 관한 약정을 개정하는 교환각서」[143] 등이 이에 해당한다. 이 글 제2장에서 고시류조약의 유형의 하나로서 "조약의 본질적 내용을 변

---

140) 개정의 대상이 되는 부분만 적시하여 "A 부분은 … 다음과 같이 개정된다"고 한 후 본문에 A를 대체하는 문구를 규정하는 방식으로서 partial approach라고 할 수 있겠다. 주로 이중과세방지협정이나 항공협정의 개정 등에 사용된다.

141) 대외적으로는 교환각서의 형식을 취하고 있지만, '조약'의 절차를 밟은 경우도 있다. 1967년 한・일간에 체결된 항공협정은 1970년 7월 31일 교환각서의 형식으로 일부 개정된 바 있는데, 교환각서는 정식 조약체결 절차를 밟아 조약 제351호로 등록되었다.

142) 관보 제14311호(1999. 9. 20).

143) 외교통상부고시 제598호.

경함이 없이 이를 일부 수정하기 위한 합의[예 : 정부간 해사자문기구협약 수정(외무부고시 제11호)]"를 열거한 적이 있는데, 이러한 유형은 조약의 개정에 해당한다.

다른 한편, 기존 조약의 내용을 전면적으로 개정하거나 중요한 부분을 수정하는 경우에는 합의의 내용을 '협정'(Agreement) 등의 제목하에 조약으로 담아서 이를 정식 조약의 절차를 밟아 체결하고 있다.[144] 그 대표적인 예는 2007년 9월 8일 서명된 한-중 투자보장협정(개정)[145]인데, 양측은 이 협정을 체결함으로써 1992년 9월 30일 서명된 한-중 투자보장협정을 대체하였다. 2007년 한-중 투자보장협정은 '개정'이라고는 하지만 사실상 새로운 조약이라고 할 수 있으므로 당연히 정식 조약체결 절차를 밟아서 체결된 바 있다. 한편, 전면적인 개정이 아니라 부분적인 개정이라고 하더라도 기존 조약의 중요 부분을 수정한 경우에는 정식 조약의 형식으로 체결하기도 한다. 예를 들어, 2004년 2월 23일 서명된 「대한민국정부와 미합중국정부간의 상호군수지원협정의 개정협정」은 1988년 6월 8일 서명된 한-미간 상호군수지원협정의 주요 조항을 개정하는 내용으로서 '협정'(Agreement)이라는 제목하에 조약의 형식으로 체결되었다. 위와 같은 사례에 비추어 볼 때, 대한민국의 지금까지의 처리 방식은 대다수의 부분 개정을 고시류조약의 형식으로 처리하고 있는 반면, 예외적으로 전면 개정이나 중요사항 개정에 한하여 정식 조약으로 처리하는 것이라고 할 수

---

144) 개정의 대상이 되는 부분을 포함하여 제목부터 서명란까지 새롭게 모든 부분을 작성하여 - 마치 새로운 조약을 체결하듯 서명하는 방식으로서 whole approach라고 할 수 있겠다. 조약문을 전반적으로 개정하는 데에는 적합하며, 또한 조약문을 전체적으로 조망할 수 있어 일일이 개정된 부분을 대조할 필요가 없다는 장점도 있다.

145) 원제 : 대한민국정부와 중화인민공화국정부간의 투자의 증진 및 보호에 관한 협정(개정).

있다.

이어서 조약의 개정시 국회동의 문제를 검토해보자. 조약의 개정은 국내법령의 개정과는 다르다. 조약이 헌법 제6조에 따라 국내법으로서의 효력을 가지지만 그 자체로서 '국내법령'은 아니기 때문이다. 국내법령의 경우에는 국회가 제정한 '법률'의 내용을 개정하려고 한다면 개정되는 내용의 중요도에 상관없이 다시 국회가 '법률'의 형식으로 새로운 입법행위를 하여야 한다. 그렇다면 조약의 전부 또는 일부를 개정하려고 하는 경우 국내적으로 어떠한 절차를 거치는 것이 타당한지에 대해 검토해 볼 필요가 있다. 특히 국회의 동의를 받은 조약의 일부 내용을 개정하고자 할 때에 그러한 개정에 대하여도 국회의 동의를 받아야 하는지 하는 문의가 실무적으로 종종 제기되며, 그 기준에 대하여는 견해가 다를 수 있다.

첫 번째로, 조약을 국내법령과 동일하게 보고 개정 조약은 그 대상이 되는 원조약의 체결형식과 적어도 동일한 형식(원조약이 국회의 동의를 받은 경우에는 개정조약도 국회의 동의를 받는 형식)으로 체결되어야 한다는 주장이 있을 수 있다. 실제로 독일의 사례를 보면, 해당 개정대상이 그 자체로서는 입법사항을 담고 있지 않아 행정부 단독으로 체결할 수 있다고 하더라도 일단 의회로부터 승인을 받은 조약의 개정이나 연장은 다시 의회의 승인이 필요하다.[146] 그러나 이러한 주장은 나중에 설명할 대한민국의 기존 관행과도 다를 뿐 아니라 효율적인 조약의 개정을 저해할 가능성이 있다. 예를 들어, '외무부'를 '외교통상부'로 수정해야 하는 것과 같이 경미한 사항이라고 하더라도 원조약이 국회의 동의를 받았다면 개정 합의도 국회의 동의까지 받아야 한다는 결론에 도달하게 되는 것이다.

---

146) Monroe Leigh and Merritt R. Blakeslee eds., *supra* note 23, p. 52.

두 번째로, 해당 조약에 '개정 조항'이 있다면 이러한 개정 조항을 일종의 위임조항(또는 수권조항)으로 이해하여 그에 따라 쉽게 조약을 개정할 수 있어야 한다는 것이다. 만약 외국과 맺은 조약에 "양측 이행부서가 합의로 조약의 일부를 개정할 수 있다"는 규정이 있으면, 이러한 조항이 일종의 위임조항으로 이해함으로써 해당 이행부서가 조약을 개정할 수 있다는 것이다. 일본의 경우에는 국회승인조약의 개정은 국회의 승인을 원칙으로 하되, 다만 원조약에 수권규정이 있을 때에는 그 수권의 범위 내에서 개정한다면 행정부 자체적으로 처리한다.[147)]

이와 같이 일본이 조약 내의 수권규정에 근거를 두고 있는 반면,[148)] 대한민국의 경우에는 수권규정에 착목하기보다는 해당 개정 내용이 헌법 제60조제1항에 해당하는지를 기준으로 하고 있는 것으로 보인다. 즉, 개정 조약도 일응 헌법에서 말하는 '조약'에 해당하므로 헌법 제60조제1항에 해당하는지 여부를 판단하여 결정해야 한다는 것이다. 개정을 목적으로 하지만 그 본질은 '조약'이므로 기존의 조약체결 절차를 취하면 된다는 견해로 이해된다.[149)]

---

147) 国際法事例研究会, 전게서, p. 176.

148) 이탈리아의 경우에도 일본과 유사하게 조약에 명시적인 개정 조항이 있으면 별도 의회의 승인이 요구되지 않는다고 한다. Giovanni Bognetti, "The Role of Italian Parliament" at Stefan A. Riesenfeld and Frederick M. Abbot, *supra* note 68, p. 98.

149) 이 주장은 현행 헌법의 해석상 가장 타당해보이기는 하지만, 그 자체로서 모든 문제를 해결할 수 있는 것은 아니다. 하나의 예로서 대한민국 헌법 제60조제1항은 국회의 동의 대상이 되는 조약 중에 '주권의 제약에 관한 조약'이라는 문구가 있고 이는 '주권을 제약하는 조약'으로 해석된다. 그런데 원조약이 우리나라의 주권을 제약하는 내용을 포함하고 있는데, 이러한 내용을 '주권을 제약하지 않도록' 개정하는 경우에도 국회의 동의가 필요한지 하는 의문은 남게 된다. 또한 국민의 권리와 의무에 영향을 미치는 '입법사항'이 포함된 조약이 있는데 여기서 '입법사항'을 제외하거나 배제하는 내용의 개정 조약을 체결한다면 이 역시 국회의 비준동의를 받아야 하는지 의문도 남게 된다.

3. 관련 사례

위와 같은 한국정부의 태도는 2000년도의 한・미 주한미군지위협정(SOFA)의 개정 사례에서 알 수 있다. 1991년 1차 개정으로 일부 문제점이 개선되었지만, 추가적인 SOFA 개정의 필요성이 지속적으로 제기됨에 따라, 1995년 11월부터 2000년 12월까지 11회의 공식협상을 가진 끝에 2000년 12월 28일 한・미 양측 대표는 제2차 SOFA 개정에 합의한다. 2차 개정은 「SOFA개정협정」, 「합의의사록 개정」, 「양해사항 개정」과 관련 문건이라 할 수 있는 「환경보호 특별양해각서」, 「고용 및 취업관련 양해각서」로 구성된다. 당시 정부는 앞의 세 가지 문건 「SOFA개정협정」,[150] 「합의의사록」,[151] 「양해사항」은 헌법 제60조제1항의 '입법사항'을 포함하고 있는 것으로 판단하여 국회의 동의를 받았지만 뒤의 두 가지 문건(「환경보호 특별양해각서」, 「고용 및 취업관련 양해각서」)에 대하여는 '입법사항'을 포함하고 있지 않다고 판단하여 국회동의 절차를 거치지 않았다.[152]

150) 주요 골자는 주요 범죄에 대한 SOFA 적용대상 피의자의 신병인도 시기를 기존의 '재판종결 후'에서 '기소시'로 변경하는 것이었다.

151) 합의의사록의 핵심은 우리측이 살인, 강간을 범한 미군 피의자 등을 체포한 경우에는 일정한 요건하에 당해 피의자를 계속 구금할 수 있도록 하고(합의의사록 제22조제5항 다), 미군 피의자 또는 피고인이 질병・부상 또는 임신중인 경우 우리측은 재판전 신병인도의 포기 또는 연기를 호의적으로 고려하도록 하는 한편(합의의사록 개정안 제22조제5항 다), 미측은 한국의 환경법령을 존중하고 한국측은 한국 환경법령을 집행함에 있어 미군의 건강 및 안전에 미치는 영향을 고려하도록 하는 것(합의의사록 제3조제2항)이었다.

152) 양해사항(Understandings)이 협정이나 합의의사록의 내용에 대한 '공통된 해석' 또는 '세부적인 절차 마련'에 국한되는지, 아니면 이러한 양해사항이 새로운 사항을 정하거나 기존의 합의의사록을 사실상 개정하는 효과를 가질 수 있는지 하는 문제는 사안별로 판단해야 한다고 본다. 예를 들어, 한국인 근로자의 개별해고건을 SOFA협정 제17조제4항을 근거로 합동위에 회부할 수 있느냐 하는 문제를 놓고 한・미 양측간에 협의를 한 결과 1991년 SOFA 양해사항에서 제17조제4항은 집단적 노동쟁의에 관한 사항이라는 점을 확인하면서도 이와 별도로

이러한 예에서 볼 때, 정부는 개정 조약도 마치 별개의 독립된 조약을 다루듯 헌법 제60조를 기준으로 하여 국회동의가 필요한지를 판단하는 것으로 보인다. 즉, 원래의 조약이 국회의 동의를 받았다고 하더라도 개정 대상이 되는 개별 조항이 헌법 제60조제1항에 해당하는 사항이 아니라면 국회의 동의를 받을 필요가 없다는 것이다.

4. 평 가

조약의 개정은 국내법령의 개정과는 여러 면에서 차이가 있다. 우선 개정에 대한 합의는 당사국들의 사이에서 이루어진다. 국내법령의 개정은 원래의 법령과 형식적으로는 동일한 절차를 거치지만, 조약의 개정은 그 내용의 중요도에 따라서 (i) 헌법 제60조제1항에 해당하는 사항이라면 국회의 동의를 얻어야 하고, (ii) 그렇지 않으면 일반 조약의 체결 절차와 같은 절차를 거쳐야 하며, (iii) 개정의 대상이 경미하고도 기술적인 사항이라면 고시류조약의 절차를 거쳐서 개정된다. 이는 마치 개정안 자체를 하나의 조약으로 보고 판단하여 그 절차를 정하는 것으로 보아도 될 것이다. 즉, 조약체결에 적용되는 기준과 규칙을 조약의 개정에 유추적용하는 셈이 된다. 이에 대한 반대의견으로서, 형식적으로 국회의 동의를 받은 조약이 개정되는 경우에는 내용의 중요도에 상관없이 다시 국회의 동의를 받아야 한다는 주장(컨센서스의 확보라는 측면)이 제기될 수도 있다. 그러나 조약과 국내법령은 그 체계가 다르기 때문에 조약을 국내법령의 개정 방식에 반드시 맞

개별 분쟁사건 해결을 위한 특별위원회 절차를 마련하였다(2001. 4. 노동부 『한·미 주둔군 지위협정 노무조항 해설』, 38-39쪽). 이와 같은 별도의 개별 분쟁사건 해결을 위한 절차는 기존 SOFA에는 없는 새로운 사항을 정한 것이라고 할 수 있다.

추어야 한다는 주장은 현실적으로 타당성이 결여되어 보인다. 한편, 경미하고도 기술적인 사항에 대하여는 고시의 형식으로 개정할 수 있다는데 대하여도 고시류조약 자체에 대한 비판과 동일한 비판이 제기될 수 있겠지만, 내용의 경중에 대한 판단 그리고 이에 적절한 절차(행정의 효율성)를 감안하여야 할 것이다.

Ⅳ. 조약의 종료

1. 조약종료의 규범

조약은 (i) 그 조약의 규정에 따라, (ii) 당사자간의 별도의 합의로, (iii) 조약법협약의 규정에 따라 그 효력이 종료된다. 특히 조약의 부적법성, 상대방의 실질적 위반, 사정의 변경 등 조약법협약의 제반 규정을 원용하여 조약을 시행 정지하거나 종료하려고 할 때에는 이를 원용하는 당사국이 조약법협약 제4절에 마련된 절차에 따라 통고 등의 조치를 취하여야 한다.

당사국간의 합의 및 조약법협약상의 이러한 절차는 국가간의 행위라고 할 수 있다. 그런데 조약의 종료에 대하여 국내적으로 어떠한 절차를 취해야 하는지, 특히 권한의 측면로서 국내적으로 어떠한 기관이 조약을 종료시킬 수 있으며, 또한 그러한 권한이 배타적인 성격인가 하는 문제가 제기될 수 있다.[153]

---

153) 이 외에도 종료조항이 없는 조약의 경우 종료가 가능한지 여부 등의 문제가 있는데, 이에 대하여는 조약법협약 제56조를 참조할 수 있다.

2. 조약종료 결정 권한

1) 조약의 일방적 종료 결정 권한

앞에서 언급한 조약의 종료 방식 중에서 조약 스스로가 그 종료를 규정하고 있는 경우에는 그에 따르면 될 것이다. 다만, 다수의 양자조약에는 "일방 당사자가 종료를 통고한 후 그 날로부터 6개월(또는 1년 등) 후에 조약은 종료한다"는 류의 일방적 종료 통고 조항을 담고 있는데, 이때에 이러한 종료(폐기) 통고를 유권적으로 결정하고 행사할 수 있는 기관은 누구인가가 역시 문제된다. 이는 특히 국회의 동의를 받은 조약에서 더욱 논란이 제기될 수 있는데, 대통령(외교통상부장관)이 국회의 승인 없이 그러한 조약을 일방적으로 종료시킬 수 있느냐 하는 문제이다.

이와 관련하여서는 미국의 *Goldwater v. Carter* 사건이 있다. 이 사건에서 미국의 대통령은 대만과의 조약을 일방적으로 파기한 바, 이에 대하여 Goldwater 상원의원이 조약의 종료(파기)시에도 상원의 승인이 필요하다고 주장하였다.[154] 미 대법원은 이러한 대통령과 국회의 권한 다툼은 정치적 문제(political question)라는 이유로 사법심사를 회피하였다.[155] 이와 같이 사법부가 조약의 종료 권한에 관한 사법적인 판단을 내리지 않음에 따라, 결과적으로는 의회(상원)가 대통령의 일방적인 조약 파기를 견제할 수 없게 되었다.

대한민국의 경우 조약종료의 권한도 조약체결과 마찬가지로 궁극적으로 대통령에게 속한다고 보아야 한다. 절차적 관점에서는 일방적

154) 미국 헌법의 관점에서 비추어 본 조약의 종료에 관한 권한 배분을 분석하기 위하여 미 상원이 만든 자료집으로 US Senate Committee on Foreign Relations, *Termination of Treaties: the Constitutional Allocation of Power*(Dec. 1978) 참조.

155) *Goldwater v. Carter,* 444 U.S. 996(1979).

으로 조약을 종료시키고자 할 때에는 국무회의의 심의 및 대통령의 재가를 받는 것이 적절하다고 판단된다.[156] 그리고 그러한 종료 사실을 공포나 고시의 방법으로 국민에게 알릴 필요가 있으며, 국민의 권리나 의무에 관계된 조항이 효력을 잃게 된다면 특히 공포의 방식으로 알릴 필요가 있다.

한편, 국회의 동의를 받은 조약에 대한 일방적 종료 결정의 문제인데, 이 경우에도 역시 일차적으로는 대통령이 조약의 종료에 대하여 궁극적인 권한과 책임을 가진다고 보아야 할 것이다. 이와 관련하여 행정부의 태도는 위의 조약 개정안과 유사한 사고방식으로서 "조약의 종료가 국내법에 저촉되거나 새로운 입법조치를 요구하지 않는다면 국회의 동의를 요하지 않는다"는 것이다. 이러한 입장은 조약 종료안 자체를 하나의 조약체결안에 유추하여 헌법 제60조제1항에 해당하는지 여부를 판단하여야 한다는 것으로도 이해된다.[157]

2) 조약종료에 대한 국회동의 문제

앞에서 미국의 *Goldwater v. Carter* 사건에 비추어 볼 때, 대한민국의 경우 국회동의조약을 폐기하기 위하여 국회의 동의가 필요할까? 이에 대하여도 두 가지 상반된 주장이 제기된 바 있다. 국회동의조약을 대통령이 일방적으로 종료하고자 할 때에는 민주적 통제라는 관점에서도 다시 국회의 동의를 얻어야 한다는 주장이 있는 반면, 대

156) Treaty Section Records & Historical Department Foreigin & Commonwealth Office, *Treaties and MOUs: Guidance on Practice and Procedures* (2nd ed., June 2000), p. 29.

157) 참고로 일본의 경우 일방적으로 조약의 종료를 선언・통보한 사례는 흔치 않은데, 지난 1998년 1월 구 한・일 어업협정의 종료통고시에는 각의 결정을 거친 후 국회의 승인을 따로 얻지 않고 단지 국회에 보고만 하였다고 한다. 国際法事例研究会, 전게서, p. 47.

통령의 조약종료는 상대방 국가와의 관계에서 이루어지는 고도의 정치성을 띠는 외교행위로써 국회의 동의를 필요치 않는다는 주장도 있다. 외국의 사례로서 독일의 경우 국제합의의 종료, 정지 및 폐기 모두 행정부의 전적인 재량이며, 해당 국제합의가 명시적으로 종료조항을 담고 있는지 여부에 관계없이 의회와의 협의는 불필요하다고 한다.[158)]

3. 관련 사례

조약이 자체 규정으로 자동적으로 종료하는 경우에는 국제적으로 그리고 국내적으로도 별도의 조치가 필요하지 않다. 그렇지 않은 경우 조약을 종료하고자 하거나, 아니면 종료하기로 되어 있는 조약을 연장하고자 할 때에는 당사자간 별도의 합의가 요구된다. 새로운 조약을 체결하면서 기존의 조약을 폐지하기로 하는 것도 이와 같은 당사자간의 별도의 합의에 해당한다. 한편, 일방적인 통보로 종료할 수 있도록 한 조약의 경우에도 어느 일방 당사자가 별도로 통보조치를 하여야 한다.

대한민국 정부의 지금까지의 처리 방식은 다음과 같이 설명될 수 있다. 자동적으로 종료하거나 새로운 조약을 맺어 종료하는 경우(특히 새로운 조약에 기존 조약의 종료를 규정하고 있는 경우)에는 별도의 공포나 고시의 조치를 취하지 않는다.[159)] 다만, 종료 또는 연장을 위하여 별도의 합의나 통보 등이 필요한 경우에 한하여 외교통상부장관의 직권하에 대외적으로 조치(주로 각서교환의 방식)를 취하고, 이를 관보에

158) Monroe Leigh and Merritt R. Blakeslee eds., *supra* note 23, p. 52.
159) 정인섭, "조약의 종료와 국회 동의의 요부," 『서울국제법연구』, 제11권 제1호 (2006. 6) 참조.

외교통상부고시의 형식으로 게재하였다.[160)]

구체적인 사례를 들자면, 우선 조약상의 규정에 근거하여 상대측이 일방적으로 통보함으로써 조약이 종료한 예는 1990년 8월 7일 서명된 「대한민국정부와 루마니아정부간의 무역협정」[161)]이 있다. 루마니아측은 2007년 1월 1일 유럽연합 가입을 이유로 동 협정 제11조제2항(일방이 종료 통보를 할 경우 6개월 뒤에 조약의 효력이 종료)에 의거, 2006년 6월 30일 공한으로 협정의 종료 통보를 해왔다. 이에 따라 한-루마니아 무역협정은 2006년 12월 31일 종료하게 되었고, 외교통상부는 고시의 형식으로 이를 관보에 게재하였다.

양측이 합의로 조약을 종료시킨 예로서는 1973년 1월 29일 서명된 「대한민국정부와 크메르공화국정부간의 문화협정」이 있다.[162)] 한국과 캄보디아는 2006년 7월 31일 「대한민국과 캄보디아왕국정부간의 문화협력에 관한 협정」에 서명함으로써 1973년 협정과 중복되게 되어, 「대한민국정부와 캄보디아왕국정부간의 '1973년 1월 29일 서명된 대한민국정부와 크메르공화국정부간의 문화협정' 종료를 위한 교환각서」의 형식으로 1973년도 협정을 합의로 종료시킨 바 있다. 이와 유사하게 새로운 조약을 체결하면서 기존의 조약을 종료시키고 이를 외교통상부고시의 형식으로 알린 사례는 「대한민국정부와 미합중국정부간의 투자보장협정 수정의 종료」[163)]를 포함하여 다수 존재한다.

참고로 연장(extension)과 관련하여서는 앞의 제2장에서 고시류조약

---

160) 한편, 이행입법의 경우에는 일반적인 법령 종료의 형식에 맞추어 종료에 필요한 조치를 취하였다. 그 예로는 1965년 구 한・일어업협정의 폐지와 함께 대통령령의 형식으로 「대한민국과 일본국간의 어업에 관한 협정시행의 건 폐지령」(대통령령 제16768호)이 있다(2000년 3월 28일자 관보 제14466호).

161) 1990년 12월 21일 발효(조약 제1025호).

162) 외교통상부고시 제597호.

163) 관보 제13975호(1998년 8월 7일).

유형의 하나로서 "조약의 유효기간을 단순히 연장하기 위한 합의[예 : 1971년 소맥무역협정의 제5차 연장을 위한 1979년 의정서(외무부고시 제40호)]"를 언급한 바와 같이 주로 고시류조약으로 처리된다. 즉, 조약의 단순한 연장의 경우에는 외교통상부장관이 직권으로 대외적인 조치를 취한 후 이를 고시의 형식으로 관보에 게재하고 있다.[164] 다소 특이한 예로서는 「대한민국정부와 영국정부간의 울산공과대학의 설립에 관한 협정을 연장하는 협정」은 정식 조약의 형식으로 체결하고 또 이를 '조약'으로 관보에 게재하였다.[165] 또한 연장과 개정은 수차례 걸쳐 반복적으로 일어나기도 하는데, 「대한민국정부와 국제연합공업개발기구간의 협정의 연장협정 체결을 위한 각서교환」[166]과 같은 경우에는 기존 협정을 연장한데 대하여 다시 연장된 협정을 수정하는 내용으로서 고시류조약으로 처리된 바 있다.

대통령이 일방적으로 조약의 종료를 선포한 사례는 파악되지 않지만, 국회동의조약을 상대국과 합의로 종료시키면서 국회의 동의를 구하지 않은 사례는 존재한다. 1962년부터 교섭이 시작되어 82차에 걸친 회담을 거쳐 1966년 7월 한 · 미간 서명된 주한미군지위협정(SOFA: Status of Forces Agreement)[167]은 협정 본문과 함께 합의의사록(Agreed Minutes), 합의양해사항(Agreed Understanding) 그리고 형사재판권에 관한 한국 외무부장관과 주한 미국대사간의 교환각서(Exchange of Letters)

---

164) 일본의 경우 조약을 연장하고자 할 때에는 내각(Diet)의 결정이 원칙적으로 필요하지만, 해당 조약이 연장조항을 가지고 있을 때에는 내각의 결정 없이 외무성 차원의 결정으로 연장이 가능하다고 한다. Takao Kawakami, "National Treaty Law and Practice: Japan" at D Hollis, M Blakeslee, B Ederington, eds., *National Treaty Law and Practice* (2005), p. 421.

165) 조약 제551호(관보 제7220호, 1975년 12월 11일).

166) 외무부고시 제176호(관보 제11388호, 1989년 11월 27일).

167) 1950년 7월 12일 '주한미군 범죄에 대한 형사재판권에 관한 대한민국과 미합중국간의 협정'(이른바 '대전협정')을 대체한 조약이다.

세 가지 부속서로 구성된다. 협정 본문과 위의 부속서는 일괄적으로 국회의 동의(1966년 10월 14일)를 받아 1969년 7월 29일자로 발효하였다. 그후 특히 형사재판권에 관한 내용이 '불평등하다'는 국내적 비판이 제기되어 한국정부는 협상을 거쳐서 1991년 외무장관과 주한 미대사간 '각서교환'의 형식으로 1966년 「합의양해각서」[168]와 「교환각서」[169]를 폐기하게 된다.

당시 정부는 이러한 부속서의 폐기(교환각서)가 국내법의 저촉문제나 새로운 입법조치를 요하지 않으며 헌법 제60조제1항의 규정에 의한 국회의 동의를 요하는 조약에 해당하지 않는 것으로 판단하였다. 결국 「합의양해각서」와 「교환각서」를 폐기하는 내용의 1991년 교환각서(폐기를 합의)는 1월 18일 국무회의에 상정되어 대통령의 재가는 받았지만 국회의 동의를 얻지는 않았다. 대한민국 정부는 결국 조약의 종료 문제에 있어서도 다시 헌법 제60조제1항의 기준을 적용, 국회동의 필요 여부를 판단하고 있다.

4. 조약종료와 국내법적 효력

조약의 종료와 관련된 또 하나의 중요한 문제는 국내법과 같은 효력을 가지는 조약의 문제이다. 대한민국 헌법 제6조에 따라 조약은 국내법과 같은 효력을 가진다. 그렇다면, 조약이 종료되어 국제법적으로 효력이 상실되면 당연히 국내법적으로 효력을 상실하게 되는지

---

168) 당시 정부는 1966년 「합의양해각서」를 SOFA 합동위 차원의 '조약이 아닌' 합의문서로 이해하였던 것으로 보인다. 한편, 한미 양측 SOFA 합동위 차원에서 1966년 합의양해사항을 대체하는 내용의 「이행양해사항」(Understandings on Implementation of the Agreement and Related Agreed Minutes)에 합의하였다.

169) 범죄발생 통고를 받은 후 15일 내에 법무부장관이 서면으로 미군 당국에 통보하지 않으면 한국이 재판권을 포기한 것으로 본다는 '자동포기'가 핵심 내용이다.

하는 문제가 제기된다. 만약 사회보장협정이나 이중과세방지협정을 대통령이 외교적인 이유로 종료시킨다면, 이러한 조약에 따라 혜택을 받고 있던 개인은 그러한 혜택을 상실하게 될 것이다. 이러한 경우에 개인이 국가를 상대로 자신의 권리를 침해하였다는 이유로 소송을 제기할 수 있을 것인가 하는 문제까지 연결될 수 있다. 또한 이렇게 개인의 권리나 의무에 영향을 미치는 경우를 포함하여 행정부는 조약의 종료시 대외적으로 어떻게 이를 알리느냐 하는 형식도 정해야 한다. 개인의 권익과 관련된 조약의 경우에는 종료시에도 일정 기간 등을 정하여 개인의 권익에 악영향이 없도록 하는 조항을 조약 자체에 두거나 아니면 별도로 합의하여야 할 것이다.

5. 평 가

헌법의 해석에 비추어 볼 때, 조약의 종료 권한을 가진 주체는 조약체결의 권한을 가진 대통령으로 보는 것이 타당하다. 그리고 종료에 관한 국내절차는 조약의 당초 체결절차에 준하는 것이 바람직하지만, 해당 조약에 종료조항이 있어서 이에 따를 때에는 상황에 맞는 조치를 취하는 것이 가능하리라 본다. 국회의 동의를 받은 조약을 일방적으로 종료하고자 할 때에도 대통령이 반드시 다시 국회의 동의를 얻어야 할 필요는 없다고 생각된다.[170] 다만, 그러한 종료조치가 국회의 입법권에 직접 영향을 미치거나 새로운 입법을 요구할 때에는 국회의 동의가 요구될 수도 있다는 것이 한국 행정부의 태도인 것으로 보인다. 한편, 조약이 국가간의 관계에서 종료되면 국내법적으로도 효력이 종료된다고 할 수 있다. 국민의 권리・의무에 관한 사항을

170) 네덜란드의 1994년 조약체결절차법(제14조)에 따르면, 조약(국회의 승인을 받은 조약)의 철회에 있어서도 의회가 원칙적으로 이를 승인하여야 한다고 하고 있다.

담은 조약이 종료된다면, 이는 공포되어야 그 국내법적 효력이 비로소 종료한다고 하여야 할 것이다. 참고로 한국의 경우에는 조약의 연장은 대개 외교통상부장관 직권의 고시류조약의 형식으로 외국과 합의하며, 이에 대하여 별도로 국회의 동의나 보고는 요하지 않는 것으로 이해되고 있다.[171)]

제3절 특수조약으로서 남북합의서

이 절에서는 남북한간에 체결된 이른바 '남북합의서'[172)]의 법적 지위를 어떻게 이해하는 것이 타당한지, 다시 말하면 남북합의서를 조

---

171) 이와는 대조적으로 네덜란드의 1994년 조약체결절차법은 아래와 같이 행정부가 의회에 통보하고 의회가 요구하는 때에는 의회의 승인을 받도록 하고 있다. 구체적으로 이 법 제9조는 "1. 정부가 조약을 연장하려는 경우 정부는 의회에 서면으로 통보하여야 한다. 2. 의회에 조약이 통보된 후 30일 이내 이행조약이 승인되어야 한다는 의사가 상원 또는 하원에 의해 표명되는 경우 제7조 제마호 규정에도 불구하고 의회의 승인이 요구된다"고 규정하고 있다.

172) 「남북관계 발전에 관한 법률」 제4조는 '남북합의서'를 "정부와 북한 당국간에 문서의 형식으로 체결된 모든 합의"라고 정의하고 있다. 이를 문자대로 해석하면, 법적인 구속력 여부에 관계없이 문서로 체결되는 모든 합의서가 남북합의서에 해당한다. 남북관계가 긴밀해질 경우 남북간에 체결되는 합의문의 종류와 건수가 증가하리라 생각되며, 그 내용에 따라서는 법적인 구속력을 가지지 않은 정치적 문건 또는 기술적인 성격의 문건도 많을 것으로 예상된다. 이러한 모든 합의문을 동 법률이 정한 절차에 따라 체결하는 데에는 무리가 있을 것으로 보이므로, 입법적으로는 법률상의 '남북합의서'를 법적인 구속력을 가지는 문건 또는 정치적으로 중요한 사항을 다루는 문건에 한정하는 것이 바람직할 것이다.

약으로 보아야 하는지, 아니면 조약이 아닌 특수한 합의로 이해하여야 하는지를 검토해 보고자 한다.[173] 이와 같은 검토를 토대로 하여 남북합의서 체결에 대한 권한은 누구에게 속하는지, 그리고 그 절차는 어떠한지를 일반 조약과 비교하면서 살펴 보려고 한다.

Ⅰ. 남북합의서의 조약성

남북합의서가 대한민국 헌법 제6조가 말하는 '조약'에 해당하는지 여부는 남북한간의 관계를 어떻게 정의할 것인지 하는 사안과 연계되어 왔다. 조약이란 일반적으로 주권국가들 간에 체결되는 것인데, 주권국가와 주권국가와의 관계로 볼 수 없는 남북한 사이에도 조약이 체결될 수 있는가 하는 의문이 당초 제기되었던 것이다. 대한민국 헌법이 대한민국의 영토를 한반도 전체로 규정하고 있고,[174] 또한 남북한 당국이 서로의 관계를 "나라와 나라 사이의 관계가 아닌 통일을 지향하는 과정에서 잠정적으로 형성되는"[175] 특수관계라고 스스로 정의함에 따라, '주권국가들 간에 체결되는 조약'은 이러한 특수관계에는 어울리지 않는 것으로 인식되었다. 물론 조약이 반드시 주권국가를 상대로만 체결되는 것이 아니라 국제기구, 반도단체와의 조약체결도 가능한 만큼 남북합의서의 조약성의 문제와 남북한간의 특수관계라는

---

173) 제3절의 일부 내용은 외교통상부 발간 2006년 6월 『국제법 동향과 실무』, 제14호(19-28쪽)에 실린 배종인 "남북합의서의 법적 지위"를 참고로 하여 작성되었다.

174) 대한민국 헌법의 영토조항(제3조) : "대한민국의 영토는 한반도와 그 부속도서로 한다."

175) 1992년 2월 19일 발효된 「남북 사이의 화해와 불가침 및 교류 · 협력에 관한 합의서」의 전문에서 발췌한 표현.

두 가지 사안이 필연적으로 연계될 필요는 없었다고 본다.[176][177] 그러나 '북한과 조약을 체결함으로써 북한의 국가성(Statehood)을 간접적·묵시적으로 인정하는 것이 아니냐'는 우려가 당초에는 크게 작용하였던 것으로 생각된다. 이와 같은 우려로 인하여 남북합의서는 '조약이 아닌 특수한 어떤 것'으로 이해되어야 했고, 따라서 조약과는 다른 모양새를 갖추게 되었다.

이러한 당초의 인식과 모양새에도 불구하고, 대한민국 헌법의 틀에 비추어 볼 때 남북합의서는 결국 조약에 해당한다고 밖에 볼 수 없다고 생각된다. 현행 「남북관계 발전에 관한 법률」이 남북합의서의 체결에 관한 사항을 따로 규율하고 있지만, 이 법률 역시 조약에 관한 헌법 제6조에 그 기반을 두고 있다. 이를 구체적으로 논하기 위하여는 우선 남북합의서에 대한 정부와 법원의 인식이 어떻게 변화하였는지를 연혁적으로 살펴볼 필요가 있다.

II. 남북합의서에 대한 연혁적 이해

'국내절차적으로 남북합의서를 어떻게 처리하고 이해하였는지'를 시기적으로 구분해 보면, ① 남북합의서를 '신사협정'이나 '공동선언'으로 이해하였던 2000년도 이전, ② 별도의 절차규정이 없는 가운데

176) 망명정부, 혁명정부의 조약체결능력에 관한 사항은 Blix, *supra* note 10, pp. 107-191 참조.

177) 미승인국이 아닌 미수교국과 과거 조약을 맺은 사례는 몇 차례 있었다. 한국은 이집트와 1995년 4월 13일 외교관계를 수립하기 전에 1992년 12월 9일 이중과세방지협정을 서명한 바 있다(이 협정은 1994년 2월 5일 발효). 조약법협약 제74조는 "둘 또는 그 이상의 국가간의 외교 또는 영사관계의 단절 또는 부재는 그러한 국가간의 조약체결을 막지 아니한다. 조약의 체결은 그 자체 외교 또는 영사관계에 관련된 상태에 영향을 주지 아니한다"라고 하고 있다.

남북합의서를 조약에 준하여 처리하여 온 2000년~2006년의 시기, ③ 그리고 입법을 통하여 남북합의서의 체결과 절차를 마련한 2006년 이후로 대별해 볼 수 있다. 여기에서는 남북합의서에 대한 행정부와 법원의 태도를 이러한 시대 구분에 따라 조망해 본다. 물론 이러한 구분은 동일한 주체(행정부와 사법부)가 실체적으로 동일하거나 유사한 객체(남북합의서)에 대하여 시대에 따라 달리 이해하고 처리하였다는 점을 전제로 하고 있으나, 그러한 객체가 반드시 동일하거나 유사한 것이냐 하는 의문이 있을 수 있다고 본다. 이 글에서 주된 분석의 대상이 되는 1991년도 남북기본합의서와 2000년 이후의 제반 경제협력 남북합의서는 성격과 내용이 서로 다르다는 점에서 그러하다. 하지만, 발전사적으로 볼 때 남북합의서에 대하여 정치적 의미만을 부여하던 시기(2000년 이전), 일부 합의서에 대하여 법적인 구속력을 부여한 시기(2000년 이후), 남북합의서 체결을 위한 절차를 따로 마련한 시기(2006년)는 구분될 수 있다고 보며, 이러한 시대 구분이 북한이라는 실체에 대한 대한민국 정부의 시각과 태도 변화와도 관련이 있다고 생각한다.

1. 2000년 이전의 상황 : '신사협정'이나 '공동선언'으로 이해

1991년 12월 13일 당시 남측 정원식 국무총리와 북측 연형묵 정무원 총리간에 서명된 「남북 사이의 화해와 불가침 및 교류협력에 관한 합의서」(이하 「남북기본합의서」)는 제25조에서 "남과 북이 각기 발효에 필요한 절차를 거쳐 그 문본을 서로 교환한 날부터 효력을 발생한다" 고 규정하고 있다. '발효에 필요한 절차'로서 당시 한국정부는 「남북기본합의서」에 대해 국무위원 전체가 부서한 후 대통령이 재가하는 절차를 거쳤으나, 국회에 대하여는 '동의'를 요청하지는 않고 '보고'만 하였다. 정부는 당시 「남북기본합의서」가 조약에 해당하지 않는다는 점에 관하여는 같은 목소리를 냈지만 '(국제법적 강제력을 인정할 수 없는) 신사협정'에 해당하느냐는 문제에 있어서는 관계 부처간 다소 다른 뉘앙스의 의견을 피력했다.[178)]

이후 「남북기본합의서」의 법적 지위 특히 그 국내법적인 효력을 둘러싼 논란이 법정에서 제기되었고, 헌법재판소와 대법원은 일관되게 「남북기본합의서」가 일종의 공동선언 또는 신사협정에 불과하며 따라서 조약 또는 이에 준하는 것으로 볼 수 없다고 판시하였다. 이러한 논리를 근거로 하여 사법부는 「남북기본합의서」가 국내법령인 국가보안법의 규범력에는 영향을 줄 수 없다는 점을 여러 차례 확인하였다.[179)]

우선 헌법재판소는 "남북합의서는 남북관계를 '나라와 나라 사이의 관계가 아닌 통일을 지향하는 과정에서 잠정적으로 형성되는 특수관계'임을 전제로 하여 이루어진 합의문서인 바, 이는 한민족공동체 내부의 특수관계를 바탕으로 한 당국간의 합의로서 남북당국의 성의있는 이행을 상호 약속하는 일종의 공동성명 또는 신사협정에 준하는 성격을 가짐에 불과"하다고 판시하였다.[180)] 그리고 대법원은 "… 남북 사이의 화해와 불가침 및 교류협력에 관한 합의서는 남북관계가 '나라와 나라 사이의 관계가 아닌 통일을 지향하는 과정에서 잠정적으로 형성되는 특수관계'(합의서 전문)임을 전제로, 조국의 평화적 통일을 이룩해야 할 공동의 정치적 책무를 지는 남북한 당국이 각기 정치적인 책임을 지고 상호간에 그 성의있는 이행을 약속한 것이기는

---

178) 법무부와 통일부간의 의견차에 관한 상세한 내용은 제성호, 『남북한 특수관계론 : 법적 문제와 그 대책』(1995), 49쪽.

179) 대법원 1999.12.28.선고 99도4027 판결, 국가보안법위반 잠입·탈출 등.

180) 헌법재판소 1997.1.16. 92헌바6 등, 판례집 9-1 1,23.

하나 법적 구속력이 있는 것은 아니어서 이를 국가간의 조약 또는 이에 준하는 것으로 볼 수 없고, 따라서 국내법과 동일한 효력이 인정되는 것도 아니다"라고 판결한 바 있다.[181)]

2. 2000년부터 2006년까지 : 조약의 형식으로 처리

정치적 합의 또는 신사협정으로서 남북합의서의 지위는 남북간의 교류관계가 정치적인 차원에 머물러 있었을 때에는 실질적으로 큰 문제가 되지 않았다. 하지만, 2000년 6월 15일 남북정상회담 이후 교역, 투자 등 경제협력 분야에서 양자의 관계가 실질적으로 발전하게 되자, 새로이 체결될 남북합의서에 대하여는 (i) 남북한 양자간의 관계에 있어서 그리고 (ii) 각자 대내적으로도 법적인 구속력을 부여할 필요성이 대두되었다.

남북 상호간의 관계에 있어서 투자·교역·상사분쟁·왕래와 같은 실질적인 사안을 다룬 합의문이 단지 '정치적 문건,' '신사협정'에 불과하다면 일방 당사자가 이를 어기더라도 도의적·정치적 책임만 물을 수 있다는 결론이 도출되고, 이러한 결론은 투자, 교역 등 상호 활발한 경제협력에 잠재적 불안요소로 작용할 수 있다는 우려가 있었던 것이다.[182)]

---

181) 남북기본합의서가 법적인 구속력이 없다는 고등법원의 판단(서울고법 1998.7.16. 선고 97구18402 판결)에 대하여 대법원은 긍정하면서 남북기본합의서가 정치적 약속일 뿐 조약이 아니며, 따라서 이 합의서의 국내법적인 효력을 부정하였다(대법원 1999.7.23. 선고 98두14525 판결, 북한주민접촉신청불허처분취소).

182) 개념적으로만 볼 때 —특히 조약을 국내법에 수용함에 있어서 이원론적인 체계(dualism)를 가진 국가의 시각에서는— ① 남북한 양자간에 법적인 효력을 가진다는 문제와 ② 각자 대내적으로 법적인 효력을 가진다라는 문제는 별개의 사안으로 볼 수 있다. 또한 사실상 강제력을 가진 분쟁해결 절차가 없고 실효성있는 이행확보 메커니즘이 없는 상황이라면 남북합의서가 법적인 합의서(유

남북한간 합의서에 국내법적인 효력을 부여하기 위한 우리 내부의 절차를 둘러싼 정부부처간 협의과정에서 ① 경제협력합의서를 조약에 준하는 합의문건으로 간주하여 국회의 비준동의를 받아야 한다는 의견과 ② 경협합의서의 이행을 위하여 별도로 법률의 제정이나 개정을 하면 된다는 의견이 각각 개진되었다. 조약 방식(①의 방식)은 외국과 체결되는 조약에 준하여 국내절차(국무회의 심의, 대통령 재가, 주권을 제약하거나 입법사항이 있으면 국회 동의)를 거치도록 하자는 것인데, 이 경우 남북간 합의서가 국가간의 문건인 '조약'과는 다르기 때문에 헌법에서 정한 조약체결 절차가 그대로 준용되는 근거에 대하여 이견이 있을 수 있으며, 또한 형식적이나마 '북한'을 '외국'으로 인정하는 효과를 가져 올 우려가 제기되었다.

반면 법률안 방식(상기 ②의 방식)으로 처리하는 데에 따른 문제점으로서는 "남북 각기 입법기관을 거치는 과정에서 내용을 수정함으로써 합의서가 왜곡·변질될 우려가 있고," "행정부가 합의한 대로 국회가 법률을 제·개정하게 되어 행정부의 합의가 국회 입법권을 제약하는 결과가 되는 한편," "발효시는 물론 합의서를 수정·보충할 때마다 관련 법규를 제·개정해야 하는 등 절차가 번잡하며," "국가성 인정문제와는 별개로 헌법상 국내법이 북한에도 미치는 것으로 보아야 하기 때문에, 남북이 각각 개별 법률을 제정할 경우 우리 국민들에 대한 북한법 적용에 대하여 헌법적 근거가 미약한 결과를 초래하는 등의 문제점" 등이 제기되었다.[183] 결국 정부는 관계 부처 협의 및 전문가 검토를 통해 2001년 5월 4개 경협합의서를 '조약 방식'으로 체결하기

사조약)이냐, 아니면 신사협정이냐 하는 문제는 이론적인 논의에 불과하다는 주장도 있을 수 있다. 그리고 특수관계를 지향하는 남북한간의 합의문건이 '국제법의 규율을 받는 조약'에 해당하느냐 하는 의문도 제기될 수 있다고 본다.

183) 통일부 보도 자료 '남북경협합의서 해설자료' http://www.unikorea.go.kr/kr/kr/KUN/KUN0301R.jsp.

로 방침을 정하였다. 우리 투자자에게 법적으로 안정된 보호를 할 의무를 북한에게 지우기 위해서도 이러한 '조약 방식'이 필요하다는 판단이었다.[184]

「남북 사이의 투자보장에 관한 합의서」 등 4건의 남북합의서가 이러한 방식으로 처리되었다. 이 4건의 합의서는 2001년 5월 22일 제20회 국무회의 심의, 같은 해 5월 28일 대통령 재가, 그리고 2003년 6월 30일 제240회 국회 본회의 의결, 2003년 8월 20일 남북한 당국간 문본 교환, 2003년 8월 23일 공포라는 일련의 절차를 거쳐서 발효하게 되었다.[185] 이러한 국내절차의 과정에서도 정부는 남북합의서를 '국가와 국가간에 체결되는 조약'과는 구분하기 위하여, 통일부와 외교통상부가 함께 합의서안을 국무회의에 상정하고 최종적으로 관보에 공포를 할 때에도 조약안이 아닌 기타 공포란으로 분류하였다. 이후 2004년 8월과 9월에 거쳐 서명된 「개성공업지구 통관에 관한 합의서」 등 9건의 남북합의서가 다시 위와 동일한 국내절차를 거쳐 2005년 8월 1일 발효하였다.

위와 같은 총 13건의 남북합의서에 대하여 법제처는 모두 입법사항을 포함하고 있는 것으로 판단하였고,[186] 이러한 의견에 따라 통일

---

184) 남북경협합의서를 조약 방식으로 처리함에 따라 '북한에 대한 국가승인'이라는 원치 않는 결과를 초래한다는 우려에 대하여 정부는 ① 4개 경협합의서가 각각 전문에서 "경제교류와 협력이 나라와 나라 사이가 아닌 민족 내부의 거래임을 확인"함으로써 남북 상호간의 국가승인을 초래하는 것은 아니고, ② 조약이 반드시 상호 승인된 국가관계에서만 체결되는 것이 아니라 국가 외에 국제기구나 교전단체 등의 국제법 주체와도 체결될 수 있다고 설명하였다. 2001년 6월 통일외교통상위원회 수석전문위원 『남북 사이의 투자보장에 관한 합의서, 남북 사이의 소득에 대한 이중과세방지합의서, 남북 사이의 상사분쟁해결절차에 관한 합의서, 남북 사이의 청산결제에 관한 합의서 검토보고』.

185) 합의서의 제목과 체결일시 등에 관하여는 〈도표 4-2〉를 참조.

186) 예를 들어 「남북 사이의 투자보장에 관한 합의서」(이하 '투자보장합의서') 제7조제1항은 남과 북의 일방과 그 상대방 투자자간에 발생하는 분쟁이 협의로 해

부와 외교통상부는 13건의 남북합의서를 모두 국회에 제출하여 동의를 얻은 바 있다. 남북합의서의 경우에도 '무엇이 입법사항인가' 하는 문제에 직면하게 된다. '입법사항'에 관하여는 이미 기술한 바 있으므로 여기서는 논의를 생략하고자 한다. 다만, 남북합의서는 여타 조약에 비해서 중요하다는 인식이 있었으며, 그러한 경중의 판단에 기초하여 입법사항의 존부를 판단함에 있어서도 엄격한 기준을 적용한 것으로 보인다.

3. 2006년 이후 : 「남북관계 발전에 관한 법률」

앞서 말한 바와 같이 2000년 이후 2005년까지 남북한간 경제협력에 관한 제반 합의서는 조약체결 방식[187]을 준용하여 처리되어 왔다. 하지만, 국회가 2005년 12월 8일 「남북관계 발전에 관한 법률」을 의결하여 남북한간 합의서 체결에 관한 국내절차를 마련함에 따라 행정부는 이 법률이 시행(2006년 6월 30일)되는 시점부터는 남북합의서를 체결함에 있어서 적어도 표면적으로는 더 이상 조약 방식을 원용할 필요가 없게 되었다. 이 법률은 남한과 북한의 관계를 "국가간의 관계가 아닌 통일을 지향하는 과정에서 잠정적으로 형성되는 특수관계"로 정의하고 "남한과 북한간의 거래는 국가간의 거래가 아닌 민족 내부의 거래"로 규정하고 있다(제3조). 이어 제4조(정의)에서 "남북합의

결되지 아니하는 경우 남과 북이 합의에 의하여 구성하는 남북상사중재위원회에서 이를 해결하도록 규정하고 있다. 이에 반해 대한민국 헌법 제27조는 헌법과 법률이 정하는 법관에 의하여 법률에 의한 재판을 받을 권리를 부여하고 있다. 법제처는 투자보장합의서가 이러한 재판받을 권리를 제한하는 '법률'로서 작용하기 때문에 이를 '입법사항'이라고 보았다.

187) 외교통상부와 통일부가 공동으로 발의하여 국무회의에 상정한 후 대통령의 재가를 받아서 체결하되, 헌법 제60조제1항이 정한 사항을 포함하고 있을 때에는 국회로부터 비준동의를 받는 형식이었다.

서"를 "정부와 북한 당국간에 문서의 형식으로 체결된 모든 합의"라고 정의한 후, 제21조에서 이러한 합의서를 체결하는 권한이 대통령에 속한다고 한 후, 그 비준에 앞서 국무회의의 심의를 받도록 하고 있다. 이러한 과정에서 국회는 "국가나 국민에게 중대한 재정적 부담을 지우는 남북합의서 또는 입법사항에 관한 남북합의서의 체결·비준에 대한 동의권"을 가진다고 규정하고 있다.[188)]

동 법률은 "남북합의서는 남한과 북한 사이에 한하여 적용한다"고 하여 그 효력범위를 한정하고 있으며, 중대사태 발생시 남북합의서의 효력의 전부 또는 일부를 정지시킬 수 있는 권한을 대통령에게 부여하고 있다.[189)] 이 법률이 정한 절차에 따라, 정부는 서해평화협력특별지대 설치 등을 골자로 하는 「'남북관계 발전과 평화번영을 위한 선언' 이행에 관한 제1차 남북총리회담 합의서」를 2007년 11월 27일 비준동의차 국회에 제출한 바 있다.

---

188) 第21조(남북합의서의 체결·비준) ① 대통령은 남북합의서를 체결·비준하며, 통일부장관은 이와 관련된 대통령의 업무를 보좌한다. ② 대통령은 남북합의서를 비준하기에 앞서 국무회의의 심의를 거쳐야 한다. ③ 국회는 국가나 국민에게 중대한 재정적 부담을 지우는 남북합의서 또는 입법사항에 관한 남북합의서의 체결·비준에 대한 동의권을 가진다. ④ 대통령이 이미 체결·비준한 남북합의서의 이행에 관하여 단순한 기술적·절차적 사항만을 정하는 남북합의서는 남북회담대표 또는 대북특별사절의 서명만으로 발효시킬 수 있다.

189) 第23조(남북합의서의 효력범위 등) ① 남북합의서는 남한과 북한 사이에 한하여 적용한다. ② 대통령은 남북관계에 중대한 변화가 발생하거나 국가안전보장, 질서유지 또는 공공복리를 위하여 필요하다고 판단될 경우에는 기간을 정하여 남북합의서의 효력의 전부 또는 일부를 정지시킬 수 있다. ③ 대통령은 국회의 체결·비준동의를 얻은 남북합의서에 대하여 제2항의 규정에 따라 그 효력을 정지시키고자 하는 때에는 국회의 동의를 얻어야 한다.

Ⅲ. 남북합의서 체결 권한과 절차

1. 남북합의서 체결에 관한 권한

「남북관계 발전에 관한 법률」은 대통령이 남북합의서를 체결·비준할 권한을 가지며, 아울러 통일부장관이 이를 보좌한다고 명시하고 있다. 하지만 이 법률 자체가 남북합의서 체결·비준의 권한을 대통령에게 부여하였다고 하기보다는 헌법이 그러한 권한을 대통령에게 부여한 것을 이 법률이 확인하였다고 보는 것이 타당하다. 즉, 남북합의서는 일종의 조약으로 볼 수밖에 없으며, 결국 조약에 대한 체결권한은 대통령에게 속하므로 당연히 남북합의서 체결 권한도 대통령에게 부여되었다고 하여야 한다. 이와 같이 볼 수밖에 없는 데에는 다음과 같은 추가적인 이유가 있다. 첫째, 앞의 연혁에서도 살펴본 바와 같이 그 동안 남북합의서는 사실상 조약체결 절차를 거쳤다. 「남북관계 발전에 관한 법률」이 마련되었으나 그 대부분의 절차는 기존의 조약체결 절차를 답습하였다. 두 번째, 더욱 중요한 점은 남북합의서의 효력 문제이다. 「남북관계 발전에 관한 법률」에는 남북합의서의 국내법적 효력에 관한 근거규정은 없다. 따라서 남북합의서가 국내법과 같은 효력을 가져야 한다면 결국 그 근거는 헌법 제6조(조약에 관한 조항)로 거슬러 올라갈 수밖에 없다.

보다 큰 틀에서 보면, 북한에 대한 교섭이나 통일정책에 관한 권한도 외교수행권(대외행정권)의 하나로 이해하는 것이 타당하다고 본다. 물론 통일정책과 외교정책은 여러 측면에서 다르다고 할 수 있으며, 특히 통일정책의 경우 헌법 제4조[190]가 명시적으로 그 기본방향을 규

190) 헌법 제4조 : "대한민국은 통일을 지향하며, 자유민주적 기본질서에 입각한 평화

정하고 있는 점에서 더욱 그러하다. 그러나 통일정책 역시 특수하기는 하지만 대외적인 행정권의 연장으로 보는 것이 적절하며, 그렇다면 역시 외교수행권을 가진 대통령에게 그 권한이 속하는 것으로 이해하여야 할 것이다. 이러한 의미에서 북한과의 교섭에 관한 궁극적인 권한도 대통령에 부여되었다고 할 수 있는데, 「정부대표임명법」에 대한 특별법의 관계에 있다고 할 수 있는 「남북관계 발전에 관한 법률」에 따르면 중요한 교섭이나 중요한 남북합의서에 관하여는 대통령이, 그 외의 사항에 관하여는 통일부장관이 남북회담대표를 임명하도록 하고 있다.[191] 또한 통일부장관이 남북회담대표에 대하여 필요한 지휘 및 감독권을 가지고 있다.[192] 즉, 조약체결에 관한 외교통상부장관의 역할과 유사한 역할을, 남북합의서의 체결에 있어서는 통일부장관이 맡도록 되어 있는 것이다.

2. 남북합의서 체결에 관한 절차

1) 일반적 조약체결 절차와 비교

남북합의서의 체결절차는 조약의 체결절차와 대동소이하다고 할 수 있다. 우선 통일부장관은 남북합의서안에 대하여 법제처장에게 심

적 통일정책을 수립하고 이를 추진한다."

191) 第15조(남북회담대표의 임명 등) ① 북한과 중요사항에 관하여 교섭 또는 회담에 참석하거나 중요한 남북합의서에 서명 또는 가서명하는 남북회담대표의 경우에는 통일부장관이 관계기관의 장과 협의한 후 제청하고 국무총리를 거쳐 대통령이 임명한다. ② 통일부장관은 북한과의 교섭 또는 회담 참석, 남북합의서의 서명 또는 가서명에 있어 남북회담대표가 된다. ③ 제1항 및 제2항의 경우를 제외한 남북회담대표는 통일부장관이 임명한다 ….

192) 第18조(지휘·감독 등) ① 통일부장관은 남북회담대표 및 파견공무원의 임무수행, 남북회담 운영에 관하여 필요한 지휘·감독을 한다. ② 남북회담대표 및 파견공무원의 임무수행, 남북회담 운영 등 그 밖에 필요한 사항은 대통령령으로 정한다.

사를 요청하여야 하며, 법제처장은 남북합의서안의 내용이 「헌법」에 위반될 소지가 있거나 법리적으로 명백한 문제가 있다고 인정되는 경우에는 그 사유를 명시하여 이를 반려할 수 있다(시행령 제20조).[193] 법제처의 심사를 거친 남북합의서안은 국무회의에서 심의된다(법률 제21조제2항). 국민에게 중대한 재정적 부담을 지우거나 입법사항을 포함한 남북합의서에 대하여는 국회가 동의권을 가진다(법률 제21조제3항). 법제처 심사 → 국무회의 심의 → 대통령 재가 → 필요시 국회의 동의라는 대강의 흐름은 조약과 같다고 할 수 있다. 다만, 구체적으로는 국회의 동의 대상이 되는 남북합의서의 범위가 헌법 제60조제1항과는 다르며, 또한 법제처의 반려 사유에도 다소 차이가 있다고 할 수 있다.[194]

남북합의서의 체결절차에서 눈에 띄는 대목은 이미 체결·비준한 합의서의 이행에 필요하여 체결되는 "단순한 기술적·절차적 사항만을 정하는 남북합의서"는 남북회담대표의 서명만으로 발효시킬 수 있도록 한 것이다.[195] 일응 고시류조약의 범주에 해당하는 남북합의서는 정식 국내절차를 거치지 않아도 남북회담대표가 서명함으로써 효력을 가지도록 한 것이다. 현행 고시류조약의 관행과 비교하자면, 간

---

193) 「남북관계 발전에 관한 법률 시행령」 제20조(남북합의서안에 대한 법제처 심사) ① 통일부장관은 남북합의서안에 대하여 국무회의에 상정하기 전에 법제처장에게 심사를 요청하여야 한다. ② 법제처장은 제1항에 따라 심사를 요청받은 남북합의서안의 내용이 「헌법」에 위반될 소지가 있거나 법리적으로 명백한 문제가 있다고 인정되는 경우에는 그 사유를 명시하여 이를 반려할 수 있다.

194) 「남북관계 발전에 관한 법률 시행령」에서는 "헌법에 위반될 소지가 있거나 법리적으로 명백한 문제가 있다고 인전되는 경우"를 법제처의 반려 사유로 들고 있으나, 「법제업무운영규정」에서는 조약과 관련하여 "… 관계기관의 장과의 협의를 거치지 아니한 … 조약안"은 법제처가 반려할 수 있다고 하고 있다.

195) 「남북관계 발전에 관한 법률」 제21조제4항 : 대통령이 이미 체결·비준한 남북합의서의 이행에 관하여 단순한 기술적·절차적 사항만을 정하는 남북합의서는 남북회담대표 또는 대북특별사절의 서명만으로 발효시킬 수 있다.

이 남북합의서의 경우 (i) 모합의서의 이행을 위한 합의서만을 대상으로 한다는 점에서, 그리고 (ii) 남북회담대표의 서명으로 발효토록 하고 있다는 점에서 다소 차이가 있다고 할 수 있다.[196] 하지만, 상당부분의 고시류조약이 모협정에 근거를 두고 있으며, 남북회담대표의 서명도 결국에는 통일부장관의 지시에 따라 이루어진다는 점에서 양자가 유사하다고 할 수 있다.

한편, 위와 같은 절차를 통하여 체결·비준된 남북합의서는 관보를 통하여 공포하며,[197] 아울러 통일부장관은 남북합의서의 원본을 보관한다.[198] 외교통상부장관이 아닌 통일부장관이 이러한 절차를 주도하므로 행정주체는 다르지만, 그 외의 점에서는 공포나 사후 관리의 면에서는 조약체결 절차와 유사하다고 할 수 있다.

2) 남북합의서의 효력정지

조약체결과 관련된 국내법령에는 조약의 효력정지(suspension)에 관한 규정을 두고 있지 않다고 설명하였다. 그런데 「남북관계 발전에 관한 법률」과 그 시행령은 남북합의서의 효력정지에 관한 조항을 두고 있다. 우선 법률 제23조제2항은 "대통령은 남북관계에 중대한 변화가 발생하거나 국가안전보장, 질서유지 또는 공공복리를 위하여 필

---

196) 고시류조약의 경우 이행합의서뿐만 아니라 경미한 사항에 대한 수정 등을 포함하고 있으며, 또한 반드시 정부대표의 서명으로 발효할 필요는 없다고 할 수 있다.

197) 「남북관계 발전에 관한 법률 시행령」 제21조(남북합의서의 공포) ① 법 제21조에 따라 체결·비준된 남북합의서 공포문의 전문에는 국회의 동의 또는 국무회의의 심의를 거친 뜻을 기재하고, 대통령이 서명한 후 대통령인을 날인하고 그 일자를 명기하여 국무총리와 관계 국무위원이 부서한다. ② 남북합의서는 제1항의 대통령 서명일자에 따라 번호를 붙여 공포한다.

198) 「남북관계 발전에 관한 법률 시행령」 제22조(남북합의서의 관리) 통일부장관은 법 제22조에 따라 공포된 남북합의서의 원본을 관리하되, 남북합의서의 관리에 관하여 필요한 사항은 통일부장관이 정한다.

요하다고 판단될 경우에는 기간을 정하여 남북합의서의 효력의 전부 또는 일부를 정지시킬 수 있다"고 하고 있다. 그리고 시행령에 따르면 효력정지를 위한 대내적인 절차로서 대통령은 국무회의의 심의를 거쳐야 하며, 대외적인 절차로서 북한에 통보하도록 하고 있다.[199] 대통령이 국회의 체결·비준 동의를 얻은 남북합의서를 효력정지시키고자 할 때에는 국회의 동의를 얻어야 한다.[200] 이와 같이 효력정지에 관한 조항을 명시적으로 둔 이유는 향후 남북관계의 가변성을 염두에 두지 않을 수 없었기 때문으로 추측된다.

문제는 이러한 조항에서 정지(suspension)의 대상이 되는 남북합의서의 효력이 구체적으로 무엇인지 하는 것이다. 동 조항의 제1항의 문안에 비추어 볼 때,[201] 일응 여기서 말하는 남북합의서의 효력은 우리 국내법으로서의 대내적인 효력뿐만 아니라 북한과의 관계에서의 대외적인 효력도 뜻하는 것으로 이해된다. 그렇다면 결국 이 조항은 대통령의 일방적인 결정으로 남북합의서의 대외적인 효력을 정지시킬 수 있다는 것을 전제로 하고 있다. 국제법적으로 볼 때에는 별도 허용규정이 없는 한 일방적인 통고로 합의의 효력을 정지시킬 수는 없다. 조약법협약의 경우에도 조약의 시행정지의 합당한 사유로서는 상대방의 조약 위반(제60조), 후발적인 이행불능(제62조), 사정의 근본적

---

199) 「남북관계 발전에 관한 법률 시행령」 제23조(남북합의서의 효력정지) ① 대통령이 법 제23조제2항에 따라 남북합의서의 효력을 정지시키고자 하는 때에는 국무회의의 심의를 거치고, 북한에 이를 통보하여야 한다. 다만, 법 제23조제3항에 따라 국회의 동의를 얻어야 하는 경우에는 이를 행한 후에 북한에 통보하여야 한다.

200) 「남북관계 발전에 관한 법률」 제23조(남북합의서의 효력범위 등) … ③ 대통령은 국회의 체결·비준 동의를 얻은 남북합의서에 대하여 제2항의 규정에 따라 그 효력을 정지시키고자 하는 때에는 국회의 동의를 얻어야 한다.

201) 제23조(남북합의서의 효력범위 등) ① 남북합의서는 남한과 북한사이에 한하여 적용한다.

인 변경(제63조) 등이며, 제63조에는 원칙적으로 외교관계의 단절이 그 당사국간의 법적 관계에 영향을 주지 않는다고 되어 있다.

이에 비하여, 「남북관계 발전에 관한 법률」은 남북합의서의 효력정지 사유로서 '남북관계의 중대한 변화 발생' 또는 '국가안전보장, 질서유지 또는 공공복리'를 들고 있다. 물론 남북관계를 일반적인 외교관계와 평면적으로 동일시하는 것은 현실적으로 곤란하며, 조약법협약을 포함한 국제법이 남북한 사이에서도 그대로 적용된다고 하기에도 어려운 점이 있다. 그러나 남북합의서의 대외적인 효력, 즉 북한과의 관계에 있어서의 효력은 이와 같이 국내법률에 정함으로써 해결될 사안은 아닌 것으로 판단되며, 결국 대통령의 정지 조치는 일단 그 대내적인 효력만을 대상으로 하는 것으로 이해된다.

다른 한편, 이 조항은 대통령이 정치적인 결단을 내려야 할 때 그 필요한 절차를 규정하였다는 점에서 의미가 크다. 특히 중요한 부분은 남북합의서의 효력정지를 대통령이 결정함에 있어서 국회의 동의를 얻어야 한다고 규정한 점이다. 그런데 「남북관계 발전에 관한 법률」의 효력정지 조항이 역으로 조약 관계의 일반에 유추적용될 여지가 있을까 하는 의문을 가지게 된다. 앞에서 조약의 종료 부분에서 언급하였지만, 특히 조약의 대외적인 효력정지는 당사국 한쪽이 일방적으로 결정할 수 있는 것이 아니라, 상대방의 조약 위반, 후발적인 이행불능, 사정의 근본적인 변경 등과 같은 합당한 사유가 필요하며, 또한 조약법협약이 정한 절차에 따라야 한다.[202] 한편, 대내적인 효력정지에 있어서는 국회의 동의를 받은 조약이 효력정지의 대상이 된다면 대통령이 그 효력정지를 결정하기에 앞서서 어떠한 형태이든 국회의 승인을 받는 것이 원칙적으로는 바람직하리라고 판단된다. 그러

202) 조약법협약 제65조 내지 제68조.

나 「남북관계 발전에 관한 법률」의 효력정지 조항은 남북한간의 특수한 관계 그리고 가변성을 염두에 둔 것인 만큼 이를 일반적인 국제관계인 조약의 관계에 유추적용하기는 적절하지 않다고 생각된다.

3. 남북합의서의 국내법적 효력

위와 같이 「남북관계 발전에 관한 법률」에 따라 체결된 남북합의서가 국내법 체계에서 어떠한 효력을 가지는지 하는 문제를 살펴보고자 한다. 「남북관계 발전에 관한 법률」은 남북합의서의 국내법적 효력 문제에 관하여는 침묵하고 있다. 이 법률 제21조에 '입법사항'을 포함한 남북합의서를 체결하고자 할 때에는 국회의 동의가 필요하다고 하고 있으므로 일응 남북합의서의 일부는 국내법적인 효력을 가진다는 점을 전제로 하고 있다. 그러나 이러한 효력을 명시적으로 밝혀 주는 조항은 없는데, 이러한 조항이 없는 이유는 아마도 형식적으로 헌법보다 하위의 '법률'을 통하여 '법률'의 효력을 부여하는 것이 법 위계질서적으로 곤란하기 때문이었을 것이다. 물론 입법기술적으로는 이와 같이 법률의 효력을 남북합의서에 '부여한다'는 취지가 아니라 헌법에 의하여 법률과 같은 효력이 부여됨을 '확인한다'는 취지의 문구가 삽입될 수도 있었을 것이다. 어떤 방법을 취하든 결과적으로 남북합의서의 국내법적인 효력은 헌법 제6조에 의존할 수밖에 없다. 그리고 앞서 연혁에서 설명한 바와 같이 사실상 그러한 인식하에서 수년간 관행으로서 조약의 체결절차를 거쳐 처리되었으며, 이러한 해석을 성문화한 것이 「남북관계 발전에 관한 법률」라고 할 수 있을 것이다.

Ⅳ. 남북관계발전법에 대한 분석과 평가

「남북관계 발전에 관한 법률」이 가지는 또 다른 중요한 의미는 남북합의서를 관장하는 기관이 명시적이고 분명하게 통일부로 지정되었다는 점이다. 이 법률이 시행되기 이전까지 남북합의서는 조약의 체결절차에 따라 처리되었기 때문에 적어도 형식적으로는 외교통상부가 국무회의 심의나 국회 동의의 절차를 통일부와 공동으로 관장하였다. 그러나 이 법률의 시행으로 통일부가 체결의 모든 절차를 담당하게 된 셈이다. 이와 같은 담당기관의 변경으로 인해 남북합의서가 그 내용이나 형식의 면에서 조약과는 달리 이해되고 전개될 가능성이 증가하였다고 할 수 있다. 또한 남북한이 당사자가 되는 한편 제3의 국가도 함께 당사자가 되는 문건을 '남북합의서'로 다루어야 하는지, 아니면 '조약'으로 다루어야 하는지 하는 문제도 제기될 가능성이 있다고 본다. 다만, 국내적인 과정에서는 법제처가 조약을 심사하듯 남북합의서를 심사하는 역할을 하고 있고 또한 조약체결 절차의 상당 부분이 남북합의서 체결절차에 답습되었기 때문에 양자간에 어느 정도의 유사성은 유지되리라고 보인다.

여기서 하나의 우려는, 남북합의서가 사실상 헌법상 조약의 하나로서 이해될 수밖에 없으며 그 효력의 기반이 헌법 제6조에 있음에도 불구하고, 남북합의서가 헌법상의 조약 개념이나 절차를 벗어날 가능성이다. 남북합의서의 체결절차가 조약과 다른 점으로서 앞에서 모합의서에 대한 단순한 이행합의서 체결의 간편화 및 남북합의서의 효력정지 등에 관하여 언급하였다. 여기서는 국회 동의의 대상이 되는 남북합의서의 범주 및 남북합의서의 정의에 대하여 언급하고자 한다.

우선 국회 동의의 대상이 되는 남북합의서의 범주이다. 조약의 경우 대한민국 헌법 제60조는 국회의 비준을 받아야 하는 범주로서 '상호원조 또는 안전보장에 관한 조약, 중요한 국제조직에 관한 조약, 우호통상항해조약, 주권의 제약에 관한 조약, 강화조약, 국가나 국민에게 중대한 재정적 부담을 지우는 조약 또는 입법사항에 관한 조약'을 열거하고 있다. 그런데 「남북관계 발전에 관한 법률」은 국회의 동의가 필요한 남북합의서로서 "국가나 국민에게 중대한 재정적 부담을 지우는 남북합의서 또는 입법사항에 관한 남북합의서의 체결·비준에 대한 동의권"만을 열거하고 있다. 물론 "중요한 국제조직에 관한 조약"과 같은 부류의 내용을 북한과 남북합의서의 형태로 체결할 수는 없을 것이지만, 적어도 국가의 안전, 주권의 제약, 강화에 관한 사항을 담은 남북합의서는 헌법 제60조에 의하여 국회의 동의가 요구된다.

두 번째로 남북합의서에 대한 정의의 문제이다. 앞서 설명한 바와 같이 '조약'에 대하여는 우리 법령이 따로 정의하지 않고 있다. 그런데 「남북관계 발전에 관한 법률」은 '남북합의서'를 "정부와 북한 당국간에 문서의 형식으로 체결된 모든 합의"라고 정의하고 있다(동 법률 제4조). 이를 문구 그대로 받아들이면, 북한 당국자와 서명하는 모든 문건, 예를 들자면 공동보도문까지도 '남북합의서'에 해당되게 된다. 그리고 이러한 모든 문건은 국무회의 심의나 대통령의 재가 등의 절차를 거쳐야 되게 된다. 이것이 행정의 효율성이라는 측면에서 타당한지 의문이다.[203] 결국 조약이 '법적인 구속력'을 가진 합의서만을 의미한다는 점에 착안하여,[204] 북한 당국과 체결되는 문건들 중에서

---

203) 만약 남북한간의 제반 합의문서 중에 법적인 구속력이 없지만 정치적으로 중요한 합의서가 있다면, 국회의 동의를 받고자 하는 취지라면 이러한 정의도 나름의 이유가 있다고 할 수 있다. 그러나 국회의 동의를 받아야 하는 대상은 '중대한 재정적 부담' 혹은 '입법적 사항'을 포함한 합의서에 한정되므로 정치적 합의가 국회의 동의 대상이 되지는 않을 것이다.

법적으로 유의미한 그리고 구속력을 의도하는 문건에 대하여 이 법률이 정한 절차를 거치도록 하는 것이 타당하다.

〈도표 4-2〉 2000~2005년간 남북합의서 체결 현황

번호	합의서명	국무회의 심의	대통령 재가	서명, 각서교환	국회동의	비준, 가입, 수락 및 국내절차 완료통고	발효	공포
1	남북사이의 투자보장에 관한 합의서	2001.5.22 제20회	2001.5.28	2000.12.16. 평양. 박재규 통일부장관/전금진 내각책임참사	2003.6.30 제240회국회 제7차본회의	2003.8.20 문본교환	2003.8.20	2003.8.23
2	남북사이의 소득에 대한 이중과세방지 합의서	2001.5.22 제20회	2001.5.28	2000.12.16. 평양. 박재규 통일부장관/전금진 내각책임참사	2003.6.30 제240회국회 제7차본회의	2003.8.20 문본교환	2003.8.20	2003.8.23
3	남북사이의 상사분쟁 해결절차에 관한 합의서	2001.5.22 제20회	2001.5.28	2000.12.16. 평양. 박재규 통일부장관/전금진 내각책임참사	2003.6.30 제240회국회 제7차본회의	2003.8.20 문본교환	2003.8.20	2003.8.23
4	남북사이의 청산결제에 관한 합의서	2001.5.22 제20회	2001.5.28	2000.12.16. 평양. 박재규 통일부장관/전금진 내각책임참사	2003.6.30 제240회국회 제7차본회의	2003.8.20 문본교환	2003.8.20	2003.8.23
5	개성공업지구 통관에 관한 합의서	2004.7.27 제34회	2004.8.4	2002.12.8 윤진식 재정경제부차관/박창련 국가계획위 1부위원장	2004.9.23 제250회국회 제3차본회의	2005.8.1 문본교환	2005.8.1	2005.8.8
6	개성공업지구 검역에 관한 합의서	2004.7.27 제34회	2004.8.4	2002.12.8. 윤진식 재정경제부차관/박창련 국가계획위 1부위원장	2004.9.23 제250회국회 제3차본회의	2005.8.1 문본교환	2005.8.1	2005.8.8

204) 남북합의서가 '조약'의 하나 또는 그 연장선상이라는 전제에 기초한다면 당연히 법적인 권리와 의무를 규정하는 문건으로 이해되어야 한다고 본다.

번호	합의서명	국무회의 심의	대통령 재가	서명, 각서교환	국회동의	비준, 가입, 수락 및 국내절차 완료통고	발효	공포
7	개성공업지구와 금강산관광지구의 출입 및 체류에 관한 합의서	2004.7.27 제34회	2004.8.4	2004.1.29 정세현 통일부장관/김령성 내각책임참사	2004.9.23 제250회국회 제3차본회의	2005.8.1 문본교환	2005.8.1	2005.8.8
8	남북사이의 차량의 도로운행에 관한 기본합의서	2004.7.27 제34회	2004.8.4	2002.12.6 윤진식 재정경제부차관/ 박창련 국가계획위 1부위원장	2004.9.23 제250회국회 제3차본회의	2005.8.1 문본교환	2005.8.1	05.8.8
9	남북상사 중재위원회 구성, 운영에 관한 합의서	2004.7.27 제34회	2004.8.4	2003.10.12 김광림 재정경제부차관/ 최영건 건설건재공업성 부상	2004.9.23 제250회국회 제3차본회의	2005.8.1 문본교환	2005.8.1	2005.8.8
10	남북사이의 열차운행에 관한 기본합의서	2004.9.7 제40회	2004.9.13	2004.4.13 김광림 재정경제부차관/ 최영건 건설건재공업성 부상	2004.12.9 제250회국회 제14차본회의	2005.8.1 문본교환	2005.8.1	2005.8.8
11	남북해운합의서	2004.9.7 제40회	2004.9.13	2004.5.28 정세현 통일부장관/권호웅 내각책임참사	2004.12.9 제250회국회 제14차본회의	2005.8.1 문본교환	2005.8.1	2005.8.8
12	남북해운합의서의 이행과 준수를 위한 부속 합의서	2004.9.7 제40회	2004.9.13	2004.5.28 정세현 통일부장관/권호웅 내각책임참사	2004.12.9 제250회국회 제14차본회의	2005.8.1 문본교환	2005.8.1	2005.8.8
13	개성공업지구 통신에 관한 합의서	2004.9.7 제40회	2004.9.13	2002.12.8 윤진식 재정경제부차관/ 박창련 국가계획위 1부위원장	2004.12.9 제250회국회 제14차본회의	2005.8.1 문본교환	2005.8.1	2005.8.8

제 5 장

조약체결 권한 및 절차에 대한 통제와 민주적 참여

제1절 조약체결 절차 위반 및 그에 대한 통제

이 절에서는 조약체결 절차 위반, 특히 국회동의 절차를 위반한 경우를 상정하여, (i) 이와 관련된 국제법 차원에서의 논의와 국제판례를 살펴보고, (ii) 대한민국에서 조약체결 절차 위반을 통제하는 방안을 고찰한 다음, (iii) 그러한 절차 위반의 국제적 및 국내적 효과를 검토한다.

Ⅰ. 국내절차 위반 조약의 효력

1. 이론적 연혁

미국 헌법이 조약체결 과정에 대한 의회(상원)의 참여를 고안한 이래, 민주주의 체제를 가진 대다수 국가가 조약체결에 대한 의회의 승인 제도를 도입하게 되었다. 이에 따라 헌법이 정한 조약체결 절차를 위반하여, 특히 의회의 승인이 없이 체결된 조약이 국제법적으로 유효한지 여부를 둘러싼 논쟁이 제기되었다.

학자들의 견해를 대별하자면, 조약체결에 관한 각국의 국내법(헌법을 포함) 위반 여부는 국제법적으로는 고려 대상이 될 수 없다는 주장(international irrelevance)과 국내 헌법을 위반하여 체결된 조약은 국제법적으로도 무효라는 주장(international relevance)으로 나눌 수 있다. 후자를 주장하는 Triepel[1)]이나 Wilcox[2)]와 같은 학자들에 따르면, 조약체결의 권한에 관한 사항은 국제법이 아니라 국내법에 의하여 결정되므로 정식 국내절차를 위반하여 체결된 조약은 국제법적으로도 유효하게 성립하지 않는다. McNair도 비슷한 입장에서 사법(私法)상에서 일반계약을 체결할 때 상대방의 계약체결 능력을 확인하듯이 조약체결시에도 상대국의 조약체결 권한이나 절차를 확인할 의무가 있다고 주장하였다.[3)]

이에 반하여, Blix는 국제관계의 안정을 위하여 국내절차 위반 사실이 조약을 무효화하는 사유가 될 수 없다고 주장하였다.[4)] 1960년대 이전의 국제사례를 검토한 Wildhaber에 따르면, 대부분의 사건에서 국내절차 위반이 조약을 무효화시키지 못하였으며, 이에 대한 예외는 바티칸과 바덴·뷔르템베르그간의 1850년대 합의 그리고 1938년 뮌헨협정 정도에 국한된다고 한다.[5)]

2. 조약법협약의 규정과 관련된 판례

조약법협약의 성안과정에서도 이러한 두 가지 주장이 대립되었으며, 그 결과 양자를 절충한 아래 제46조(조약체결권에 대한 국내법 규정)가 채택되었다.[6)]

---

1) H. Triepel, *Volkerrecht und Landesrecht* (1899), pp. 235-43.
2) F. O. Wilcox, *The Ratification of International Conventions* (1935), pp. 41-46.
3) McNair, *The Law of Treaties* (1961), p. 61.
4) Blix, *Treaty-Making Powers* (1961), pp. 392-397.
5) Wildhaber, *Treaty-Making Power and Constitution: An International and Comparative Study* (1971), p. 160.
6) 조약법협약 제46조(Provisions of internal law regarding competence to conclude treaties) : "1. A State may not invoke the fact that its consent to be bound by a treaty has been expressed in violation of a provision of its internal law regarding competence to conclude treaties as invalidating its consent unless that violation was manifest and concerned a rule of its internal law of

1. 조약체결권에 관한 국내법 규정의 위반이 명백하며 또한 근본적으로 중요한 국내법 규칙에 관련되지 아니하는 한 국가는 조약에 대한 그 기속적 동의를 부적법화하기 위한 것으로 그 동의가 그 국내법 규정에 위반하여 표시되었다는 사실을 원용할 수 없다.
2. 통상의 관행에 의거하고 또한 성실하게 행동하는 어느 국가에 대해서도 위반이 객관적으로 분명한 경우에는 그 위반은 명백한 것이 된다.

즉, 국내법 규정을 위반하여 체결된 조약을 무효라고 주장할 수는 있지만, 이와 같은 주장은 그 위반이 명백하고 근본적으로 중요한 경우에만 원용될 수 있다는 것이다.[7] 이와 관련되는 국제판례로는 2002년 국제사법재판소의 *Land and Maritime Boundary* 사건(카메룬과 나이지리아간의 소송으로서 추후 적도 기니가 소송에 참가)을 들 수 있다. 카메룬과 나이지리아 양측 국가원수는 해양경계의 일부를 획정하는 1975년 Maroua 선언에 서명하였는데, 이에 관한 소송이 제기되자 나이지리아측은 이 선언이 최고군사위원회의 승인을 받지 않는 등 당시의 헌법상의 절차를 위반하였으므로("was never approved by the Supreme Military Council in contravention of Nigeria's constitutional requirements") 구속력을 가질 수 없다고 주장하였다.[8] 나이지리아측은 조약법협약 제46조를 원용하였으며, 당시 나이지리아의 국가원수가 최고군사위원회의 승인 없이 조약을 맺을 수 없다는 것은 "객관적

fundamental importance. 2. A violation is manifest if it would be objectively evident to any State conducting itself in the matter in accordance with normal practice and in good faith."

7) 당초 Lauterpacht경은 상반된 견해를 절충하여, 헌법을 위반하여 체결된 조약은 취소할 수 있도록(voidable) 하되, 이에 따른 손해는 주장 당사자가 지게 하는 등 조건을 부과하는 안을 제안하였다. Lauterpacht의 제1차 보고서(UN Doc. A/CN. 4/63, p. 141) 초안 제11조 참조.

8) *Case concerning the Land and Maritime Boundary between Cameroon and Nigeria,* Judgment of ICJ(2002), para. 211.

으로 분명하였다"(objectively evident)고 주장하였다.[9]

이에 대하여 카메룬측은 국제법상 국가원수는 당연히 조약을 맺을 권한을 가지는 한편, 나이지리아 헌법상의 국내절차는 명백하지도 않으며 또한 근본적으로 중요하지도 않다고 반박하였다. 국제사법재판소는 나이지리아측이 주장하는 국가원수의 조약체결 권한에 대한 제약은 외관상 명백하지 않으며, 조약은 서명과 동시에 발효할 수 있다는 이유에서 Maroua 선언이 국제법상 유효한 합의라고 결론지었다.[10] 또한, 재판소는 일방 당사국이 타방 당사국의 국내적인 조약체결 절차를 살펴야 할 일반적인 의무는 없다고 판시하였다.[11]

절차적인 측면에서 볼 때, 조약법협약 제46조가 적용된다고 하더라도 문제의 조약이 당연무효가 되는 것은 아니다. 이는 국제법의 이론에서 이른바 '상대적 무효'에 해당하는 것으로서 국내법상의 '취소'의 개념과 유사하다.[12] 절차적으로 조약법협약 제42조제1항은 "조약의 적법성 또는 조약에 대한 국가의 기속적 동의의 적법성은 이 협약의 적용을 통해서만 부정될 수 있다"고 하고 있으며, 이와 같은 '부적법화'를 주장하는 절차를 규정하고 있다. 즉, 일방 당사자는 이 협약 제

9) 위의 판결문 para. 258.

10) 위의 판결문 para. 263. 원문을 그대로 인용하면, "The Court considers that the Maroua Declaration constitutes an international agreement concluded between States in written form and tracing a boundary; it is thus governed by international law and constitutes a treaty in the sense of the Vienna Convention on the Law of Treaties (see Art. 2, para. 1), to which Nigeria has been a party since 1969 and Cameroon since 1991, and which in any case reflects customary international law in this respect."

11) 위의 판결문 para. 266: "In this regard the Court notes that there is no general legal obligation for States to keep themselves informed of legislative and constitutional developments in other States which are or may become important for the international relations of these States."

12) 박기갑, "조약의 적법성," 『국제법평론』, 제21호(2005-I), 26쪽.

65조에서 제68조상의 규정에 따라 조약의 부적법화를 주장하여야 하며, 이러한 절차를 통해서 부적법성이 확인됨으로써 비로소 조약은 무효가 된다.[13)]

조약법협약의 실체적 규정은 상당 부분 국제관습법으로 인정 받고 있으나, 이와 같은 절차적 조항(제65조-제68조)은 국제관습법의 성문화라고 보기 힘든 면이 있다.[14)] 따라서 조약법협약의 당사국들 사이의 분쟁에 한하여만 이 절차가 적용된다.[15)] 조약법협약 제65조 내지 제68조의 상세한 내용을 여기서는 다루지 않지만, 이러한 절차는 결국 국가와 국가간에 이루어지는 절차라는 점을 다시 한번 상기할 필요가 있다.

한편, 조약법협약 제47조는 조약체결권을 행사하는 데 특정한 제한(specific restriction)이 있는 상황을 상정하고 있다.[16)] 이러한 특정한 제한이 있음을 상대방 국가에게 미리 통고하지 않는 한, 일방 당사국은 조약체결 대표가 그 제한을 위반하였다는 이유로 이미 표시한 동의를 부적법화할 수 없다는 것이다. 예를 들어, 외무장관은 조세조약에 대하여 서명할 권리가 없다고 규정한 국내법의 규정이나 대통령의 지시가 있었다고 가정하자. 이러한 규정이나 지시가 상대방 국가에 미리 통보되지 않은 상태에서 외무장관이 조세조약에 서명하였다고

13) 위의 논문, 26쪽.

14) 위의 논문, 27쪽.

15) 물론 관련 조항에 유보를 하고 있는 국가의 경우에는 이 조항이 적용되지 않게 된다.

16) 조약법협약 제47조(Specific restrictions on authority to express the consent of a State) "If the authority of a representative to express the consent of a State to be bound by a particular treaty has been made subject to a specific restriction, his omission to observe that restriction may not be invoked as invalidating the consent expressed by him unless the restriction was notified to the other negotiating States prior to his expressing such consent."

하면, 이는 국제법적으로 유효한 행위이다. 그렇다면 대한민국의 경우 헌법 제60조제1항을 포함, 어떠한 국내법 규정의 위반이 조약법협약 제46조가 말하는 "명백하며 또한 근본적으로 중요한 규칙에 관련" 되거나 혹은 제47조가 말하는 "특정한 제한"이 된다고 할 수 있을 것인가? 이러한 문제의식을 가지고 다음에서는 국회동의 절차를 포함하여 대한민국 헌법에서 정하고 있는 절차를 위반한 경우와 그 치유 및 통제방안을 검토해 보고자 한다.

II. 국내절차 위반 및 이에 대한 통제

1. 위반이 발생할 수 있는 경우

조약체결과 관련하여 헌법이나 법령 위반이 발생할 수 있는 경우는 우선 실체적인 위법과 절차적인 위법으로 나누어 볼 수 있다. 첫째, 조약의 내용 자체가 헌법의 실체적 규정을 위반한 경우를 상정해 볼 수 있을 것이다. 예를 들어 헌법 제5조가 침략적 전쟁을 부인하고 있음에도 불구, 정부가 침략적인 전쟁을 감행하기 위한 조약체결을 한다든지 하는 경우가 실체적인 헌법규정의 위반이다. 여기에서는 실체적 규정 위반에 관한 논의는 생략한다. 둘째, 절차적인 위법으로서 헌법이나 국내법령의 절차적인 규정을 위반하여 조약이 체결된 경우가 이에 해당한다. 그렇다면 이를 다시 구체적으로 나누어 보면 다음과 같은 상황을 상정해 볼 수 있다.

(i) 헌법 제60조제1항에 해당하는 조약임에도 불구하고 국회동의 절차를 거치지 않은 경우(헌법 제60조제1항 위반)

(ii) 국무회의의 심의를 거치지 않거나(헌법 제89조 위반), 기타 법제처의 심사 등의 행정부의 내부적인 절차를 거치지 않은 경우(예를 들어, 「법제업무운영규정」 등 위반)
(iii) 대표권이 결여된 자가 조약을 체결하거나 권한을 위임받지 않은 자가 국가를 대표한 경우(예를 들어, 「정부대표임명법」 위반)

이와 같은 위법 상황이 발생하는 것을 방지하거나 교정하기 위하여 행정부, 입법부 및 사법부가 각각 어떠한 통제를 할 수 있는가를 이어서 살펴본다.

2. 행정부의 통제

행정부 내에서는 외교통상부 조약국이 조약체결 절차를 관장하고 있다. 그리고 헌법에서 조약안은 '국무회의 심의'(제89조)를 받도록 규정하고 있을 뿐이지만, 「국무회의 규정」 등의 세부법령에 따라 관계 부처와의 협의 → 법제처 심사 → 차관회의 → 국무회의의 순서로 진행되도록 일종의 절차적 순차성이 확보되어 있음은 앞에서 설명한 바 있다. 따라서 조약체결 과정에서 정당한 사유 없이 위의 절차를 일방적으로 생략한다면, 이는 법령 위반에 해당하며 따라서 타 부처의 반발이 있게 된다. 예를 들어, 외교통상부가 관계 부처와의 협의를 거치지도 않은 가운데 조약안을 확정한 후 이를 법제처에 제출하였다면, 법제처는 관계 부처와의 협의를 거치지 않았음을 이유로 조약안을 반려할 수 있다. 또한 외교통상부가 법제처의 심사나 차관회의를 거치지 않은 조약안을 국무회의에 상정하려고 하면, 국무회의를 담당하는 행정안전부가 이를 허용하지 않으려 할 것이다. 그리고 조약체결에 관한 절차나 내용에 있어서 외교통상부와 타 부처간에 의견 대립이 있을 때에는 국무총리 주재의 국무조정실이 개입하여 조정의 기능을 수행할 수 있으며, 최종적으로는 대통령의 결정으로 이를 해소할 수 있다.[17]

한편, 외교통상부 이외의 타 부처의 장관이 국가를 대표하거나 조약체결에 관한 행위를 하고자 할 때에는 외교통상부장관의 임명이 필요함은 앞에서 설명한 바 있다. 그런데 고의 또는 실수로 외교통상부장관의 대표 임명이나 기타 위임을 받지 않은 가운데, 기타 행정부처가 정부 전체를 대표하는 행위를 하거나 특히 조약체결에 관한 행위를 한 경우를 상정해 볼 수 있다.[18] 국내법적으로는 「정부대표임명법」 제2조가 "이 법 또는 다른 법률에 의하지 아니하고는 누구든지 정부를 대표하여 제1조에 규정된 행위를 할 수 없다"고 하고 있으므로 이러한 행위는 법률을 위반한 행위가 된다.[19] 「정부대표임명법」에 구체적인 처벌조항이 없음에 따라 실효적이지 못하다는 의견도 있을 수 있지만, 이러한 정부대표는 대부분 공무원이므로 공무원 내부징계에 관한 규정으로 법률 위반을 통제할 수 있다.

그런데 이러한 행위가 국제법적으로, 즉 상대 국가와의 관계에서도 무효가 되는지 여부는 조약법협약을 토대로 논의되어야 한다. 조약법

---

17) 1985년 「조약업무처리지침」에는 조약체결을 위한 국내절차는 "국내법상 필요불가결의 법률적 요건으로서 이를 충족시키지 않을 때에는 절차의 흠결로 인하여 관계 조약의 효력이 문제되지 않을 수 없다"고 하고 있다.

18) 이를 "조약사고"라고 부르기도 한다. 이호성, "우리나라의 조약체결절차 및 실무상의 새로운 문제들," 국제법평론, 제21호(2005), 14-15쪽.

19) 참고로 「남북관계 발전에 관한 법률」은 다음과 같이 규정하고 있다.
제17조(정부를 대표하는 행위금지) 이 법에 의하지 아니하고는 누구든지 정부를 대표하여 다음 각 호의 어느 하나에 해당하는 행위를 할 수 없다.
1. 북한과 교섭 또는 회담하는 행위
2. 북한의 주요 의식에 참석하는 행위
3. 북한에 정부의 입장과 인식을 전달하는 행위
4. 남북합의서에 서명 또는 가서명하는 행위

협약에 따르면, 외무장관이 아닌 자가 조약체결에 관한 행위를 하기 위하여는 전권위임장을 제시하거나, 또는 "관계 국가의 관행 또는 기타의 사정으로 보아 … 그 자가 그 국가를 대표하는 것으로 간주되었으며, 또한 전권위임장을 필요로 하지 아니하였던 것으로 관계 국가의 의사에서" 나타나야 한다. 따라서 이와 같은 관행이나 기타의 사정으로 인하여 상대방 국가가 오인하게끔 된 경우에는 —외무장관이 아닌— 여타 부처의 행위도 국가간의 관계에서는 유효하게 성립할 수 있다.

이러한 관행이나 정황이 없다면, 조약체결권 없이 이루어진 타 부처의 조약체결 행위는 조약법협약 제8조에 따라 무효화되거나 추인의 대상이 된다. 조약법협약 제8조는 "제7조에 따라 조약체결의 목적으로 국가를 대표하기 위하여 권한을 부여받은 것으로 간주될 수 없는 자가 행한 조약체결에 관한 행위는 그 국가에 의하여 추인되지 아니하는 한 법적 효과를 가지지 못한다"고 하고 있다.[20)]

조약체결의 절차도 최종적으로 대통령의 재가라는 형식으로 종결된다. 만약, 관계 부처간의 협의가 결여되었다고 하더라도 대통령이 최종적으로 조약체결을 재가하면 그 조약은 국내적으로도 유효하게 성립된다고 할 수 있다. 그런데 대통령이 재가하였다고 하더라도 '조약에 대한 국무회의 심의'라는 헌법이 규정하고 있는 절차를 거치지 않은 조약은 국내적으로도 유효하게 성립할 수 있을 것인가 하는 의문이 있을 수 있다. 대한민국의 조약체결 과정은 비교적 효율적으로 진행되므로 이러한 상황이 발생할 가능성은 낮다. 이론적으로는 헌법

---

20) 조약법협약 제8조(Subsequent confirmation of an act performed without authorization) : An act relating to the conclusion of a treaty performed by a person who cannot be considered under article 7 as authorized to represent a State for that purpose is without legal effect unless afterwards confirmed by that State.

제6조가 '헌법이 정한 절차에 따라 체결·공포된' 조약이 국내법적인 효력을 가진다고 하고 있으므로, 적어도 그러한 조약에 대하여는 국내법적인 효력을 인정할 수 없다는 주장은 가능하다. 그러나 국무회의 자체는 일종의 심의기관으로서 궁극적인 의사결정 기관이 아니다. 결국 조약체결에 있어서는 대통령이 최종적인 권한을 가진다고 할 수 있으므로 대통령이 재가를 하였다면, 그 국내법적인 흠결도 치유되었다고 보는 것이 타당하다.

3. 입법부의 통제

국회는 대통령의 조약체결 과정에 직접적으로 개입하지 못한다. 물론 결의를 통하여 대통령에게 조약의 교섭 개시나 중지를 촉구하는 등 의사를 표시할 수는 있다. 그러나 국회의 결의는 대통령에 대하여 법적인 구속력을 가지지 못한다. 대신, 국회는 위원회나 청문회를 개최하여 정부측에 대하여 책임을 묻고 정책방향을 건의할 수 있다. 또한 국회는 예산에 대한 통제나 국무위원 해임 건의안 등의 수단을 통하여 대통령에게 압박을 가할 수 있다. 그리고 국회가 가지고 있는 헌법적인 통제수단은 제3장에서 설명한 조약체결에 대한 헌법 제60조제1항의 동의권이다. 국회가 입법을 통하여 대통령의 조약체결권을 규율할 수 있는지에 대하여도 제3장에서 이미 설명한 바 있다.

만약, 헌법 제60조제1항에 속하는 조약임에도 불구하고 대통령이 국회의 동의를 받지 않고 비준을 한 경우 국회는 정치적으로 어떠한 대응수단을 가지느냐 하는 문제를 생각해보자. 국회가 선택할 수 있는 가장 손쉬운 대응은 향후 다른 조약에 대한 동의를 지연하는 것이다. 대통령의 조약비준안 동의 요청에 대하여 국회가 반드시 동의를 부여하거나 거부 의사를 표명해야 할 의무가 없으므로, 이러한 식의 정치적 압박수단은 적어도 헌법의 테두리 내에서는 적법하다.

다른 한편, 조약체결이 입법과 같은 효과를 가져올 수 있으며 또한 민주주의라는 대원칙하에 국회의 참여가 이상적이라는 점을 감안할 때, 가능한 범위 내에서의 국회에 대한 사전 보고 또는 정보의 사전 제공(브리핑 등)이 바람직하다. 이러한 과정을 통하여 국회가 헌법 제60조의 동의권을 의미있고 실효적으로 행사할 수 있으며, 또한 국민과의 의사 소통의 계기도 될 수 있다. 그리고 이러한 국회의 참여를 도모하기 위한 수단으로서 위헌의 소지가 있는 '법률'보다는 대통령의 국회에 대한 '약속'(또는 정책표명) 서한 등의 형식을 활용할 필요가 있다. 이러한 서한 약속을 통해 대통령은 헌법 제60조상의 규정을 넘어선 국회의 보다 적극적인 참여 방안을 '법적인 의무'로서가 아니라 '정치적인 약속'으로서 담보할 수 있다. 이에 관하여는 다음 절에서 다시 설명하고자 한다.

4. 헌법재판소의 통제[21)]

행정부가 헌법 제60조제1항을 위반하였다고 판단되는 경우 (i) 국회 또는 국민이 어떠한 사법적 구제수단을 가지는지, (ii) 해당 조약이 헌법 제6조에 의거한 국내법과 같은 효력을 계속 유지하는지, (iii) 대외적으로는 어떠한 결과를 가져 오는지 하는 문제가 제기된다.

여기에서는 우선 조약 또는 조약체결 절차에 대한 사법적 통제를 비교법적인 측면에서 살펴본다. 프랑스의 경우 조약이 헌법에 합치되도록 두 가지 절차를 마련하고 있다. Conseil constitutionnel은 (i) 헌법 제53조의 규정에 근거하여, 국제합의가 헌법 불합치 조항을 담고

21) 이 항의 일부분은 배종인, "외교행위에 대한 헌법적 통제의 주요문제," 『국제법학회논총』, 제51권 제3호(2006), 91-118쪽의 관련 부분을 참고로 작성되었다.

있는지, 그리고 (ii) 헌법 제61조에 의거하여, 조약이나 국제합의의 승인법령이 헌법 불합치 조항을 담고 있는지를 판단할 수 있다.[22] 그러나 일단 체결되고 비준된 이후에는 조약은 사법심사의 대상이 되지 않는다고 한다. 행정법원이나 일반 법원은 일단 비준 및 승인된 조약이나 국제합의의 적법성 여부에 대한 심사를 거부하고 있다.[23] 독일의 경우에는 조약보다는 그 이행입법이 위헌심사의 대상이 되고 있으며, 일본의 경우에는 조약이 사법심사의 대상이 될 수 있는지 여부에 대하여 이론이 나뉘어져 있다. 미국에서는 조약 역시 헌법에 합치되어야 한다는 데에는 이론의 여지가 없지만, 조약이 체결되는 과정에서의 적법성, 특히 대통령과 의회의 권한 배분과 같은 문제에 대하여는 사법부가 정치적 문제(political question)라는 이유로 판단을 회피하는 경향을 보인 바 있다.[24]

1) 조약체결 행위의 사법심사

조약이 국내법률과 같이 위헌법률심사의 대상이 된다는 것은 이제 판례로서 분명히 확립되었다. 헌법재판소는 1994년 〈주한미군지위협정(SOFA: Status of Forces Agreement)[25] 관련 사건〉[26]에서 SOFA조약에 대하여 위헌 심사를 하였고, 이어 2001년 〈국제통화기금조약 제9

22) 박기갑, "국제법의 국내적용에 관한 프랑스의 법체계와 경험," 『국제법평론』, 제28권(2008-II), 30쪽 ; Monroe Leigh and Merritt R. Blakeslee eds., *National Treaty Law and Practice (France, Germany, India, Switzerland, Thailand, United Kingdom)* (1994), pp. 10-11.

23) 예를 들어 1965년 7월 13일 Conseil d'Etat, Société Navigator, Rec. Lebon, p. 423.

24) 대표적인 사례로서는 *Goldwater v. Carter,* 444 U.S. 996 (1979).

25) 원제: 「대한민국과 아메리카합중국간의 상호방위조약 제4조에 의한 시설과 구역 및 대한민국에서의 합중국군대의 지위에 관한 협정」.

26) 헌법재판소 1999.4.29. 97헌가14, 판례집 11-1, 273쪽.

조제3항 등 위헌소원〉[27]에서 헌법재판소법 제68조(위헌법률심사의 대상) 제2항에서 말하는 '법률'에는 '조약'이 포함된다는 점을 분명히 하였다.[28]

그렇다면 조약체결 행위 역시 사법심사의 대상이 될 수 있는가?[29] 조약체결 행위란 대통령 또는 외교통상부장관이 조약의 체결을 추진하기로 하고, 상대국과 교섭을 하고, 문안에 합의하고, 조약에 서명하는 일련의 행위인데, 이러한 결정의 대부분은 헌법상 대통령에게 주어진 재량적 권한이다. 따라서 사법심사의 대상이 되기 곤란한 측면이 있다.[30] 그러나 조약체결 행위에 중대한 하자가 있으면, 그 조약의 효력에도 문제를 미치게 된다. 비슷한 맥락에서 헌법재판소는 조약체결 행위도 결과적으로 국민의 권리에 영향을 미친다면 이를 사법심사의 대상으로 본 바 있다. 1999년 〈대한민국과 일본국간의 어업에 관한 협정비준 등 위헌확인〉에서 헌법재판소는 "심판대상"을 "한일어업협정"이라고 하면서도 "협정 체결행위"가 고권적 행위로서 "공권력의 행사에 해당한다"고 하였다. 즉, 대통령이 조약을 체결하는 행위를 공권력의 행사로 보고 이를 사법심사의 대상이 될 수 있다고 본 것이다.[31] 그리고 과거 헌법재판소는 입법작용도 공권력의 행사에 해당한다고 보아 사법심사의 대상이 된다고 한 바 있는데,[32] 이와 유사

27) 헌법재판소 2001.9.27. 2000헌바20, 판례집 13-2, 322-331쪽.

28) 위의 판례집, 328쪽.

29) 규범(법률)으로서의 조약이 아니라 행위로서의 조약, 즉 조약체결 행위에 대하여 사법심사를 허용할 경우 절차적으로 발생하는 차이점은 행정부가 조약을 최종 비준하기 이전에라도 위헌소송(헌법소원)을 제기할 수 있다는 것이다. 즉, 문제가 되는 조약이 헌법에 위반하여 개인의 기본권을 침해하는 조항을 포함하고 있다면, 개인은 그 최종적인 비준 이전에라도 헌법소원을 제기할 수 있다고 본다.

30) 허영 교수는 "조약의 비준·동의를 저지하기 위한 헌법소원을 제기할 수는 없다"고 하면서도 "비준·동의를 받기 전의 조약은 효력을 발생하지 않아 기본권을 침해할 수 없기 때문"이라고 하고 있다. 허영, 『헌법소송법론』(2006), 348쪽.

31) 헌법재판소 2001.3.21. 99헌마139, 판례집13-1, 676-736쪽.

하게 한・일 어업협정 사건에서도 조약의 국내적 체결 과정이 적절하였는지를 검토하였다. 결국 대통령의 조약체결 행위도 헌법이 인정하는 범위 내에서 이루어져야 한다는 것이 헌법재판소의 입장이다.

2) 헌법 제60조제1항 관련 권한쟁의심판

국회가 헌법 제60조에 부여된 동의권을 침해당했다고 주장하는 경우이다. 즉, 헌법 제60조제1항에 속하는 조약임에도 불구하고 대통령이 국회의 동의 없이 그 조약을 체결・발효하였다면, 국회로서는 이러한 대통령의 조약체결 행위가 자신의 동의권을 침해하였음을 헌법재판소에 권한쟁의심판의 형식으로 청구할 수 있다. 이때에는 헌법 제60조제1항의 국회동의 여부가 본안에서 핵심쟁점이 되며('형식적・절차적 위반 문제'라고 할 수 있다), '해당 조약이 여타 헌법규정에 부합하느냐'('실질적 위반 문제'라고 할 수 있다)는 심사의 대상이 아니다. 침해된 동의권이 국회에 속하므로 국회의원 개인보다는 국회 차원에서 제기되어야 할 것으로 생각되고,[33] 이러한 청구는 "그 사유가 있음을 안 날로부터 60일 이내에, 그 사유가 있은 날로부터 180일 이내에"[34] 이루어져야 한다.

헌법재판소는 이러한 청구에 대해 각하・기각・인용의 결정을 내리게 되며,[35] 그 중 '인용' 결정은 국회 동의절차가 생략된 해당 조약의 체결이 국회의 동의권을 침해하였다는 것을 확인하는 내용이 될

---

32) 헌법재판소1997.7.16. 96헌라2, 판례집 9-2, 154, 165쪽.

33) 헌법재판소는 2007년 7월 WTO 쌀부속합의서 사건 및 2007년 10월 한・미 FTA 사건에서, 국회가 아닌 국회의원이 국회를 대표하여 권한쟁의심판을 제기할 자격을 가지지 못한다고 판시한 바 있다(헌법재판소 2007.10.25. 2006헌라5 및 2007. 07.26. 2005헌라8).

34) 헌법재판소법 제63조제1항.

35) 또한 헌법재판소는 헌법재판소법 제65조에 따라 직권 또는 당사자의 신청에 의하여 권한쟁의심판과 관련하여 가처분결정을 내릴 수 있다.

것이다. 헌법재판소는 이러한 확인과 함께 더 나아가 적어도 이론적으로는 이러한 조약의 무효를 확인하는 결정을 내릴 수 있다.[36] 그러나 권한쟁의심판에서는 위헌결정을 위한 심판정족수가 위헌법률심판절차에서보다 낮은 점(헌법재판소법 제23조)을 감안할 때, 문제되는 조약체결 행위가 국회의 권한을 침해하였다는 판단을 넘어서 실제 그 결과물인 조약까지 반드시 무효라고 선언함에 있어서는 신중해야 할 것이다.[37] 물론 무효로 선언된다고 하더라도 이와 같은 조약의 무효는 조약의 국내적인 효력에 한정될 뿐이며, 조약의 국제적인(상대국가와의 관계에서의) 효력은 －헌법재판소 결정에 상관없이－ 유효하다.

3) 헌법 제60조제1항 관련 헌법소원

(1) 검토 사례

다음으로는 조약의 실질적 위헌성을 다투는 과정에서, 즉 '해당 조약이 헌법 제60조제1항 이외의 여타 헌법규정을 위반하느냐'를 다투는 과정에서 해당 조약의 절차적 유효요건으로서 헌법 제60조제1항 위배 여부, 즉 해당 조약이 헌법이 정한 절차에 따라 체결·공포되었느냐 하는 문제를 부수적으로 다투게 되는 상황이다. 이러한 경우의 첫 번째의 예로서 일반 개인이 대통령의 조약체결 행위가 자신의 기본권을 침해하였다는 이유로 헌법소원을 제기하면서 그 과정에서 해당 조약이 헌법 제60조제1항을 위반하여 체결되었다는 주장을 제기할 수 있다. 이때에는 '헌법소원'의 절차인 만큼 그 청구요건에 따라 해당 조약체결에 의해 기본권을 직접적으로 침해당한 사람이 헌법재판소법

36) 헌법재판소법 제66조제2항.

37) 입법절차를 규율하고 있는 법률의 하자에 대한 통제방안과 비교될 수 있다. 차진아, "입법절차의 정당성 판단에 대한 헌법적 연구"(1999년 6월, 고려대학교 대학원 석사학위논문), 107쪽.

이 정한 기간 내에[38] 청구를 하여야 한다. 두 번째의 가능성으로서 '조약체결 행위'가 아니라 '해당 조약의 국내법으로서의 규범력'이 위헌법률심사제도를 통하여 심판의 대상이 될 수도 있을 것이다.

앞서 말한 권한쟁의심판 청구는 헌법 제60조제1항에 해당하는 것으로 일응 판단되는 모든 종류의 조약을 대상으로 할 수 있지만, 헌법소원과 위헌법률심사 절차는 위헌적 요소(기본권 침해 등)를 포함한 조약을 대상으로 할 수 있으며, (i) 위헌법률심사는 '법률'로서의 효력을 가지는 조약을 다루기 때문에, 그리고 (ii) 헌법소원은 조약이 공권력의 처분으로서 기본권을 침해하였는지를 다투는 것이기 때문에 그 대부분은 '입법사항에 관한 조약'[39]에 해당하게 된다. '입법사항에 관한 조약'은 헌법 제60조제1항에 의하여 국회의 동의 대상이 되기 때문에 문제의 조약에 대하여 부수적으로 헌법 제60조 준수 여부가 제기될 수 있게 된다.[40] 그리고 실제로도 이와 같은 식으로 헌법 제60조에 근거한 '해당 조약의 절차적 위헌 여부'는 하나의 선결적 문제처럼 헌법소원에서 제기되었다. 만약 헌법재판소가 헌법 제60조 위반을 이유로 해당 조약에 대하여 국내법으로서의 효력을 부인한다면, 이 조약은 법률 또는 공권력의 처분으로서 효력을 상실하게 되고, 따라서 당초 핵심쟁점인 '해당 조약의 실질적 위헌 여부'는 적어도 다룰

---

38) 권리구제형 헌법소원심판은 그 사유가 있음을 안 날로부터 90일 이내에, 그 사유가 있은 날로부터 1년 이내에 청구하여야 하며(헌법재판소법 제69조제1항), 규범통제형 헌법소원심판은 위헌 여부의 심판의 재정신청을 기각하는 법원의 결정을 통지받은 날로부터 30일 이내에 청구하여야 한다(헌법재판소법 제69조제2항).

39) 헌법소원과 같은 경우 '조약' 그 자체가 청구인의 기본권을 직접적으로 침해하는 '공권력의 처분'이라는 주장에 근거하므로, 결국 이러한 직접적 효력을 가지는 조약은 대부분 '입법사항에 관한 조약'에 해당한다고 하겠다.

40) 물론 반드시 청구인측이 '입법사항에 관한 조약' 이외의 다른 국회동의 대상 조약 범주를 주장할 수도 있지만, 그러한 사례는 드물거나 핵심쟁점이 되기 어려울 것이다.

필요가 없게 된다.

헌법재판소는 주한미군지위협정의 실질적 위헌 여부를 판단하는 선례에서[41] "이 사건 조약은 … 국가에게 재정적 부담을 지우는 내용과 … 입법사항을 포함하고 있으므로 국회의 동의를 요하는 조약으로 취급되어야 하는 것이고"라고 하면서 "이 사건 조약은 국회의 비준동의와 대통령의 비준 및 공포를 거친 것으로 인정된다"고 하여 조약의 절차적·형식적 위헌 여부를 언급하고 있다.

(2) 검토 회피 사례

헌법재판소가 헌법 제60조제1항 위반 여부에 관한 판단을 회피한 사례도 있다. 2000년 7월 31일 한국 정부는 중국 정부와 마늘교역에 관한 합의서에 서명하였는데, 이 합의내용에 따르면 한국측은 2000년부터 3년간 매년 일정량의 중국산 마늘을 수입하기로 하고, 중국은 한국산 휴대전화 단말기 등에 대한 수입중단조치를 철회하기로 하였다. 그런데 이러한 합의내용에는 '2003년 1월 1일부터 한국 기업이 추가관세를 납부하지 않고 마늘을 자유롭게 수입할 수 있다'는 내용이 부가되어 있었다. 이를 추후에 알게 된 마늘 재배 농민들은 이러한 합의서가 자신의 재산권을 침해하였다고 헌법소원을 제기한 것이다. 외교통상부는 관련 합의서가 이른바 신사협정에 불과하며 곧바로 국가간의 법률관계를 발생하는 것이 아니므로, 별도의 구체적 집행행위가 없는 한 청구인들의 기본권을 침해할 수 없어 권리침해의 직접성이 없다는 의견을 내었다. 이 사건에서[42] 헌법재판소는 이러한 신

41) 헌법재판소 결정 97헌가14(대한민국과 아메리카합중국간의 상호방위조약 제4조에 의한 시설과 구역 및 대한민국에서의 아메리카합중국군대의 지위에 관한 협정 제2조제1의 (나)항 위헌제청).

42) 헌법재판소 2004.12.16. 2002헌마579, 판례집16-2, 568-579쪽.

사협정을 맺을 수 있는 정부의 권한을 확인하기보다는 수입제한조치가 마늘 재배 농민에 대한 한시적인 보호조치에 불과하다는 점 그리고 적법절차 위반과 조약체결에 관한 규정 등의 원칙들이 그 자체로 어떠한 주관적인 권리를 보장하지 못한다는 점을 들어 청구를 각하하였다. 즉, 헌법 제60조제1항은 국회의 권한이라고 할 수 있지만, 개인의 주관적 권리로 볼 수 없다는 것이다.

이와 같이 헌법재판소는 헌법소원 사건에서 헌법 제60조제1항의 위반 여부를 심사하기도 하고, 또 다른 사건에서는 이를 심사하지 않기도 하는 등 일관되지 않은 태도를 보인 바 있다.

Ⅲ. 절차위반 조약의 후속조치

위와 같은 절차위반 사례가 발생하여 국내법원이 조약의 위헌을 확인하는 결정을 내리는 경우 조약의 대내적(국내법적) 효력과 대외적 효력이 문제된다. 국내법원이 위헌이라고 선언하면, 해당 조약은 적어도 국내적 효력은 더 이상 원용하기 어려운 상황이 될 것이다. 그러나 조약의 대외적 효력(상대방 국가에 대한 의무)은 한 나라의 헌법에 의하여 정해지는 것이 아니라 국제법에 따라 정해지는 것이기 때문에, 이 경우에도 상대방 국가에 대한 대한민국의 조약상 의무는 원칙적으로 유효하다.

일반적으로 국내법원은 조약의 유무효에 대하여 판단하기를 삼가며, 그 판단을 회피하기 위한 변명으로써 정치적 문제(political question), 통치행위, 행정행위에 대한 면제 등과 같은 독트린을 이용한다. 미국의 연방대법원이나 독일의 헌법재판소에서도 행정부가 체결한 조약을 위법이나 위헌으로 선언한 사례는 없는 것으로 파악된다. 이러한 이유에서 주목할 수 있는 판례가 오스트리아 대법원의 *Pokorny v. Republic of Austria* 사건이다.

이 사건에서 오스트리아-미국 양국 정부는 1947년 조약을 체결하고, 이 조약을 통해 오스트리아 정부는 미군이 야기한 재산상의 피해에 관한 자국 국민의 청구권을 포기하는 대신, 미국 정부는 오스트리아 정부에게 일괄적으로 보상금을 지불하기로 하였다. 체코슬로바키아 난민인 원고는 1947년 조약을 원용하여 보상금을 청구하였으나, 오스트리아 대법원은 해당 조약이 무효라는 이유로 이를 받아들이지 않았다. 이 조약은 장래의 예산 지출을 초래할 가능성이 있으므로 의회의 승인이 필요하며 또한 관보에 게재되었어야 함에도 불구하고 이러한 절차를 취하지 않았음으로 국내적으로 조약은 무효라는 것이 대법원의 판단이었다.[43] 다만, 대법원은 이 조약이 국가간의 관계에서 무효라고는 판시하지 않았다. 결국 이 대법원의 판결을 기초로 하여 진행된 후속 소송에서 하급법원은 정부가 해당 조약을 의회에 제출하지 않음으로써 법률을 위반하였으므로 원고에게 배상금을 지급하라는 판결을 내리게 되었다.[44]

만약, 헌법재판소가 특정 조약이 위헌이라고 판결을 내린다면 행정부(대통령)에게 남은 외교적 선택은 무엇인가? 대통령은 (i) 사후적으로나마 국회의 동의를 받아서 절차적 하자를 치유하거나, (ii) 기술적으로 가능하다면 '이행입법안'을 제정하거나,[45] (iii) 상대국과 재교섭

43) *International Law Report* (1952), pp. 159-61.

44) *International Law Report* (1953), pp. 433-34. 이러한 판결을 받은 이후에도 오스트리아 정부는 1947년 조약을 의회에 제출하지 않았다고 한다. Wildhaber, *supra* note 5, p. 219, footnote 71 참조.

45) 물론 위에서 말한 헌법재판소앞 절차 중 '헌법소원'이나 '위헌법률심사'와 같이 해당 조약이 그 실질적인 내용에서 위헌적인 사항을 포함하고 있다면 이는 국회동의 절차를 다시 밟거나 이행입법을 제정함으로써 치유될 성질은 아닐 것이다.

을 하여 기존의 조약을 대체하는 새로운 조약에 대해 국회의 동의를 받거나, (iv) 조약법협약 제46조를 원용하며 해당 조약을 취소하기 위한 수순을 택해야 할 것이다.[46)]

여기서 하나 유의할 점은 헌법 제60조제1항은 국내적인 절차에 불과하다는 것이다.[47)] 대한민국 정부가 이러한 헌법 제60조에 따른 절차를 거치지 않았으므로 해당 조약이 유효하지 않다고 상대방 체약당사국에게 주장하려면, 국제법인 조약법협약 제46조(조약체결권에 관한 국내법 규정)에 의존하여야 한다. 동 제46조에 따라 조약의 무효를 주장하려면 규정의 위반이 '명백'(manifest)하고 위반된 법규가 '근본적으로 중요'해야 한다는 요건을 충족하여야 하는데, 헌법 제60조가 '근본적으로 중요'하다는 점에서는 이견이 없겠지만 위반이 상대국가에 대하여 '명백'한지 여부는 뚜렷하지 않을 수가 있다.[48)] 헌법 제60조에서 말하는 조약의 범주가 분명히 정해진 것이 아니라 다분히 해석의 여지가 있기 때문이다.[49)] 예를 들어, 어떠한 조약이 입법사항에 해당

---

46) 박봉국은 "조약의 국내법상의 효력은 국제법에 의하여 결정되고 당사국의 국내법에 의하여 좌우되는 것이 아니기 때문에 국회동의 없이 가명조인 · 비준이 행하여진 경우도 국회는 헌법 위반을 이유로 국가원수를 탄핵소추할 수 있으나, 그것은 국내법상의 책임추궁이고 조약의 국제법상 효력에는 영향이 없다고 본다"고 하고 있다(박봉국, 『최신 국회법』(2004), 681쪽).

47) 예를 들어, 같은 조약에 대하여 일방 당사국은 국회의 동의라는 절차를 거치지만 타방 당사국은 그런 절차를 그치지 않을 수 있다. 또한, 주둔군지위협정(Status of Forces Agreement)과 같이 권리 · 의무의 관계가 대칭적이지 않을 때에는 접수국(host country)과 파견국(sending country)이 각기 다른 국내절차를 거칠 수도 있다.

48) 유사한 논지에서 Giovanni Bognetti 교수도 이탈리아 헌법상의 관련 조항(제80조)에 대한 해석이 모호한 부분이 있기 때문에 동 제80조의 위반이 곧 조약법협약 제46조의 위반으로 보기 힘든 점이 있다고 하고 있다. Giovanni Bognett, "The Role of Italian Parliament" in Stefan A. Riesenfeld and Frederick M. Abbot, *Parliamentary Participation in the Making and Operation of Treaties: A Comparative Study* (1994), p. 103.

49) 헌법 제60조제1항의 모호성에 관하여는 임지봉, "헌법적 관점에서 본 '국회의 동

하는지 여부도 각국의 헌법이나 해석관행에 따라 다를 수 있으며, 어떠한 조약이 '중대한' 재정적 부담을 동반하는지도 명확하지 않다.

한편, 제46조를 원용함으로써 해당 조약이 당연히 종료·취소되는 것이 아니라, 이를 주장하는 국가는 조약법협약 제4절(제65조부터 제68조까지)의 규정에 따라 상대국에 통고하고, 상대국이 이의를 제기하는 경우 분쟁해결이라는 일련의 절차를 거쳐야 한다. 물론 이러한 절차는 관습국제법이 아니므로 조약법협약의 당사국간에만 취해지게 된다. 상대방이 조약법협약의 당사국이 아니라고 하더라도 단순히 조약체결에 관한 국내법 위반을 이유로 하여 관련 조약을 일방적으로 무효화시킬 수는 없을 것으로 생각된다. 조약법협약상의 절차가 적용되지 않는 경우라 할지라도 일방체약국은 일방적인 종료를 선언하기에 앞서 상대 체약국과 성실하게 협의할 의무를 가진다고 할 수 있다.

마지막으로 여기서 조약체결 행위와 입법 행위를 다시 한번 비교해 볼 수 있다. 입법절차에 대한 하자는 입법의 결과물인 법률에도 영향을 미칠 수 있다. 그러나 모든 하자가 법률의 무효라는 결과를 가져올 수는 없다. 즉, 입법절차상에 하자가 있는 경우에도 그 하자가 중대할 때에만 입법절차의 결과물인 법률의 성립·효력도 문제가 된다고 본다.[50] 이러한 점은 조약체결 절차의 경우에도 마찬가지이다. 국내적인 조약체결 절차 진행에 있어서 경미한 절차적인 하자가 있다고 하더라도 그 자체가 곧바로 조약의 무효로 이어지는 것은 타당치 않다. 따라서 그 하자가 조약의 정당성에 의문을 야기할 정도로 중대한 것인데 한하여 조약을 국내적으로 무효화하는 것이 적절하다고 판단된다.

의를 요하는 조약'－대한민국의 경우를 중심으로," 『국제법 동향과 실무』, 제7호 (2004년), 118쪽 참조.

50) 차진아, 전게 학위논문, 98-99쪽.

제2절 조약체결에 대한 민주적 참여

이 절에서는 조약체결에 대한 민주적 참여의 가능성과 방안을 모색한다. 우선 제2장에서 평가기준으로 제시하였던 효율성과 민주성이라는 관점에서 대한민국 조약체결 절차를 평가한다. 이어서 조약체결에 대한 민주적 참여에는 구조적인 한계점이 있음을 지적하면서 민주적 참여가 특히 요구되는 조약을 선별해 보고, 아울러 민주적 참여를 위한 전제조건을 논하고자 한다.

Ⅰ. 조약체결의 효율성 평가

조약체결의 과정이 효율적인지를 측정하고 평가하는 데에는 여러 기준이 있을 수 있다. 여기서는 우선 제도적으로 대한민국의 조약체결 절차가 효율성을 추구할 수 있도록 마련되어 있는지를 살펴본 다음, 조약체결의 효율성을 측정하는 지표로서 '연도별 조약체결 건수' 및 '개별 조약체결 기간' 등을 상정하여 대한민국 조약체결 과정의 효율성을 평가해 본다.

우선 제도적인 관점에서 볼 때, 대한민국 헌법 제60조제1항은 국회동의필요조약을 명시적으로 규정하고 있기 때문에, 전체 조약의 약 2/3 정도에 해당하는 국회동의불요조약은 대통령이 직권으로 체결할 수 있다. 또한 연간 약 40~50건의 고시류조약은 외교통상부장관이 독자적으로 체결하고, 이를 통하여 조약의 연장이나 개정과 같은 사항의 상당 부분을 국무회의 심의나 국회동의와 같은 절차를 거치지 않고 외교통상부장관이 스스로 신속하게 처리할 수 있다. 이와 같이 조약을 헌법상의 규정 및 중요도 등에 따라서 분류하고, 경미하거나 정치적으로 중요하지 않은 조약에 대하여는 절차적으로 간편하게 처리할 수 있는 구조를 가지고 있다.

한편, 연도별 조약체결 건수라는 기준에 근거하여 살펴 보면(90쪽 도표 참조), 1948~1960년의 13년간 체결한 양자조약이 88건인데 비해 2001~2006년 6년 동안 체결한 양자조약은 368건에 달하고 있다.[51] 유엔 가입, 공산권 국가와의 수교 등으로 인하여 대한민국의 조약체결 상대국이 다변화되고 그 내용이 다양해짐에 따라 조약체결 건수가 1950년대 이래 급증세를 보였으나, 1990년대 이후에는 증가 추세가 완만해졌고, 2005년 이후에는 일종의 포화상태에 달한 것으로 보인다. 1991년 이후의 통계에 따르면, 매년 50~90건 사이에서 약간의 증감을 보이며 꾸준한 증가세를 나타내고 있다. 이러한 추세는 2006년 106건으로 정점에 달한 뒤 2007년에는 98건으로 다소 감소하였다. 현재의 약 100건에 육박하는 연간 조약체결 건수는 과거와 비교할 때 상당히 많은 양이라고 할 수 있으며, 거의 매주 약 2건의 조약을 체결하고 있는 셈이 된다.

최근의 증가세 둔화는 외교통상부 특히 조약국이 대외적인 조약체결을 독점적으로 관리하고 있고, 한정된 조약국의 인력으로는 매년 90~100건 이상의 조약체결은 물리적으로 어렵다는 구조적인 한계에 기인한 것으로 생각된다. 결국 외교통상부 조약국의 독점적 관리체제하에서 –해당 부서의 인력을 대폭 증원하지 않는 이상– 더 이상의 조약체결 건수를 늘리기는 어렵다고 본다. 이러한 구조적 요인은 행

51) 외교통상부, 『양자조약 개황』(2007년 2월), 11쪽.

정부가 정식 조약보다는 정치적 합의(신사협정)라는 형식을 맺게 되는 유인이 될 수도 있다. 한편, 공식적인 통계는 없지만, 외교통상부 이외의 행정부 및 지방자치단체가 외국의 행정부처나 지자체와 맺는 기관간약정의 수는 계속 증가하고 있는 추세이다.

이어서, 조약의 체결에 소요되는 시간(조약문안이 확정된 이후 최종 국내조치의 완료까지의 기간)도 조약체결의 효율성을 측정하는 하나의 잣대가 될 수 있다. 대한민국의 경우 국회의 동의가 필요하지 않는 조약의 경우에는 그 체결 시간(문안합의에서 대통령 재가까지의 기간을 기준)이 8~9주 정도가 소요된다.[52] 고시류조약의 경우에는 이보다도 더욱 신속하게 1~2주 정도면 가능하다. 정치적인 과정이기 때문에 행정부가 통제할 수 없지만, 국회의 동의에 걸리는 시간도 대한민국의 경우 평균 3~5개월 정도밖에 소요되지 않고 있다. 제17대 국회(2004년부터 2008년)가 처리한 조약 비준동의안은 67건으로 검색되는데, 이 중 상당수의 동의안은 대통령이 국회에 제출한 시점에서 기산할 때 약 3~5개월 내에 처리되었다.[53]

일본의 경우 국회의 승인을 받지 않는 행정협정이 문안합의에서 국내절차 종료까지 1~2주 정도 소요되는데 반해, 국회승인조약은 일반적으로 종종 6개월 이상의 장기간이 소요된다고 한다.[54] 일본과 비교

---

52) 외교통상부, 『알기쉬운 조약업무』, 34-35쪽.

53) 「대한민국과 코스타리카공화국간의 범죄인인도조약 비준동의안」 및 「대한민국과 멕시코합중국간의 형사사법공조조약 비준동의안」은 2005년 11월 21일 제안되어 2006년 12월 1일 의결되었으므로 약 1년 이상이 소요되었는데, 이렇게 만 1년 이상이 소요된 예는 드물다. 오히려 유엔과의 정보통신기술 아시아・태평양 훈련센터에 관련된 협약은 2006년 2월 8일 제안되어 2006년 3월 2일 가결되고, 한・미 방위비 분담협정은 2005년 6월 9일 제안되어 같은 해 6월 29일 의결되는 등 1개월 이내에 국회의 동의를 받은 사례도 파악된다.

54) 柳井俊二, "条約締結の実際的要請と民主的統制," 『国際法外交雑誌』, 第78券(1979), p. 69.

할 때, 대한민국의 경우 조약체결의 행정부 내의 절차는 다소 길지만, 국회에서의 절차는 단기간으로 볼 수 있다. 이와 같은 점에 있어서도 대한민국에서의 조약체결 과정은 비교적 신속하고 효율적으로 진행된다는 평가를 내릴 수 있다.

위에서 언급한 두 가지 계수적 지표는 나름대로 한계가 있다. 우선 연간 조약체결 건수만을 단순 비교할 경우 실제 조약의 내용이나 분량은 고려되지 않는다는 단점이 있다. 예를 들어, 자유무역협정(FTA)과 같은 경우 그 분량이나 내용면에서 여타 조약에 비해 압도적으로 방대한데에도 불구하고, 1건의 조약으로 처리되기 때문이다. 또한, 조약체결 소요 기간의 경우에도 실제 '교섭'에 소요되는 시간은 산입되지 않기 때문에 얼마나 조약체결이 효율적으로 추진되었는지를 나타내는 그림을 보여주지 못한다. 그리고 개별 조약체결 과정이 과거의 관례나 내용을 답습하는 것인지, 아니면 새로운 류의 조약을 성안하는 것인지와 같은 창의적 요인 역시 반영되지 못한다.

이 같은 제약에도 불구하고, 위의 제도적·계수적 분석이 제한적이나마 조약체결의 효율성을 측정하는 단초를 제공해 준다. 이러한 분석에 기초할 때, 대한민국의 조약체결 절차는 제도적으로 나름대로 효율성을 추구하는 구조를 가지고 있고, 실제로 조약체결 소요 기간 등을 감안하면 효율적이고 신속하다는 평가가 가능하다.

II. 조약체결에 대한 민주적 참여

앞에서 설명한 바와 같이 큰 틀에서 볼 때 조약체결은 대외행정의 한 부분이다. 따라서 조약체결에 대한 민주적 통제나 참여의 문제는 외교정책 수립·집행에 대한 민주적 통제나 참여 문제의 한 가지로 이해할 수 있다. 외교정책에 대한 민주적인 참여를 어떻게 평가하여야 할지 하는 문제에 관하여는 이를 부정하는 입장과 긍정하는 입장으로 나눌 수 있다. 니콜슨 경은 『*Diplomacy*』에서 대중의 여론에 의하여 좌지우지되는 외교를 부정적으로 평가하기도 하였다.[55] 그러나 외교와 조약이 국민의 복지 및 생활에 직접 미치는 영향을 미치게 되면서 국민이나 국회의 참여나 기여를 무시하는 외교는 더 이상 설자리가 없게 되었다. 문제는 조약을 체결함에 있어서 국민의 의사를 여하히 반영하는가 하는 점으로 귀결된다.

이러한 큰 틀에서의 논의를 염두에 두면서, 여기서부터는 조약이 교섭되고 체결되는 국내적 과정에 있어서 민주적인 참여가 가능한지를 검토한다.

1. 민주적 참여의 구조적 한계

우선 지적하여야 할 점은 조약의 교섭·체결의 과정, 특히 교섭의 단계에서 국회나 국민의 의사 반영이 구조적으로 어렵게 되어 있다는 것이다. 조약의 문안이 가서명(initialling)이나 채택(adoption)으로 일단 확정되면, 그 이후의 단계에서 국회나 국민이 하는 역할은 가부의 결정, 즉 수용 또는 거부라는 두 가지 선택밖에 남지 않게 된다. 이론적으로 국회나 국민의 의견이나 입장을 직접 반영할 수 있는 단계는 조약문이 형성되기 이전이어야 한다. 그러나 앞의 제4장에서 설명한 바와 같이 조약문이 형성되는 단계에서는 구조적으로 국회나 국민의 직접적인 의사 반영이나 참여가 어렵게 되어 있다.

한편, 조약의 문안은, 국내 이익단체간의 교섭이 아니라, 국내체제

---

55) HG Nicolson, *Diplomacy* (2nd ed., 1949), pp. 41-54.

의 밖에 존재하는 실체인 외국정부와의 교섭을 통하여 이루어진다. 즉, 국내적인 이익단체간의 의견을 조정하는 작업이 아니라 국가라는 전체의 이익('국익'이라고 할 수 있다)을 고려하여 이를 바탕으로 외국정부와의 협상을 하는 과정이다. 이러한 이유에서, 조약체결 과정에서 의회의 역할이 제한적인 것은 대한민국뿐만 아니라 입법 분야에서 선진적이라 할 수 있는 스위스와 네덜란드도 마찬가지이다. 보다 근본적으로는 의회의 이와 같은 제한적 역할은 결국 현재의 국제체제와도 연결된다. 즉, 외교와 국내정치는 분명히 구분되며, 국내정치에서는 민주주의와 법의 지배를 얘기하지만 외교에서는 세력의 관계가 우선된다는 홉스의 모델이 그 근간이라고 할 수 있다.[56] 정부는 외국과의 관계를 관리함에 있어서는 −국내법에서 통용되는 민주적인 의사결정이 아니라− 필요하다면 비윤리적인 수단을 사용할 수도 있는 것이며, 이를 효율적으로 수행할 수 있는 기관은 행정부라는 것이다.

조약체결 과정에 국민의 직접적 참여를 도모한다는 취지는 바람직하지만, 이러한 참여가 조약체결의 효율성을 저해할 가능성이 있는 것도 사실이다. 국회나 국민의 직접적인 참여의 형태로 상정 가능한 방안으로는 중요한 조약에 한하여 국회의원의 외교협상 참가나 국민투표(national referendum)를 생각해 볼 수 있다. 실제로 스위스 연방헌법 제141조는 기한이 정해지지 않은 조약, 국제기구에 가입하는 조약, 중요한 입법조항을 포함하는 조약에 대하여는 국민의 5만명 이상 또는 8개 이상의 칸톤이 요구할 경우 국민투표에 회부하도록 하고 있다.[57] 한편, 프랑스 헌법도 제11조에서 조약의 비준 및 승인에 관한

56) Walter Kaelin, "Implementing Treaties in Domestic Law: from '*Pacta Sunt Servanda*' to 'Anything Goes'?" at Vera Gowlland-Dabbas(eds.), *Multilateral Treaty-Making* (1998), p. 123.

57) 스위스 연방헌법 제141조제1항의 관련 부분 영문 번역: "On the demand by 50,000 citizens entitled to vote or 8 Cantons, within 100 days of the official

국민투표를 할 수 있도록 하고 있으며, 실제로 1972년 4월 23일 유럽경제공동체의 확대, 1992년 11월 20일 유럽연합조약 등과 관련하여 국민투표를 실시한 바 있다.[58] 조약에 한정된 것은 아니지만, 대한민국의 경우에도 대통령은 외교에 관한 중요한 사항을 국민투표에 붙일 수 있다.[59]

조약안에 대한 국민투표는 국민의 참여라는 긍정적인 효과를 가져오기도 하지만, 이에 따르는 부정적인 파장도 고려하지 않을 수 없다. 우선 중요한 조약을 어떻게 선별하여 또 어떠한 형식으로 국민투표에 회부할 것인지 하는 장벽에 부딪친다. 이 과정에서 재정적 · 행정적인 비용의 문제를 감안하지 않을 수 없다. 무엇보다도 국민투표는 국민의사의 수렴이라는 선의에서 시작했지만 국론의 분열이라는 부정적인 결과마저 초래할 수 있다. 결국 국민투표는 그 비용이나 부작용을 감안할 때 중대한 사안에 한정되어야 한다.

그렇다면, 결국 행정부가 조약체결의 과정에서 국회와 국민의 의견을 정확히 수렴하여 반영하고, 그 이익을 조정하는 능력이 실천적인 관건이라는 결론에 도달하게 된다. 여기서 이 문제에 대한 포괄적인 답을 제시할 수 없지만, 국민의 의견을 수렴하고 소통하는 몇 가지 방안에 대하여 그 타당성을 검토해 보고자 한다.

---

publication, the following instruments are submitted to the vote of the People: ··· d. International treaties which: 1. are unlimited duration and may not be terminated; 2. provide for the entry into an international organization; 3. include important legislative provisions or require the adoption of federal Statutes"(http://www.servat.unibe.ch/icl/sz00000_.html 참조). 한편, 스위스의 조약체결 관련 국민투표에 관한 구체적인 내용은 Monroe Leigh and Merritt R. Blakeslee eds., *supra* note 22, pp. 144-145 참조.

58) *Ibid.*, p. 9.

59) 헌법 제72조 : "대통령은 필요하다고 인정할 때에는 외교 · 국방 · 통일 기타 국가안위에 관한 중요정책을 국민투표에 붙일 수 있다."

2. 민주적 참여가 필요한 조약

구체적인 방안을 검토하기에 앞서, 조약체결의 효율성이라는 관점에서 국회나 국민의 민주적인 참여가 필요한 조약을 선별하여 이에 대하여 집중할 필요가 있다는 점을 지적하고자 한다. 고시류조약을 포함하여 대한민국이 체결하는 모든 조약에 대하여 국민의 의견을 묻거나, 국회의 참여를 요구하는 것은 헌법 제60조제1항의 취지에도 어긋날 뿐만 아니라 오히려 행정력의 낭비이다. 따라서 헌법 제60조제1항이 정한 조약의 범주를 중심으로 하여, 민주적 통제나 참여를 강화하는 것이 바람직하다고 생각된다. 특히 국회와의 관계에서는, 영국이나 호주의 예를 본받아, 조약을 국회에 일단 보고하되(tabled) 일정한 기간 동안 국회의 반응이 없으면 묵시적으로 승인을 받은 것으로 하는 관례를 형성하는 것도 필요하다.

조약들 사이에서도 그 중요도 또는 국내적인 영향 평가에 있어서 차이가 있는 것이 사실이다. 국내적 차원의 이익 조정은 정부가 대외적인 교섭에 임하기 전에 검토해야 하는 작업이다. 조약 중에서는 이러한 이익 조정이 어렵지 않은 부류도 있다. 정치적인 성격의 조약 중에서 범죄인인도조약, 형사사법공조조약과 같은 부류는 사법정의에 부합하므로 그 체결이 모두에게 이익이 된다. 한편, 경제적인 성격의 조약 중에서도 양측 국민에게 혜택을 부여하는 이중과세방지협정, 사회보장협정 등이 있다. 이러한 부류의 조약 역시 '우리 국민이 상대국에서 받는 지금의 그리고 잠재적인 미래의 혜택'과 '상대 국민이 대한민국에서 혜택을 받음으로써 줄어드는 세수(사회보험 징수액)의 감소분'을 비교하여 그 수치를 산출하기도 하지만, 전자가 반드시 후자를 초과하지 않더라도 기업이나 국민에 대한 이중과세가 기업활동을 위축시킨다는 이유에서 이러한 부류의 조약 체결은 긍정적 효과를 가진다. 또한 항공협정과 같이 그 분야가 한정되어 있는 조약의 경우에는 정부가 해당 기업의 이익과 국민 교통의 편의와 같은 부분을 고려하여 판단할 수 있다.

결국 국민적 또는 국회 차원의 참여나 의견 개진이 요구되는 조약 부류의 하나는 다자적인 통상조약, 자유무역협정, 그리고 주변국과의 어업협정 등과 같이 협상의 결과에 따라 국내적으로 소득 재분배 효과가 발생하는 조약이라고 할 수 있다. 이러한 조약을 체결함에 따라서 이익을 보는 기업이나 국민이 있는 반면, 불리한 교역조건에 처하게 되는 기업이나 국민도 있게 되다. 따라서 이에 따른 소득 재분배 문제는 결국 정부가 필요한 범위 내에서 국내정책적인 수단을 강구하여야 한다.

그런데 문제는 이러한 소득 재분배 등이 발생하는 조약에 대하여서도 국회나 국민이 문안의 교섭과정에 직접 참여하거나 의견을 피력하기 어려운 구조라는 것이다. 특히 이를 곤란하게 하는 이유는 구체적인 교섭내용이나 문안에 대한 대외적인 비공개 원칙이다. 이에 관하여는 이미 설명한 바 있으므로 되풀이하지 않겠지만, 투명성이 없는 가운데 국회나 국민의 직접적인 참여나 의사 전달은 어렵다고 하겠다.

결국 행정부 조직이라고 하는 관료주의가 전담하는 것이 효율적인 부류의 조약과 관료나 행정부를 넘어서 정치적인 과정이 필요한 부류의 조약으로 나누어 생각해 볼 수 있을 것이다. 즉, 범죄인인도조약이나 사회보장협정 등과 같이 소득 재분배나 정치적 중요성에 파급이 적은 조약은 행정부 조직이 효율적으로 처리할 수 있다. 관료조직이 전문성 및 정책의 계속성을 확보하는 장점도 오히려 있다고 평가할 수 있다. 그러나 관료조직은 대담한 정책결정에 주저하게 되고 또한 사회적인 갈등의 관리에 미숙한 점이 있으므로 소득 재분배나 정치적 중요성을 가진 조약은 국회나 국민의 보다 적극적인 참여를 유도할 필요가 있다.

3. 민주적 참여의 전제조건

조약체결의 과정에서 국회 및 국민을 가능한 범위 내에서 참여하도록 하는 것은 국민주권의 원리라는 측면에서 타당하다. 그럼에도 불구하고, 외교의 연장선상에 있는 조약체결 과정은 입법과정과 다르다는 점을 인식할 필요가 있다. 조약체결 과정은 국내 이익집단간의 이해 조정이 아니라 외국과의 교섭이라는 속성을 가진다. 물론 계약적 조약이 아닌 입법적 조약, 특히 입법적 조약 중에서 인권이나 환경을 다루는 조약은 외국과의 교섭이라는 속성보다는 새로운 법규범의 창설이라는 성격이 강할 수도 있다. 그러나 이 모든 선택과 결정이 하나의 국가 시스템 내부에서가 아니라 이른바 국제사회라는 무대에서 이루어지게 된다.

국제사회를 보는 시각은 여러 가지가 있을 수 있겠지만, 현실주의자(political realists)의 관점에서 보면 국제사회는 아직도 '법의 지배'나 '민주주의'보다는 힘의 논리나 세력균형에 의존하고 있다. 조약의 체결이라는 과정도 그러한 관점에서 본다면 대한민국 국익의 극대화 과정일 것이다. 따라서 조약의 체결과정에 참여하고 기여하기 위하여 대한민국의 전체적인 국익이 무엇인지를 설정하고 이를 추구하려는 노력이 요구된다. 또한, 장기적인 안목에서 감정적인 만족이 아니라 현실적인 이익을 추구하려는 자세가 필요하게 된다. 흔히 외교에 있어서는 초당적인 협력(bi-partisan cooperation)이 요구된다고 하는데, 조약체결에 있어서도 역시 각자의 입장을 떠나서 전체적인 이익을 고려하는 시각 정립이 요구된다.

다른 한편, 국제사회를 보는 시각으로서 이상주의적 시각이 있다. 이 시각은 환경이나 인권 등과 같이 국제사회가 서로 협력을 통해 공동의 이익을 추구해야 한다는 명제를 강조한다. 환경이나 인권에 관한 조약의 체결 과정에 있어서는 이러한 이상주의적인 시각에서 출발하여, 당장의 대한민국의 이익보다는 국제사회 전체의 이익을 추구할 수 있는 자세도 요구된다.

결론적으로 조약체결은 일종의 외교이며, 현실주의적 시각에서든 이상주의적 시각에서든 국내정치와는 다른 각도에서 접근할 필요가 있다. 즉, 국내입법과 같은 국내 이익단체간의 이견 조정이 아니라 국익을 총체적으로 생각하는 자세가 요구되며, 아울러 이기적인 국익이 아니라 국제사회 전체의 이익을 염두에 두는 자세까지도 요구되는 것이다. 국내적 조약체결 과정에 참여하고자 하는 주체인 국회나 국민은 이러한 점을 염두에 두어야 하는 것이다.

Ⅲ. 소 결

국민경제나 국민의 전반적 복지에 영향을 줄 수 있는 자유무역협정과 같은 조약에 대하여는 민주적 참여를 높이고 이를 위하여 제도적 장치를 마련할 필요가 있다. 그러나 앞에서 지적한 바와 같이 국내적 조약체결 절차상 국회나 국민의 민주적 참여가 구조적으로 어려운 측면이 있다. 특히, 입법안에 대하여 하듯이, 국회나 국민이 개개의 조항이나 이슈에 대하여 의견을 개진하고 개정안을 제시하는 방안은 조약의 교섭 및 체결과정에서는 실현되기 어렵다. 또한 조약체결에 관한 사항은 신속하고도 고도의 정치외교적 판단이 요구되는 동시에 국가이익 전체를 고려해야 하는 사안이기 때문에 대통령과 행정부가 결정하는 것이 적합하며, 회의체인 국회가 이러한 결정에 대하여 매번 거부권을 행사하거나 구체적인 수정 요구를 하는 것은 효율성의 측면에서 적절하지 않다고 본다.

이러한 상황에서 국회나 국민이 조약안의 구체적인 조항이나 문안을 놓고 참여하는 것은 구조적으로 어렵고 또한 바람직하지도 않다. 따라서 개별 조항에 대해 논의하기가 어려운 이상, 국회나 국민이 보다 일반적이고 정책적인 사안을 토의하고 일종의 대원칙이나 목표를 설정하여 행정부가 조약 교섭에 반영하도록 하는 방향이 바람직하다. 즉, 중요 조약의 체결 방향, 목표 및 정책과 같은 사항을 논의하거나, 특정부류의 조약의 내용에 관하여 논의한다든지, 또는 조약체결 절차에 대한 통제에 초점을 둘 수 있다. 예를 들어, 투자보장협정의 경우 기존 조약에서 외국인투자의 보호범위가 지나치게 넓다든지 하는 문제점이 있다면 이에 대하여 국회가 토론하고 그 결과로써 행정부가 향후 투자의 정의나 수용과 같은 분야에 있어서 어떠한 방향으로 교섭해 나가야 한다는 가이드라인을 제시할 수 있다. 더 나아가 관련 조약을 체결할 때 중점을 두어야 하는 원칙 등을 결의안이나 법령의 형식으로 정할 수도 있을 것이다. 그리고 이와 같이 정책적인 큰 틀에서 논의함으로써 국회나 국민도 조약체결의 외교적인 요소를 인식하게끔 되고, 결국 이를 바탕으로 한 건설적인 대안 제시도 가능하리라 생각된다.

다른 한편으로 조약체결 절차가 대외적인 교섭이라는 문맥에서 이루어지며, 따라서 국민 또는 관련 이익단체의 총합된 의사 수렴이 요구된다는 점이 감안되어야 한다. 특히 국민이 조약체결의 과정에 의견 개진을 하거나 영향력을 행사하고자 할 때에는 개개인이 각자의 의견을 개진하기보다는 '조약체결 자문위원회'와 같은 단체를 구성하여 각자의 입장을 협의하여 정부에게 교섭안이나 교섭지침의 형식으로 제시하는 것이 바람직할 것이다. 시민단체의 경우에도 마찬가지로 해당 조약안을 위요하여 일종의 연합단체를 구성하여 스스로 의견을 수렴하는 노력을 전개할 필요가 있다. 이러한 과정을 통하여서만 효과적으로 정부에게 의사 전달이 가능하리라 생각된다. 물론 관련 이익단체나 국민의 의사가 수렴된 교섭안이라고 하더라도 상대방 국가와의 협상 과정에서 절충안이 나오게 되며, 이러한 경우에는 다시 정부가 국내의 관련 연합대표와 다시 협의하고 자문을 구하는 수순으로 진행되는 것이 가장 바람직할 것이다.

중복을 피하기 위하여 국회나 국민의 민주적 참여에 관한 구체적인 방안은 아래 제3절의 평가와 제언에서 다시 구체적으로 논하고자 한다.

제3절 평가와 제언

이 절에서는 대한민국의 현행 조약체결 권한과 절차 각각의 문제점을 지적하면서 이에 대한 실천적인 보완방안을 제시하고자 한다. 구체적으로는, 조약체결 권한 부분에서는 국회 상임위의 활성화, 행정부와 국회간의 소통 및 타협, 국회의원의 조약 교섭 참여, 고시류조약과 기관간약정의 통제 등의 방안을 논하고, 조약체결 절차 부분에서는 법제처 심사의 강화, 이행입법의 시의성 제고, 투명성 증진 방안 등에 관하여 살펴본다. 이어서 이러한 권한과 절차를 법률로써 규율하려는 시도인 '조약체결절차법'의 필요성 여부에 대하여도 논한다.

Ⅰ. 조약체결 권한

1. 평 가

1) 대통령과 국회간 권한의 배분

제3장에서 조약체결 권한을 다룰 때, 대한민국 현행 헌법상 대통령은 외교와 조약체결 분야에서 독점적 우위를 가지며, 이에 비해 국회는 제한된 범위 내에서 동의권을 가진다는 점을 설명한 바 있다. 헌법의 조항뿐만 아니라 그간의 관행에 비추어 볼 때에도 국회는 외교나 조약체결의 분야에 있어서 영향력이 제한적이었다. 물론 이러한 관행이 고착된 데에는 1990년대 이전까지 대통령의 절대적인 세력우위 그리고 외교는 대통령의 전속적 영역이라는 인식 등의 이유가 있었다. 최근 2000년대 초반에 들어서서 외교나 조약체결 분야에 있어서의 대통령의 권한에 대하여 도전하려는 시도가 헌법소송 또는 입법이라는 형태로 제기되고 있다.

이와 같이 대통령의 권한이 상대화되는 동시에 구체화되는 현상은 긍정적인 진전으로 느껴지며, 그 과정에서 일정한 성과나 타협도 가능하리라 생각된다. 다만, 현행 헌법의 문언하에서 '외교 및 조약 분야에서의 대통령의 우위'라는 구조 자체를 바꾸려는 시도는 성공하기 어렵다. 오히려 현행 헌법의 구조가 외교나 조약체결에 관한 책임 소재를 분명히 하고 있다는 긍정적인 평가도 가능하다. 더욱이 회의체라고 할 수 있는 국회가 대외적으로 조약체결권이나 교섭권을 행사하는 것은 현실적으로 쉽지 않을 것이다.

2) 행정부내 외교통상부장관의 독점적 지위

헌법상 대통령은 조약체결권을 가지며, 「정부대표임명법」상 외교통상부장관이 행정부 내에서 조약체결에 관하여 독점적 지위를 누리고 있다. 이와 같이 외교통상부장관이 독점적 권한을 가지도록 한 데에는 몇 가지 불가피한 사정이 있다. 우선 국가의 대표권은 하나의 대표자에 결집되어야 하며, 이를 통하여만 하나의 목소리, 즉 일관성을 견지할 수 있기 때문이다. 아울러 여타 행정부처나 지방자치단체가 고의 또는 실수로 대외적 약속을 하고 국가 전체가 이 약속에 구속 받게 되는 결과를 초래하지 않기 위하여도 조약체결권의 중앙집중화가 요구된다. 실제로 조약업무에 관하여 전문성이 부족한 행정부처나 지자체가 오류로 구속적인 대외적 약속을 할 우려가 있다.

다른 한편, 이와 같은 외교통상부장관의 독점적 지위는 문제점도 있다. 여타 부처나 국회의 견제를 받지 않음으로써 고시류조약 제도나 헌법 제60조제1항의 해석 기준을 정함에 있어서 외교통상부는 독단적인 결정을 내릴 위험성도 배제할 수 없다.

2. 제 언

1) 국회 상임위의 활성화

현행 헌법하에서 관련 조항의 재해석을 통하여 국회와 대통령의 관계를 역전시키는 것은 어렵고 또 바람직하지도 않지만, 국민을 대표하는 국회가 외교나 조약체결 과정에 지금보다 적극적으로 참여할 필요가 있다. 이를 위하여 국회 상임위원회, 즉 외교통상통일위원회가 활성화될 필요가 있다고 본다. 조약체결에 관한 사항을 다루기 위해서는 어느 정도 전문적인 지식과 경험이 요구되며 아울러 전략적이고 전체적인 안목이 요구된다. 미국 헌법이 당초 하원(the House)을 배제하고 상원(the Senate)에 한하여 조약에 대한 조언과 승인권을 부여한 것과 같은 이유에서 대한민국도 상임위가 중심이 되어 조약체결에 관한 사항을 다루는 것이 적절하다고 생각된다. 외국의 사례로서 이탈리아의 경우에도 과거 행정부가 외교분야에서 독주하였지만 1970년대 이래 의회의 간섭이 활발해졌는데 이러한 의회의 참여는 관련 헌법조항의 재해석보다는 대정부 질의, 청문회, 국정감사 등을 통하여서였다. 또한, 의회의 상임 외교위원회가 정부의 외교 및 조약체결을 상시로 감시하고 있다.[60)]

사실 과거에는 대한민국의 외교통상통일위원회는 조약체결에 관한 심도있는 심의를 하지 못하였다. 일본의 국회와 비교해 볼 때에도 이러한 점이 드러난다. 일본의 국회는 조약의 체결과 종료 등에 관한 여러 가지 실체적・절차적 사안을 다루고 있으며, 이른바 '헌법상의 조약'과 '행정협정'을 구분한 오히라 선언도 당초 국회 답변의 형식으로 나온 것이다. 그러나 한국의 상임위는 정치적으로 중요한 조약에 관하여만 관심을 가지고 있으며, 조약체결의 절차나 권한에 관한 사안에 대하여도 심도있는 논의를 하지 않고 있다. 다만, 최근 2007년 한・미 자유무역협정 체결을 둘러싸고 국회 차원에서도 조약체결에 관하여 관심을 가지게 되었고, 그 결과 외교통일 분야 법률안과 조약안을 심도있게 심의하겠다는 취지에서 외통위 차원의 법안소위를 거치도록 하고 있다.

2) 대통령과 국회간의 소통 및 타협

조약체결에 관하여 대통령과 국회간의 원활한 협조를 위하여는, 현

60) Giovanni Bognett, *supra* note 48, p. 99.

행 헌법하의 틀을 급작스럽게 흔들기보다는 국회와 대통령간의 다양한 의사소통 방식을 강구할 필요가 있다. 앞에서 국회가 '조약체결절차법' 등을 제정하려는 움직임이 있으며, 그러한 절차법의 일부 조항은 대통령의 조약체결 권한을 침해할 위헌적인 요소가 있다고 평가한 바 있다. 이와 같은 법안이 실제 국회를 통과하게 되면, 대통령은 거부권을 행사하거나 또는 헌법재판소에 권한쟁의심판을 청구하는 수순까지 취해야 할지 모른다. 이와 같은 대립적이고 급작스러운 변화보다는 대통령과 국회가 일정한 타협하에 균형된 참여(balanced participation)을 지향하는 의사소통 혹은 합의 추구가 바람직하다고 본다.

예를 들어, 현행 헌법하에서도 헌법 제60조제1항상의 국회 동의권의 실효적이고 의미있는 행사를 위하여 대통령이 국회에 (i) 국회에 제출될 조약안에 대한 최대한의 정보 제공(국회가 원하는 경우 대외 비공개의 원칙하에 조약문안 열람), (ii) 조약체결 계획 등에 대한 수시 보고, (iii) 헌법 제60조제1항에 해당하지 않는 조약의 경우에도 정기적인 보고[61] 등을 약속할 수 있다. 이러한 약속은 반드시 법적인 의무를 표현하는 것이 아니라고 하더라도 대통령이 자신의 권한으로 하나의 관행으로 정착시켜 나가고자 하는 정책 표명으로도 가능하다.

대통령과 국회 사이의 의사 표명 수단의 하나의 예로서 인도네시아의 사례를 들 수 있다. 인도네시아 대통령은 1960년 8월 22일 국회의장앞 메시지의 형식으로 헌법 제11조에 관한 정부의 입장과 정책적

61) 비교법적으로 네덜란드는 1994년 조약체결절차법 제1조에서 다음과 같이 국회앞 보고를 제도화하고 있다: 제1조 1. 외무장관은 조약체결과 관련하여 주기적으로 교섭진행중인 조약의 목록을 의회에 제출하여야 한다.
2. 조약목록에는 다음의 사항을 포함하여야 한다. 가. 조약의 목적, 나. 교섭 당사국, 다. 필요한 경우 진행중인 교섭을 후원하는 국제기구, 라. 관계부처.
3. 제1항상의 목록에는 그 공개가 국가이익에 반하는 조약안은 포함되어서는 안 된다.

견해를 전달하였다. 당시의 인도네시아 헌법 제11조는 의회의 승인이 요구되는 조약과 승인이 불필요한 조약을 명확히 구분하지 않았는데, 대통령은 국회의장에 대한 메시지를 통하여 '중요한' 조약에 대하여만 의회의 승인을 받고 나머지 조약은 비준을 한 후에 국회에 보고하겠다고 하였다.[62] 이러한 인도네시아의 예는 결국 조약에 대한 의회의 승인 절차를 회피하려는 시도로 이해될 수 있지만, 그 의사표현 수단이라는 측면은 중요한 시사점을 준다고 할 수 있다. 즉, 이 사례는 대통령이 이와 같이 자신의 헌법 해석이나 정책적인 약속을 서한이나 여타 방식으로 표명할 수 있다는 것을 보여 준다. 보다 더 바람직한 방안은 대통령과 국회가 사전 협의를 통하여 합의를 도출한 다음 이를 서한이나 혹은 행정부의 내부지침으로 구체화하고, 시간이 경과함에 따라 추후 점진적으로 관행으로 정착시키는 수순이다.

다른 한편, 국회로서도 보다 적극적으로 조약체결에 직·간접적으로 참여하는 수단을 강구할 필요가 있다고 본다. 우선 대통령의 조약체결 정책 수립에 관하여 상임위원회에서 적극적인 질의와 건의를 하는 동시에, 국회가 결의의 형식으로 조약체결에 관한 의견을 피력할 수 있다고 생각된다. 또한, 결의나 법률로써 특정 패턴의 조약체결에 관련된 원칙이나 가이드라인을 제시하는 것도 가능할 것이다.

3) 국회의원의 조약 교섭 참여

국회의원의 조약 교섭 참가 역시 스위스와 같은 나라에서는 시행된 바 있으며 이론적으로 가능한 방안이다. 스위스 헌법 제166조는 명시적으로 연방의회가 외교정책의 수립에 참여하고 외교관계를 감독한다고 규정하고 있다.[63] 또한 1991년 이래 행정부는 입법사항을 포함하

62) Ko Swan Sik, *The Indonesian Law of Treaties 1945-1990* (1994), p. 9.

63) 스위스 헌법 제166조(외교관계와 국제조약) : (1) The Federal Parliament partici-

는 조약을 교섭하고자 할 때에는 연방의회의 외교위원회와 상의하도록 법으로 정하였다. 그리고 협상과정에서 행정부는 연방의회 외교위원회에 계속 보고해야 하며, 중요한 변경이 있으면 위원회로부터 새로운 협의를 하여야 한다.

앞에서 외교통상위원회(상임위)의 활성화 필요성에 대하여는 언급한 바 있다. 상임위가 활성화되어 행정부의 외교수행을 감시하는 것과 실제로 상임위 위원이 협상에 참석하는 것과는 본질적인 차이가 있다. 특히 행정부(대통령)의 명령체계 밖에 존재하는 국회의원이라는 지위, 국회의원 중에서 대표의 선정, 상대방 국가의 인식 등을 감안할 때 국회의원이 조약 교섭에 참여하는 것은 현실적으로 쉽지 않을 것으로 보인다. 대외적인 교섭은 통일적인 명령체계하에 진행되어야 하고, 교섭내용에 대한 대외 비공개 원칙이 준수되어야 하는 바, 국회의원은 그러한 정부 내의 명령체계에 속하지 않으며 또한 국회에서의 발언에 있어서 면책권을 향유하기 때문이다.[64]

여기서 시사를 주는 것은 독일의 사례이다. 독일의 경우에도 행정부는 대외행정권을 쥐고 있으며, 따라서 엄격한 의미에서 비준동의의 이전 단계인 조약 교섭이나 체결 단계에서는 의회의 통제권이 없다.[65] 그러나 행정부는 의회의 협력을 확보하기 위하여 노력하고 있

---

pates in shaping foreign policy, and supervises foreign relations. (2) The Federal Parliament approves international treaties, provided the treaties for which conclusion, by law or international treaty, the Federal Government is responsible.

64) 대한민국 헌법 제45조 : 국회의원은 국회에서 직무상 행한 발언과 표결에 관하여 국회 외에서 책임을 지지 아니한다.

65) 이 점에 대하여 독일의 연방헌법재판소는 다음과 같이 결정한 바 있다. "The powers of the Bundestag remain restricted to the general constitutional possibilities of control. … It cannot itself conduct policy"(1952년 7월 29일자 독일 연방헌법재판소의 판결문, 1 BVerfG1, p. 372).

으며, 그 일환으로서 중요한 조약의 교섭에 종종 국회의원을 초청하기도 한다.66) 또한 의회의 외교위원회는 조약 정책에 관한 비판적이고 상세한 협의를 가지고 있기 때문에 실질적으로 행정부와 의회간의 갈등은 사전에 조율되고 있다고 평가된다. 대한민국의 경우에도 헌법상으로는 대통령이 조약체결에 있어서 우위를 점하고 있지만, 대통령과 행정부가 스스로 국회의 참여를 유도함으로써 건설적인 협력체제를 구축할 수 있을 것이다.

4) 국민 또는 시민단체의 자문위원회 구성

앞에서 언급한 바와 같이, 국민 개개인 또는 각 시민단체가 특정 조약에 관하여 의견을 개진하기보다는 관련되는 국민 및 시민단체가 의견수렴체로서 '민간자문위원회'를 구성하여 국민 전체의 입장을 협의·수렴한 다음, 정부에게 조약 교섭에 관한 방향이나 교섭 목표를 제시하는 방안이 필요하다. 정부로서는 이러한 위원회가 국민 전체의 이익을 대표하는지를 검토하고 전략적인 국익 고려의 토대에서 가능한 부분을 반영하도록 노력해야 할 것이다. 그리고 교섭의 과정에서 주요 쟁점이나 이견이 부각될 경우에 정부대표는 민간자문위원회측과 다시 협의를 거쳐 절충 가능성을 모색하는 수순으로 진행되는 것이 바람직하다.

5) 기관간약정

앞의 제2장에서 설명한 행정부처 및 지자체의 기관간약정은 외교통상부의 통제 범위 밖에 있다. 외교통상부는 이 기관간약정이 국제적 및 국내적으로 법적 구속력이 없으며, 따라서 법적 구속력을 가진 조

66) Monroe Leigh and Merritt R. Blakeslee eds., *supra* note 22, p. 49.

약과는 다르게 성안되고, 또한 국가 전체를 구속하는 내용을 담지 않아야 한다고 권고하고 있다.[67] 그러나 현재 외교통상부가 이러한 기관간약정을 통제할 수 있는 법적인 근거는 없다. 규율이나 규제가 반드시 바람직하지는 않겠지만, 외국정부에게 그릇된 인식을 주지 않기 위해서라도 어떤 내부적인 지침이나 방향은 설정되어 있어야 한다. 적어도 행정부처나 지방자치단체가 외국의 기관과 기관간약정을 체결하고자 하고, 특히 이 기관간약정이 법적인 구속력을 가진 것으로 보일 여지가 있다면, 외교통상부장관의 동의를 받도록 해야 할 것이다.

6) 고시류조약

제2장에서 언급한 '고시류조약 등 기타 국제합의' 부분은 지금보다 체계적으로 유형화하여 보다 선명하고 투명한 지침으로 발전시킬 필요가 있다. 이에 대한 외교통상부장관의 독점적 관리가 불가피한 측면도 있지만, 외부기관의 견제나 비판이 없기 때문에 그 결과로서 고시류조약에 대하여 일관되고 투명한 관행이 정립되지 않고 있는 측면도 있다. 또한, 앞의 제4장에서 살펴본 바와 같이, 조약의 잠정적용, 개정, 연장 및 종료시에 고시류조약이 널리 사용되고 있는데, 이에 대한 분명한 기준을 결여한 것으로 보인다. 지금까지의 사례를 축적·정리하고, 이를 체계화하여 일단 내부적이나마 일관성 있는 대응을 할 수 있도록 해야 할 것이다.

이러한 내부적인 지침을 정립하여 2~3년의 기간을 두고 검증한 후에 고시류조약의 기준 등을 궁극적으로 법령의 형식으로 성문화하는 수순을 취함으로써 종래 불확정적이고 관행에만 의존하던 고시류조약의 근거를 분명히 할 수 있을 것이다.

---

67) 외교통상부, 「알기쉬운 기관간약정 업무」(2007년 10월), 22-33쪽.

7) 국제합의에 대한 분류

앞의 제2장에서 국제합의가 조약과 정치적 합의로 구분되고, 그 중 조약이 다시 국회동의필요조약, 국회동의불요조약 및 고시류조약 등으로 분류되며, 이러한 분류의 결과에 따라 각각 다른 국내절차를 거친다고 하였다. 그리고 정치적 합의의 체결은 대통령의 전적인 권한사항으로서 국회의 동의나 여타 조약체결의 절차가 요구되지 않음을 지적하였다.

조약의 분류 권한은 외교통상부가 행사하고 있으며, 이와 관련하여 일반적인 차원의 기준은 있지만 구체적인 기준은 제시되지 않고 있다. 조약의 분류에 있어서도 행정부는 일관된 원칙이나 기준을 세우고, 가능하다면 이를 대외적으로 투명하게 알려야 한다. 물론 획일적 잣대나 수치로 헌법 제60조제1항을 해석하는 것은 오히려 불합리한 결과를 가져올 수 있다. 그러나 그간의 축적된 사례를 가지고 예측가능하고 합리적 범위에서 적어도 예시를 통하여 어떤 기준점을 정하고 이를 구체화하는 것은 가능하리라고 본다. 한편, 헌법 제60조제1항의 해석을 둘러싸고 특정 조약이 국회의 동의가 필요한지 여부가 애매할 경우에는 가급적 국회의 동의를 받는 방향으로 해석되어야 할 것이다. 아울러 행정부는 네덜란드의 예를 참고하여 국회동의불요조약의 리스트를 국회에 정기적으로 보고하고, 국회가 이 리스트에 대하여 의견을 제시할 기회를 주어야 할 것이다.

한편, 조약이 아니라고 하더라도 중요한 정치적 의미를 가지거나 향후 외교정책의 방향 설정에 있어서 중대한 의미를 가지는 문건은 국회의 참여나 토의를 거치고 가급적 투명하게 추진될 필요가 있다. 대통령이나 외교통상부장관이 행하는 법적 구속력을 가지는 일방적 행위나 일방적 선언도 마찬가지이다.

II. 조약체결 절차

1. 평 가

제4장에서 대한민국의 정형적인 조약체결 절차 및 비정형적인 상황을 각각 살펴보았다. 제도적인 측면에서 볼 때, 적어도 정형적인 조약체결 절차는 외교통상부가 총괄 관리하는 가운데 비교적 신속하게 처리되고 있는 것으로 보인다. 또한 개별 법령에서 규정되고 있지만, 절차가 순차적・유기적으로 진행되고 있으며, 적어도 행정부의 내부 간에는 큰 알력이나 갈등이 없는 것으로 파악된다. 비록 외교통상부 이외의 부서가 조약과 유사한 대외적 약속을 하기도 하여 논란이 되곤 하지만, 조약체결 과정의 원리로서 언급한 '권한의 적절한 위임'도 원만하게 이루어지고 있다.

한편, '행정부 내의 컨센서스 확보'라는 측면에서도 법제처 심사나 국무회의 심의라는 과정에서 전 부처의 합의가 도출되도록 하고 있다. '투명성의 확보'라는 관점에서 본다면, 다소 미흡한 점이 노정되지만 그 상당 부분은 조약협상의 구체 사항에 대한 대외 비공개 원칙이라는 구조적 요인에 기인한 것으로 생각된다. 이와 같이 행정부 내의 컨센서스나 투명성 확보는 어느 정도 이루어지고 있다고 평가할 수 있는 반면, 국회 그리고 국민에 대한 컨센서스나 투명성 확보의 면에서는 부족한 부분이 있는 것이 사실이다.

한편, 제4장에서 살펴본 바와 같이, 비정형적인 상황, 즉 잠정적인 적용, 조약의 연장이나 종료, 소급효 등에 관한 사항은 —입법이 부재한다는 이유도 있겠지만— 원칙이나 입장을 정립하여 대응하였다고 하기보다는 자의적이고 행정편의적으로 대응하여 왔다는 평가가 정확할 것이다. 지난 수십 년간 반복적으로 이러한 상황을 맞았으면서도 전례를 검토하여 관행을 추출하거나 기본적인 원칙이나 입장을 정립하지 못한 것으로 보인다. 외교통상부가 발간한 업무자료에서도 이에 대한 구체적인 대응 지침은 찾아 볼 수 없다. 아래에서는 대한민국 조약체결 절차의 주요 문제점을 살펴보고 이에 대한 개선방안을 제시하고자 한다.

2. 제 언

1) 정치적 조약과 규범적 조약의 절차적 구분

제4장에서 살펴본 바와 같이 대한민국의 조약체결 절차는 많은 부분 법령의 입안절차와 유사한 과정으로 되어 있다. 국회의 동의를 거치지 않는 조약은 대통령령과 비슷하게 주무부처 발제 → 법제처 심의 → 차관회의 심의 → 국무회의 심의 → 대통령 재가 → 공포라는 절차를 거치며, 국회의 동의를 필요로 하는 조약은 국회의 동의라는 과정이 추가된다. 이는 마치 조약을 법령 입안의 프로세스에 끼워넣기 식으로 처리하고 있다고도 할 수 있다. 그런데 '조약'은 '법률'이 아니며, 이른바 정치적인 성격의 조약도 상당수 체결되고 있다. 여기서 정치적인 성격의 조약이란, 동맹의 결성이나 군사협력뿐만 아니라 경제과학기술 협력과 같은 분야에서도 상호간의 협력 의사를 확인하는 수준의 합의를 포함한다.[68] 이러한 정치적인 성격의 조약마저 '법제처의 심사'와 같은 과정을 거칠 필요가 있는지 의문이다.

---

68) Rosenne 교수는 다수의 조약이 이와 같은 정치적인 성격을 가지며 그 자체로서 심각한 법적인 결과를 가져오지 않는다고 하고 있다. 또한 이러한 정치적인 조약에 대한 의회의 승인은 단지 그 합의에 대하여 추가적이고 정치적인 지지를 선언하는 것에 불과하다고 한다. Shabtai Rosenne, *Developments in the Law of Treaties 1945-1986* (1989), p. 93.

이원론적 체계를 가진 영국, 캐나다, 스웨덴과 같은 구조하에서는 '법적인 조약'과 '정치적인 조약'이 구분되며, 전자는 국내입법으로 변형되어야 하며 후자는 그러한 과정이 없이 체결된다. 즉, 국내법과의 충돌의 여지가 없는 정치적인 성격의 조약은 입법과 같은 과정을 거칠 필요가 없게 된다.69) 법적인 조약은 그 조항 중에서 어떠한 내용이 국내법적으로 변형되어야 하는지를 검토하여, 입법화하는 과정을 거치며 또 그 과정에서 국내법적인 형식과 지위(예를 들어, '법률' 또는 '대통령령')도 정하여진다. 일원론(monoism)에 기반을 두고 있는 대한민국과 같은 체계에서는 이러한 '정치적인 조약'과 '법적인 조약'을 구분 짓는 습관이 발달하지 않았고 이를 똑같이 어중간한 입법절차를 거치도록 하고 있다. 즉, 이원론의 국가에서 행하는 다단계의 작업을 사실상 모두 방기하고 있는 셈이다. 규범적인 조약을 정치적 조약과 구분하지 않을 뿐만 아니라, 법적인 조약에서 어떠한 조항이 국내법적으로 의미를 가지는지를 고민하지도 않고 있는 것이다. 그러한 의미에서도 정치적인 조약(political treaty)과 규범적인 조약(normative treaty)을 개념적이나마 구분하는 관행을 정착시킬 필요가 있으며, 그러한 구분하에 정치적인 조약에 대한 절차는 보다 단순화하되, 법적인 조약에 대한 절차는 보다 엄밀하게 할 필요가 있다.

---

69) 대표적으로 캐나다의 관례를 살펴보면, 캐나다는 "기존의 법에 변경을 요하는 경우에 한하여"(if they entail alteration of existing law) 조약 이행에 있어서 입법적인 행위(legislative action)가 필요하다고 한다. 따라서 국가간 사항(inter-State affairs)라든지, 입법조치가 아닌 행정적인 수단(administrative means)만 필요한 조치라든지, 국내법의 조항에 관련 규정이 있다면 의회의 입법적인 조치를 거치지 않는다고 한다. 이를 "unimplemented treaties"라고 하는데, 이에 관하여는 Hugh M. Kindred, "The Use of Unimplemented Treaties in Canada: Practice and Prospects in the Supreme Court" in Chi Carmody, Yuji Iwasawa, Sylvia Rhodes eds., *Trilateral Perspectives on International Legal Issues: Conflict and Coherence* (2003), pp. 3-26 참조.

2) 법제처 심사의 강화

위에서 모든 조약을 사실상 입법절차에 대입하고 있다는 문제점을 지적하였다. 여기서는, 모든 조약을 입법절차에 대입하면서도 정작 조약의 국내적인 효력에 대하여는 깊이 있는 검토를 하고 있지 않다는 문제점을 지적하고자 한다. 앞서 언급한 바와 같이 대한민국은 조약을 일률적으로 입법과 유사한 과정에 대입하고 있다. 그러나 실제 국내법적인 효력을 가지는 조약에 대하여서조차 그 정확한 적용 및 기타 국내법과의 충돌 여부에 대한 면밀한 검토가 불비한 것으로 생각된다. 이러한 기능은 외교통상부는 물론이지만 특히 관련 부처 및 법제처가 중요한 역할을 맡아야 할 것이다.[70)]

법제처는 조약안을 검토하면서 국내법령과 조약문안을 비교, 검토한다. 그 과정에서 조약과 기존의 국내법령과 일응 충돌하는 부분이 있으면 ―상세한 검토를 통하여 종합적인 해결책을 모색하기보다는― '입법사항에 해당되므로 국회의 동의가 필요하다'는 결론에 손쉽게 도달하곤 한다. 즉, 국내법령의 정비와 같은 수순보다는 국회의 동의를 받음으로써 모든 문제가 해결된다고 생각하는데, 이러한 사고방식은 기본적으로 '국회의 동의를 받은 조약은 국회가 제정한 법률에 당연히 우선한다'는 전제가 내재되어 있다. 그러나 그렇게 단순히 검토하기보다는 (i) 과연 조약과 국내법령이 실제로 그리고 구체적으로 어떠한 경우에 상충되는가, (ii) 양측에 대하여 조화로운 해석이 가능한가, (iii) 조화로운 해석이 불가능하다면 국내법령의 수정이 필요한가(아니면 적어도 해당 법령과 조약과의 우선순위를 정하는 조항이 필요한

---

70) 대한민국의 법제처와 유사한 일본의 내각법제국도 조약안의 국내법과의 정합성을 검토하는데, 이에 관하여는 柳井俊二, "国際法規の形成過程と国内法,"『国際法と国内法 : 国際公益の発展』(1991), p. 94 참조.

가),[71] (iv) 해당 법령에도 불구하고 조약이 우선적으로 적용됨에 있

71) 대한민국 법령 중에서 그 적용에 있어서 조약과의 우선순위('조약이 우선한다'는 요지)를 담고 있는 예는 다음과 같은 것이 있다.

- 국제민사사법공조법 : 제3조(조약 등과의 관계) 이 법에 정한 사법공조절차에 관하여 조약 기타 이에 준하는 국제법규에 다른 규정이 있는 경우에는 그 규정에 따른다.
- 국제형사사법공조법 : 제3조(공조조약과의 관계) 공조에 관하여 공조조약에 이 법과 다른 규정이 있는 경우에는 그 규정에 따른다.
- 대한민국정부와 칠레공화국정부간의 자유무역협정의 이행을 위한 관세법의 특례에 관한 법률 : 제23조(이 법과 관세법 및 협정과의 관계) ① 이 법에서 규정하지 아니한 사항에 대하여는 관세법 및 협정에서 정하는 바에 따른다. ② 이 법 또는 관세법이 협정과 상충되는 때에는 협정을 우선하여 적용한다.
- 범죄인인도법 : 제3조의2(인도조약과의 관계) 범죄인인도에 관하여 인도조약에 이 법과 다른 규정이 있는 경우에는 그 규정에 따른다.
- 선박안전법 : 제16조(조약규정의 적용) 선박의 감항성과 인명의 안전에 관한 조약에 이 법과 다른 규정이 있을 때에는 그 규정에 의한다.
- 수난구호법 : 제3조의2(조약규정의 적용) 조난된 사람과 선박 등의 수색·구조·구난 및 보호와 관련하여 국제적으로 발효한 조약의 규정과 이 법의 규정이 다를 경우에는 해당 조약 규정을 적용한다.
- 우편법 : 제11조(우편에 관한 조약) ① 우편에 관하여 조약에 다른 규정이 있는 경우에는 그 규정에 의한다. ② 국제우편에 관한 요금은 조약에서 정하는 요금의 범위 안에서 정보통신부장관이 결정·고시한다.
- 전파법 : 제4조(전파에 관한 조약) 전파에 관하여 조약에 따로 규정이 있는 때에는 이 법의 규정에 불구하고 그 규정에 의한다.
- 특허법 : 제26조(조약의 효력) 특허에 관하여 조약에 이 법에서 규정한 것과 다른 규정이 있는 경우에는 그 규정에 따른다.
- 해상교통안전법 : 제5조(조약의 적용) 선박의 충돌방지 및 안전관리 등에 관하여 조약에 다른 규정이 있는 때에는 그 규정에서 정하는 바에 의한다.

(한편, 특정한 범위를 정하여 조약 등을 우선 적용하는 예로서는)

- 국민연금법 : 제102조의2(외국과의 사회보장협정) 대한민국이 외국과 사회보장협정을 체결한 경우에는 이 법의 규정에 불구하고 국민연금의 가입, 연금보험료의 납부, 급여의 수급요건, 급여액 산정 및 급여의 지급 등에 관하여 당해 사회보장협정이 정하는 바에 의한다.
- 국제조세조정에 관한 법률 : 제28조(조세조약상의 소득구분의 우선적용) 비거주자 또는 외국법인의 국내원천소득의 구분에 있어서는 소득세법 제119조 및 법인세법 제93조의 규정에 불구하고 조세조약의 규정이 우선하여 적용된다.
- 저작권법 : 제3조(외국인의 저작물) ① 외국인의 저작물은 대한민국이 가입 또는 체결한 조약에 따라 보호된다. ② 대한민국 내에 상시 거주하는 외국인(대

어서 문제는 없는가 하는 문제를 살펴볼 필요가 있다. 그리고 이러한 법제처 그리고 정부의 견해는 일응 대외적으로 공개되어야 한다. 이를 통하여 추후 조약의 해석과정에서 정부가 당시 가지고 있었던 입장을 보다 정확히 파악할 수 있기 때문이다.

또 하나의 중요한 문제점은 조약안의 문안이 단순히 현행 국내법령과 상충하지 않는다는 이유로 헌법 제60조제1항의 '입법사항'에 해당하지 않는 것으로 보는 관례이다. 앞의 제4장에서 설명한 바와 같이 법제처는 "조약내용이 국내법률에 저촉되어 국내법률의 수정・변경을 요하는 경우, 국내법의 제정 없이는 조약을 국내에서 시행할 수 없는 경우, 국내법에 근거가 없이 국민의 권리・의무사항을 정하는 경우"[72]를 입법사항에 관한 조약으로 판단하고 있다. 그러나 조약의 내용이 현행의 국내법률에 저촉되지는 않지만, 향후의 입법을 중대하게

한민국 내에 주된 사무소가 있는 외국법인을 포함한다. 이하 이 조에서 같다)의 저작물과 맨처음 대한민국 내에서 공표된 외국인의 저작물(외국에서 공표된 날로부터 30일 이내에 대한민국 내에서 공표된 저작물을 포함한다)은 제1항의 규정에 불구하고 이 법에 의하여 보호된다. ③ 제1항 및 제2항의 규정에 의하여 보호되는 외국인의 저작물이라도 그 외국에서 대한민국 국민의 저작물을 보호하지 아니하는 경우에는 그에 상응하게 조약 및 이 법에 의한 보호를 제한할 수 있다.

- 전기통신사업법 : 제59조(국제전기통신업무에 관한 승인) ① 국제전기통신업무에 관하여 정부가 가입한 조약 또는 협정에 따로 규정이 있는 때에는 그 규정에 의한다.
- 항공법 : 제2조의2(다른 법령과의 관계) 외국에 등록된 항공기를 임차하여 운영하거나 대한민국에 등록된 항공기를 외국에 임대하여 운항하도록 하는 경우에 그 임대차 항공기의 감항증명, 항공종사자 자격관리, 항공기 운항 등에 관련된 권한 및 의무이양에 관하여는 「국제민간항공조약」이 정하는 바에 의한다[개정 2005.11.8] [시행일 2006.7.9].
- 대한민국과 아메리카합중국간의 상호방위조약 제4조에 의한 시설과 구역 및 대한민국에서의 합중국군대의 지위에 관한 협정의 시행에 관한 민사특별법 : 제3조(동전) 전조의 규정은 피해자가 협정 제1조의 규정에 의한 합중국군대의 구성원・군속 또는 그들의 가족인 때에는 적용하지 아니한다.

72) 박영태, "조약심사와 그 사례 소개," 『법제』, 통권 제473호(1997년 5월), 113쪽.

제약하는 경우에도 입법사항에 해당하는 것으로 보아야 한다.[73)]

경제관련 협정에서 자주 삽입되는 'MFN(최혜국대우) 조항'를 예로 들어 보자. 만약 현재 대한민국의 법령 중에 외국을 차별하는 규정이 없다면 이러한 MFN 조항은 '국내법률에 저촉하지 않으며' 따라서 국회의 동의가 필요하지 않다는 것이 현재 행정부의 판단이다. 그러나 MFN 조항을 맺게 되면, 사실상 앞으로 국회 또는 정부가 교역 상대국을 국가별로 차별하는 입법을 하지 못하게 된다. 물론 이 문제는 조약의 규정에 정면으로 반하는 내용의 입법을 할 수 있는 권한을 국회가 가지려 하는 문제와도 관련이 있다. 미 연방대법원의 *Cherokee* 사건에서의 판례와 같이 의회가 법률을 제정하여, 기존의 조약을 폐지・수정하는 권한을 가진다면,[74)] 미래의 입법권을 제약하는 조약이란 원천적으로 존재하지 않을 것이다. 과연 국회가 그러한 권한을 가지는지 여부도 불분명한 대한민국의 경우, 입법권의 제약으로 보이는 조약은 일응 국회의 동의가 필요하다고 해야 할 것이다.[75)]

다른 각도에서 보면, 조약의 체결로 인하여 현행 법률을 개정할 수 없게 되는 경우도 있다. 같은 예로서 MFN 조항을 체결하게 되면, 현행 법률(특히 차별을 금지하고 있는 법률)을 개정할 수 없게 되는 것이

73) 그 외에도 ① 각국의 국내법 또는 국내제도를 통일하려는 조약, ② 일정수준의 국내제도 정비를 요구하는 조약 등은 국내법령의 전반적인 변경을 요구하게 된다. 柳井俊二, 전게 논문, pp. 101-104.

74) 이 사건에서 체로키 지역의 주민은 －1868년 국세법에도 불구하고－ 1866년 Cherokee 조약에 따라 이 지역에서 생산된 담배에 대하여는 세금이 면제된다고 주장하였으나, 미 연방대법원은 의회가 제정한 법은 조약의 규정에 우선한다고 판결을 내린 바 있다. 78 U.S. 616(1870).

75) 한편, 법률의 위임에 의하여 지금은 정부가 재량권을 가지고 있는 사항이지만, 추후 법률이 변경되어 정부가 재량권을 행사하지 못하게 되는 경우도 있을 수 있다. 이와 같이 정부의 재량권이 법률에 의하여 바뀌는 경우에도 문제가 발생할 소지가 있다고 보지만, 이와 같은 사항마저 모두 예측하여 판단하기는 현실적으로 어렵다고 생각된다.

다. 이와 같이 현행 법률을 유지하여야만 하는 결과를 초래하는 조약 역시 '입법사항'에 해당하며, 국회의 동의가 역시 필요하다고 볼 수 있다.

3) 이행입법 제정의 시의성 제고

앞에서 이행입법의 제정 시기에 관한 문제를 지적한 바 있다. 일본의 경우 이행입법이 필요한 경우에는 조약의 비준에 앞서서 또는 동시에 이를 처리하는 것이 관행이라고 한다.[76] 이와 같이 함께 처리함으로써 실제 이행입법을 준비하는 과정에서 조약의 국내적 적용에서 발생할 수 있는 문제점이 발견될 수 있으며, 따라서 필요한 유보나 조치를 취할 수 있게 되는 부수적인 장점도 있다. 그러나 대한민국의 경우에는 앞서 지적한 바와 같이 이행입법이 마련되지 않은 상태에서도 조약을 비준하거나 가입하곤 한다. 물론 다자조약의 경우 조약의 발효에 상당한 시간이 걸릴 것으로 예상하고 미리 조약을 비준하기도 한다. 그러나 조약이 발효한 다음에도 이행입법이 마련되지 않았다면 사실상 조약을 위반하고 있거나 아니면 위반 가능성이 언제든 발생할 수 있는 상황이 된다.

여기서 조약의 내용 중에서 국내입법이 필요한 사항에 관하여 초보적이나마 개념화를 시도해 보고자 한다. 우선 다수의 양자조약은 조약의 이행을 모니터하는 기능의 공동위원회의 설립을 규정하고 있다. 이러한 공동위원회 참석 및 협의는 단지 외교업무 수행의 일부에 불과할 뿐이므로 별도의 입법이 필요하지는 않다고 본다. 그러나 이러한 공동위원회가 중요한 사안에 대하여 결정권을 가지는 경우에는 그

76) 일본은 종래부터 조약의 국회심의와 가급적 동시병행적으로 관련 (이행)국내법의 심의를 하도록 하는 것이 기본방침이라고 한다. 国際法事例研究会, 『条約法 : 日本の国際法事例研究(5)』(2001), p. 41.

사안에 따라 국내적인 입법조치가 요구될 것이다. 또한 다자조약에서 '감시위원회' 등과 같은 조직을 국내적으로 만들 것을 요구하고 있다면, 이러한 조직의 구성을 위하여 필요하다면 입법을 해야 할 것이다.

한편, 개인에게 권리나 의무를 창출하는 경우 그러한 조항이 직접 적용될 수도 있지만, 불명확한 점이 있다면 입법으로 이를 보완하여야 할 것이다. 조약이 특히 개인에게 부담을 주는 경우에는 더욱 명확하여야 할 것이다. 헌법재판소는 다음과 같이 '법적 명확성의 원칙'[77]을 강조한 바 있는데, 이러한 원칙은 이행입법에서도 적용된다.

> "일반으로는 어떠한 규정이 부담적 성격을 가지는 경우에는 … 명확성의 원칙이 더욱 엄격하게 요구된다고 할 것이고 따라서 형사법이나 국민의 이해관계가 첨예하게 대립되는 법률에 있어서는 불명확한 내용의 법률용어가 허용될 수 없으며, 만일 불명확한 용어의 사용이 불가피한 경우라면 용어의 개념정의, 한정적 수식어의 사용, 적용한계조항의 설정 등 제반방법을 강구하여 동 법규가 자의적으로 해석될 수 있는 소지를 봉쇄해야 하는 것이다."[78]

문제는 조약이 정부에게 작위 또는 부작위를 요구하는 경우이다. 첫 번째로는 정부가 어떠한 입법을 하도록 의무를 지우는 조항이 있다. 이러한 경우에는 당연히 입법조치가 필요하다. 예를 들어, 대한민국도 가입한 「집단살해죄의 방지와 처벌에 관한 협약」 제5조는 "체약국은 각국의 헌법에 따라서 본 협약의 규정을 실시하고, 특히 집단살해 또는 제3조에 열거된 기타 행위에 대하여 죄가 있는 자에 대해 유효한 형벌을 마련하기 위하여 필요한 법률을 제정한다"고 하고 있는

---

77) 즉, 수범자가 해당 법규범이 요구하는 것을 인식할 수 있을 정도로 그 조문이 명확해야 한다는 원칙이다.

78) 헌법재판소 1992.2.25. 89헌가104.

바, 체약국은 이에 따라 관련 법률을 제정하여야 하는 것이다.[79)]

4) 투명성 증진

국민이나 국회가 직접적으로 참여할 수 있는 '국민투표'나 '국회의원의 조약교섭 참석'과 같은 방안은 앞에서 설명한 바와 같이 제한된 범위 내에서만 실시가 가능하리라 생각된다. 현실적으로 보다 실현 가능한 방안으로서는 다음을 생각해 볼 수 있다.

우선 교섭 내용을 가급적 구체적으로 공개하는 것이다. 상대방측과의 교섭 여하에 따라 정도의 차이가 있을 수 있지만, 주요 쟁점이라든지 국내적인 영향과 같은 사항은 교섭의 단계에서도 공개될 수 있다고 본다. 특히 국내적으로 소득 재분배가 발생하는 조약안의 경우 교섭의 구체적인 내용이나 조약안을 공개하지는 못하더라도 그 방향이나 진척 상황은 국민에게 알리는 것이 바람직하다. 또한 교섭이 종료된 시점에서는 조약의 주요 내용에 대하여 정부가 책임있는 자세로 설명을 하고, 그에 따른 국내적인 대책을 강구해야 할 것이다.

그리고 교섭에 임하기 전에 또는 임하고 있는 과정에서도 정부가 국민의 의견을 수렴하는 장치를 마련해야 할 것이다. 물론 국익 전체를 고려하여 최종적으로 이를 판단할 책무는 대통령과 행정부의 몫이다. 하지만, 그 과정에서 국민과의 교감이 있어야 한다고 본다. 예를 들어, 미국의 예와 같이 조약의 표준안(model treaty)을 공개하여 관련되는 기업이나 국민으로부터 의견을 접수하는 것도 구체적인 방안의 하나이다. 또한 교섭 추진과정의 일정한 시점에서 공청회 등을 가지

---

79) 대한민국의 경우 이 협약에 가입하고도 상당 기간 이행입법을 제정하지 않았다. 현재에도 이 협약에 대한 이행입법은 미비한 것으로 파악된다. 다만, 최근 제정된 국제형사법원 설립에 관한 로마규정에 대한 이행입법에서 집단학살죄가 어느 정도 다루어지게 되었다.

고 입법예고 제도와 유사하게 그 추진 일정을 알리는 것도 의미있는 방안이 될 것이다.

이러한 국민과의 소통 방안은 모든 조약을 대상으로 적용될 필요는 없다고 본다. 우선 조약이 가져오는 파장이나 효과를 감안하여 그 대상이 되는 단체나 시민의 의견을 수렴하는 과정이 필요할 것이다. 자유무역협정과 같이 국민경제 전체에 변화가 일어나는 조약과 같은 경우에는 그 의견 수렴의 대상이 넓어져야 할 것이다. 이 과정은 단순히 국민과 국회의 의견을 일방적으로 정부가 받아들이는 과정이 되기보다는, 정부가 수렴된 의견을 바탕으로 목표와 비전을 제시하고 이를 국민에게 설득하는 과정이 되어야 할 것이다.

3. 조약체결절차법 논의

여기서는 조약체결의 절차에 관한 입법의 필요성 여부에 대하여 생각해 보고자 한다. 2000년대 초반 외교통상부는 '조약체결절차법'(가칭)을 입안하려는 시도를 한 바 있으나, 제반 여건으로 인하여 성과를 맺지 못하였다.[80] 당시 입법의 필요성으로 (i) 조약체결 절차 관련 법규가 산재해 있고, (ii) 조약체결이 관행에 의존하고 있고, (iii) 적법한 절차(due process)의 중요성에 관한 인식이 부족하며, (iv) 법적 검토를 통한 교섭 지원의 중요성에 대한 인식도 부족하고, (v) 관계 부처간 협의가 불충분하며, (vi) 조약체결 과정에서 유기성이 부족하고, (vii) 국회동의를 기피하는 풍조가 있으며, (viii) 사법부가 조약을 원용하지 않는다는 문제 등이 지적되었다.[81]

80) 참고로 북한의 경우 국내법으로서 「조약법」을 제정하였다고 한다. 상세한 사항은 정재은, "북한과 국제법 : 북한 조약법을 중심으로," 고려대학교 석사학위논문 (2008년 6월) 참조.

그러나 이 주장에 대하여 다음과 같은 이견도 가능하다. 첫째, 조약체결 절차 관련 법규가 단일법으로 정해지지는 않았지만, 앞에서 설명한 바와 같이 조약체결의 전체적인 틀이나 절차적인 순차성은 마련되어 있을 뿐 아니라 「정부대표임명법」이라는 통제절차도 갖추어져 있다. 또한 실질적으로 '관행'이라고 말할 수 있는 부분은 많지 않으며, 그리고 합리성에 기초하고 있는 이상 '관행'에 대하여 거부감을 가질 필요가 없다고 본다. 오히려 '단일법률에 의한 조항'보다는 '관행과 원칙'에 기초한 대응이 대외관계 처리에 요구되는 유연성을 보장해 주는 장점이 있다.

실제 비교법적으로 볼 때에도 조약체결 절차에 관하여 단일법률의 형식을 가진 나라로는 중국, 러시아 등 소수에 지나지 않는다. 한편, 앞서 언급한 바와 같이 관계 부처와 협의를 거치지 않은 조약안에 대하여는 법제처가 심의를 거부할 수 있고, 차관회의와 국무회의 같은 심의 기관에서 이중적인 통제가 가능하다는 점 등을 고려할 때 사실상 관계 부처와의 협의 불충분이라는 문제도 '법률'이 부재하여 발생하는 문제는 아닌 것이다.

당시 조약체결절차법이 필요하다는 발상은 조약체결 과정에서 효율성을 제고하거나 민주적인 의사 수렴을 증진하려는 의도보다는 국가의 대외적인 의사표현을 함부로 하지 못하도록 통제할 필요성에서 나온 것으로 보인다. 그러나 이러한 통제의 필요성은 기존 법률로서 상당부분 확보되어 있다. 조약체결 절차를 위반한 경우 벌칙을 가하는 조항이 필요하다는 인식도 있겠지만, 사실상 조약체결 행위의 대부분은 행정부 내의 공무원에 의하여 이루어지므로 공무원 내부적인 징계로써 같은 목적을 달성할 수 있다고 생각된다.

---

81) 신각수, "조약체결절차법 제정의 필요성," 『국제법 동향과 실무』, Vol. 3, No. 1, 통권 제7호(2004. 2), 87-96쪽.

오히려 입법이 요구되는 분야는 '민주성의 제고'와 같은 부분 또는 고시류조약/기관간약정/MOU에 관한 사항이다. 그런데 '민주성의 제고' 부분은 법률로써 정하기보다는 대통령의 이니셔티브하에서 점진적으로 추진할 필요가 있음을 앞에서 지적하였다. 또한, 고시류조약의 분류에 관한 사항 등도 역시 법률로 그 범주를 정하게 되면 오히려 경직을 초래할 우려가 있다. 따라서 바람직한 수순은 우선 과거 고시류조약에 관한 기준과 관행을 지금 현재의 고시류조약 체결 현황에 비추어 재점검하고, 이를 바탕으로 바람직하고 효율적인 관행을 추출하는 것이 일차적인 과제라고 생각된다.

이러한 관행이 파악되면 이를 일차적으로는 내부적인 지침의 형식으로 확정한 후, 다시 일정 시험 기간을 거쳐서 검증하여 그 결과를 필요하다면 입법화하는 형식이 바람직하다고 생각된다. 기관간약정이나 정부간 MOU에 관한 사항도 외교통상부와 관계 부처 및 학계가 함께 연구하여, '대통령지시'나 '대통령훈령'의 형태로 그 체결지침을 마련되어야 한다는 방안이 적절할 것이다.[82] 이러한 개선책 마련에는 비교법적인 접근이 유익할 것으로 본다. 예를 들어, 스위스에서는 행정부가 연방의회의 승인 없이 전적으로 체결할 수 있는 경우로서 (i) 연방의회가 이미 체결을 승인한 경우, (ii) 상황이 긴급성을 요구하여 연방의회의 승인을 추후 받기로 하고 잠정적으로 체결한 경우, (iii) 해당 합의문이 중요하지 않은 순수하게 행정적이거나 기술적인 성격으로서 시민을 대상으로 한 규범이 아닌 경우를 들고 있다.[83] 이러한 기준이 고시류조약을 분류하고자 할 때 하나의 참고가 될 수 있으리

---

82) 이호성, 전게 논문, 10쪽.

83) 이러한 기준은 그간의 관행을 스위스 행정부 내의 외무부와 법무부가 서로 오랜 기간 협의하여 도출한 결과라고 한다. Monroe Leigh and Merritt R. Blakeslee eds., *supra* note 22, p. 140.

라 생각된다.

대다수 국가의 헌법은 국제주의나 세계평화주의를 서문 또는 조항에서 표명하기는 하지만, 국가내 권력분립과 국민의 기본권에 초점을 맞춘 내부지향적인(introverted) 규범이라고 할 수 있다. 따라서 이들 헌법은 몇 개의 조항에서 그것도 모호하게 조약에 관한 사항을 정하고 있을 뿐인데, 상당수의 국가는 이렇게 불완전하고 추상적인 조항에도 불구하고 그 부족함을 관행과 조리로 메워 가면서 안정적인 조약체결 질서를 구축해 왔다고 평가할 수 있다. 성문화되지 않았기 때문에 가지는 장점도 있을 것으로 생각된다.

획일적인 성문법보다는 여러 가지의 시행착오를 거치면서 축적된 선례 그리고 이를 토대로 한 관행은 오히려 국제관계라는 다차원적인 사항에 대하여 유연하게 대응할 수 있도록 하고 있다고 생각된다. 앞에서도 언급한 바와 같이 국내적인 입법과는 달리 조약체결 절차는 '국내적' 그리고 '국제적'이라는 두 가지 차원에서 동시에 진행되며, '국제적인 차원의 과정'에 대하여는 일개의 당사국이 전적인 통제를 할 수 없다는 특징이 있다. 이와 같은 관점에서도 구체적인 절차나 과정에 대하여 세밀하고도 정치한 규정을 두기보다는 합리성에 기초하여 유연하고도 탄력적인 대응을 하는 것이 중요하다고 판단된다. 다만, 그 과정에서 민주적인 원리라든지 절차에 대한 중요성을 간과하지 않고 이를 내면화하고 관행으로 정착시키는 노력이 긴요하다.

이러한 점에 비추어 볼 때, 일부 국가는 조약체결에 관한 성문화된 입법을 갖추었지만, 반드시 그러한 입법을 갖추어야만 원만한 조약체결 질서를 가질 수 있는 것은 아니라고 본다. 오히려 대통령과 행정부의 의지에 따라서는, 이러한 모호하고 골격적인 헌법의 조항과 규정을 시행착오를 거쳐 확립된 관행과 유연한 해석에 의존하는 것이 보다 효율적인 동시에 국민을 배려하는 조약체결 질서를 만들어 낼 수 있다고 본다. 한편, 조약의 체결이라는 행위는 단순히 대내적인 행위일 뿐만 아니라 대외적인 행위로서 그 변수를 하나의 국가가 모두 통제할 수 없으며, 또한 다양한 고려요인을 감안하여 대응하여야 한다. 따라서 가급적 행정부가 유연성을 유지하면서도 개별 사안에 대하여 적절하게 대처할 수 있는 체제가 요구되며, 굳이 입법을 함으로써 조약체결 절차를 경직화시킬 필요는 없을 것이다.

제 6 장

맺 음 말

주권국가간에 맺어지는 조약은 개별 당사국의 국내법령과 같은 효력을 가지거나 정책 및 법령 해석지침으로 작용함으로써 국가 전체 및 개인에게 영향을 미치게 되며, 그 영향은 통상, 인권, 노동 등 다양한 분야에서 증대되어 가고 있다. 대한민국 헌법 제6조에 따라 국내법과 같은 효력을 가진다고 하지만, 조약은 주권국가 내부에서 형성되는 것이 아니라 주권국가들 사이에서 만들어진다는 점에서 국내법령과는 다른 생성과정을 가지는 규범이다. 이와 같은 외생적 규범인 조약이 국내법체계 내에서 체결과 관련하여 어떠한 절차를 거치고(국내법적 체계에 비유한다면 '입법'), 집행되고(국내법적 체계에 비유한다면 '행정'), 적용되는가(국내법적 체계에 비유한다면 '사법') 하는 점은 국제법과 국내법 분야 모두에게 중요한 연구과제이다.

한편, 대통령의 조약체결 권한의 범위가 어디까지인가, 그리고 의회는 이러한 대통령의 권한을 어디까지 통제할 수 있는가 하는 문제는 민주국가에서 제기되는 보편적인 문제라고 할 수 있다.[1] 과거의 절대군주제에서는 국가의 모든 권한과 강제력이 군주 한 사람에게 집중되어 있었으나, 국민주권의 시대가 도래하면서 국가의 권력은 삼권분립의 원칙에 따라 분할되어 배분되게 되었다. 이러한 과정에서 입법권은 국회에 이양되었지만, 국가를 대표하는 대외적 대표권은 여전히 군주 또는 국가원수에 남게 되었다. 이러한 대외적 대표권의 잔존은 과거 절대군주제의 연장이라기보다는 대외적으로 단일한 목소리를 낼 수 있는 매개체로서 국가원수라는 제도가 필요하였기 때문이라고

---

1) Pieter Van Dijk and Bahiyyih G. Tahzib, "Parliamentary Participation in the Treaty-Making Process of The Netherlands" at Stefan A. Riesenfeld and Frederick M. Abbot, *Parliamentary Participation in the Making and Operation of Treaties : A Comparative Study* (1994), p. 109.

도 할 수 있다. 이러한 의미에서 볼 때, 국가원수(대통령)는 국민으로부터 일종의 대표권을 위임 받았을 뿐이라고 해석되어야 한다.

지금의 국가원수는 더 이상 스스로 주권자가 아니며 그의 권한도 헌법으로부터 그리고 궁극적으로는 국민으로부터 나오는 것이다. 그렇다면 국가원수인 대통령도 대리의 법리(theory of agency)에 빗대자면[2] 결국은 국민의 주권을 대리하여 행사하고 있는 주체일 뿐이다. 이러한 점에 비추어, 대통령의 조약체결 권한도 과거 군주의 권한과 같은 절대적인 무엇이 아니라, 국민주권을 구체화하는 권한과 책무로 개념을 재구성할 필요성이 대두하였다고 할 수 있다.

이 책은 조약체결을 국내입법과 비교하면서 그 체결에 있어서 국내적 절차에 주목하여, 조약법협약을 염두에 두면서 '국내적으로 누가 어떠한 권한으로 어떠한 절차를 거쳐서 조약을 체결하는지'를 규명하였다. 구체적으로 서론에서는 우선 조약체결의 과정을 국제관계와 국내관계라는 두 가지 차원에서 나누어 보았다. 전자는 조약의 실효성 및 국제관계의 안정성에 주안점을 두는 조약법협약에 의하여 규율되지만, 후자는 민주적 통제에 무게중심을 두는 헌법과 국내법령에 의하여 규율된다.

대한민국의 경우 조약은 국회동의필요조약, 국회동의불요조약, 그리고 고시류조약 등 기타 국제합의로 분류된다. 헌법상의 조약은 아니지만 국제법상의 조약에 해당하는 '고시류조약 등 기타 국제합의'는 앞으로 그 구체적인 개념 정립이 필요하다. 한편, 조약은 국가간의 약속일 뿐만 아니라 국내법적 규범으로 작용하고 있으며, 따라서 조약

2) Jones는 과거의 군주로부터 현대의 국가원수까지 조약체결 권한의 성격 변화를 '대리의 법리'에 빗대어 — 전권위임장(Full Powers)이라는 문건을 기초로 — 설명하고 있다. J. Mervyn Jones, *Full Powers and Ratification: A Study of the Development of Treaty-making Procedure* (1949), pp. 135-136.

체결이 입법을 대체하는 수단이 될 수도 있다.

대한민국 헌법상 조약체결권은 대통령에게 부여되어 있으며, 이 권한은 외교통상부장관에게 위임되어 있다. 그리고 최근 행정부처간 또는 지방자치단체간 기관간약정의 체결이 증가하고 있는데, 이 점에 관하여도 그 권한의 한계가 분명하게 정해져야 할 것으로 생각된다. 아울러 헌법 제60조제1항에 규정된 조약체결에 대한 국회동의권의 성격, 범위 및 형식에 비추어 볼 때, 국회의 동의권은 대통령의 조약체결권에 비해 제한적인 권한이라고 할 수 있다.

대한민국의 조약체결 절차는 적절한 권한의 위임, 컨센서스의 확보 및 투명성의 도모라는 기능을 하고 있다. 한편, 잠정적용, 개정, 연장 및 종료와 같은 비정형적 상황에 대한 종래 행정부의 대응은 일관되지 못하고 임기응변적이라 할 수 있다. 아울러 남북한간의 특수한 관계 때문에 체결되는 남북합의서는 적어도 헌법상으로는 특수한 절차를 거치는 조약으로 이해되어야 한다.

마지막으로는 조약체결 권한 및 절차에 대한 통제와 민주적 참여 문제를 다루고, 대한민국의 현행 조약체결 권한과 절차를 평가해 보고 이에 대한 실천적 개선방안을 제시하였다.

대한민국의 조약체결 권한과 절차는 최근 들어 변화의 조짐이 보이고 있지만 전통적으로 행정부(대통령)가 주도적이며 의회의 역할은 미흡한 양상이었다. 그 결과 조약의 체결에 있어서 행정적 편의성을 지향하는 경향이 있으며, 또한 의회의 통제가 적극적이지도 실효적이지도 못한 상황이다. 특히 국회와의 권력 배분에 있어서 대통령이 상당히 우월한 지위를 가지고 있는데, 이러한 권력 배분 구조를 헌법해석을 통하여 극복하기는 어렵다고 본다. 그러나 중요한 조약체결에 있어 헌법 제60조상의 국회동의권의 내실 있는 행사를 도모하고, 조약체결에 대한 국회의 균형잡힌 참여를 위한 실천적 방안으로서 국회 상임위의 활성화, 대통령과 국회간의 의사소통 수단 다양화, 국회동의 불요조약 리스트의 국회앞 제출 등을 상정할 수 있다. 그리고 민주적인 의견 수렴을 위하여, 법률의 형식보다는, 행정부가 주도하여 '국회와의 대화' 및 '국민과의 대화'의 계기를 늘리는 방향으로 행정적인 지침을 만들고 이를 관행으로 정착시켜 가면서 필요시 추후에 입법화하는 수순을 취하는 것이 바람직할 것이다.

과거 조약체결에 관한 연구라고 하면 주권국가간의 체결 절차 또는 국내적으로 국회동의권(헌법 제60조제1항의 해석) 문제가 주된 연구의 대상이 되었다. 그러나 근래에 들어서 조약체결에 관한 권한 배분, 특히 외국의 제도와 비교법적인 고찰이 활발해지고 있다. 이 책은 지금까지의 연구결과를 염두에 두면서도, 조약의 체결을 국가 내부적인 의사결정 권한과 절차라는 측면에서 다루었고, 종래와 같이 국회의 동의권에 초점을 두어 접근하기보다는 대통령과 외교통상부장관의 조약체결 권한 그리고 그 위임의 방식을 규명하였다는 점에서 기존의 연구와 차별된다. 그리고 대한민국의 일반적인 조약체결 절차와 함께 특히 국내입법이 마련되어 있지 않은 잠정적용, 소급효, 개정, 종료 등을 분석하는 등 이러한 절차를 개선하는데 필요한 방향과 구조적인 한계점도 새롭게 지적하였다. 또한, 헌법상 조약의 범주에 포함되지 않는다고 할 수 있는 고시류조약이나 정치적 합의 등이 빈번하게 체결되어 국가를 사실상 구속하고 있음을 언급하고 그 통제의 필요성도 아울러 언급하였다.

다만, 이 연구는 정태적이고 제도적인 접근방식이라는 한계를 가지고 있다. 현대사회에서 조약을 포함한 국제합의는 국민의 복지에 점점 더 큰 영향력을 가지게 되며, 따라서 이익단체를 포함한 다양한 실체가 그 과정에 참여하고 있다. 이러한 점에 착안하여 조약체결의 과정을 동적으로 파악하고 그에 참여하는 실체를 파악하고 분석하는 동태적 연구가 긴요하다. 이 책이 그러한 동태적 접근에 다소나마 기여할 수 있기를 희망해 본다.

또한 이 책은 그 대상을 조약의 체결(국내법체계에 비유하자면 '입법'에 해당)에 한정하여 관련되는 권한과 절차를 살펴보았다. 서두에서 언급한 바와 같이 '조약이 국내 행정기관에 의하여 어떻게 집행되고 있는가'(국내법체계에 비유하자면 '집행'에 해당) 그리고 '조약이 국내법원에서 어떻게 해석되고 있는가'(국내법체계에 비유하자면 '사법'에 해당) 하는 문제는 조약의 중요성과 함께 더욱더 중요한 과제로 대두되고 있다. 앞으로 조약의 집행 및 적용을 분석한 연구결과가 나오길 기대하며, 이 연구에서 상세하게 다루지 못하였던 조약체결과 조약집행 그리고 조약체결과 조약적용간의 상관관계에 관한 후속연구가 이어지길 기대한다.

예 시

※ 예시1 : 외교통상부장관이 발급한 전권위임장

※ 예시2 : 대통령 재가문

※ 예시3 : 대통령의 국회앞 비준동의안

※ 예시4 : 대통령이 서명하는 비준서

※ 예시5 : 외교통상부장관이 서명하는 비준서

※ 예시6 : 조약 고시안

※ 예시1: 외교통상부장관이 발급한 전권위임장

전 권 위 임 장

본인 대한민국 외교통상부장관 ○○○은 대한민국 외교통상부 제1차관 ○○○씨에게 대한민국 정부를 대표하여 대한민국 정부와 벨라루스공화국 정부 간의 외교관・관용여권 소지자에 대한 사증면제에 관한 협정에 서명할 권한을 부여하였다.

이상의 증거로, 본인은 2007년 11월 1일 서울에서 이에 서명하고 대한민국 외교통상부장관인을 날인하였다.

외교통상부장관

(Translation)

FULL POWERS

I, …, Minister of Foreign Affairs and Trade of the Republic of Korea, do hereby certify that Mr. ○○○, Vice Minister of Foreign Affairs and Trade of the Republic of Korea, is vested with full power and authority to sign, on behalf of the Government of the Republic of Korea, the Agreement between the Government of the Republic of Korea and the Government of the Republic of Belarus on the Mutual Waiver of Visa Requirements for Holders of Diplomatic and Service or Official Passports.

IN TESTIMONY WHEREOF, I have signed and sealed these Presents at Seoul, this first day of November in the year of two thousand and seven.

/Sgd./ ○○○

Minister of Foreign Affairs and Trade

※ 예시2: 대통령 재가문

외 교 통 상 부

<table>
<tr><td>문서번호</td><td>조약 25161-</td><td colspan="3"></td><td>대 통 령</td></tr>
<tr><td>보존기간</td><td>영구 · 준영구 · 10 · 5 · 3 · 1</td><td>외교통상부 장관</td><td colspan="2">국무총리</td><td rowspan="3"></td></tr>
<tr><td>수 신 처
보존기관</td><td>영 구</td><td rowspan="2"></td><td colspan="2" rowspan="2"></td></tr>
<tr><td>시행일자</td><td>2003. . .</td></tr>
<tr><td>관련기관
협조여부</td><td colspan="4"></td><td>공 개 여 부</td></tr>
<tr><td>협
조
기
관</td><td colspan="4"></td><td></td></tr>
<tr><td>수 신</td><td>내부결재</td><td>발 신</td><td></td><td>심사 및
심사일</td><td></td></tr>
<tr><td>제 목</td><td colspan="5">“한 · … 무역협정” 체결 및 공포</td></tr>
</table>

2003년 10월 일 제 회 국무회의 심의를 거친 표제협정의 체결 및 공포를 위하여 다음과 같은 조치를 취할 것을 건의합니다.

1. 외교통상부장관 또는 “정부대표 및 특별사절의 임명과 권한에 관한 법률” 제5조에 따라 임명된 정부대표가 표제협정에 서명함.
2. 표제 협정이 발효하는 때에 “법령 등 공포에 관한 법률” 제11조에 따라 공포함.

첨부 : 협정안(국무회의 안건) 및 공포안 각 1부. 끝.

※ 예시3: 대통령의 국회앞 비준동의안

정 부

조약과 – 2007. . .

수 신 : 국회의장

제 목 : 동의안 제출

2007.6.29. 제28회 국무회의 심의를 거친 "대한민국과 미합중국간의 자유무역협정" 비준동의안을 이에 제출합니다.

첨부 : "대한민국과 미합중국간의 자유무역협정"
비준동의안 450부. 끝.

대 통 령
국 무 총 리
국무위원 외교통상부장관

※ 예시4: 대통령이 서명하는 비준서

비 준 서

대한민국 대통령 ○○○은 이 문서를 보는 모든 사람에게 알린다.

"대한민국과 ○○○간의 형사사법공조조약"이 ○○○에서 서명되었고,

이 조약의 제19조제2항이 비준서 교환일에 조약의 효력발생을 규정하고 있으며,

또한 대한민국 정부가 이 조약을 심의하고 대한민국 국회가 그 비준에 동의하였으므로,

본인 대한민국 대통령 ○○○은 이 조약을 열람·검토하고 대한민국 헌법에 따라 이 조약의 각 조항을 확인하고 비준한다.

이상의 증거로 본인은 이 비준서에 서명하고 대한민국 국새를 날인하였다.

이천육년 십이월 일 서울에서 작성하였다.

대한민국 대통령
국무총리
외교통상부장관

(Translation)

INSTRUMENT OF RATIFICATION

…

PRESIDENT OF THE REPUBLIC OF KOREA
TO ALL WHO MAY SEE THESE PRESENTS, GREETINGS:

WHEREAS the Treaty between the Republic of Korea and ○○○ on Mutual Legal Assistance in Criminal Matters was signed at ○○○ on ○○○, 2006;

WHEREAS paragraph 2 of Article 19 of the said Treaty provides that the Treaty shall enter into force thirty(30) days after the date on which the instruments of ratification have been exchanged;

AND WHEREAS the Government of the Republic of Korea has considered the said Treaty and the National Assembly of the Republic of Korea has consented to its ratification;

NOW, THEREFORE, I, ○○○, President of the Republic of Korea, having seen and considered the said Treaty, do hereby, in accordance with the Constitution of the Republic of Korea, confirm and ratify the same and every article and clause thereof.

IN WITNESS WHEREOF, I have signed the present Instrument of Ratification and caused the Seal of the Republic of Korea to be hereunto affixed.

DONE in Seoul, this th day of December in the year of two thousand and six.

PRESIDENT OF THE REPUBLIC OF KOREA /Sgd./ ○○○

PRIME MINISTER /Sgd./ ○○○

MINISTER OF FOREIGN AFFAIRS AND TRADE /Sgd./ ○○○

※ 예시5: 외교통상부장관이 서명하는 비준서

비 준 서

대한민국과 ○○○간의 형사사법공조조약이 ○○○에서 서명되었고,

이 조약 제21조는 비준서의 교환을 조약의 발효조건으로 규정하고 있으며,

또한 대한민국 정부가 이 조약을 심의하고 대한민국 국회가 그 비준에 동의하였으므로,

이에 본인은 대한민국이 이 조약을 확인하고 비준하며 조약상의 모든 규정을 성실히 이행할 것임을 대한민국 정부를 대표하여 선언한다.

이상의 증거로, 본인은 2006년 ○○○ 서울에서 이에 서명하고 대한민국 외교통상부장관인을 날인하였다.

외교통상부장관

(Translation)

INSTRUMENT OF RATIFICATION

WHEREAS the Treaty on Extradition between the Republic of Korea and ○○○ was signed at ○○○ on ○○○;

WHEREAS the Treaty is subject to the exchange of the Instruments of Ratification for its entry into force in accordance with the provisions of Article 21 thereof;

AND WHEREAS the Government of the Republic of Korea has considered the above-mentioned Treaty and the National Assembly of the Republic of Korea has consented to its ratification;

NOW THEREFORE I hereby declare on behalf of the Korean Government that the Republic of Korea confirms and ratifies the Treaty and undertakes faithfully to carry out the stipulations set forth therein.

IN TESTIMONY WHEREOF, I have signed and sealed these Presents at Seoul, this ○○○ th day of January in the year of two thousand and six.

/Sgd./ ○○○,

Minister of Foreign Affairs and Trade

※ 예시6: 조약 고시안

고 시 안

1976년 11월 22일 박동진 외무부장관과 리차드・엘・스나이더 주한미대사간에 체결・발효된 바 있는 "대한민국 정부와 미합중국 정부간의 과학기술협력협정"을 연장하기 위한 1981년 11월 3일자 유병현 주미대사와 1981년 11월 6일자 챠알스 호너 미국무성 부차관보간의 교환각서를 이에 고시한다.

1981년 12월 5일
외무부장관

외무부고시 제73호
"대한민국 정부와 미합중국 정부간의 과학기술협력협정의 연장을 위한 각서교환"

(이하 본문 별첨)

부 록

〈부록 1〉 대한민국 국내법상의 조약관련 조문 발췌

〈부록 2〉 조약법에 관한 비엔나협약(한글 번역본)
VIENNA CONVENTION ON THE LAW OF TREATIES

〈부록 1〉 대한민국 국내법상의 조약관련 조문 발췌

1. 「대한민국 헌법」

제6조 ① 헌법에 의하여 체결・공포된 조약과 일반적으로 승인된 국제법규는 국내법과 같은 효력을 가진다.

제60조 ① 국회는 상호원조 또는 안전보장에 관한 조약, 중요한 국제조직에 관한 조약, 우호통상항해조약, 주권의 제약에 관한 조약, 강화조약, 국가나 국민에게 중대한 재정적 부담을 지우는 조약 또는 입법사항에 관한 조약의 체결・비준에 대한 동의권을 가진다.

제73조 대통령은 조약을 체결・비준하고, 외교사절을 신임・접수 또는 파견하며, 선전포고와 강화를 한다.

제89조 다음 사항은 국무회의의 심의를 거쳐야 한다.

……

3. 헌법개정안・국민투표안・조약안・법률안 및 대통령령안

2. 「정부조직법」

제20조(법제처) ① 국무회의에 상정될 법령안・조약안과 총리령안 및 부령안의 심사와 그 밖의 법제에 관한 사무를 전문적으로 관장하기 위하여 국무총리소속으로 법제처를 둔다.

제25조(외교통상부) ① 외교통상부장관은 외교, 외국과의 통상교섭 및 통상교섭에 관한 총괄・조정, 국제관계 업무에 관한 조정, 조약 기타 국제협정, 재외국민의 보호・지원, 재외동포정책의 수립, 국제정세의 조사・분석에 관한 사무를 관장한다.

3. 「법령 등 공포에 관한 법률」

제6조(조약) 조약공포문의 전문에는 국회의 동의 또는 국무회의의 심의를

거친 뜻을 기재하고, 대통령이 서명한 후 대통령인을 압날하고 그 공포일을 명기하여 국무총리와 관계국무위원이 부서한다.

4. 「정부대표 및 특별사절의 임명과 권한에 관한 법률」

제1조(목적) 이 법은 특정한 목적을 위하여 정부를 대표하여 외국정부 또는 국제기구와 교섭하거나 국제회의에 참석하거나 조약에 서명 또는 가서명하는 권한을 가진 자(이하 "정부대표"라 한다)와 외국에서 행하여지는 주요의식에 참석하거나 특정한 목적을 위하여 정부의 입장과 인식을 외국정부 또는 국제기구에 전하거나 외국정부 또는 국제기구와 교섭하거나 국제회의에 참석할 수 있는 권한을 가지는 자(이하 "특별사절"이라 한다)의 임명과 권한 기타 필요한 사항에 관하여 규정함을 목적으로 한다.

제2조(정부를 대표할 수 있는 경우) 이 법 또는 다른 법률에 의하지 아니하고는 누구든지 정부를 대표하여 제1조에 규정된 행위를 할 수 없다.

제3조(외무부장관) 외교통상부장관은 외국정부 또는 국제기구와의 교섭, 국제회의에의 참석, 조약의 서명 또는 가서명에 있어 정부대표가 된다.

제4조(재외공관의 장) 특명전권대사 또는 특명전권공사인 대한민국 재외공관의 장은 신임장을 접수한 외국정부 또는 국제기구와의 교섭에 있어서 정부대표가 된다.

제5조(정부대표 등의 임명) ① 정부대표는 제3조 및 제4조의 경우를 제외하고는 외교통상부장관이 임명한다. 다만, 외국정부 또는 국제기구와 중요사항에 관하여 교섭을 하거나 중요한 국제회의에 참석하거나 중요조약에 서명 또는 가서명을 하는 정부대표의 경우에는 외무부장관의 제청으로 국무총리를 거쳐 대통령이 임명한다.

② 특별사절은 외교통상부장관의 제청으로 국무총리를 거쳐 대통령이 임명한다.

③ 제1항 본문의 규정에 의하여 임명되는 정부대표에게 발급하는 전권위임장 또는 신임장에는 외교통상부장관이 서명하며, 제1항 단서 또는 제2항의 규정에 의하여 임명되는 정부대표나 특별사절에게 발급하는 전권위임

장 또는 신임장에는 대통령이 서명하고 국무총리 및 외교통상부장관이 부서하되, 이 경우에도 국제관례에 따라 외교통상부장관이 서명할 수 있다.

5. 「법제처 직제」

제2조(직무) 법제처는 다음 사무를 관장한다.

……

3. 국무회의에 상정되는 법률안, 조약안 및 대통령령안의 심사

제7조(행정법제국) … ③ 행정법제국의 법제심의관 및 법제관은 교육과학기술부, 외교통상부, 통일부, 법무부, 국방부, 행정안전부, 국무총리실, 법제처, 국가보훈처, 국민권익위원회와 그 밖에 다른 법제국의 주관에 속하지 아니하는 기관의 소관 사항에 대한 다음 각 호의 사무를 분장한다.

1. 법률안, 조약안, 대통령령안, 총리령안, 부령안의 심사・기초

6. 「법제업무운영규정」

제21조(법령안 등의 심사요청) ……

② 외교통상부장관은 조약안에 관하여 관계기관의 장과의 협의를 거친 후 당해조약안의 내용이 확정되기 전에 법제처장에게 심사를 요청하여야 한다.

③ 법제처장은 다음 각호의 1에 해당하는 법령안 또는 조약안이 심사요청된 때에는 그 사유를 명시하여 이를 반려할 수 있다. 이 경우 제3호 내지 제5호에 해당하는 경우에는 법령안 주관기관의 장과 협의하여야 한다.

1. 제1항 및 제2항의 규정에 의한 관계기관의 장과의 협의, 입법예고절차 또는 규제심사를 거치지 아니한 법령안 또는 조약안
3. 헌법에 위반될 소지가 있거나 법리적으로 명백한 문제가 있다고 인정되는 법령안 또는 조약안
5. 그 밖에 입법추진일정을 재검토할 필요가 있는 등 특별한 사유가 있는 법령안 또는 조약안

〈부록 2〉 조약법에 관한 비엔나협약(한글 번역본)

이 협약의 당사국은,

국제 관계의 역사에 있어서 조약의 근본적 역할을 고려하고,

제 국가의 헌법상 및 사회적 제도에 관계없이 국제법의 법원으로서 또한 제 국가간의 평화적 협력을 발전시키는 수단으로서의 조약의 점증하는 중요성을 인정하며,

자유로운 동의와 신의성실의 원칙 및 「약속은 준수하여야 한다」는 규칙이 보편적으로 인정되고 있음에 유의하며,

다른 국제 분쟁과 같이 조약에 관한 분쟁은 평화적 수단에 의하여 또한 정의와 국제법의 원칙에 의거하여 해결되어야 함을 확인하며,

정의가 유지되며 또한 조약으로부터 발생하는 의무에 대한 존중이 유지될 수 있는 조건을 확립하고자 하는 국제연합의 제 국민의 결의를 상기하며,

제 국민의 평등권과 자결, 모든 국가의 주권 평등과 독립, 제 국가의 국내문제에 대한 불간섭, 힘의 위협 또는 사용의 금지 및 모든 자의 인권과 기본적 자유에 대한 보편적 존중과 그 준수의 제 원칙 등 국제연합헌장에 구현된 국제법의 제 원칙에 유념하며,

이 협약 속에 성취된 조약법의 법전화와 점진적 발전은 국제연합헌장에 규정된 국제연합의 제 목적, 즉 국제평화와 안전의 유지, 국가간의 우호관계의 발전 및 협력의 달성을 촉진할 것임을 확신하며,

관습국제법의 제 규칙은 이 협약의 제 규정에 의하여 규제되지 아니하는 제 문제를 계속 규율할 것임을 확인하여

다음과 같이 합의하였다.

제1부 총 강

제1조(협약의 범위)

이 협약은 국가간의 조약에 적용된다.

제2조(용어의 사용)

1. 이 협약의 목적상,

(a) "조약"이라 함은 하나의 문서에 또는 둘 또는 그 이상의 관련문서에 구현되고 있는가에 관계없이 또한 그 특정의 명칭에 관계없이, 서면형식으로 국가 간에 체결되며 또한 국제법에 의하여 규율되는 국제적 합의를 의미한다.

(b) "비준" "수락" "승인" 및 "가입"이라 함은 국가가 국제적 측면에서 조약에 대한 국가의 기속적 동의를 확정하는 경우에 각 경우마다 그렇게 불리는 국제적 행위를 의미한다.

(c) "전권위임장"이라 함은 조약문을 교섭 · 채택 또는 정본인증하기 위한 목적으로 또는 조약에 대한 국가의 기속적 동의를 표시하기 위한 목적으로 또는 조약에 관한 기타의 행위를 달성하기 위한 목적으로 국가를 대표하기 위하여 국가의 권한있는 당국이 사람을 지정하는 문서를 의미한다.

(d) "유보"라 함은 자구 또는 명칭에 관계없이 조약의 서명 · 비준 · 수락 · 승인 또는 가입시에 국가가 그 조약의 일부 규정을 자국에 적용함에 있어서 그 조약의 일부 규정의 법적효과를 배제하거나 또는 변경시키고자 의도하는 경우에 그 국가가 행하는 일방적 선언을 의미한다.

(e) "교섭국"이라 함은 조약문의 작성 및 채택에 참가한 국가를 의미한다.

(f) "체약국"이라 함은 조약이 효력을 발생하였는지의 여부에 관계없이 그 조약에 대한 기속적 동의를 부여한 국가를 의미한다.

(g) "당사국"이라 함은 조약에 대한 기속적 동의를 부여하였으며 또한 그에 대하여 그 조약이 발효하고 있는 국가를 의미한다.

(h) "제3국"이라 함은 조약의 당사국이 아닌 국가를 의미한다.

(i) "국제기구"라 함은 정부간 기구를 의미한다.

2. 이 협약에 있어서 용어의 사용에 관한 상기 1항의 규정은 어느 국가의 국내법상 그러한 용어의 사용 또는 그러한 용어에 부여될 수 있는 의미를 침해하지 아니한다.

제3조(이 협약의 범위에 속하지 아니하는 국제적 합의)

국가와 국제법의 다른 주체간 또는 국제법의 그러한 다른 주체간에 체결되는 국제적 합의 또는 서면형식에 의하지 아니한 국제적 합의에 대하여 이 협약이 적용되지 아니한다는 사실은 다음의 것에 영향을 주지 아니한다.

(a) 그러한 합의의 법적 효력.

(b) 이 협약과는 별도로 국제법에 따라 그러한 합의가 복종해야 하는 이 협약상의 규칙을 그러한 합의에 적용하는 것.

(c) 다른 국제법 주체도 당사자인 국제적 합의에 따라 그러한 국가간에서 그들의 관계에 이 협약을 적용하는 것.

제4조(협약의 불소급)

이 협약과는 별도로 국제법에 따라 조약이 복종해야 하는 이 협약상의 규칙의 적용을 침해함이 없이, 이 협약은 그 발효후에 국가에 의하여 체결되는 조약에 대해서만 그 국가에 대하여 적용된다.

제5조(국제기구를 설립하는 조약 및 국제기구내에서 채택되는 조약)

이 협약은, 해당 국제기구의 관련규칙을 침해함이 없이, 국제기구의 설립문서가 되는 조약과 국제기구내에서 채택되는 조약에 적용된다.

제2부 조약의 체결 및 발효

제1절 조약의 체결

제6조(국가의 조약체결능력)

모든 국가는 조약을 체결하는 능력을 가진다.

제7조(전권위임장)

1. 누구나 다음의 경우에는 조약문의 채택 또는 정본인증을 위한 목적으로 또는 조약에 대한 국가의 기속적 동의를 표시하기 위한 목적으로 국가

를 대표하는 것으로 간주된다.

(a) 적절한 전권위임장을 제시하는 경우, 또는

(b) 상기의 목적을 위하여 그 자가 그 국가를 대표하는 것으로 간주되었으며 또한 전권위임장을 필요로 하지 아니하였던 것이 관계 국가의 의사라는 것이 관계 국가의 관행 또는 기타의 사정으로 보아 나타나는 경우

2. 다음의 자는 그의 직무상 또한 전권 위임장을 제시하지 않아도 자국을 대표하는 것으로 간주된다.

(a) 조약의 체결에 관련된 모든 행위를 수행할 목적으로서는 국가원수·정부수반 및 외무부장관

(b) 파견국과 접수국간의 조약문을 채택할 목적으로서는 외교공관장

(c) 국제회의·국제기구 또는 그 국제기구의 어느 한 기관 내에서 조약문을 채택할 목적으로서는 국가에 의하여 그 국제회의, 그 국제기구 또는 그 기구의 그 기관에 파견된 대표

제8조(권한없이 행한 행위의 추인)

제7조에 따라 조약체결의 목적으로 국가를 대표하기 위하여 권한을 부여받은 것으로 간주될 수 없는 자가 행한 조약체결에 관한 행위는 그 국가에 의하여 추후 확인되지 아니하는 한 법적 효과를 가지지 아니한다.

제9조(조약문의 채택)

1. 조약문의 채택은 하기 2항에 규정된 경우를 제외하고 그 작성에 참가한 모든 국가의 동의에 의하여 이루어진다.
2. 국제회의에서의 조약문의 채택은 출석하여 투표하는 국가의 3분의 2의 찬성에 의하여 그 국가들이 다른 규칙을 적용하기로 결정하지 아니하는 한 3분의 2의 다수결에 의하여 이루어진다.

제10조(조약문의 정본인증)

조약문은 다음의 것에 의하여 정본으로 또한 최종적으로 확정된다.

(a) 조약문에 규정되어 있거나 또는 조약문의 작성에 참가한 국가가 합의하는 절차 또는

(b) 그러한 절차가 없는 경우에는 조약문의 작성에 참가한 국가의 대표에 의한 조약문 또는 조약문을 포함하는 회의의 최종의정서에의 서명, 「조건부서명」 또는 가서명

제11조(조약에 대한 기속적 동의의 표시방법)

조약에 대한 국가의 기속적 동의는 서명, 조약을 구성하는 문서의 교환, 비준・수락・승인 또는 가입에 의하여 또는 기타의 방법에 관하여 합의하는 경우에 그러한 기타의 방법으로 표시된다.

제12조(서명에 의하여 표시되는 조약에 대한 기속적 동의)

1. 조약에 대한 국가의 기속적 동의는 다음의 경우에 국가대표에 의한 서명에 의하여 표시된다.
   (a) 서명의 그러한 효과를 가지는 것으로 그 조약이 규정하고 있는 경우
   (b) 서명이 그러한 효과를 가져야 하는 것으로 교섭국간에 합의되었음이 달리 확정되는 경우 또는
   (c) 서명에 그러한 효과를 부여하고자 하는 국가의 의사가 그 대표의 전권위임장으로부터 나타나는 경우 또는 교섭중에 표시된 경우
2. 상기 1항의 목적상
   (a) 조약문의 가서명이 그 조약의 서명을 구성하는 것으로 교섭국간에 합의되었음이 확정되는 경우에 그 가서명은 그 조약문의 서명을 구성한다.
   (b) 대표에 의한 조약의 「조건부 서명」은 대표의 본국에 의하여 확인되는 경우에 그 조약의 완전한 서명을 구성한다.

제13조(조약을 구성하는 문서의 교환에 의하여 표시되는 조약에 대한 기속적 동의)

국가간에 교환된 문서에 의하여 구성되는 조약에 대한 국가의 기속적 동

의는 다음의 경우에 그 교환에 의하여 표시된다.

(a) 그 교환이 그러한 효과를 가지는 것으로 그 문서가 규정하고 있는 경우 또는

(b) 문서의 그러한 교환이 그러한 효과를 가져야 하는 것으로 관계국간에 합의되었음이 달리 확정되는 경우

제14조(비준·수락 또는 승인에 의하여 표시되는 조약에 대한 기속적 동의)

1. 조약에 대한 국가의 기속적 동의는 다음의 경우에 비준에 의하여 표시된다.

(a) 그러한 동의가 비준에 의하여 표시될 것을 그 조약이 규정하고 있는 경우

(b) 비준이 필요한 것으로 교섭국간에 합의되었음이 달리 확정되는 경우

(c) 그 국가의 대표가 비준되어야 할 것으로 하여 그 조약에 서명한 경우 또는

(d) 비준되어야 할 것으로 하여 그 조약에 서명하고자 하는 그 국가의 의사가 그 대표의 전권위임장으로부터 나타나거나 또는 교섭중에 표시된 경우

2. 조약에 대한 국가의 기속적 동의는 비준에 적용되는 것과 유사한 조건으로 수락 또는 승인에 의하여 표시된다.

제15조(가입에 의하여 표시되는 조약에 대한 기속적 동의)

조약에 대한 국가의 기속적 동의는 다음의 경우에 가입에 의하여 표시된다.

(a) 그러한 동의가 가입의 방법으로 그 국가에 의하여 표시될 수 있음을 그 조약이 규정하고 있는 경우

(b) 그러한 동의가 가입의 방법으로 그 국가에 의하여 표시될 수 있음을 교섭국간에 합의하였음이 달리 확정되는 경우

(c) 그러한 동의가 가입의 방법으로 그 국가에 의하여 표시될 수 있음을 모든 당사국이 추후 동의한 경우

제16조(비준서 · 수락서 · 승인서 또는 가입서의 교환 또는 기탁)

조약이 달리 규정하지 아니하는 한 비준서 · 수락서 · 승인서 또는 가입서는 다음의 경우에 조약에 대한 국가의 기속적 동의를 확정한다.

(a) 체약국간의 그 교환

(b) 수탁자에의 그 기탁 또는

(c) 합의되는 경우 체약국 또는 수탁자에의 그 통고

제17조(조약의 일부에 대한 기속적 동의 및 상이한 제 규정의 선택)

1. 제19조 내지 제23조를 침해함이 없이 조약의 일부에 대한 국가의 기속적 동의는 그 조약이 이를 인정하거나 또는 다른 체약국이 이에 동의하는 경우에만 유효하다.
2. 상이한 제 규정 사이에 선택이 허용되는 조약에 대한 국가의 기속적 동의는 그 동의가 어느 규정에 관련되는 것인가에 관하여 명백해지는 경우에만 유효하다.

제18조(조약의 발효 전에 그 조약의 대상과 목적을 저해하지 아니한 의무)

국가는 다음의 경우에 조약의 대상과 목적을 저해하게 되는 행위를 삼가해야 하는 의무를 진다.

(a) 비준 · 수락 또는 승인되어야 하는 조약에 서명하였거나 또는 그 조약을 구성하는 문서를 교환한 경우에는 그 조약의 당사국이 되지 아니하고자 하는 의사를 명백히 표시할 때까지, 또는

(b) 그 조약에 대한 그 국가의 기속적 동의를 표시한 경우에는 그 조약이 발효시까지 그리고 그 발효가 부당하게 지연되지 아니할 것을 조건으로 함.

제2절 유 보

제19조(유보의 형성)

국가는 다음의 경우에 해당하지 아니하는 한 조약에 서명 · 비준 · 수락승

인 또는 가입할 때에 유보를 형성할 수 있다.

(a) 그 조약에 의하여 유보가 금지된 경우

(b) 문제의 유보를 포함하지 아니하는 특정의 유보만을 행할 수 있음을 그 조약이 규정하는 경우 또는

(c) 상기 세항 (a) 및 (b)에 해당되지 아니하는 경우에는 그 유보가 그 조약의 대상 및 목적과 양립하지 아니하는 경우

제20조(유보의 수락 및 유보에 대한 이의)

1. 조약에 의하여 명시적으로 인정된 유보는 다른 체약국에 의한 추후의 수락이 필요한 것으로 그 조약이 규정하지 아니하는 한 그러한 추후의 수락을 필요로 하지 아니한다.
2. 교섭국의 한정된 수와 또한 조약의 대상과 목적으로 보아 그 조약의 전체를 모든 당사국간에 적용하는 것이 조약에 대한 각 당사국의 기속적 동의의 필수적 조건으로 보이는 경우에 유보는 모든 당사국에 의한 수락을 필요로 한다.
3. 조약이 국제기구의 성립문서인 경우로서 그 조약이 달리 규정하지 아니하는 한 유보는 그 기구의 권한있는 기관에 의한 수락을 필요로 한다.
4. 상기 제 조항에 해당되지 아니하는 경우로서 조약이 달리 규정하지 아니하는 한 다음의 규칙이 적용된다.

(a) 다른 체약국에 의한 유보의 수락은 그 조약이 유보국과 다른 유보 수락국에 대하여 유효한 경우에 또한 유효한 기간 동안 유보국이 그 다른 유보 수락국과의 관계에 있어서 조약의 당사국이 되도록 한다.

(b) 유보에 다른 체약국의 이의는 이의 제기국이 확정적으로 반대의사를 표시하지 아니하는 한 이의 제기국과 유보국간에 있어서의 조약의 발효를 배제하지 아니한다.

(c) 조약에 대한 국가의 기속적 동의를 표시하며 또한 유보를 포함하는 행위는 적어도 하나의 다른 체약국이 그 유보를 수락한 경우에 유효하다.

5. 상기 2항 및 4항의 목적상 또는 조약이 달리 규정하지 아니하는 한 국

가가 유보의 통고를 받은 후 12개월의 기간이 끝날 때까지나 또는 그 조약에 대한 그 국가의 기속적 동의를 표시한 일자까지 중 어느 것이든 나중의 시기까지 그 유보에 대하여 이의를 제기하지 아니한 경우에는 유보가 그 국가에 의하여 수락된 것으로 간주된다.

제21조(유보 및 유보에 대한 이의의 법적 효과)

1. 제19조, 제20조 및 제23조에 따라 다른 당사국에 대하여 성립된 유보는 다음의 법적효과를 가진다.
   (a) 유보국과 그 다른 당사국과의 관계에 있어서 유보국에 대해서는 그 유보에 관련되는 조약규정을 그 유보의 범위내에서 변경한다.
   (b) 다른 당사국과 유보국과의 관계에 있어서 그 다른 당사국에 대해서는 그러한 조약규정을 동일한 범위내에서 변경한다.
2. 유보는 「일정 국가간의」 조약에 대한 다른 당사국에 대하여 그 조약규정을 수정하지 아니한다.
3. 유보에 대하여 이의를 제기하는 국가가 동 이의제기국과 유보국간의 조약의 발효에 반대하지 아니하는 경우에 유보에 관련되는 규정은 그 유보의 범위내에서 양국간에 적용되지 아니한다.

제22조(유보 및 유보에 대한 이의의 철회)

1. 조약이 달리 규정하지 아니하는 한 유보는 언제든지 철회될 수 있으며 또한 그 철회를 위해서는 동 유보를 수락한 국가의 동의가 필요하지 아니하다.
2. 조약이 달리 규정하지 아니하는 한 유보에 대한 이의는 언제든지 철회될 수 있다.
3. 조약이 달리 규정하지 아니하는 한 또는 달리 합의되지 아니하는 한 다음의 규칙이 적용된다.
   (a) 유보의 철회는 다른 체약국이 그 통고를 접수한 때에만 그 체약국에 관하여 시행된다.
   (b) 유보에 대한 이의의 철회는 동 유보를 형성한 국가가 그 통고를 접

수한 때에만 시행된다.

제23조(유보에 관한 절차)

1. 유보, 유보의 명시적 수락 및 유보에 대한 이의는 서면으로 형성되어야 하며 또한 체약국 및 조약의 당사국이 될 수 있는 권리를 가진 국가에 통고되어야 한다.
2. 유보가 비준·수락 또는 승인에 따를 것으로 하여 조약에 서명한 때에 형성된 경우에는 유보국이 그 조약에 대한 기속적 동의를 표시하는 때에 유보국에 의하여 정식으로 확인되어야 한다. 그러한 경우에 유보는 그 확인일자에 형성된 것으로 간주된다.
3. 유보의 확인이전에 형성된 유보의 명시적 수락 또는 유보에 대한 이의는 그 자체확인을 필요로 하지 아니한다.
4. 유보 또는 유보에 대한 이의의 철회는 서면으로 형성되어야 한다.

제3절 조약의 발효 및 잠정적 적용

제24조(발효)

1. 조약은 그 조약이 규정하거나 또는 교섭국이 협의하는 방법으로 또한 그 일자에 발효한다.
2. 그러한 규정 또는 합의가 없는 경우에는 조약에 대한 기속적 동의가 모든 교섭국에 대하여 확정되는 대로 그 조약이 발효한다.
3. 조약에 대한 국가의 기속적 동의가 그 조약이 발효한 후의 일자에 확정되는 경우에는 그 조약이 달리 규정하지 아니하는 한 그 동의가 확정되는 일자에 그 조약은 그 국가에 대하여 발효한다.
4. 조약문의 정본인증, 조약에 대한 국가의 기속적 동의의 확정, 조약의 발효방법 또는 일자, 유보, 수탁자의 기능 및 조약의 발효전에 필연적으로 발생하는 기타의 사항을 규율하는 조약규정은 조약문의 채택 시로부터 적용된다.

제25조(잠정적 적용)

1. 다음의 경우에 조약 또는 조약의 일부는 그 발효시까지 잠정적으로 적용된다.
   (a) 조약 자체가 그렇게 규정하는 경우, 또는
   (b) 교섭국이 다른 방법으로 그렇게 합의한 경우
2. 조약이 달리 규정하지 아니하거나 또는 교섭국이 달리 합의하지 아니한 경우에는 어느 국가가 조약이 잠정적으로 적용되고 있는 다른 국가에 대하여 그 조약의 당사국이 되지 아니하고자 하는 의사를 통고한 경우에 그 국가에 대한 그 조약 또는 그 조약의 일부의 잠정적 적용이 종료된다.

제3부 조약의 준수·적용 및 해석

제1절 조약의 준수

제26조(약속은 준수하여야 한다)

유효한 모든 조약은 그 당사국을 구속하며 또한 당사국에 의하여 성실하게 이행되어야 한다.

제27조(국내법과 조약의 준수)

어느 당사국도 조약의 불이행에 대한 정당화의 방법으로 그 국내법 규정을 원용해서는 아니된다. 이 규칙은 제46조를 침해하지 아니한다.

제2절 조약의 적용

제28조(조약의 불소급)

별도의 의사가 조약으로부터 나타나지 아니하거나 또는 달리 확정되지 아니하는 한, 그 조약 규정은 그 발효 이전에 당사국에 관련하여 발생한 행위나 사실 또는 없어진 사태에 관하여 그 당사국을 구속하지 아니한다.

제29조(조약의 영토적 범위)

별도의 의사가 조약으로부터 나타나지 아니하거나 또는 달리 확정되지 아니하는 한, 조약은 각 당사국의 전체 영역에 관하여 각 당사국을 구속한다.

제30조(동일한 주제에 관한 계승적 조약의 적용)

1. 국제연합헌장 제103조에 따를 것으로 하여 동일한 주제에 관한 계승적 조약의 당사국의 권리와 의무는 아래의 조항에 의거하여 결정된다.
2. 조약이 전조약 또는 후조약에 따를 것을 명시하고 있거나 또는 전조약 또는 후조약과 양립하지 아니하는 것으로 간주되지 아니함을 명시하고 있는 경우에는 그 다른 조약의 규정이 우선한다.
3. 전조약의 모든 당사국이 동시에 후조약의 당사국이나 전조약이 제59조에 따라 종료되지 아니하거나 또는 시행 정지되지 아니하는 경우에 전조약은 그 규정이 후조약의 규정과 양립하는 범위 내에서만 적용된다.
4. 후조약의 당사국이 전조약의 모든 당사국을 포함하지 아니하는 경우에는 다음의 규칙이 적용된다.
   (a) 양 조약의 당사국간에는 상기 3항과 같은 동일한 규칙이 적용된다.
   (b) 양 조약의 당사국과 어느 한 조약의 당사국간에는 그 양국이 다 같이 당사국인 조약이 그들 상호간의 권리와 의무를 규율한다.
5. 상기 4항은 제41조에 대하여 또는 제60조의 규정에 따른 조약의 종료 또는 시행정지에 관한 문제에 대하여 또는 다른 조약에 따른 국가에 대한 어느 국가의 의무와 조약규정이 양립하지 아니하는 조약의 체결 또는 적용으로부터 그 어느 국가에 대하여 야기될 수 있는 책임문제를 침해하지 아니한다.

제3절 조약의 해석

제31조(해석의 일반규칙)

1. 조약은 조약문의 문맥 및 조약의 대상과 목적으로 보아 그 조약의 문면에 부여되는 통상적 의미에 따라 성실하게 해석되어야 한다.

2. 조약의 해석 목적상 문맥은 조약문에 추가하여 조약의 전문 및 부속서와 함께 다음의 것을 포함한다.
   (a) 조약의 체결에 관련하여 모든 당사국간에 이루어진 그 조약에 관한 합의
   (b) 조약의 체결에 관련하여, 하나 또는 그 이상의 당사국이 작성하고 또한 다른 당사국이 그 조약이 관련되는 문서로서 수락한 문서
3. 문맥과 함께 다음의 것이 참작되어야 한다.
   (a) 조약의 해석 또는 그 조약규정의 적용에 관한 당사국간의 추후의 합의
   (b) 조약의 해석에 관한 당사국의 합의를 확정하는 그 조약 적용에 있어서의 추후의 관행
   (c) 당사국간의 관계에 적용될 수 있는 국제법의 관계규칙
4. 당사국의 특별한 의미를 특정용어에 부여하기로 의도하였음이 확정되는 경우에는 그러한 의미가 부여된다.

제32조(해석의 보충적 수단)

제31조의 적용으로부터 나오는 의미를 확인하기 위하여 또는 제31조에 따라 해석하면 다음과 같이 되는 경우에 그 의미를 결정하기 위하여 조약의 교섭 기록 및 그 체결시의 사정을 포함한 해석의 보충적 수단에 의존할 수 있다.

(a) 의미가 모호해지거나 또는 애매하게 되는 경우 또는
(b) 명백히 불투명하거나 또는 불합리한 결과를 초래하는 경우

제33조(둘 또는 그 이상의 언어가 정본인 조약의 해석)

1. 조약이 둘 또는 그 이상의 언어에 의하여 정본으로 확정된 때에는 상위가 있을 경우에 특정의 조약문이 우선함을 그 조약이 규정하지 아니하거나 또는 당사국이 합의하지 아니하는 한 각 언어로 작성된 조약문은 동등히 유효하다.
2. 조약의 정본으로 사용된 언어중의 어느 하나 이외의 다른 언어로 작성

된 조약의 번역문은 이를 정본으로 간주함을 조약이 규정하거나 또는 당사국이 이에 합의하는 경우에만 정본으로 간주된다.

3. 조약의 용어는 각 정본상 동일한 의미를 가지는 것으로 추정된다.
4. 상기 1항에 의거하여 특정의 조약문이 우선하는 경우를 제외하고, 제31조 및 제32조의 적용으로 제거되지 아니하는 의미의 차이가 정본의 비교에서 노정되는 경우에는 조약의 대상과 목적을 고려하여 최선으로 조약문과 조화되는 의미를 채택한다.

제4절 조약과 제3국

제34조(제3국에 관한 일반 규칙)

조약은 제3국에 대하여 그 동의없이는 의무 또는 권리를 창설하지 아니한다.

제35조(제3국에 대하여 의무를 규정하는 조약)

조약의 당사국이 조약규정을 제3국에 대하여 의무를 설정하는 수단으로 의도하며 또한 그 제3국이 서면으로 그 의무를 명시적으로 수락하는 경우에는 그 조약의 규정으로부터 그 제3국에 대하여 의무가 발생한다.

제36조(제3국에 대하여 권리를 규정하는 조약)

1. 조약의 당사국이 제3국 또는 제3국이 속하는 국가의 그룹 또는 모든 국가에 대하여 권리를 부여하는 조약규정을 의도하며 또한 그 제3국이 이에 동의하는 경우에는 그 조약의 규정으로부터 그 제3국에 대하여 권리가 발생한다. 조약이 달리 규정하지 아니하는 한 제3국의 동의는 반대의 표시가 없는 동안 있은 것으로 추정된다.
2. 상기 1항에 의거하여 권리를 행사하는 국가는 조약에 규정되어 있거나 또는 조약에 의거하여 확정되는 그 권리행사의 조건에 따라야 한다.

제37조(제3국의 의무 또는 권리의 취소 또는 변경)

1. 제35조에 따라 제3국에 대하여 의무가 발생한 때에는 조약의 당사국과

제3국이 달리 합의하였음이 확정되지 아니하는 한 그 의무는 조약의 당사국과 제3국의 동의를 얻는 경우에만 취소 또는 변경될 수 있다.

2. 제36조에 따라 제3국에 대하여 권리가 발생한 때에는 그 권리가 제3국의 동의없이 취소 또는 변경되어서는 아니되는 것으로 의도되었음이 확정되는 경우에 그 권리는 당사국에 의하여 취소 또는 변경될 수 없다.

제38조(국제 관습을 통하여 제3국을 구속하게 되는 조약상의 규칙)

제34조 내지 제37조의 어느 규정도 조약에 규정된 규칙이 관습 국제법의 규칙으로 인정된 그러한 규칙으로서 제3국을 구속하게 되는 것을 배제하지 아니한다.

제4부 조약의 개정 및 변경

제39조(조약의 개정에 관한 일반규칙)

조약은 당사국간의 합의에 의하여 개정될 수 있다. 제2부에 규정된 규칙은 조약이 달리 규정하는 경우를 제외하고 그러한 합의에 적용된다.

제40조(다자조약의 개정)

1. 조약이 달리 규정하지 아니하는 한 다자조약의 개정은 아래의 조항에 의하여 규율된다.
2. 모든 당사국간에서 다자조약을 개정하기 위한 제의는 모든 체약국에 통고되어야 하며 각 체약국은 다음의 것에 참여할 권리를 가진다.
   (a) 그러한 제의에 관하여 취하여질 조치에 관한 결정
   (b) 그 조약의 개정을 위한 합의의 교섭 및 성립
3. 조약의 당사국이 될 수 있는 권리를 가진 모든 국가는 개정되는 조약의 당사국이 될 수 있는 권리를 또한 가진다.
4. 개정하는 합의는 개정하는 합의의 당사국이 되지 아니하는 조약의 기존 당사국인 어느 국가도 구속하지 아니한다. 그러한 국가에 관해서는 제30조4항(b)가 적용된다.

5. 개정하는 합의의 발효 후에 조약의 당사국이 되는 국가는 그 국가에 의한 별도 의사의 표시가 없는 경우에 다음과 같이 간주된다.
   (a) 개정되는 조약의 당사국으로 간주된다.
   (b) 개정하는 합의에 의하여 구속되지 아니하는 조약의 당사국과의 관계에 있어서는 개정되지 아니한 조약의 당사국으로 간주된다.

제41조(일부 당사국에서만 다자조약을 변경하는 합의)

1. 다자조약의 2 또는 그 이상의 당사국은 다음의 경우에 그 당사국간에서만 조약을 변경하는 합의를 성립시킬 수 있다.
   (a) 그러한 변경의 가능성이 그 조약에 의하여 규정된 경우 또는
   (b) 문제의 변경이 그 조약에 의하여 금지되지 아니하고, 또한
      (i) 다른 당사국이 그 조약에 따라 권리를 향유하며 또는 의무를 이행하는 것에 영향을 주지 아니하며
      (ii) 전체로서의 그 조약의 대상과 목적의 효과적 수행과 일부 변경이 양립하지 아니하는 규정에 관련되지 아니하는 경우
2. 상기 1항 (a)에 해당하는 경우에 조약이 달리 규정하지 아니하는 한 문제의 당사국은 그 합의를 성립시키고자 하는 의사와 그 합의가 규정하는 그 조약의 변경을 타방당사국에 통고하여야 한다.

제5부 조약의 부적법 · 종료 또는 시행정지

제1절 일반 규정

제42조(조약의 적법성 및 효력의 계속)

1. 조약의 적법성 또는 조약에 대한 국가의 기속적 동의의 적법성은 이 협약의 적용을 통해서만 부정될 수 있다.
2. 조약의 종료, 그 폐기 또는 당사국의 탈퇴는 그 조약의 규정 또는 이 협약의 적용의 결과로서만 행하여질 수 있다. 동일한 규칙이 조약의 시행정지에 적용된다.

제43조(조약과는 별도로 국제법에 의하여 부과되는 의무)

이 협약 또는 조약규정의 적용의 결과로서 조약의 부적법·종료 또는 폐기, 조약으로부터의 당사국의 탈퇴 또는 그 시행정지는 그 조약과는 별도로 국제법에 따라 복종해야 하는 의무로서 그 조약에 구현된 것을 이행해야 하는 국가의 책무를 어떠한 방법으로도 경감시키지 아니한다.

제44조(조약 규정의 가분성)

1. 조약에 규정되어 있거나 또는 제56조에 따라 발생하는 조약의 폐기·탈퇴 또는 시행 정지시킬 수 있는 당사국의 권리는 조약이 달리 규정하지 아니하거나 또는 당사국이 달리 합의하지 아니하는 한 조약 전체에 관해서만 행사될 수 있다.
2. 이 협약에서 인정되는 조약의 부적법화·종료·탈퇴 또는 시행정지의 사유는 아래의 제 조항 또는 제60조에 규정되어 있는 것을 제외하고 조약 전체에 관해서만 원용될 수 있다.
3. 그 사유가 특정의 조항에만 관련되는 경우에는 다음의 경우에 그러한 조항에 관해서만 원용될 수 있다.
   (a) 당해 조항이 그 적용에 관련하여 그 조약의 잔여 부분으로부터 분리될 수 있으며,
   (b) 당해 조항의 수락이 전체로서의 조약에 대한 1 또는 그 이상의 다른 당사국의 기속적 동의의 필수적 기초가 아니었던 것이 그 조약으로부터 나타나거나 또는 달리 확정되며, 또한
   (c) 그 조약의 잔여부분의 계속적 이행이 부당하지 아니한 경우
4. 제49조 및 제50조에 해당하는 경우에 기만 또는 부정을 원용하는 권리를 가진 국가는 조약 전체에 관하여 또는 상기 3항에 따를 것으로 하여 특정의 조항에 관해서만 그렇게 원용할 수 있다.
5. 제51조, 제52조 및 제53조에 해당하는 경우에는 조약규정의 분리가 허용되지 아니한다.

제45조(조약의 부적법화·종료·탈퇴 또는 그 시행정지의 사유를 원용하는 권리의 상실)

국가는 다음의 경우에 사실을 알게 된 후에는 제46조 내지 제50조 또는 제60조 및 제62조에 따라 조약의 부적법화·종료·탈퇴 또는 시행정지의 사유를 원용할 수 없다.

(a) 경우에 따라 그 조약이 적법하다는 것 또는 계속 유효하다는 것 또는 계속 시행된다는 것에 그 국가가 명시적으로 동의한 경우 또는

(b) 그 국가의 행동으로 보아 조약의 적법성 또는 그 효력이나 시행의 존속을 묵인한 것으로 간주되어야 하는 경우

제2절 조약의 부적법

제46조(조약 체결권에 관한 국내법 규정)

1. 조약 체결권에 관한 국내법 규정의 위반이 명백하며 또한 근본적으로 중요한 국내법 규칙에 관련되지 아니하는 한 국가는 조약에 대한 그 기속적 동의를 부적법화하기 위한 것으로 그 동의가 그 국내법 규정에 위반하여 표시되었다는 사실을 원용할 수 없다.
2. 통상의 관행에 의거하고 또한 성실하게 행동하는 어느 국가에 대해서도 위반이 객관적으로 분명한 경우에는 그 위반은 명백한 것이 된다.

제47조(국가의 동의 표시 권한에 대한 특정의 제한)

어느 조약에 대한 국가의 기속적 동의를 표시하는 대표의 권한이 특정의 제한에 따를 것으로 하여 부여된 경우에 그 대표가 그 제한을 준수하지 아니한 것은 그러한 동의를 표시하기 전에 그 제한을 다른 교섭국에 통고하지 아니한 한 그 대표가 표시한 동의를 부적법화하는 것으로 원용될 수 없다.

제48조(착오)

1. 조약상의 착오는 그 조약이 체결된 당시에 존재한 것으로 국가가 추정

한 사실 또는 사태로서, 그 조약에 대한 국가의 기속적 동의의 본질적 기초를 구성한 것에 관한 경우에 국가는 그 조약에 대한 그 기속적 동의를 부적법화하는 것으로 그 착오를 원용할 수 있다.

2. 문제의 국가가 자신의 행동에 의하여 착오를 유발하였거나 또는 그 국가가 있을 수 있는 착오를 감지할 수 있는 등의 사정하에 있는 경우에는 상기 1항이 적용되지 아니한다.
3. 조약문의 자구에만 관련되는 착오는 조약의 적법성에 영향을 주지 아니한다. 그 경우에는 제79조가 적용된다.

제49조(기만)

국가가 다른 교섭국의 기만적 행위에 의하여 조약을 체결하도록 유인된 경우에 그 국가는 조약에 대한 자신의 기속적 동의를 부적법화하는 것으로 그 기만을 원용할 수 있다.

제50조(국가 대표의 부정)

조약에 대한 국가의 기속적 동의의 표시가 직접적으로 또는 간접적으로 다른 교섭국에 의한 그 대표의 부정을 통하여 감행된 경우에 그 국가는 조약에 대한 자신의 기속적 동의를 부적법화하는 것으로 그 부정을 원용할 수 있다.

제51조(국가 대표의 강제)

국가 대표에게 정면으로 향한 행동 또는 위협을 통하여 그 대표에 대한 강제에 의하여 감행된 조약에 대한 국가의 기속적 동의표시는 법적 효력을 가지지 아니한다.

제52조(힘의 위협 또는 사용에 의한 국가의 강제)

국제연합헌장에 구현된 국제법의 제 원칙을 위반하여 힘의 위협 또는 사용에 의하여 조약의 체결이 감행된 경우에 그 조약은 무효이다.

제53조(일반 국제법의 절대규범(강행규범)과 충돌하는 조약)

조약은 그 체결 당시에 일반 국제법의 절대규범과 충돌하는 경우에 무효이다. 이 협약의 목적상 일반 국제법의 절대 규범은 그 이탈이 허용되지 아니하며 또한 동일한 성질을 가진 일반 국제법의 추후의 규범에 의해서만 변경될 수 있는 규범으로 전체로서의 국제 공동사회가 수락하며 또한 인정하는 규범이다.

제3절 조약의 종료 및 시행정지

제54조(조약규정 또는 당사국의 동의에 따른 조약의 종료 또는 조약으로부터의 탈퇴)

조약의 종료 또는 당사국의 탈퇴는 다음의 경우에 행하여질 수 있다.

(a) 그 조약의 규정에 의거하는 경우 또는

(b) 다른 체약국과 협의한 후에 언제든지 모든 당사국의 동의를 얻는 경우

제55조(다자조약의 발효에 필요한 수 이하로의 그 당사국수의 감소)

조약이 달리 규정하지 아니하는 한 다자조약은 그 당사국수가 그 발효에 필요한 수이하로 감소하는 사실만을 이유로 종료하지 아니한다.

제56조(종료·폐기 또는 탈퇴에 관한 규정을 포함하지 아니하는 조약의 폐기 또는 탈퇴)

1. 종료에 관한 규정을 포함하지 아니하며 또한 폐기 또는 탈퇴를 규정하고 있지 아니하는 조약은 다음의 경우에 해당되지 아니하는 한 폐기 또는 탈퇴가 인정되지 아니한다.

(a) 당사국이 폐기 또는 탈퇴의 가능성을 인정하고자 하였음이 확정되는 경우 또는

(b) 폐기 또는 탈퇴의 권리가 조약의 성질상 묵시되는 경우

2. 당사국은 상기 1항에 따라 조약의 폐기 또는 탈퇴 의사를 적어도 12개

월전에 통고하여야 한다.

제57조(조약 규정 또는 당사국의 동의에 의한 조약의 시행정지)

모든 당사국 또는 특정의 당사국에 대하여 조약의 시행이 다음의 경우에 정지될 수 있다.

(a) 그 조약의 규정에 의거하는 경우 또는

(b) 다른 체약국과 협의한 후에 언제든지 모든 당사국의 동의를 얻는 경우

제58조(일부 당사국간만의 합의에 의한 다자조약의 시행정지)

1. 다자조약의 2 또는 그 이상의 당사국은 다음의 경우에 일시적으로 또한 그 당사국간에서만 조약 규정의 시행을 정지시키기 위한 합의를 성립시킬 수 있다.
   (a) 그러한 정지의 가능성이 그 조약에 의하여 규정되어 있는 경우 또는
   (b) 문제의 정지가 조약에 의하여 금지되지 아니하고 또한
      (i) 다른 당사국에 의한 조약상의 권리 향유 또는 의무의 이행에 영향을 주지 아니하며
      (ii) 그 조약의 대상 및 목적과 양립할 수 없는 것이 아닌 경우
2. 상기 1항(a)에 해당하는 경우에 조약이 달리 규정하지 아니하는 한 문제의 당사국은 합의를 성립시키고자 하는 그 의사 및 시행을 정지시키고자 하는 조약규정을 타방당사국에 통고하여야 한다.

제59조(후조약의 체결에 의하여 묵시되는 조약의 종료 또는 시행정지)

1. 조약의 모든 당사국이 동일한 사항에 관한 후조약을 체결하고 또한 아래의 것에 해당하는 경우에 그 조약은 종료한 것으로 간주된다.
   (a) 후조약에 의하여 그 사항이 규율되어야 함을 당사국이 의도하였음이 그 후조약으로부터 나타나거나 또는 달리 확정되는 경우 또는
   (b) 후조약의 규정이 전조약의 규정과 근본적으로 양립하지 아니하여 양 조약이 동시에 적용될 수 없는 경우

2. 전조약을 시행 정지시킨 것만이 당사국의 의사이었음이 후조약으로부터 나타나거나 또는 달리 확정되는 경우에 전조약은 그 시행이 정지된 것만으로 간주된다.

제60조(조약 위반의 결과로서의 조약의 종료 또는 시행정지)

1. 양자조약의 일방당사국에 의한 실질적 위반은 그 조약의 종료 또는 시행의 전부 또는 일부의 정지를 위한 사유로서 그 위반을 원용하는 권리를 타방당사국에 부여한다.
2. 다자조약의 어느 당사국에 의한 실질적 위반은 관계 당사국이 다음의 조치를 취할 수 있는 권리를 부여한다.
   (a) 다른 당사국이 전원일치의 협의에 의하여
      (i) 그 다른 당사국과 위반국간의 관계에서 또는
      (ii) 모든 당사국간에서 그 조약의 전부 또는 일부를 시행정지시키거나 또는 그 조약을 종료시키는 권리
   (b) 위반에 의하여 특별히 영향을 받는 당사국이, 그 자신과 위반국간의 관계에 있어서 그 조약의 전부 또는 일부의 시행을 정지시키기 위한 사유로서 그 위반을 원용하는 권리
   (c) 어느 당사국에 의한 조약규정의 실질적 위반으로 그 조약상의 의무의 추후의 이행에 관한 모든 당사국의 입장을 근본적으로 변경시키는 성질의 조약인 경우에, 위반국 이외의 다른 당사국에 관하여 그 조약의 전부 또는 일부의 시행정지를 위한 사유로서 그 다른 당사국에 그 위반을 원용하는 권리
3. 본 조의 목적상, 조약의 실질적 위반은 다음의 경우에 해당한다.
   (a) 이 협약에 의하여 용인되지 아니하는 조약의 이행 거부 또는
   (b) 조약의 대상과 목적의 달성에 필수적인 규정의 위반
4. 상기의 제 규정은 위반의 경우에 적용할 수 있는 조약상의 규정을 침해하지 아니한다.
5. 상기 1항 내지 3항은 인도적 성질의 조약에 포함된 인신의 보호에 관한 규정 특히 그러한 조약에 의하여 보호를 받는 자에 대한 여하한 형태의

복구를 금지하는 규정에 적용되지 아니한다.

제61조(후발적 이행불능)

1. 조약의 이행불능이 그 조약의 시행에 불가결한 대상의 영구적 소멸 또는 파괴로 인한 경우에 당사국은 그 조약을 종료시키거나 또는 탈퇴하기 위한 사유로서 그 이행불능을 원용할 수 있다. 그 이행불능이 일시적인 경우에는 조약의 시행정지를 위한 사유로서만 원용될 수 있다.
2. 이행불능이 이를 원용하는 당사국에 의한 조약상의 의무나 또는 그 조약의 다른 당사국에 대하여 지고 있는 기타의 국제적 의무의 위반의 결과인 경우에 그 이행 불능은 그 조약을 종료시키거나 또는 탈퇴하거나 또는 그 시행을 정지시키기 위한 사유로서 그 당사국에 의하여 원용될 수 없다.

제62조(사정의 근본적 변경)

1. 조약의 체결 당시에 존재한 사정에 관하여 발생하였으며 또한 당사국에 의하여 예견되지 아니한 사정의 근본적 변경은 다음 경우에 해당되지 아니하는 한 조약을 종료시키거나 또는 탈퇴하기 위한 사유로서 원용될 수 없다.
   (a) 그러한 사정의 존재가 그 조약에 대한 당사국의 기속적 동의의 본질적 기초를 구성하였으며 또한
   (b) 그 조약에 따라 계속 이행되어야 할 의무의 범위를 그 변경의 효과가 급격하게 변환시키는 경우
2. 사정의 근본적 변경은 다음의 경우에는 조약을 종료시키거나 또는 탈퇴하는 사유로서 원용될 수 없다.
   (a) 그 조약이 경계선을 확정하는 경우 또는
   (b) 근본적 변경이 이를 원용하는 당사국에 의한 조약상의 의무나 또는 그 조약의 다른 당사국에 대하여 지고 있는 기타의 국제적 의무의 위반의 결과인 경우
3. 상기의 제 조항에 따라 당사국이 조약을 종료시키거나 또는 탈퇴하기

위한 사유로서 사정의 근본적 변경을 원용할 수 있는 경우에 그 당사국은 그 조약의 시행을 정지시키기 위한 사유로서 그 변경을 또한 원용할 수 있다.

제63조(외교 또는 영사 관계의 단절)
조약 당사국간의 외교 또는 영사 관계의 단절은 외교 또는 영사 관계의 존재가 그 조약의 적용에 불가결한 경우를 제외하고 그 조약에 의하여 그 당사국간에 확립된 법적 관계에 영향을 주지 아니한다.

제64조(일반 국제법의 새 절대 규범(강행규범)의 출현)
일반 국제법의 새 절대 규범이 출현하는 경우에 그 규범과 충돌하는 현행 조약은 무효로 되어 종료한다.

제4절 절 차

제65조(조약의 부적법·종료·탈퇴 또는 시행정지에 관하여 취해지는 절차)
1. 이 협약의 규정에 따라 조약에 대한 국가의 기속적 동의상의 허가를 원용하거나 또는 조약의 적법성을 부정하거나 조약을 종료시키거나 조약으로부터 탈퇴하거나 또는 그 시행을 정지시키기 위한 사유를 원용하는 당사국은 다른 당사국에 대하여 그 주장을 통고하여야 한다. 그 통고에는 그 조약에 관하여 취하고자 제의하는 조치 및 그 이유를 표시하여야 한다.
2. 특별히 긴급한 경우를 제외하고 그 통고의 접수 후 3개월이상의 기간이 경과한 후에 어느 당사국도 이의를 제기하지 아니한 경우에는 그 통고를 행한 당사국은 제67조에 규정된 방법으로 그 당사국이 제의한 조치를 실행할 수 있다.
3. 다만, 다른 당사국에 의하여 이의가 제기된 경우에 당사국은 국제연합 헌장 제33조에 열거되어 있는 수단을 통한 해결을 도모하여야 한다.
4. 상기 제 조항의 어느 규정도 분쟁의 해결에 관하여 당사국을 구속하는

유효한 규정에 따른 당사국의 권리 또는 의무에 영향을 주지 아니한다.

5. 제45조를 침해함이 없이 어느 국가가 상기 1항에 규정된 통고를 사전에 행하지 아니한 사실은 조약의 이행을 요구하거나 또는 조약의 위반을 주장하는 다른 당사국에 대한 회답으로서 그 국가가 그러한 통고를 행하는 것을 막지 아니한다.

제66조(사법적 해결・중재 재판 및 조정을 위한 절차)

이의가 제기된 일자로부터 12개월의 기간내에 제65조 3항에 따라 해결에 도달하지 못한 경우에는 다음의 절차를 진행하여야 한다.

(a) 제53조 또는 제64조의 적용 또는 해석에 관한 분쟁의 어느 한 당사국은 제 당사국이 공동의 동의에 의하여 분쟁을 중재 재판에 부탁하기로 합의하지 아니하는 한 분쟁을 국제사법재판소에 결정을 위하여 서면 신청으로써 부탁할 수 있다.

(b) 이 협약 제5부의 다른 제 조항의 적용 또는 해석에 관한 분쟁의 어느 한 당사국은 협약의 부속서에 명시된 절차의 취지로 요구서를 국제연합사무총장에게 제출함으로써 그러한 절차를 개시할 수 있다.

제67조(조약의 부적법선언・종료・탈퇴 또는 시행정지를 위한 문서)

1. 제65조1항에 따라 규정된 통고는 서면으로 행하여져야 한다.
2. 조약의 규정 또는 제65조2항 또는 3항의 규정에 따른 그 조약의 부적법선언・종료・탈퇴 또는 시행정지에 관한 행위는 다른 당사국에 전달되는 문서를 통하여 이행하여야 한다. 동 문서가 국가원수・정부수반 또는 외무부장관에 의하여 서명되지 아니한 경우에는 이를 전달하는 국가의 대표에게 전권 위임장을 제시하도록 요구할 수 있다.

제68조(제65조 및 제67조에 규정된 통고와 문서의 철회)

제65조 또는 제67조에 규정된 통고 또는 문서는 그 효력을 발생하기 전에 언제든지 철회될 수 있다.

제5절 조약의 부적법 · 종료 또는 시행정지의 효과

제69조(조약의 부적법의 효과)

1. 이 협약에 의거하여 그 부적법이 확정되는 조약은 무효이다. 무효인 조약의 규정은 법적 효력을 가지지 아니한다.
2. 다만, 그러한 조약에 의존하여 행위가 실행된 경우에는 다음의 규칙이 적용된다.
   (a) 각 당사국은 그 행위가 실행되지 아니하였더라면 존재하였을 상태를 당사국의 상호관계에 있어서 가능한 한 확립하도록 다른 당사국에 요구할 수 있다.
   (b) 부적법이 원용되기 전에 성실히 실행된 행위는 그 조약의 부적법만을 이유로 불법화되지 아니한다.
3. 제49조, 제50조, 제51조 또는 제52조에 해당하는 경우에는 기만 · 부정행위 또는 강제의 책임이 귀속되는 당사국에 관하여 상기 2항이 적용되지 아니한다.
4. 다자조약에 대한 특정 국가의 기속적 동의의 부적법의 경우에 상기의 제 규칙은 그 국가와 그 조약의 당사국간의 관계에 있어서 적용된다.

제70조(조약의 종료 효과)

1. 조약이 달리 규정하지 아니하거나 또는 당사국이 달리 합의하지 아니하는 한 조약의 규정에 따르거나 또는 이 협약에 의거한 그 조약의 종료는 다음의 효과를 가져온다.
   (a) 당사국에 대하여 추후 그 조약을 이행할 의무를 해제한다.
   (b) 조약의 종료 전에 그 조약의 시행을 통하여 생긴 당사국의 권리 · 의무 또는 법적 상태에 영향을 주지 아니한다.
2. 국가가 다자조약을 폐기하거나 또는 탈퇴하는 경우에는 그 폐기 또는 탈퇴가 효력을 발생하는 일자로부터 그 국가와 그 조약의 다른 각 당사국간의 관계에 있어서 상기 1항이 적용된다.

제71조(일반 국제법의 절대규범과 충돌하는 조약의 부적법의 효과)

1. 제53조에 따라 무효인 조약의 경우에 당사국은 다음의 조치를 취한다.
   (a) 일반 국제법의 절대 규범과 충돌하는 규정에 의존하여 행하여진 행위의 결과를 가능한 한 제거하며 또한
   (b) 당사국의 상호관계를 일반국제법의 절대규범과 일치시키도록 한다.
2. 제64조에 따라 무효로 되어 종료하는 조약의 경우에 그 조약의 종료는 다음의 효과를 가져온다.
   (a) 당사국에 대하여 추후 그 조약을 이행할 의무를 해제한다.
   (b) 조약의 종료전에 그 조약의 시행을 통하여 생긴 당사국의 권리・의무 또는 법적 상태에 영향을 주지 아니한다. 다만, 그러한 권리・의무 또는 상태는 그 유지 자체가 일반 국제법의 새 절대 규범과 충돌하지 아니하는 범위내에서만 그 이후 유지될 수 있을 것을 조건으로 한다.

제72조(조약의 시행정지 효과)

1. 조약이 달리 규정하지 아니하거나 또는 당사국이 달리 합의하지 아니하는 한 조약의 규정에 따르거나 또는 이 협약에 의거한 그 조약의 시행정지는 다음의 효과를 가져온다.
   (a) 조약의 시행이 정지되어 있는 당사국에 대해서는 동 정지기간동안 그 상호관계에 있어서 그 조약을 이행할 의무를 해제한다.
   (b) 그 조약에 의하여 확립된 당사국간의 법적 관계에 달리 영향을 주지 아니한다.
2. 시행정지 기간동안 당사국은 그 조약의 시행 재개를 방해하게 되는 행위를 삼가하여야 한다.

제6부 잡 칙

제73조(국가의 계승・국가 책임 및 적대행위 발발의 경우)

이 협약의 규정은 국가의 계승・국가의 국제 책임 또는 국가간의 적대

행위의 발발로부터 조약에 관하여 발생될 수 있는 문제를 예단하지 아니한다.

제74조(외교 및 영사관계와 조약의 체결)

2 또는 그 이상의 국가간의 외교 또는 영사관계의 단절 또는 부재는 그러한 국가간의 조약체결을 막지 아니한다. 조약의 체결은 그 자체 외교 또는 영사관계에 관련된 상태에 영향을 주지 아니한다.

제75조(침략국의 경우)

이 협약의 규정은 국제연합헌장에 의거하여 침략국의 침략에 관하여 취해진 조치의 결과로서 그 침략국에 대하여 발생될 수 있는 조약상의 의무를 침해하지 아니한다.

제7부 수탁자 · 통고 · 정정 및 등록

제76조(조약의 수탁자)

1. 조약의 수탁자는 조약 그 자체 속에 또는 기타의 방법으로 교섭국에 의하여 지정될 수 있다. 수탁자는 1 또는 그 이상의 국가 · 국제기구 또는 국제기구의 수석 행정관이 될 수 있다.
2. 조약의 수탁자의 기능은 성질상 국제적이며 또한 수탁자는 그 기능을 수행함에 있어서 공평하게 행동할 의무를 진다. 특히, 조약이 일부 당사국간에 발효하지 아니하였거나 또는 수탁자의 기능의 수행에 관하여 국가와 수탁자간에 의견의 차이가 발생한 사실은 그러한 의무에 영향을 주지 아니한다.

제77조(수탁자의 기능)

1. 달리 조약에 규정되어 있지 아니하거나 또는 체약국이 합의하지 아니하는 한 수탁자의 기능은 특히 다음의 것을 포함한다.
   (a) 수탁자에 송달된 조약 및 전권 위임장의 원본 보관

(b) 원본의 인증등본 작성, 조약에 의하여 요구될 수 있는 추가의 언어에 의한 조약문 작성 및 조약의 당사국과 당사국이 될 수 있는 권리를 가진 국가에의 그 전달
(c) 조약에 대한 서명의 접수 및 조약에 관련된 문서·통고 및 통첩의 접수와 보관
(d) 서명 또는 조약에 관련된 문서·통고 또는 통첩이 정당하고 또한 적절한 형식으로 된 것인가의 검토 및 필요한 경우에 문제점에 대하여 당해 국가의 주의 환기
(e) 조약의 당사국 및 당사국이 될 수 있는 권리를 가진 국가에 대한 그 조약에 관련된 행위의 통고 및 통첩의 통보
(f) 조약의 발효에 필요한 수의 서명 또는 비준서·수락서·승인서 또는 가입서가 접수되거나 또는 기탁되는 경우에 조약의 당사국이 될 수 있는 권리를 가진 국가에의 통보
(g) 국제연합사무국에의 조약의 등록
(h) 이 협약의 다른 규정에 명시된 기능의 수행

2. 수탁자의 기능의 수행에 관하여 국가와 수탁자간에 발생하는 의견의 차이의 경우에 수탁자는 그 문제에 대하여 서명국과 체약국 또는 적절한 경우에는 관계 국제기구의 권한있는 기관의 주의를 환기시킨다.

제78조(통고 및 통첩)

조약 또는 이 협약이 달리 규정하는 경우를 제외하고 이 협약에 따라 국가가 행하는 통고 또는 통첩은 다음과 같이 취급된다.

(a) 수탁자가 없는 경우에는 통고 또는 통첩은 받을 국가에 직접 전달되며 수탁자가 있는 경우에는 수탁자에게 전달된다.
(b) 전달 대상 국가가 통고 또는 통첩을 접수한 때에만 또는 경우에 따라 수탁자가 접수한 때에만 문제의 국가가 그 통고 또는 통첩을 행한 것으로 간주된다.
(c) 수탁자에게 전달된 경우에는 전달 대상 국가가 제77조1항(e)에 의거하여 수탁자로부터 통보받은 경우에만 그 국가가 접수한 것으로 간

주된다.

제79조(조약문 또는 인증등본상의 착오 정정)

1. 조약문의 정본인증 후 그 속에 착오가 있다는 것에 서명국 및 체약국이 합의하는 경우에는 그들이 다른 정정방법에 관하여 결정하지 아니하는 한 착오는 다음과 같이 정정된다.
   (a) 착오문에 적당한 정정을 가하고 정당히 권한을 위임받은 대표가 그 정정에 가서명하는 것
   (b) 합의된 정정을 기재한 1 또는 그 이상의 문서에 효력을 부여하거나 또는 이를 교환하는 것
   (c) 원본의 경우와 동일한 절차에 의하여 조약 전체의 정정본을 작성하는 것
2. 수탁자가 있는 조약의 경우에 수탁자는 서명국 및 체약국에 대하여 착오와 그 정정 제안을 통보하며 또한 제안된 정정에 대하여 이의를 제기할 수 있는 적절한 기한을 명시한다. 그 기한이 만료되면 다음의 조치가 취하여 진다.
   (a) 이의가 제기되지 아니한 경우에 수탁자는 착오문에 정정을 가하고 이에 가서명하며 또한 착오문의 정정 「경위서」를 작성하여 그 사본을 조약의 당사국 및 조약의 당사국이 될 수 있는 권리를 가진 국가에 송부한다.
   (b) 이의가 제기된 경우에 수탁자는 그 이의를 서명국 및 체약국에 송부한다.
3. 조약문이 2 또는 그 이상의 언어로 정본인증되고 또한 서명국 및 체약국간의 합의로써 정정되어야 할 합치의 결여가 있다고 보이는 경우에는 상기 1항 및 2항의 규칙이 또한 적용된다.
4. 정정본은 서명국 및 체약국이 달리 결정하지 아니하는 한 「처음부터」 흠결본을 대치한다.
5. 등록된 조약문의 정정은 국제연합사무국에 통고된다.
6. 조약의 인증등본에서 착오가 발견되는 경우에 수탁자는 정정을 명시

하는 「경위서」를 작성하며 또한 그 사본을 서명국 및 체약국에 송부한다.

제80조(조약의 등록 및 발간)

1. 조약은 그 발효 후에 경우에 따라 등록 또는 편철과 기록을 위하여 또한 발간을 위하여 국제연합사무국에 송부된다.
2. 수탁자의 지정은 상기 전항에 명시된 행위를 수탁자가 수행할 수 있는 권한을 부여하게 된다.

제8부　최종조항

제81조(서명)

이 협약은 국제연합 또는 전문기구중의 어느 하나 또는 국제원자력기구의 모든 회원국 또는 국제사법재판소 규정의 당사국 및 국제연합총회에 의하여 이 협약의 당사국이 되도록 초청된 기타의 국가에 의한 서명을 위하여 다음과 같이 개방된다. 즉 1969년 1월 30일까지는 오스트리아 공화국의 연방 외무부에서 개방되며 또한 그 이후 1970년 4월 30일까지는 뉴욕의 국제연합본부에서 개방된다.

제82조(비준)

이 협약은 비준되어야 한다. 비준서는 국제연합사무총장에게 기탁된다.

제83조(가입)

이 협약은 제81조에 언급된 카테고리의 어느 하나에 속하는 국가에 의한 가입을 위하여 계속 개방된다. 가입서는 국제연합사무총장에게 기탁된다.

제84조(발효)

1. 이 협약은 35번째의 비준서 또는 가입서가 기탁된 날로부터 30일후에 발효한다.

2. 35번째의 비준서 또는 가입서가 기탁된 후 이 협약에 비준하거나 또는 가입하는 각 국가에 대하여 이 협약은 그 국가에 의한 비준서 또는 가입서의 기탁으로부터 30일 후에 발효한다.

第85조(정본)

중국어 · 영어 · 불어 · 노어 및 서반아어본이 동등히 정본인 이 협약의 원본은 국제연합사무총장에게 기탁된다.

이상의 증거로, 하기 전권대표는 각자의 정부에 의하여 정당히 권한을 위임받아 이 협약에 서명하였다. 일천구백육십구년 오월 이십삼일 비엔나에서 작성되었다.

부속서

1. 국제연합사무총장은 자격있는 법률가로 구성되는 조정관의 명부를 작성하여 유지한다. 이러한 목적으로 국제연합의 회원국 또는 이 협약의 당사국인 모든 국가는 2명의 조정관을 지명하도록 요청되며 또한 이렇게 지명된 자의 명단은 상기명부에 포함된다. 불시의 공석을 보충하기 위하여 지명된 조정관의 임기를 포함하여 조정관의 임기는 5년이며 또한 연임될 수 있다. 임기가 만료되는 조정관은 하기 2항에 따라 그가 선임된 목적상의 직무를 계속 수행하여야 한다.

2. 제66조에 따라 국제연합사무총장에게 요청이 제기된 경우에 사무총장은 다음과 같이 구성되는 조정위원회에 분쟁을 부탁한다.

분쟁당사국의 일방을 구성하는 1 또는 그 이상의 국가는 다음과 같이 조정관을 임명한다.

(a) 상기 1항에 언급된 명부 또는 동 명부외에서 선임될 수 있는 자로서 당해국의 또는 당해 2이상의 국가중 어느 하나의 국가의 국적을 가진 1명의 조정관을 임명하며 또한

(b) 상기 명부에서 선임되는 자로서 당해국 또는 당해 2이상의 국가중 어느 하나의 국가의 국적을 가지지 아니한 1명의 조정관을 임명한다.

분쟁 당사국의 타방을 구성하는 1 또는 그 이상의 국가는 동일한 방법으로 2명의 조정관을 임명한다. 분쟁당사국에 의하여 선임되는 4명의 조정관은 사무총장이 요청을 받는 날로부터 60일이내에 임명되어야 한다. 4명의 조정관은 그들중 최후에 임명을 받는 자의 임명일자로부터 60일이내에 상기 명부로부터 선임되는 자로서 조정위원장이 될 제5조의 조정관을 임명한다.

위원장 또는 다른 조정관의 임명을 위하여 상기에 지정한 기간내에 그러한 임명이 행하여지지 아니한 경우에는 동 기간이 만료한 후 60일이내에 사무총장이 임명을 행한다. 위원장의 임명은 명부중에서 또는 국제법 위원회의 위원중에서 사무총장이 행할 수 있다. 임명이 행하여져야 하는 기간은 분

쟁당사국의 합의에 의하여 연장될 수 있다. 공석은 처음의 임명에 관하여 지정된 방법으로 보충된다.

3. 조정위원회는 자체의 절차를 결정한다. 위원회는 분쟁당사국의 동의를 얻어 조약의 어느 당사국에 대하여 그 견해를 구두 또는 서면으로 동 위원회에 제출하도록 요청할 수 있다. 위원회의 결정 및 권고는 5명의 구성원의 다수결에 의한다.

4. 위원회는 우호적 해결을 촉진할 수 있는 조치에 대하여 분쟁당사국의 주의를 환기할 수 있다.

5. 위원회는 분쟁당사국의 의견을 청취하고, 청구와 이의를 심사하며 또한 분쟁의 우호적 해결에 도달할 목적으로 당사국에 대한 제안을 작성한다.

6. 위원회는 그 구성 후 12개월 이내에 보고하여야 한다. 그 보고서는 사무총장에게 기탁되며 또한 분쟁당사국에 송부된다. 사실 또는 법적문제에 관하여 위원회의 보고서에 기술된 결론을 포함한 위원회의 보고서는 분쟁당사국을 구속하지 아니하며 또한 분쟁의 우호적 해결을 촉진하기 위하여 분쟁당사국에 의한 고려의 목적으로 제출된 권고 이외의 다른 성질을 가지지 아니한다.

7. 사무총장은 위원회가 필요로 하는 협조와 편의를 위원회에 제공한다. 위원회의 경비는 국제연합이 부담한다.

VIENNA CONVENTION ON THE LAW OF TREATIES

The States Parties to the present Convention

Considering the fundamental role of treaties in the history of international relations,

Recognizing the ever-increasing importance of treaties as a source of international law and as a means of developing peaceful co-operation among nations, whatever their constitutional and social systems,

Noting that the principles of free consent and of good faith and the pacta sunt servanda rule are universally recognized,

Affirming that disputes concerning treaties, like other international disputes, should be settled by peaceful means and in conformity with the principles of justice and international law,

Recalling the determination of the peoples of the United Nations to establish conditions under which justice and respect for the obligations arising from treaties can be maintained,

Having in mind the principles of international law embodied in the Charter of the United Nations, such as the principles of the equal rights and self-determination of peoples, of the sovereign equality and independence of all States, of non-interference in the domestic affairs of States, of the prohibition of the threat or use of force and of universal respect for, and observance of, human rights and fundamental freedoms for all,

Believing that the codification and progressive development of the law of treaties achieved in the present Convention will promote the purposes of the United Nations set forth in the Charter, namely, the maintenance of international peace and security, the development of friendly relations and the achievement of co-operation among nations,

Affirming that the rules of customary international law will continue to govern questions not regulated by the provisions of the present Convention,

Have agreed as follows:

PART I. INTRODUCTION

Article 1(Scope of the present Convention)

The present Convention applies to treaties between States.

Article 2(Use of terms)

1. For the purposes of the present Convention:
   (a) 'treaty' means an international agreement concluded between States in written form and governed by international law, whether embodied in a single instrument or in two or more related instruments and whatever its particular designation;
   (b) 'ratification', 'acceptance', 'approval' and 'accession' mean in each case the international act so named whereby a State establishes on the international plane its consent to be bound by a treaty;
   (c) 'full powers' means a document emanating from the competent authority of a State designating a person or persons to represent the State for negotiating, adopting or authenticating the text of a treaty, for expressing the consent of the State to be bound by a treaty, or for accomplishing any other act with respect to a treaty;
   (d) 'reservation' means a unilateral statement, however phrased or named, made by a State, when signing, ratifying, accepting, approving or acceding to a treaty, whereby it purports to exclude or to modify the legal effect of certain provisions of the treaty in their application to that State;

(e) 'negotiating State' means a State which took part in the drawing up and adoption of the text of the treaty;
(f) 'contracting State' means a State which has consented to be bound by the treaty, whether or not the treaty has entered into force;
(g) 'party' means a State which has consented to be bound by the treaty and for which the treaty is in force;
(h) 'third State' means a State not a party to the treaty;
(i) 'international organization' means an intergovernmental organization.

2. The provisions of paragraph 1 regarding the use of terms in the present Convention are without prejudice to the use of those terms or to the meanings which may be given to them in the internal law of any State.

Article 3(International agreements not within the scope of the present Convention)

The fact that the present Convention does not apply to international agreements concluded between States and other subjects of international law or between such other subjects of international law, or to international agreements not in written form, shall not affect:

(a) the legal force of such agreements;
(b) the application to them of any of the rules set forth in the present Convention to which they would be subject under international law independently of the Convention;
(c) the application of the Convention to the relations of States as between themselves under international agreements to which other subjects of international law are also parties.

Article 4(Non-retroactivity of the present Convention)

Without prejudice to the application of any rules set forth in the present Convention to which treaties would be subject under international law independently of the Convention, the Convention applies only to treaties which are concluded by States after the entry into force of the present Convention with regard to such States.

Article 5(Treaties constituting international organizations and treaties adopted within an international organization)

The present Convention applies to any treaty which is the constituent instrument of an international organization and to any treaty adopted within an international organization without prejudice to any relevant rules of the organization.

PART II. CONCLUSION AND ENTRY INTO FORCE OF TREATIES

SECTION 1. CONCLUSION OF TREATIES

Article 6(Capacity of States to conclude treaties)

Every State possesses capacity to conclude treaties.

Article 7(Full powers)

1. A person is considered as representing a State for the purpose of adopting or authenticating the text of a treaty or for the purpose of expressing the consent of the State to be bound by a treaty if:
   (a) he produces appropriate full powers; or
   (b) it appears from the practice of the States concerned or from other circumstances that their intention was to consider that person as representing the State for such purposes and to dispense with full powers.

2. In virtue of their functions and without having to produce full powers, the following are considered as representing their State:
   (a) Heads of State, Heads of Government and Ministers for Foreign Affairs, for the purpose of performing all acts relating to the conclusion of a treaty;
   (b) heads of diplomatic missions, for the purpose of adopting the text of a treaty between the accrediting State and the State to which they are accredited;
   (c) representatives accredited by States to an international conference or to an international organization or one of its organs, for the purpose of adopting the text of a treaty in that conference, organization or organ.

Article 8(Subsequent confirmation of an act performed without authorization)

An act relating to the conclusion of a treaty performed by a person who cannot be considered under article 7 as authorized to represent a State for that purpose is without legal effect unless afterwards confirmed by that State.

Article 9(Adoption of the text)

1. The adoption of the text of a treaty takes place by the consent of all the States participating in its drawing up except as provided in paragraph 2.
2. The adoption of the text of a treaty at an international conference takes place by the vote of two-thirds of the States present and voting, unless by the same majority they shall decide to apply a different rule.

Article 10(Authentication of the text)

The text of a treaty is established as authentic and definitive:

(a) by such procedure as may be provided for in the text or agreed upon by the States participating in its drawing up; or

(b) failing such procedure, by the signature, signature ad referendum or initialling by the representatives of those States of the text of the treaty or of the Final Act of a conference incorporating the text.

Article 11(Means of expressing consent to be bound by a treaty)

The consent of a State to be bound by a treaty may be expressed by signature, exchange of instruments constituting a treaty, ratification, acceptance, approval or accession, or by any other means if so agreed.

Article 12(Consent to be bound by a treaty expressed by signature)

1. The consent of a State to be bound by a treaty is expressed by the signature of its representative when:

(a) the treaty provides that signature shall have that effect;

(b) it is otherwise established that the negotiating States were agreed that signature should have that effect; or

(c) the intention of the State to give that effect to the signature appears from the full powers of its representative or was expressed during the negotiation.

2. For the purposes of paragraph 1:

(a) the initialling of a text constitutes a signature of the treaty when it is established that the negotiating States so agreed;

(b) the signature ad referendum of a treaty by a representative, if confirmed by his State, constitutes a full signature of the treaty.

Article 13(Consent to be bound by a treaty expressed by an exchange of instruments constituting a treaty)

The consent of States to be bound by a treaty constituted by instruments exchanged between them is expressed by that exchange when:

(a) the instruments provide that their exchange shall have that effect; or

(b) it is otherwise established that those States were agreed that the exchange of instruments should have that effect

Article 14(Consent to be bound by a treaty expressed by ratification, acceptance or approval)

1. The consent of a State to be bound by a treaty is expressed by ratification when:

(a) the treaty provides for such consent to be expressed by means of ratification;

(b) it is otherwise established that the negotiating States were agreed that ratification should be required;

(c) the representative of the State has signed the treaty subject to ratification; or

(d) the intention of the State to sign the treaty subject to ratification appears from the full powers of its representative or was expressed during the negotiation.

2. The consent of a State to be bound by a treaty is expressed by acceptance or approval under conditions similar to those which apply to ratification.

Article 15(Consent to be bound by a treaty expressed by accession)

The consent of a State to be bound by a treaty is expressed by accession when:

(a) the treaty provides that such consent may be expressed by that State by means of accession;

(b) it is otherwise established that the negotiating States were agreed that such consent may be expressed by that State by means of accession; or

(c) all the parties have subsequently agreed that such consent may be expressed by that State by means of accession.

Article 16(Exchange or deposit of instruments of ratification, acceptance, approval or accession)

Unless the treaty otherwise provides, instruments of ratification, acceptance, approval or accession establish the consent of a State to be bound by a treaty upon:

(a) their exchange between the contracting States;

(b) their deposit with the depositary; or

(c) their notification to the contracting States or to the depositary, if so agreed.

Article 17(Consent to be bound by part of a treaty and choice of differing provisions)

1. Without prejudice to articles 19 to 23, the consent of a State to be bound by part of a treaty is effective only if the treaty so permits or the other contracting States so agree.
2. The consent of a State to be bound by a treaty which permits a choice between differing provisions is effective only if it is made clear to which of the provisions the consent relates.

Article 18(Obligation not to defeat the object and purpose of a treaty prior to its entry into force)

A State is obliged to refrain from acts which would defeat the object and purpose of a treaty when:

(a) it has signed the treaty or has exchanged instruments constituting the treaty subject to ratification, acceptance or approval, until it shall have made its intention clear not to become a party to the treaty; or

(b) it has expressed its consent to be bound by the treaty, pending the entry into force of the treaty and provided that such entry into force is not unduly delayed.

SECTION 2. RESERVATIONS

Article 19(Formulation of reservations)

A State may, when signing, ratifying, accepting, approving or acceding to a treaty, formulate a reservation unless:

(a) the reservation is prohibited by the treaty;

(b) the treaty provides that only specified reservations, which do not include the reservation in question, may be made; or

(c) in cases not falling under sub-paragraphs (a) and (b), the reservation is incompatible with the object and purpose of the treaty.

Article 20(Acceptance of and objection to reservations)

1. A reservation expressly authorized by a treaty does not require any subsequent acceptance by the other contracting States unless the treaty so provides.
2. When it appears from the limited number of the negotiating States and the object and purpose of a treaty that the application of the

treaty in its entirety between all the parties is an essential condition of the consent of each one to be bound by the treaty, a reservation requires acceptance by all the parties.

3. When a treaty is a constituent instrument of an international organization and unless it otherwise provides, a reservation requires the acceptance of the competent organ of that organization.
4. In cases not falling under the preceding paragraphs and unless the treaty otherwise provides:
   (a) acceptance by another contracting State of a reservation constitutes the reserving State a party to the treaty in relation to that other State if or when the treaty is in force for those States;
   (b) an objection by another contracting State to a reservation does not preclude the entry into force of the treaty as between the objecting and reserving States unless a contrary intention is definitely expressed by the objecting State;
   (c) an act expressing a State's consent to be bound by the treaty and containing a reservation is effective as soon as at least one other contracting State has accepted the reservation.
5. For the purposes of paragraphs 2 and 4 and unless the treaty otherwise provides, a reservation is considered to have been accepted by a State if it shall have raised no objection to the reservation by the end of a period of twelve months after it was notified of the reservation or by the date on which it expressed its consent to be bound by the treaty, whichever is later.

Article 21(Legal effects of reservations and of objections to reservations)

1. A reservation established with regard to another party in accordance with articles 19, 20 and 23:
   (a) modifies for the reserving State in its relations with that other

party the provisions of the treaty to which the reservation relates to the extent of the reservation; and

(b) modifies those provisions to the same extent for that other party in its relations with the reserving State.

2. The reservation does not modify the provisions of the treaty for the other parties to the treaty inter se.

3. When a State objecting to a reservation has not opposed the entry into force of the treaty between itself and the reserving State, the provisions to which the reservation relates do not apply as between the two States to the extent of the reservation.

Article 22(Withdrawal of reservations and of objections to reservations)

1. Unless the treaty otherwise provides, a reservation may be withdrawn at any time and the consent of a State which has accepted the reservation is not required for its withdrawal.

2. Unless the treaty otherwise provides, an objection to a reservation may be withdrawn at any time.

3. Unless the treaty otherwise provides, or it is otherwise agreed:

(a) the withdrawal of a reservation becomes operative in relation to another contracting State only when notice of it has been received by that State;

(b) the withdrawal of an objection to a reservation becomes operative only when notice of it has been received by the State which formulated the reservation.

Article 23(Procedure regarding reservations)

1. A reservation, an express acceptance of a reservation and an objection to a reservation must be formulated in writing and communicated to the contracting States and other States entitled to

become parties to the treaty.

2. If formulated when signing the treaty subject to ratification, acceptance or approval, a reservation must be formally confirmed by the reserving State when expressing its consent to be bound by the treaty. In such a case the reservation shall be considered as having been made on the date of its confirmation.
3. An express acceptance of, or an objection to, a reservation made previously to confirmation of the reservation does not itself require confirmation.
4. The withdrawal of a reservation or of an objection to a reservation must be formulated in writing.

SECTION 3. ENTRY INTO FORCE AND PROVISIONAL APPLICATION OF TREATIES

Article 24(Entry into force)

1. A treaty enters into force in such manner and upon such date as it may provide or as the negotiating States may agree.
2. Failing any such provision or agreement, a treaty enters into force as soon as consent to be bound by the treaty has been established for all the negotiating States.
3. When the consent of a State to be bound by a treaty is established on a date after the treaty has come into force, the treaty enters into force for that State on that date, unless the treaty otherwise provides.
4. The provisions of a treaty regulating the authentication of its text, the establishment of the consent of States to be bound by the treaty, the manner or date of its entry into force, reservations, the functions of the depositary and other matters arising necessarily

before the entry into force of the treaty apply from the time of the adoption of its text.

Article 25(Provisional application)

1. A treaty or a part of a treaty is applied provisionally pending its entry into force if:
   (a) the treaty itself so provides; or
   (b) the negotiating States have in some other manner so agreed.
2. Unless the treaty otherwise provides or the negotiating States have otherwise agreed, the provisional application of a treaty or a part of a treaty with respect to a State shall be terminated if that State notifies the other States between which the treaty is being applied provisionally of its intention not to become a party to the treaty.

PART III. OBSERVANCE, APPLICATION AND INTERPRETATION OF TREATIES

SECTION 1. OBSERVANCE OF TREATIES

Article 26(Pacta sunt servanda)

Every treaty in force is binding upon the parties to it and must be performed by them in good faith.

Article 27(Internal law and observance of treaties)

A party may not invoke the provisions of its internal law as justification for its failure to perform a treaty. This rule is without prejudice to article 46.

SECTION 2. APPLICATION OF TREATIES

Article 28(Non-retroactivity of treaties)

Unless a different intention appears from the treaty or is otherwise established, its provisions do not bind a party in relation to any act or fact which took place or any situation which ceased to exist before the date of the entry into force of the treaty with respect to that party.

Article 29(Territorial scope of treaties)

Unless a different intention appears from the treaty or is otherwise established, a treaty is binding upon each party in respect of its entire territory.

Article 30(Application of successive treaties relating to the same subject-matter)

1. Subject to Article 103 of the Charter of the United Nations, the rights and obligations of States parties to successive treaties relating to the same subject-matter shall be determined in accordance with the following paragraphs.
2. When a treaty specifies that it is subject to, or that it is not to be considered as incompatible with, an earlier or later treaty, the provisions of that other treaty prevail.
3. When all the parties to the earlier treaty are parties also to the later treaty but the earlier treaty is not terminated or suspended in operation under article 59, the earlier treaty applies only to the extent that its provisions are compatible with those of the latter treaty.
4. When the parties to the later treaty do not include all the parties to the earlier one:

(a) as between States parties to both treaties the same rule applies as in paragraph 3;

(b) as between a State party to both treaties and a State party to only one of the treaties, the treaty to which both States are parties governs their mutual rights and obligations.

5. Paragraph 4 is without prejudice to article 41, or to any question of the termination or suspension of the operation of a treaty under article 60 or to any question of responsibility which may arise for a State from the conclusion or application of a treaty, the provisions of which are incompatible with its obligations towards another State under another treaty.

SECTION 3. INTERPRETATION OF TREATIES

Article 31(General rule of interpretation)

1. A treaty shall be interpreted in good faith in accordance with the ordinary meaning to be given to the terms of the treaty in their context and in the light of its object and purpose.
2. The context for the purpose of the interpretation of a treaty shall comprise, in addition to the text, including its preamble and annexes:

(a) any agreement relating to the treaty which was made between all the parties in connexion with the conclusion of the treaty;

(b) any instrument which was made by one or more parties in connexion with the conclusion of the treaty and accepted by the other parties as an instrument related to the treaty.

3. There shall be taken into account, together with the context:

(a) any subsequent agreement between the parties regarding the interpretation of the treaty or the application of its provisions;

(b) any subsequent practice in the application of the treaty which establishes the agreement of the parties regarding its interpretation;

(c) any relevant rules of international law applicable in the relations between the parties.

4. A special meaning shall be given to a term if it is established that the parties so intended.

Article 32(Supplementary means of interpretation)

Recourse may be had to supplementary means of interpretation, including the preparatory work of the treaty and the circumstances of its conclusion, in order to confirm the meaning resulting from the application of article 31, or to determine the meaning when the interpretation according to article 31:

(a) leaves the meaning ambiguous or obscure; or

(b) leads to a result which is manifestly absurd or unreasonable.

Article 33(Interpretation of treaties authenticated in two or more languages)

1. When a treaty has been authenticated in two or more languages, the text is equally authoritative in each language, unless the treaty provides or the parties agree that, in case of divergence, a particular text shall prevail.
2. A version of the treaty in a language other than one of those in which the text was authenticated shall be considered an authentic text only if the treaty so provides or the parties so agree.
3. The terms of the treaty are presumed to have the same meaning in each authentic text.
4. Except where a particular text prevails in accordance with paragraph

1, when a comparison of the authentic texts discloses a difference of meaning which the application of articles 31 and 32 does not remove, the meaning which best reconciles the texts, having regard to the object and purpose of the treaty, shall be adopted.

SECTION 4. TREATIES AND THIRD STATES

Article 34(General rule regarding third States)

A treaty does not create either obligations or rights for a third State without its consent.

Article 35(Treaties providing for obligations for third States)

An obligation arises for a third State from a provision of a treaty if the parties to the treaty intend the provision to be the means of establishing the obligation and the third State expressly accepts that obligation in writing.

Article 36(Treaties providing for rights for third States)

1. A right arises for a third State from a provision of a treaty if the parties to the treaty intend the provision to accord that right either to the third State, or to a group of States to which it belongs, or to all States, and the third State assents thereto. Its assent shall be presumed so long as the contrary is not indicated, unless the treaty otherwise provides.
2. A State exercising a right in accordance with paragraph 1 shall comply with the conditions for its exercise provided for in the treaty or established in conformity with the treaty.

Article 37(Revocation or modification of obligations or rights of third States)

1. When an obligation has arisen for a third State in conformity with article 35, the obligation may be revoked or modified only with the consent of the parties to the treaty and of the third State, unless it is established that they had otherwise agreed.
2. When a right has arisen for a third State in conformity with article 36, the right may not be revoked or modified by the parties if it is established that the right was intended not to be revocable or subject to modification without the consent of the third State.

Article 38(Rules in a treaty becoming binding on third States through international custom)

Nothing in articles 34 to 37 precludes a rule set forth in a treaty from becoming binding upon a third State as a customary rule of international law, recognized as such.

PART IV. AMENDMENT AND MODIFICATION OF TREATIES

Article 39(General rule regarding the amendment of treaties)

A treaty may be amended by agreement between the parties. The rules laid down in Part II apply to such an agreement except in so far as the treaty may otherwise provide.

Article 40(Amendment of multilateral treaties)

1. Unless the treaty otherwise provides, the amendment of multilateral treaties shall be governed by the following paragraphs.
2. Any proposal to amend a multilateral treaty as between all the

parties must be notified to all the contracting States, each one of which shall have the right to take part in:

(a) the decision as to the action to be taken in regard to such proposal;

(b) the negotiation and conclusion of any agreement for the amendment of the treaty.

3. Every State entitled to become a party to the treaty shall also be entitled to become a party to the treaty as amended.

4. The amending agreement does not bind any State already a party to the treaty which does not become a party to the amending agreement; article 30, paragraph 4(b), applies in relation to such State.

5. Any State which becomes a party to the treaty after the entry into force of the amending agreement shall, failing an expression of a different intention by that State:

(a) be considered as a party to the treaty as amended; and

(b) be considered as a party to the unamended treaty in relation to any party to the treaty not bound by the amending agreement.

Article 41(Agreements to modify multilateral treaties between certain of the parties only)

1. Two or more of the parties to a multilateral treaty may conclude an agreement to modify the treaty as between themselves alone if:

(a) the possibility of such a modification is provided for by the treaty; or

(b) the modification in question is not prohibited by the treaty and:

(i) does not affect the enjoyment by the other parties of their rights under the treaty or the performance of their obligations;

(ii) does not relate to a provision, derogation from which is incompatible with the effective execution of the object and purpose of the treaty as a whole.

2. Unless in a case falling under paragraph 1(a) the treaty otherwise provides, the parties in question shall notify the other parties of their intention to conclude the agreement and of the modification to the treaty for which it provides.

PART V. INVALIDITY, TERMINATION AND SUSPENSION OF THE OPERATION OF TREATIES

SECTION 1. GENERAL PROVISIONS

Article 42(Validity and continuance in force of treaties)

1. The validity of a treaty or of the consent of a State to be bound by a treaty may be impeached only through the application of the present Convention.
2. The termination of a treaty, its denunciation or the withdrawal of a party, may take place only as a result of the application of the provisions of the treaty or of the present Convention. The same rule applies to suspension of the operation of a treaty.

Article 43(Obligations imposed by international law independently of a treaty)

The invalidity, termination or denunciation of a treaty, the withdrawal of a party from it, or the suspension of its operation, as a result of the application of the present Convention or of the provisions of the treaty, shall not in any way impair the duty of any State to fulfil any obligation embodied in the treaty to which it would be subject under international law independently of the treaty.

Article 44(Separability of treaty provisions)

1. A right of a party, provided for in a treaty or arising under article 56, to denounce, withdraw from or suspend the operation of the treaty may be exercised only with respect to the whole treaty unless the treaty otherwise provides or the parties otherwise agree.
2. A ground for invalidating, terminating, withdrawing from or suspending the operation of a treaty recognized in the present Convention may be invoked only with respect to the whole treaty except as provided in the following paragraphs or in article 60.
3. If the ground relates solely to particular clauses, it may be invoked only with respect to those clauses where:
   (a) the said clauses are separable from the remainder of the treaty with regard to their application;
   (b) it appears from the treaty or is otherwise established that acceptance of those clauses was not an essential basis of the consent of the other party or parties to be bound by the treaty as a whole; and
   (c) continued performance of the remainder of the treaty would not be unjust.
4. In cases falling under articles 49 and 50 the State entitled to invoke the fraud or corruption may do so with respect either to the whole treaty or, subject to paragraph 3, to the particular clauses alone.
5. In cases falling under articles 51, 52 and 53, no separation of the provisions of the treaty is permitted.

Article 45(Loss of a right to invoke a ground for invalidating, terminating, withdrawing from or suspending the operation of a treaty)

A State may no longer invoke a ground for invalidating, terminating, withdrawing from or suspending the operation of a treaty under articles 46 to 50 or articles 60 and 62 if, after becoming aware of the facts:

(a) it shall have expressly agreed that the treaty is valid or remains in force or continues in operation, as the case may be; or

(b) it must by reason of its conduct be considered as having acquiesced in the validity of the treaty or in its maintenance in force or in operation, as the case may be.

SECTION 2. INVALIDITY OF TREATIES

Article 46(Provisions of internal law regarding competence to conclude treaties)

1. A State may not invoke the fact that its consent to be bound by a treaty has been expressed in violation of a provision of its internal law regarding competence to conclude treaties as invalidating its consent unless that violation was manifest and concerned a rule of its internal law of fundamental importance.
2. A violation is manifest if it would be objectively evident to any State conducting itself in the matter in accordance with normal practice and in good faith.

Article 47(Specific restrictions on authority to express the consent of a State)

If the authority of a representative to express the consent of a State to be bound by a particular treaty has been made subject to a specific restriction, his omission to observe that restriction may not be invoked as invalidating the consent expressed by him unless the restriction was notified to the other negotiating States prior to his expressing such consent.

Article 48(Error)

1. A State may invoke an error in a treaty as invalidating its consent to be bound by the treaty if the error relates to a fact or situation which was assumed by that State to exist at the time when the treaty was concluded and formed an essential basis of its consent to be bound by the treaty.
2. Paragraph 1 shall not apply if the State in question contributed by its own conduct to the error or if the circumstances were such as to put that State on notice of a possible error.
3. An error relating only to the wording of the text of a treaty does not affect its validity; article 79 then applies.

Article 49(Fraud)

If a State has been induced to conclude a treaty by the fraudulent conduct of another negotiating State, the State may invoke the fraud as invalidating its consent to be bound by the treaty.

Article 50(Corruption of a representative of a State)

If the expression of a State's consent to be bound by a treaty has been procured through the corruption of its representative directly or indirectly by another negotiating State, the State may invoke such corruption as invalidating its consent to be bound by the treaty.

Article 51(Coercion of a representative of a State)

The expression of a State's consent to be bound by a treaty which has been procured by the coercion of its representative through acts or threats directed against him shall be without any legal effect.

Article 52(Coercion of a State by the threat or use of force)

A treaty is void if its conclusion has been procured by the threat or use of force in violation of the principles of international law embodied in the Charter of the United Nations.

Article 53(Treaties conflicting with a peremptory norm of general international law (jus cogens))

A treaty is void if, at the time of its conclusion, it conflicts with a peremptory norm of general international law. For the purposes of the present Convention, a peremptory norm of general international law is a norm accepted and recognized by the international community of States as a whole as a norm from which no derogation is permitted and which can be modified only by a subsequent norm of general international law having the same character.

SECTION 3. TERMINATION AND SUSPENSION OF THE OPERATION OF TREATIES

Article 54(Termination of or withdrawal from a treaty under its provisions or by consent of the parties)

The termination of a treaty or the withdrawal of a party may take place:

(a) in conformity with the provisions of the treaty; or

(b) at any time by consent of all the parties after consultation with the other contracting States.

Article 55(Reduction of the parties to a multilateral treaty below the number necessary for its entry into force)

Unless the treaty otherwise provides, a multilateral treaty does not terminate by reason only of the fact that the number of the parties falls below the number necessary for its entry into force.

Article 56(Denunciation of or withdrawal from a treaty containing no provision regarding termination, denunciation or withdrawal)

1. A treaty which contains no provision regarding its termination and which does not provide for denunciation or withdrawal is not subject to denunciation or withdrawal unless:
   (a) it is established that the parties intended to admit the possibility of denunciation or withdrawal; or
   (b) a right of denunciation or withdrawal may be implied by the nature of the treaty.
2. A party shall give not less than twelve months' notice of its intention to denounce or withdraw from a treaty under paragraph 1.

Article 57(Suspension of the operation of a treaty under its provisions or by consent of the parties)

The operation of a treaty in regard to all the parties or to a particular party may be suspended:

(a) in conformity with the provisions of the treaty; or

(b) at any time by consent of all the parties after consultation with the other contracting States.

Article 58(Suspension of the operation of a multilateral treaty by agreement between certain of the parties only)

1. Two or more parties to a multilateral treaty may conclude an agreement to suspend the operation of provisions of the treaty, temporarily and as between themselves alone, if:
   (a) the possibility of such a suspension is provided for by the treaty; or
   (b) the suspension in question is not prohibited by the treaty and:
      (i) does not affect the enjoyment by the other parties of their rights under the treaty or the performance of their obligations;
      (ii) is not incompatible with the object and purpose of the treaty.
2. Unless in a case falling under paragraph 1(a) the treaty otherwise provides, the parties in question shall notify the other parties of their intention to conclude the agreement and of those provisions of the treaty the operation of which they intend to suspend.

Article 59(Termination or suspension of the operation of a treaty implied by conclusion of a later treaty)

1. A treaty shall be considered as terminated if all the parties to it conclude a later treaty relating to the same subject-matter and:
   (a) it appears from the later treaty or is otherwise established that the parties intended that the matter should be governed by that treaty; or
   (b) the provisions of the later treaty are so far incompatible with those of the earlier one that the two treaties are not capable of being applied at the same time.
2. The earlier treaty shall be considered as only suspended in operation if it appears from the later treaty or is otherwise established that such was the intention of the parties.

Article 60(Termination or suspension of the operation of a treaty as a consequence of its breach)

1. A material breach of a bilateral treaty by one of the parties entitles the other to invoke the breach as a ground for terminating the treaty or suspending its operation in whole or in part.
2. A material breach of a multilateral treaty by one of the parties entitles:
   - (a) the other parties by unanimous agreement to suspend the operation of the treaty in whole or in part or to terminate it either:
     - (i) in the relations between themselves and the defaulting State, or
     - (ii) as between all the parties;
   - (b) a party specially affected by the breach to invoke it as a ground for suspending the operation of the treaty in whole or in part in the relations between itself and the defaulting State;
   - (c) any party other than the defaulting State to invoke the breach as a ground for suspending the operation of the treaty in whole or in part with respect to itself if the treaty is of such a character that a material breach of its provisions by one party radically changes the position of every party with respect to the further performance of its obligations under the treaty.
3. A material breach of a treaty, for the purposes of this article, consists in:
   - (a) a repudiation of the treaty not sanctioned by the present Convention; or
   - (b) the violation of a provision essential to the accomplishment of the object or purpose of the treaty.
4. The foregoing paragraphs are without prejudice to any provision in

the treaty applicable in the event of a breach.

5. Paragraphs 1 to 3 do not apply to provisions relating to the protection of the human person contained in treaties of a humanitarian character, in particular to provisions prohibiting any form of reprisals against persons protected by such treaties.

Article 61(Supervening impossibility of performance)

1. A party may invoke the impossibility of performing a treaty as a ground for terminating or withdrawing from it if the impossibility results from the permanent disappearance or destruction of an object indispensable for the execution of the treaty. If the impossibility is temporary, it may be invoked only as a ground for suspending the operation of the treaty.
2. Impossibility of performance may not be invoked by a party as a ground for terminating, withdrawing from or suspending the operation of a treaty if the impossibility is the result of a breach by that party either of an obligation under the treaty or of any other international obligation owed to any other party to the treaty.

Article 62(Fundamental change of circumstances)

1. A fundamental change of circumstances which has occurred with regard to those existing at the time of the conclusion of a treaty, and which was not foreseen by the parties, may not be invoked as a ground for terminating or withdrawing from the treaty unless:
   (a) the existence of those circumstances constituted an essential basis of the consent of the parties to be bound by the treaty; and
   (b) the effect of the change is radically to transform the extent of obligations still to be performed under the treaty.
2. A fundamental change of circumstances may not be invoked as a

ground for terminating or withdrawing from a treaty:

(a) if the treaty establishes a boundary; or

(b) if the fundamental change is the result of a breach by the party invoking it either of an obligation under the treaty or of any other international obligation owed to any other party to the treaty.

3. If, under the foregoing paragraphs, a party may invoke a fundamental change of circumstances as a ground for terminating or withdrawing from a treaty it may also invoke the change as a ground for suspending the operation of the treaty.

Article 63(Severance of diplomatic or consular relations)

The severance of diplomatic or consular relations between parties to a treaty does not affect the legal relations established between them by the treaty except in so far as the existence of diplomatic or consular relations is indispensable for the application of the treaty.

Article 64(Emergence of a new peremptory norm of general international law (jus cogens))

If a new peremptory norm of general international law emerges, any existing treaty which is in conflict with that norm becomes void and terminates.

SECTION 4. PROCEDURE

Article 65(Procedure to be followed with respect to invalidity, termination, withdrawal from or suspension of the operation of a treaty)

1. A party which, under the provisions of the present Convention, invokes either a defect in its consent to be bound by a treaty or a

ground for impeaching the validity of a treaty, terminating it, withdrawing from it or suspending its operation, must notify the other parties of its claim. The notification shall indicate the measure proposed to be taken with respect to the treaty and the reasons therefor.

2. If, after the expiry of a period which, except in cases of special urgency, shall not be less than three months after the receipt of the notification, no party has raised any objection, the party making the notification may carry out in the manner provided in article 67 the measure which it has proposed.
3. If, however, objection has been raised by any other party, the parties shall seek a solution through the means indicated in article 33 of the Charter of the United Nations.
4. Nothing in the foregoing paragraphs shall affect the rights or obligations of the parties under any provisions in force binding the parties with regard to the settlement of disputes.
5. Without prejudice to article 45, the fact that a State has not previously made the notification prescribed in paragraph 1 shall not prevent it from making such notification in answer to another party claiming performance of the treaty or alleging its violation.

Article 66(Procedures for judicial settlement, arbitration and conciliation)

If, under paragraph 3 of article 65, no solution has been reached within a period of 12 months following the date on which the objection was raised, the following procedures shall be followed:

(a) any one of the parties to a dispute concerning the application or the interpretation of articles 53 or 64 may, by a written application, submit it to the International Court of Justice for a decision unless the parties by common consent agree to submit the dispute to arbitration;

(b) any one of the parties to a dispute concerning the application or the interpretation of any of the other articles in Part V of the present Convention may set in motion the procedure specified in the Annex to the Convention by submitting a request to that effect to the Secretary-General of the United Nations.

Article 67(Instruments for declaring invalid, terminating, withdrawing from or suspending the operation of a treaty)

1. The notification provided for under article 65 paragraph 1 must be made in writing.
2. Any act declaring invalid, terminating, withdrawing from or suspending the operation of a treaty pursuant to the provisions of the treaty or of paragraphs 2 or 3 of article 65 shall be carried out through an instrument communicated to the other parties. If the instrument is not signed by the Head of State, Head of Government or Minister for Foreign Affairs, the representative of the State communicating it may be called upon to produce full powers.

Article 68(Revocation of notifications and instruments provided for in articles 65 and 67)

A notification or instrument provided for in articles 65 or 67 may be revoked at any time before it takes effect.

SECTION 5. CONSEQUENCES OF THE INVALIDITY, TERMINATION OR SUSPENSION OF THE OPERATION OF A TREATY

Article 69(Consequences of the invalidity of a treaty)

1. A treaty the invalidity of which is established under the present Convention is void. The provisions of a void treaty have no legal force.
2. If acts have nevertheless been performed in reliance on such a treaty:
   (a) each party may require any other party to establish as far as possible in their mutual relations the position that would have existed if the acts had not been performed;
   (b) acts performed in good faith before the invalidity was invoked are not rendered unlawful by reason only of the invalidity of the treaty.
3. In cases falling under articles 49, 50, 51 or 52, paragraph 2 does not apply with respect to the party to which the fraud, the act of corruption or the coercion is imputable.
4. In the case of the invalidity of a particular State's consent to be bound by a multilateral treaty, the foregoing rules apply in the relations between that State and the parties to the treaty.

Article 70(Consequences of the termination of a treaty)

1. Unless the treaty otherwise provides or the parties otherwise agree, the termination of a treaty under its provisions or in accordance with the present Convention:
   (a) releases the parties from any obligation further to perform the treaty;

(b) does not affect any right, obligation or legal situation of the parties created through the execution of the treaty prior to its termination.

2. If a State denounces or withdraws from a multilateral treaty, paragraph 1 applies in the relations between that State and each of the other parties to the treaty from the date when such denunciation or withdrawal takes effect.

Article 71(Consequences of the invalidity of a treaty which conflicts with a peremptory norm of general international law)

1. In the case of a treaty which is void under article 53 the parties shall:

(a) eliminate as far as possible the consequences of any act performed in reliance on any provision which conflicts with the peremptory norm of general international law; and

(b) bring their mutual relations into conformity with the peremptory norm of general international law.

2. In the case of a treaty which becomes void and terminates under article 64, the termination of the treaty:

(a) releases the parties from any obligation further to perform the treaty;

(b) does not affect any right, obligation or legal situation of the parties created through the execution of the treaty prior to its termination; provided that those rights, obligations or situations may thereafter be maintained only to the extent that their maintenance is not in itself in conflict with the new peremptory norm of general international law.

Article 72(Consequences of the suspension of the operation of a treaty)

1. Unless the treaty otherwise provides or the parties otherwise agree, the suspension of the operation of a treaty under its provisions or in accordance with the present Convention:
   (a) releases the parties between which the operation of the treaty is suspended from the obligation to perform the treaty in their mutual relations during the period of the suspension;
   (b) does not otherwise affect the legal relations between the parties established by the treaty.
2. During the period of the suspension the parties shall refrain from acts tending to obstruct the resumption of the operation of the treaty.

PART VI. MISCELLANEOUS PROVISIONS

Article 73(Cases of State succession, State responsibility and outbreak of hostilities)

The provisions of the present Convention shall not prejudge any question that may arise in regard to a treaty from a succession of States or from the international responsibility of a State or from the outbreak of hostilities between States.

Article 74(Diplomatic and consular relations and the conclusion of treaties)

The severance or absence of diplomatic or consular relations between two or more States does not prevent the conclusion of treaties between those States. The conclusion of a treaty does not in itself affect the situation in regard to diplomatic or consular relations.

Article 75(Case of an aggressor State)

The provisions of the present Convention are without prejudice to any obligation in relation to a treaty which may arise for an aggressor State in consequence of measures taken in conformity with the Charter of the United Nations with reference to that State's aggression.

PART VII. DEPOSITARIES, NOTIFICATIONS, CORRECTIONS AND REGISTRATION

Article 76(Depositaries of treaties)

1. The designation of the depositary of a treaty may be made by the negotiating States, either in the treaty itself or in some other manner. The depositary may be one or more States, an international organization or the chief administrative officer of the organization.
2. The functions of the depositary of a treaty are international in character and the depositary is under an obligation to act impartially in their performance. In particular, the fact that a treaty has not entered into force between certain of the parties or that a difference has appeared between a State and a depositary with regard to the performance of the latter's functions shall not affect that obligation.

Article 77(Functions of depositaries)

1. The functions of a depositary, unless otherwise provided in the treaty or agreed by the contracting States, comprise in particular:
   (a) keeping custody of the original text of the treaty and of any full powers delivered to the depositary;
   (b) preparing certified copies of the original text and preparing any further text of the treaty in such additional languages as may be

required by the treaty and transmitting them to the parties and to the States entitled to become parties to the treaty;

(c) receiving any signatures to the treaty and receiving and keeping custody of any instruments, notifications and communications relating to it;

(d) examining whether the signature or any instrument, notification or communication relating to the treaty is in due and proper form and, if need be, bringing the matter to the attention of the State in question;

(e) informing the parties and the States entitled to become parties to the treaty of acts, notifications and communications relating to the treaty;

(f) informing the States entitled to become parties to the treaty when the number of signatures or of instruments of ratification, acceptance, approval or accession required for the entry into force of the treaty has been received or deposited;

(g) registering the treaty with the Secretariat of the United Nations;

(h) performing the functions specified in other provisions of the present Convention.

2. In the event of any difference appearing between a State and the depositary as to the performance of the latter's functions, the depositary shall bring the question to the attention of the signatory States and the contracting States or, where appropriate, of the competent organ of the international organization concerned.

Article 78(Notifications and communications)

Except as the treaty or the present Convention otherwise provide, any notification or communication to be made by any State under the present Convention shall:

(a) if there is no depositary, be transmitted direct to the States for which it is intended, or if there is a depositary, to the latter;

(b) be considered as having been made by the State in question only upon its receipt by the State to which it was transmitted or, as the case may be, upon its receipt by the depositary;

(c) if transmitted to a depositary, be considered as received by the State for which it was intended only when the latter State has been informed by the depositary in accordance with article 77, paragraph 1

Article 79(Correction of errors in texts or in certified copies of treaties)

1. Where, after the authentication of the text of a treaty, the signatory States and the contracting States are agreed that it contains an error, the error shall, unless they decide upon some other means of correction, be corrected:

(a) by having the appropriate correction made in the text and causing the correction to be initialled by duly authorized representatives;

(b) by executing or exchanging an instrument or instruments setting out the correction which it has been agreed to make; or

(c) by executing a corrected text of the whole treaty by the same procedure as in the case of the original text.

2. Where the treaty is one for which there is a depositary, the latter shall notify the signatory States and the contracting States of the error and of the proposal to correct it and shall specify an appropriate time-limit within which objection to the proposed correction may be raised. If, on the expiry of the time-limit:

(a) no objection has been raised, the depositary shall make and initial the correction in the text and shall execute a proces-verbal of the rectification of the text and communicate a copy of it to the parties and to the States entitled to become parties to the treaty;

(b) an objection has been raised, the depositary shall communicate the objection to the signatory States and to the contracting States.

3. The rules in paragraphs 1 and 2 apply also where the text has been authenticated in two or more languages and it appears that there is a lack of concordance which the signatory States and the contracting States agree should be corrected.
4. The corrected text replaces the defective text ab initio, unless the signatory States and the contracting States otherwise decide.
5. The correction of the text of a treaty that has been registered shall be notified to the Secretariat of the United Nations.
6. Where an error is discovered in a certified copy of a treaty, the depositary shall execute a proces-verbal specifying the rectification and communicate a copy of it to the signatory States and to the contracting Slates.

Article 80(Registration and publication of treaties)

1. Treaties shall, after their entry into force, be transmitted to the Secretariat of the United Nations for registration or filing and recording, as the case may be, and for publication.
2. The designation of a depositary shall constitute authorization for it to perform the acts specified in the preceding paragraph.

PART VIII. FINAL PROVISIONS

Article 81(Signature)

The present Convention shall be open for signature by all States

Members of the United Nations or of any of the specialized agencies or of the International Atomic Energy Agency or parties to the Statute of the International Court of Justice, and by any other State invited by the General Assembly of the United Nations to become a party to the Convention, as follows: until 30 November 1969, at the Federal Ministry for Foreign Affairs of the Republic of Austria, and subsequently, until 30 April 1970, at United Nations Headquarters, New York.

Article 82(Ratification)

The present Convention is subject to ratification. The instruments of ratification shall be deposited with the Secretary-General of the United Nations.

Article 83(Accession)

The present Convention shall remain open for accession by any State belonging to any of the categories mentioned in article 81. The instruments of accession shall be deposited with the Secretary-General of the United Nations.

Article 84(Entry into force)

1. The present Convention shall enter into force on the thirtieth day following the date of deposit of the thirty-fifth instrument of ratification or accession.
2. For each State ratifying or acceding to the Convention after the deposit of the thirty-fifth instrument of ratification or accession, the Convention shall enter into force on the thirtieth day after deposit by such State of its instrument of ratification or accession.

Article 85(Authentic texts)

The original of the present Convention, of which the Chinese, English, French, Russian and Spanish texts are equally authentic, shall be deposited with the Secretary-General of the United Nations.

IN WITNESS WHEREOF the undersigned Plenipotentiaries, being duly authorized thereto by their respective Governments, have signed the present Convention.

DONE at Vienna, this twenty-third day of May, one thousand nine hundred and sixty-nine.

ANNEX

1. A list of conciliators consisting of qualified jurists shall be drawn up and maintained by the Secretary-General of the United Nations. To this end, every State which is a Member of the United Nations or a party to the present Convention shall be invited to nominate two conciliators, and the names of the persons so nominated shall constitute the list. The term of a conciliator, including that of any conciliator nominated to fill a casual vacancy, shall be five years and may be renewed. A conciliator whose term expires shall continue to fulfil any function for which he shall have been chosen under the following paragraph.

2. When a request has been made to the Secretary-General under article 66, the Secretary-General shall bring the dispute before a conciliation commission constituted as follows:

The State or States constituting one of the parties to the dispute shall appoint:

(a) one conciliator of the nationality of that State or of one of those States, who may or may not be chosen from the list referred to in paragraph 1; and

(b) one conciliator not of the nationality of that State or of any of those States, who shall be chosen from the list.

The State or States constituting the other party to the dispute shall appoint two conciliators in the same way. The four conciliators chosen by the parties shall be appointed within sixty days following the date on which the Secretary-General receives the request.

The four conciliators shall, within sixty days following the date of the last of their own appointments, appoint a fifth conciliator chosen from the list, who shall be chairman.

If the appointment of the chairman or of any of the other conciliators has not been made within the period prescribed above for such appointment, it shall be made by the Secretary-General within sixty days following the expiry of that period. The appointment of the chairman may be made by the Secretary-General either from the list or from the membership of the International Law Commission. Any of the periods within which appointments must be made may be extended by agreement between the parties to the dispute.

Any vacancy shall be filled in the manner prescribed for the initial appointment.

3. The Conciliation Commission shall decide its own procedure. The Commission, with the consent of the parties to the dispute, may invite any party to the treaty to submit to it its views orally or in writing. Decisions and recommendations of the Commission shall be made by a majority vote of the five members.

4. The Commission may draw the attention of the parties to the dispute to any measures which might facilitate an amicable settlement.

5. The Commission shall hear the parties, examine the claims and objections, and make proposals to the parties with a view to reaching an amicable settlement of the dispute.

6. The Commission shall report within twelve months of its constitution. Its report shall be deposited with the Secretary-General and transmitted to the parties to the dispute. The report of the Commission, including any conclusions stated therein regarding the facts or questions of law, shall not be binding upon the parties and it shall have no other character than

that of recommendations submitted for the consideration of the parties in order to facilitate an amicable settlement of the dispute.

7. The Secretary-General shall provide the Commission with such assistance and facilities as it may require. The expenses of the Commission shall be borne by the United Nations.

■ 참고문헌

Ⅰ. 국내 단행본

국회 입법조사국, 구한말조약휘찬[상권](1964년 12월).
국회 입법조사국, 구한말조약휘찬[중권](1965년 5월).
김대순, 국제법론(제14판, 삼영사, 2008).
김성준, 조약의 국내적수용 비교 연구(법무부, 1996).
김일수, 새로 쓴 형법총론(제8판, 박영사, 2000).
노동부, 한・미 주둔군 지위협정 노무조항 해설(2001년 4월).
문준조, 조약의 체결절차와 시행에 관한 연구(한국법제연구원, 1994).
박봉국, 최신 국회법(박영사, 2004).
박영도, 입법과정의 이론과 실제(한국법제연구원, 1994).
박종휘・박수철, 입법과정론(제3판, 박영사, 2006).
알렉산더 해밀턴 등, 김동영 역, 페더럴리스트 페이퍼.
양 건, 미국헌법과 대외문제(한울, 1979).
유병화・박노형・박기갑, 국제법 I (법문사, 1999).
유진오, 헌법해의(일조각, 1949).
외무부, 조약업무 처리지침(1985).
외무부, 조약용어집(1990).
외무부, 조약업무 처리지침(1995).
외무부, 알기쉬운 조약업무(1996).
외무부, 우리말 조약문 작성요령(1996).
외교통상부, 대한민국 조약목록(1948-2001) (2002).
외교통상부, 알기쉬운 조약업무(2006).
외교통상부, 알기쉬운 기관간약정 업무(2007).
외교통상부, 양자조약 개황(2007).
외교통상부, 다자조약 개황(2007).

외교통상부, SOFA 운영개선실적 및 향후 과제(2007).
외교통상부, 2007년도 외교백서(2008).
정종섭, 헌법소송법(박영사, 2002).
제성호, 남북한 특수관계론 : 법적 문제와 그 대책(한울, 1995).
콘라드 헷세, 계희열 역, 독일헌법원론(제20판, 박영사, 2001년 5월).
허　영, 헌법소송법론(박영사, 2006).
헌법연구반 보고서(1980년 3월).

II. 국내 논문

곽재규, "국회의 조약 비준 동의에 관한 고찰－심사의 실제와 문제점을 중심으로," 국회보(1988, 4~6월호).
김부찬, "조약체결에 대한 국회 동의권에 관한 고찰 : 헌법 제60조제1항의 개정 및 조약체결절차법의 제정 필요성과 관련하여," 국제법학회논총, 통권 제10호(2007).
김승대, "헌법관습의 법규범성에 대한 고찰," 헌법논총, 제15집(2004).
김용진, "국회의 동의를 요하는 조약의 범위," 법제, 통권 제244호(1988).
김은철, "입법과정의 개선방안에 관한 연구," 조선대학교 대학원 박사학위논문(2004).
박기갑, "국제법의 국내적용에 관한 프랑스의 법체계와 경험," 국제법평론, 제28권(2008).
박기갑, "조약의 적법성," 국제법평론, 제21권(2005-1).
박노형, "통상관련 조약체결과정에 있어서 주요국의 행정부와 의회의 역할분담에 대한 규범적, 사례적 고찰," 국회통일외교통상위원회 정책연구 04-2(2004년 9월).
박영태, "조약심사와 그 사례 소개," 법제, 통권 제473호(1997년 5월).
배종인, "국제기구와 국제기구 결의에 대한 국제법적 조명 : 국제기구 결의의 집행 문제－구속력을 가진 국제기구 결의의 국내적인 이행에 관하여," 국제법평론, 제25호(2007).

배종인, "남북합의서의 처리절차 및 국내법적 지위," 국제법동향과 실무, 통권14호(2006).

배종인, "외교행위에 대한 헌법적 통제의 주요문제," 국제법학회논총, 제51권 제3호(2006).

배종인, "대통령의 조약체결비준권과 이에 대한 국회의 동의권 : 헌법 제60조 제1항의 해석," 세계헌법연구, 제12권 제1호(2006).

배종인, "지방자치단체가 체결하는 국제합의서의 조약법적 고찰 토론문," 한국지방자치법학회 제13차 학술대회 자료집(2006년 6월 3일).

성재호, "국제조약과 국내법의 관계에 관한 실태적 고찰," 국제법평론, 제21호(2005).

신각수, "조약체결절차법 제정의 필요성," 국제법 동향과 실무, 통권 제7호(2004).

안세영, "자유무역협정(FTA)에 대한 국내이해집단의 반응에 관한 연구," 무역학회지, 제28권 제2호(2003).

양 건, "국제법과 국내법의 관계-조약의 국내적 효력의 문제를 중심으로," 대한국제법학회논총, 제23권 1・2합병호(1978년 12월).

유현석, "한-칠레 자유무역협정 협상의 국내정치," 한국정치학회보, 제36권 3호.

이기범, "국제사법재판소의 '카타르와 바레인간의 해양경계 및 영토문제에 관한 사건' 판결 분석 및 시사점 고찰," 국제법평론 제26호(2007-II).

이상훈, "헌법 제60조제1항에 대한 고찰 : 국회동의의 법적 성격 및 입법사항에 관한 조약을 중심으로," 국제법 동향과 실무, 통권 제5호(2003).

이재형, "다자조약 체결절차의 연구," 고려대학교 대학원 석사학위논문(1987).

이한규, "입법과정 개선에 관한 헌법적 고찰," 고려대학교 대학원 박사학위논문(2001).

이호성, "우리나라의 조약체결절차 및 실무상의 새로운 문제들," 국제법평론, 제21호(2005).

임지봉, "조약의 국내법적 효력," 고시연구, 제29권 제8호(2002).

임지봉, "헌법적 관점에서 본 '국회의 동의를 요하는 조약'—대한민국의 경우를 중심으로," 국제법 동향과 실무, 통권 제7호(2004).

정서용, "조약 체결의 새로운 방식으로서의 협약-의정서 접근방식에 대한 비판적 고찰," 국제법평론, 제21호(2005).

정인섭 "조약체결에 대한 국회의 동의제도－재정적 부담을 지우는 조약을 중심으로," 법학, 제43권 3호(서울대학교, 2002년 9월).

정인섭, "조약체결에 대한 국회의 사후동의," 서울국제법연구, 제9권 1호(2006).

정인섭, "조약의 종료와 국회 동의의 요부," 서울국제법연구, 제11권 1호(2006).

정재은, "북한과 국제법 : 북한 조약법을 중심으로," 고려대학교 대학원 석사학위논문(2008).

정진석, "조약의 체결·비준에 대한 국회의 동의," 서울국제법연구, 제11권 1호(2004).

제성호 "조약의 체결·비준에 대한 국회동의권," 국제법학회논총, 제33권 제2호(1988).

차진아, "입법절차의 정당성 판단에 대한 헌법적 연구," 고려대학교 석사학위논문(1999).

Ⅲ. 해외 단행본

Aust, M., *Modern Treaty Law and Practice* (2000).

Blix, H., *Treaty-Making Power* (1961).

Blix, H., *The Treaty-Maker's Handbook* (1973).

Bloed A., *The Conference on Security and Cooperation in Europe* (1993).

Bunn-Livingstone, S., *Juricultural Pluralism vis-a-vis Treaty Law* (2002).

Byers, M. ed., *The Role of International Law in International Politics : Essays in International Relations and International Law* (2000).

Carmody, Iwasawa, Rhodes eds., *Trilateral Perspectives on International Legal Issues : Conflict and Coherence* (2003).

Detter, I., *Essays on the Law of Treaties* (1967).

Goodrich, *Charter of the United Nations* (3rd ed.)

Gowlland-Dabbas, V. ed., *Multilateral Treaty-Making* (1998).

Hall, *International Law* (8th ed. 1924).

Hudson, M., *International Legislation Vol I* (1931).

Hollis, Blakeslee, Ederington, eds., *National Treaty Law and Practice* (2005).

Holloway, K., *Modern Trends in Treaty Law: Constitutional Law, Reservations and the Three Modes of Legislation* (1967).

Klabbers, J. and Lefeber R. eds., *Essays on the Law of Treaties : A Collection of Essays in Honour of Bert Vierdag* (1997).

Klabbers, J., *The Concept of Treaty in International Law* (1996).

Ko Swan Sik, *The Indonesian Law of Treaties 1945-1990* (1994).

Jones, M., *Full Powers and Ratification : A Study of the Development of Treaty-making Procedure* (1949).

Leigh, Merritt, Blakeslee eds., *National Treaty Law and Practice (France, Germany, India, Switzerland, Thailand, United Kingdom)* (1994).

Leigh, Merritt, Blakeslee, Ederington eds., *Treaty Law and Practice (Austria, Chile, Colombia, Japan, Netherlands, U.S.)* (1999).

MacLeod, Hendry and Hyett, *The External Relations of the European Communities* (1996).

McDougal, Lasswell, Miller eds., *The Interpretation of International Agreements and World Public Order : Principles of Content and Procedure* (1994).

McGoldrick, *International Relations Law of the European Union* (1997).

McNair, *The Law of Treaties* (1961).

Nicolson, H., *Diplomacy* (2nd ed., 1939).

Oppenheim, *International Law* (9th ed., 1948).

Reuter, P., *Introduction to the Law of Treaties* (1989).

Riesenfeld, Abbot, eds., *Parliamentary Participation in the Making and Operation of Treaties : A Comparative Study* (1994).

Rosenne, S., *Developments in the Law of Treaties 1945-1986* (1989).

R. Sabel, *Procedure at International Conferences* (1997).

Satow, *Diplomatic Practice* (3rd ed.).

Shelton, D., ed., *Commitment and Compliance : the Role of Non-binding Norms in the International Legal System* (2000).

Triepel, H., *Volkerrecht und Landesrecht* (1899).

Wetzel, Rauschning, eds., *The Vienna Convention on the Law of Treaties Travaux Preparatoires* (1978).

Wilcox, F., *The Ratification of International Conventions* (1935).

Wildhaber, L., *Treaty-Making Power and Constitution : An International and Comparative Study* (1971).

財団法人 日本都市センター, 国際条約と自治体(2005년 3월).

高野雄一著, 憲法と条約, 東京大学出版部(1960).

中村耕一朗, 国際合意論序説, 東信堂(2002).

畝村繁著, 会英米における国際法と国内法の関係, 法律文化社(1969).

村瀬信也・奥脇直也・古川照美・田中忠, 現代国際法の指標, 有斐閣(1993).

国際法事例研究会, 条約法 : 日本の国際法事例研究(5), 慶應義塾大学出版会(2001).

地方自治研究機構, 地方公共団体における国際協定への対応のあり方に関する調査研究(2000).

岩沢雄二, 条約の国内適用可能性, 有斐閣(1985).

Ⅳ. 해외 논문

Auerswald and Maltzman, "Policymaking through Advice and Consent : Treaty Consideration by the United States Senate," 65 *The Journal of Politics* (2003).

Aust, A., "The Theory and Practice of Informal International Instruments," 35 *International Comparative Law Quarterly* 787(1986).

Baxter R., "International law in her infinite variety," 25 *ICLQ* (1980).

Bothe M., "Legal and non-legal norms: a meaningful distinction in international relation?," 9 *Netherlands Yearbook of International Law* (1980), pp. 65-95.

Brewster, R., "The Domestic Origins of International Agreements," 44 *Virginia Journal of International Law* (2004).

Buergenthal, T., "Self-Executing and Non-self-Executing Treaties in National and International," *Recueil des Cours [de l'Academie de Droit International de la Haye]*, Vol. 235(1992/IV).

Cassese, A., "Remarks on Schelle's Theory of Role Splitting in International Law," 1 *European Journal of International Law* (1999).

Fairman, "Competence to Bind the State to an International Engagement," 30 *Amerian Journal of International Law* (1936).

Falk., R., "The Shimoda case : A Legal Appraisal of the Atomic Attacks upon Hiroshima and Nagasaki," *Amerian Journal of International Law* (1965).

Finnemore M., "Are legal norms distinctive?," 32 *NYU Journal of International Law and Politics* (1999-2000).

Jones, F., "Treaties and Treaty-Making," 12 *Political Science Quarterly* (1897).

Harvard Law School, "Draft Convention on the Law of Treaties" in *American Journal of International Law*, Vol. 29(1935), Supplement.

Henkin, L., "Is There a 'Political Question' Doctrine?," 85 *Yale Law Journal* (1976).

Klabbers J., "Informal agreements in international law : toward a theoretical framework," 5 *Finnish Yearbook of International Law* (1994).

Klabbers J., "The reduncancy of soft law," Nordic Journal of International

Law 65(1996).

Lefeber R., "The Provisional Application of Treaties" at Klabbers, J., Lefeber R. eds., *Essays on the Law of Treatie* (1997).

Lipson, C., "Why are some international agreements informal?," 45 *International Organization* (1991).

Nollkaemper, A., "The distinction between non-legal and legal norms in international affairs: an analysis with reference to international policy for protection of the North Sea from hazardous substances," *The International Journal of Marine and Coastal Law*, Vol. 13, No. 3(1998).

Roessler, "Law, De Facto Agreements and Declarations of Principles in International Economic Relations," 21 *German Yearbook of International Law* (1978).

Rogoff, "The International Legal Obligations of Signatories to an Unratified Treaty," *Maine Law Review* (1980).

Sand. P., "To treaty or not to treaty? : A survey of practical experience," 87 *ASIL Proceedings* (1993).

Schachter, O., The Twilight Existenceof Nonbinding International Agreements, 71 *Americna Journal of International Law* (1977).

Spiro, P., "Case Studies in Conservative and Progressive Legal Order : Disaggregating U.S. Interests in International Law," 67 *Law and Contemporary Problems* (2004).

Steinhardt, R., "The Role of International Law as a Canon of Domestic Statutory Construction," 43 *Vanderbilt Law Review* (1990).

Wildhaber, L., "Executive Agreements," in Bernhardt, R.(ed.), *Encyclopeida of Public International Law*, Vol. 7(1984).

柳井俊二, "条約締結の実際的要請と民主的統制," 国際法外交雑誌, 第78券(1979).

柳井俊二, "国際法規の形成過程と国内法," 国際法と国内法 : 国際公益の発展(1991).
五十嵐正博, "日本の戦後補償判と国際法," 国際法外交雑誌, 第105券(2006).
経塚作太郎, "ウィーン条約法条約の意義と評価," 国際法外交雑誌, 第78券(1979).
村瀬信也, "ウィーン条約法第38条の意義," 国際法外交雑誌, 第78券(1979).

Ⅴ. 판례(연도순)

(상표법과 파리협약에 관한) 대법원 1990.7.24. 제2부 판결89후1479.
대한민국과일본국간의어업에관한협정비준등 위헌확인(헌재 2001.03.21, 99헌마139, 판례집 제13권 1집, 676).
일반사병 이라크파병 위헌확인(2004.4.29. 2003헌마814전원재판부).
대한민국정부와 중화인민공화국정부간의 마늘교역에 관한 합의서 등 위헌확인(헌재 2004.12.16, 2002헌마579, 판례집 제16권 2집 하, 568, 568-568).
대한민국과 미합중국간의 미합중국 군대의 서울지역으로부터의 이전에 관한 협정 등의 위헌 확인(2006.2.23. 2005헌마268전원재판부).
국회의원과 정부간의 권한쟁의(헌재 2007.07.26, 2005헌라8, 공보 제130호, 824).
국회의원과 대통령 등 간의 권한쟁의(헌재 2007.10.25, 2006헌라5, 공보 제133호, 1083).
국회의원과 대통령 등 간의 권한쟁의(헌법재판소 2008.03.27, 2006헌라4).

Ambatielos Case (Greece vs. U.K.), ICJ Reports(1952).
Minquiers and Ecrehos Case (France vs. U.K.), ICJ Reports(1956).
Aegean Sea Continental Shelf (Greece vs. Turkey), ICJ Reports(1978).
Maritime Delimitation and Territorial Questions between Qatar and Bahrain (Qatar v. Bahrain) Judgment(Jurisdiction and Admissibility), ICJ

Reports(1994).

Case concerning the Gabcikovo-Nagymaros Project(Hungary vs. Slovakia), ICJ Reports(1997).

Case concerning the Land and Maritime Boundary(Cameroon vs. Nigeria), Judgment of ICJ(2002).

Legal Status of Eastern Greenland Case(Denmark vs. Norway), PCIJ, Ser. A/B, No. 53(1933).

United States-United Kingdom Arbitration concerning Heathrow Airport User Charges, Reports of International Arbitral Awards(30 November 1992-2 May 1994), Vol. XXIV.

Head Money Cases, 112 U.S. 580, 598(1884).

Goldwater v. Carter, 444 U.S. 996(1979).

Pokorny v. Republic of Austria, International Law Report(1952).

US v. Kodrak, International Law Reports(1955).

VI. 자 료

통일외교통상위원회 수석전문위원, "남북 사이의 투자보장에 관한 합의서, 남북 사이의 소득에 대한 이중과세방지합의서, 남북 사이의 상사분쟁해결절차에 관한 합의서, 남북 사이의 청산결제에 관한 합의서 검토보고"(2001년 6월).

Treaty Secretariat, Department of Foreign Affairs and Trade Canberra, *Treaties and Treaty Making: An Officials' Handbook*(3nd ed., May 2003).

Treaty Section Records & Historical Department Foreign & Commonwealth Office, *Treaties and MOUs: Guidance on Practice and Procedures* (2nd ed., June 2000).

UN, Draft Articles on the Law of the Treaties with Commentaries, *Yearbook of the International Law Commission*, Vol. II(1966).

UN, Draft articles on Responsibility of States for Internationally Wrongful Acts with Commentaries, *Yearbook of the International Law Commission*, Vol. II, Part Two(2001).

UN, *Laws and Practice Concerning the Conclusion of Treaties* (1953).

UN Office of Legal Affairs, *Treaty Handbook* (2005).

US Senate Committee on Foreign Relations, *Termination of Treaties: the Constitutional Allocation of Power* (1978).

찾아보기

ㄱ

ㅈ

ㅊ

ㅋ

ㅌ

ㅍ

저자 약력

고려대학교 법과대학 졸업
영국 에딘버러대학(University of Edinburgh) 법학석사(LL.M.)
고려대학교 대학원 법학박사
제26회 외무고시 합격(1992년)
주미국 대사관 및 주나이지리아 대사관 근무
일본 큐슈대학교 방문연구원(2007~2008년)
외교통상부 조약과장 역임
현재 외교통상부 국제법규과장

헌법과 조약체결:
한국의 조약체결 권한과 절차

2009년 11월 16일 초판 인쇄
2009년 11월 20일 초판 발행

저 자 배 종 인
발행인 조 병 철
발행처 **三 宇 社**
서울특별시 용산구 청파동3가 82-1
전화 (02) 718-8553(대) Fax (02) 718-8554
등록 1994. 9. 23. 제17-189호

정가 22,000원 ISBN 978-89-91083-25-7